정신분석과 발달심리학적 시각에서 바라본

유아의 대인관계적 세계

다니엘 N. 스턴(Daniel N. Stern) 지음
한동석 옮김

정신분석과 발달심리학적 시각에서 바라본

유아의 대인관계적 세계

개정판

씨아이알

옮긴이 말

오랜 기간 동안 많은 학자들은 마음의 형성 과정을 상상하고 추론해왔다. 반면에 다니엘 스턴은 아기와 엄마의 상호 작용을 **직접 관찰**함으로써 이에 대해 설득력 있는 결론에 도달하였다. 다니엘 스턴이 관찰한 '아기'는 100여 년 동안 정신분석이 생각했던 '아기'보다 훨씬 주체적이고 상호적이며 또한 많은 역량을 가지고 있다. 이러한 발견은 이후의 아동발달 연구와 연구 방법에 큰 영향을 주었고 심리 치료와 교육에도 영향을 줄 수밖에 없었다. 그래서 이 책이 가지고 있는 무게는 번역하여 널리 알리기에 충분하다.

개정판이 나온다는 소식에 감사의 마음을 전하고 싶어 1쇄에서는 쓰지 않았던 옮긴이의 말을 써야겠다는 생각이 들었다. 내가 감사할 사람들은 이 책을 함께 공부하면서 번역에 임해주신 치료사 선생님들이다. 그분들의 1차 번역이 나에게 큰 도움이 되었다. 또한 출판된 책으로 공부하면서 오타 및 문장 수정에 힘을 써 주신 많은 치료사 선생님들에게도 고마움을 표한다. 무엇보다도, 씨아이알의 김성배 대표에게 고마움을 전하고 싶다. 김성배 대표는 "좋은 책은 반드시 빛을 보아야 한다."라고 말하며 흔쾌히 판권을 사주었다. 이 책은 많은 사람들의 수고가 함께한 것이기에 더욱 가치가 있다고 생각하며 다시 한 번 이 분들에게 감사의 마음을 전한다.

머리말

이 책을 쓰게 된 데에는 많은 이유들이 있었다. 내가 정신의학과 정신분석 훈련 과정의 레지던트로 있을 때, 우리는 항상 정신역동적 개념으로 각 사례를 요약해야만 했다. 즉 환자가 어떻게 우리의 상담실로 걸어오게 된 그 사람이 되었는지를 설명하는 역사적 서술을 쓰는 것이었다. 그 서술은 가능한 한 초기의 환자의 인생을 이야기해야 했고, 유아기에 작동했던 언어 이전의 영향과 오이디푸스 시기 이전의 영향을 포함해야만 했다. 이러한 과제는 나에게 항상 큰 괴로움을 주었는데, 특별히 유아기를 일관된 인생 이야기 속에 집어넣는 것이 매우 어려웠다. 그것이 그렇게 어려웠던 것은 내 안에 상충되는 생각들이 있었기 때문이었다. 한편에서는 과거가 어떤 일관된 방식으로 현재에 영향을 준다는 강한 확신을 가지고 있었다. 모든 역동적 심리학들이 지니고 있는 이러한 근본적인 주장은 나에게 모든 의학 분야 중에서 정신의학을 가장 매력적으로 만들었지만 동시에 복잡하게 만들었다. 정신의학은 '발달'을 징밀 중요하게 생각하는 유일한 임상 분야이다. 하지만 다른 측면에서 나의 환자들은 자신의 초기 삶에 대해서 거의 알고 있지 못했고 나는 그것을 어떻게 물어야 할지 잘 알지 못했다. 그래서 현존하는 이론들에 가장 잘 맞을 수 있는 몇몇 사실들을 그들의 유아기에서 고르고 선택해야만 했다. 그렇게 선택적으로 고른 것들로부터 일관된 역사적 서술이 나오게 된 것이다. 모든 사례들의 개념화는 이것과 비슷했을 것이다. 그러나 사람들은 매우 달랐다. 이러한 실습은 마치 제한된 움직임만으로 게임을 하는 것과 같았고, 좀 더 좋지 않을 경우에는 지적 부정직의 냄새가 나기도 했다. 이것만 아니면 그런 노력은 진실이라고 느껴지는 것에 가깝게 접근하려는 노력이었다. 생의 초기 몇 달 그리고 몇 년은 그 이론들에서 확고하고 중요한 위치를 차지하고 있었지만 실제 사람을 만나는 데 있어서는 추론적이고 모호한 역할을 하고 있었다. 이러한 상충된 입장은 계속 나를 어렵게 했고 동시에 흥미를 자아내기도 했다. 이러한 상충된 입장을 짚어보는 것이 이 책의 주요 과제들 중 하나이다.

두 번째 이유가 생긴 것은 발달심리학의 최근 연구를 발견했을 때였다. 그 연구는 유아기 초기에 대해 더욱 많은 것을 발견할 수 있는 새로운 접근들과 도구들을 가지고 있었다. 나는 그 후 15년 동안 이러한 도구들을 임상적 접근과 함께 사용했다. 이 책은 실험적 접근experimental approach에서 나타난 유아와 임상적으로 재구성된clinically reconstructed 유아 사이의 대화를 만드는 시도이다. 이것을 통해서 이론과 실제 사이에 있는 상충을 해결하기를 원한다.

세 번째 이유가 있었는데, 현재라는 것은 과거의 지식을 가지고 있을 때 가장 잘 이해될 수 있다는 주장을 지지하는 것이다. 내가 7살 정도 되었을 때 한 성인이 두 살 정도 된 유아와 상대하는 것을 보았던 기억이 있다. 그때 그 아이가 왜 그러는지 나에게는 매우 분명해 보였지만 그 성인은 전혀 이해하지 못하는 것처럼 보였다. 지금 생각해보면 그때 나는 중요한 시기에 있었다. 나는 그 유아의 '언어'

를 알고 있었고 또한 그 성인의 언어도 알고 있었다. 레지던트를 하고 있을 때 나는 여전히 '이중 언어'를 구사할 수 있었으며 내가 나이를 좀 더 먹으면서 그 능력을 상실하게 되는지 궁금했었다.

이 어릴 적 일은 그것 자체의 역사를 가지고 있다. 나는 유아였을 때 병원에서 상당한 시간을 보냈는데, 어떤 일이 벌어지는지를 알기 위해서 나는 비언어적인 것을 관찰하고 읽는 자가 되었다. 나는 그것에서 결코 벗어나지 않았던 것이다. 그래서 레지던트 과정이 절반 정도 지날 즈음 생태학자들을 마침내 발견하게 되었을 때 그것은 매우 흥분되는 일이었다. 그들은 자연스럽게 일어나는 유아기의 비언어적 언어에 대한 연구를 위한 과학적 접근을 제시했다. 이것은 역동적 심리학에서 묘사하는 언어적 자기 보고의 분석에 필요한 보완책이 될 수 있다는 인상을 나에게 주었다. 그 상충을 해결하기 위해서는 '이중 언어'를 구사할 수 있어야만 했다.

지나치게 개인적인 요소들에 의해서 결정되는 연구나 이론은 신뢰할 수 없다고 누군가는 말할 수 있다. 다른 사람들은 제대로 된 정신을 가진 사람이라면 누구도 개인적 이유의 역사 없이 고되고 힘든 연구를 하지 않을 거라고 말할 것이다. 발달학자들은 아마도 후자와 운명을 같이하는 사람들일 것이다.

이 책이 완성되는 데 직접적인 이유가 된 것은 최근 몇몇 동료들과 친구들에게 받은 영향이었다. 그들은 여러 가지 단계에 있던 원고들을 부분적으로 또는 전체를 읽어주었고, 제안과 비평을 해주면서 이 책의 작업을 격려했고 책의 구조를 고칠 수 있게 도움을 주었다.

특별히 수잔 베이커, 린 호퍼, 마이론 호퍼, 아놀드 쿠퍼, 존 도어, 크리스틴 맥케인, 조 글릭, 로버트 미헬스에게 고마움을 표하고 싶다.

세 그룹이 이 책의 특정한 면들을 형성하는 데 도움이 되었다. 일정 기간 동안 나는 마가렛 말러와 그의 동료들 아나마리 웨일, 존 맥데비트, 애니 버그만과의 정기적인 모임에 참석할 수 있는 특권을 가졌다. 그들이 내가 이끌어낸 결론들 중 많은 것에 동의하지 않았을지라도, 우리를 다른 결론에 도달하게 한 그 토론들은 항상 나의 이론적 이해를 풍요롭게 해주고 깊게 해주었다. 두 번째 그룹은 캐서린 넬슨이 아동의 침대 담화를 연구하기 위해서 모았던 그룹이었는데, 제로미 브루너, 존 도어, 캐롤 펠드먼, 리타 왓슨이 포함되어 있었다. 토론들은 한 아동의 언어 이전의 경험과 언어적 경험 사이의 상호작용에 대해서 생각하는 데 매우 가치가 있었다. 세 번째 그룹은 로버드 엠데와 이늘드 시메코프기 행동과학연구센디에서 발달 정신병리학을 연구하기 위해서 만들었다. 알랜 스루프, 아놀드 사메로프, 로버트 엠데, 톰 앤더스, 할리 파멜리, 허브 리버맨과의 토론들은 어떻게 관계적 문제들이 내재화되는지에 대한 문제들과 씨름하게 해주었다.

나는 또한 이 기간 동안에 우리의 발달과정실험실에서 일했던 미셀 알렌, 수잔 배어, 세실리아 배트거, 로안 바네트, 수잔 이반스, 빅토 포나리, 에밀리 프로쉬, 웬디 헤프트, 린 호퍼, 폴린 호퍼, 앤 골드필드, 캐롤 카민스키, 테렐 카플란, 크리스틴 맥케인, 수잔 레흐만, 바비 모엘러, 패 나크만, 카미타 패라스, 케시 라둔스, 앤 리치, 미셀 리

차드, 케서린 쉬어, 수잔 스피커, 폴 드라드, 루이지 웨어 그리고 이베트 야트민크 등 많은 사람들의 기여에 고마움을 표현하고 싶다.

또한 우리 실험실 바깥에서 함께 일할 수 있는 기회를 가졌던 CUNY의 존 도어, 제네바의 베트랑 크레머에게 감사하고 싶다.

나는 특별히 세실리아 배트커에게 큰 빚을 졌는데, 그녀는 이 원고의 모든 단계들에서의 준비를 도와주었으며, 그녀의 행정적인 기술은 이 원고를 책으로 만드는 데 도움을 주었고, 내 이후의 활동을 가능하도록 안내해주었다.

Basic Books의 나의 편집자, 저 앤 밀러는 격려, 비평, 생각, 인내, 신속함, 원고 마감에 있어서 훌륭했는데, 그녀는 이 모든 것을 감수성과 적절한 시기 선택으로 함께 엮었다. 교열 작업에서의 니나 군젠하우저의 명확성과 좋은 감각은 빼놓을 수 없다.

이 책과 관련되어 있는 연구의 대부분은 허만과 아멜리아 에르만 재단, 윌리암 그랜트재단, 정신분석연구기금, 전국소아마비연구재단, 전국정신건강협회, 워너커뮤니케이션 주식회사의 지원을 받았다.

끝으로, 나는 모든 부모들과 유아들에게 감사하고 싶다. 그들은 나의 궁극적인 협력자이었으며 우리가 그들로부터 배울 수 있도록 해주었다.

목
차

PART *III*

임상적 의미들

PART I

질문들과 그 배경

CHAPTER 01

유아의 주관적 경험의 탐구:
자기의 감각sense of self의 핵심적 역할

인 간의 본성에 대해 관심이 있는 사람이라면 어린아이들의 주
관적 삶이 어떨지에 대해 궁금증을 갖게 된다. 유아들은 자
기 자신과 다른 사람들을 어떻게 경험할까? 자기self는 처음 시작부
터 있을까? 아니면 다른 것이 있거나, 또는 이 둘의 혼합물이 있을
까? 어떻게 유아는 각각 분리되어 있는 소리들, 움직임들, 접촉되는
것들, 보이는 것들, 느낌들을 함께 엮어서 하나의 전체 사람을 그리
게 될까? 유아는 다른 이와 '함께 있는' 사회적 사건들을 어떻게 경
험할까? 누군가와 '함께 있는' 것은 어떻게 기억되고, 잊히고, 마음속
으로 그려질까? 관계성relatedness의 경험은 발달이 진행되면서 어떤
것과 같을까? 요컨대 유아는 어떤 종류의 대인관계의 세계 또는 세
계들을 창조할까?

이러한 질문들을 하는 것은 마치 빅뱅 이후 처음 몇 시간 동안
우주가 어땠을지를 생각하는 것과 비슷한 것 같다. 우주는 오직 단

한 번 저곳, 바깥에서 만들어졌지만 대인관계적 세계는 여기에서 매일, 각 신생아의 마음 안에서 만들어진다. 하지만 거의 양쪽 끝의 경계지역에 있는 이 두 사건은 우리가 직접 경험할 수 있는 것으로부터 멀리 떨어져 있고, 접근할 수 없는 채로 남아 있다.

우리가 결코 유아의 마음 안으로 들어갈 수 없기 때문에 아이가 무엇을 경험하는지 상상하는 것이 무의미한 것처럼 보일 수도 있다. 하지만 우리가 정말 알기 원하고, 알 필요가 있는 것의 핵심이 바로 거기에 있다. 유아가 경험할 것으로 생각되는 것이 유아가 어떤 존재인지에 대한 우리의 개념을 형성한다. 이러한 개념이 유아기에 대한 우리의 작업가설working hypothesis을 만든다. 이와 같이, 그것은 정신병리가 어떻게, 왜 그리고 언제 시작되는지에 대한 우리의 임상적 개념을 안내하는 모델로 기능한다. 그러한 개념은 유아에 대한 실험(아기들이 무엇을 생각하고 느끼는가?)을 위한 생각의 원천이다. 이러한 작업이론은 또한 우리가 부모로서 어떻게 우리 아이들에게 반응하는지를 결정하고, 궁극적으로 인간의 본성에 대한 우리의 견해들을 형성하게 한다.

유아가 사는 주관적 세계를 알 수 없기 때문에 우리는 가설을 만들기 위한 출발점을 갖기 위해서 그 세계를 먼저 발명해야만 한다. 이 책은 그와 같은 발명품이며, 유아의 사회적 삶의 주관적 경험에 대한 하나의 작업가설이다.

여기서 제안한 작업이론이 지금 생길 수 있는 것은, 최근 막대한 양의 연구의 진척이 유아에 대한 완전히 새로운 정보와 더불어 유아의 정신적 삶을 조사할 수 있는 새로운 실험 방법들을 우리의 손에 쥐어주었기 때문이다. 그 결과가 관찰된 유아의 새로운 견해이다.

이 책의 하나의 목표는 유아의 주관적 삶에 대한 추론들을 새로운 관찰 자료로부터 끌어내는 것이다. 지금까지 이것은 두 가지 이유에서 이루어지지 않았다. 한편에서, 이런 새로운 정보를 창조하는 발달심리학자들은 일반적으로 관찰 연구와 실험 연구의 전통 안에서 작업한다. 이러한 접근을 유지하면서, 그들은 주관적 경험의 성질에 대한 추론적 비약을 선택하지 않는다. 임상적인 문제에서조차도 객관적 현상을 강조하는 것은 지금 미국 정신의학에 퍼져 있는 현상학적 추세와 긴밀히 연결되어 있다. 하지만 이것은 주관적인 일은 제쳐놓고 오직 객관적인 일만을 임상적 실제로 받아들이는 심각한 한계점을 가져왔다. 또한 이런 접근은 유아의 경험의 본질에 대한 근본적인 질문들에는 대답을 하고 있지 않다.

다른 한편에서, 정신분석가들은 그들의 발달 이론을 세워나가는 데 있어서 유아의 주관적 경험의 본성에 대한 추론을 계속해서 만든다. 이것은 해야 하는 일이고 또한 대단한 힘을 지니고 있다. 이러한 시도는 주관적으로 경험된 삶을 포함하는 좀 더 큰 임상적 현실을 그들의 이론이 수용할 수 있게 해주며, 이것이 왜 그 이론이 임상적으로 작동하는지의 이유이다. 하지만 분석가들은 재구성된reconstructed 임상적 자료의 기반 위에서만, 그리고 관찰된 유아에 대한 오래되고 시대에 뒤진 견해를 가지고 추론적 비약을 해왔다. 새롭게 관찰된 자료들에서 그러한 방향으로 중요한 시도들이 시작되기는 하였지만 아직 정신분석에서 충분히 언급되고 있지 않다(예를 들면, 브래젤튼 1980; 샌더 1980; 콜, 갤렌슨과 타이슨 1983; 리보비치 1983; 리히텐베르크 1981, 1983).

나는 수년간 정신분석가와 발달심리학자로 일을 해왔는데, 이 두 가지 관점 사이에 있는 긴장감과 열기를 느낀다. 발달심리학의 발견들은 눈부시지만, 그것들이 유아의 주관적 삶에 대해 어떤 의미가 있는지에 대한 추론적 비약을 누군가가 기꺼이 만들지 않는 한, 이런 발견들은 임상적으로 열매를 맺지 못하는 운명인 것처럼 보인다. 그리고 유아 경험의 특성에 대한 정신분석 발달 이론들은 임상 실제의 안내를 위해 필수적이지만 유아에 대한 새로운 정보의 빛 가운데 보면 점점 옹호할 수 없게 되고 흥미롭지도 않게 된다. 새로운 데이터베이스로부터 유아의 주관적인 사회적social 경험에 대한 추론을 이끌어내려는 나의 시도는 많은 사람들이 동의하고 있는 이러한 배경에 반대되는 것이다. 이 책의 목표는 이러한 추론들을 사용해서 유아의 경험에 대한 작업가설을 서술하고 그것들의 가능한 임상적 그리고 이론적 의미를 평가하는 것이다.

어디에서부터 우리는 유아의 사회적 삶에 대한 유아 자신의 주관적 경험을 발명할 수 있을까? 나는 자기의 감각sense of self을 이러한 탐구의 중심에 놓는 것으로 출발하려고 한다.

자기와 그것의 경계는 인간 본성에 대한 철학적 고찰의 중심에 있고, 자기의 감각과 그것의 짝인 타인의 감각은 보편적인 현상인데 우리의 모든 사회적 경험에 깊이 영향을 준다.

우리는 정확하게 자기self가 무엇인지 규정할 수는 없지만, 성인으로서 우리는 여전히 매일의 사회적 경험에 스며들어 있는 실제의 자기의 감각을 가지고 있다. 이것은 많은 형태들로 발생한다. 단일하고, 뚜렷이 구별되고, 통합된 실체인 자기의 감각이 있고, 행위의 집행자, 느낌의 경험자, 계획의 건축가, 경험을 언어로 변환하는 자, 개인적 지식을 의사소통하고 공유하는 자가 있다. 많은 경우에, 이러한 자기의 감각들은 숨 쉬는 것처럼 인식 바깥에 있지만 의식으로 가져올 수 있고 의식에서 유지될 수 있다. 우리는 우리의 경험들을 우리가 보통 자기의 감각이라고 부르는 독특한 주관적 조직에 속해 있는 듯이 본능적으로 처리한다.

자기의 본질이 아마도 영원히 행동과학을 피해가겠지만, 자기 감각은 하나의 중요한 주관적 현실로서 확신할 만하고 분명한 현상이며, 과학이 외면할 수는 없다. 우리가 다른 사람들과의 관계에서 우리 자신을 어떻게 경험하는가는 모든 대인관계의 일들에 대해 기본적인 조직화하는 관점을 제공한다.

자기의 감각이 언어 습득 이전의 유아에 대한 연구에서도(또는 특별히) 핵심 위치를 부여받는 이유는 많다. 첫 번째, 여러 가지 자기의 감각들은 언어 이전의 형태로 존재하지만 지금까지 상대적으로 소홀히 여겨져 왔다. 우리가 어렵지 않게 추측할 수 있는 것은, 이후의 발달의 어느 시점, 언어와 자기 성찰적 인식이 생긴 이후에 자기의 감각의 주관적 경험이 생겨나고 모든 사람에게 공통이 되는데, 이것이 대인관계의 세계를 보기 위한 주요한 관점을 제공한다는 것이다. 그리고 분명히 자기의 감각은 자기 성찰적 인식과 언어가 생긴 이후에 쉽게 관찰이 가능하다. 이 책에서 던지는 중대한 질문은 이렇다. '언어 이전의 자기의 감각이 이러한 시간 이전에 존재하는가?' 세 가지 가능성이 있다. 언어와 자기 성찰self-reflection은 언어 습득 이전에 이미 존재하고 있는 자기 감각을 단순히 드러내는 것으로 작용할 수 있는데, 즉 아이가 내면의 경험에 대한 내적 성찰적 설명을 할 수 있게 되자마자 자기의 감각이 분명하게 된다. 그 대신에 언어와 자기 성찰은 자기의 감각을 변형할 수도 있고, 창조해낼 수도 있다. 자기의 감각은 자기 성찰의 대상이 되는 바로 그 순간 존재하게 된다.

어떤 자기의 감각들이 자기인식과 언어 훨씬 이전부터 존재한다는 것이 이 책의 기본 가정이다. 이것은 집행자agency의 감각, 신체적 응집성의 감각, 계속성의 감각, 마음에 의도를 가지고 있다는 것의 감각, 그리고 우리가 곧 논의하게 될 다른 경험들을 포함한다. 자기 성찰과 언어는 언어 이전의 존재론적 자기의 감각에 영향을 주고, 그렇게 함으로써 그 감각들의 계속되는 존재를 드러낼 뿐만 아니라 그것들을 새로운 경험으로 변형시킨다. 만약 우리가 어떤 자기의 감각들은 태어났을 때부터 형성되기 시작한다고(이 이전이 아니라면) 가정한다면, 그리고 다른 감각들은 이후에 나타나는 능력들이 성숙하게 된 이후에야 출현하게 된다고 가정한다면, 우리는 자기의 감각이 정말로 시작하는 그때를 결정하는 기준들을 선택하는 과제에서 자유롭게 된다. 이 과제는 탄생부터 죽음까지 어떤 형태로 존재하는 어떤 것의 발달적 계속성과 변화들을 묘사하는 좀 더 친숙한 것이 된다.

몇몇 전통적인 정신분석의 사상가들은 언어 이전의 주관적 삶의 전체 이슈가 지금 막 언급한 방법적인 근거와 이론적 근거 위에서 이루어지는 적법한 탐구의 울타리 바깥에 있는 것이라고 일축했다. 그리고 많은 발달 실험주의자들도 이 입장에 합류했다. 인간 경험에 대한 적법한 탐구가 바로 그것의 기원의 연구를 그 견해에서 배제시킨 것이다.

그것이 정확하게 우리가 연구하기를 원하는 것이다. 그래서 '어떤 종류의 자기의 감각이 언어 이전의 유아에게 존재하는가?'를 물어야만 한다. '감각sense'은 단순한(자기 반사 행동이 아닌) 인식awareness을 의미한다. 우리는 직접 경험의 차원에서 말하는 것이지 개념을 말하는 것이 아니다. '자기의of self'는 인식의 불변하는 패턴을 의미하는데, 유아의 행동 또는 정신적 과정의 경우에 대해서만 일어난다. 인식의 불변 패턴은 조직의 한 형태이다. 이것은 그것이 무엇이든 그것을 조직화하는 주관적 경험이고, 후에 '자기'라고 언어적으로 언급하는 것이다. 이런 조직화하는 주관적 경험은 객관화할 수 있고 자기 성찰적이며 말로 표현할 수 있는 자기의 언어 이전의 존재론적 측면이다.

자기에 대한 감각을 이 연구의 핵심에 놓는 두 번째 이유는 이 감각이 언어 이전에 존재하지만 정상적인 대인관계의 발달을 이해하는 임상적인 것이기 때문이다. 내가 주로 관심이 있는 것은 생명이 없는 세계와의 만남들이 아니라 매일 일어나는 사회적 상호작용에 필수적인 자기의 감각들이다. 그래서 내가 집중하고자 하는 것은, 만약 심각한 손상을 입게 되면 정상적인 사회적 기능을 혼란시키고, 정신이상이나 중대한 사회적 결함으로 이어지게 되는 그런 자기의 감각들이다. 그러한 자기의 감각들이 포함하는 것은, 집행자agency의 감각(이것이 없다면 마비, 자기−행동의 소유권이 없다는 느낌, 외적 집행자들에 대한 통제를 상실한 경험이 있을 수 있다); 신체 응집성의 감각(이것이 없다면 신체 경험의 파편화, 비인간화, 신체 이탈 경험, 현실감 상실이 있을 수 있다); 연속성의 감각(이것이 없다면 시간적 해리, 해리성 둔주fugue states, 기억상실, 위니캇의 용어인 '존재로서 계속되는going on being' 상태의 어려움이 있다); 정서 상태에 대한 감각(이것이 없다면 쾌감상실, 해리된 상태가 있을 수 있다); 다른 사람과 상호주관성을 성취할 수 있는 주관적 자기의 감각(이것이 없다면 우주적 외로움 또는 반대 극단인 심리적 투명성이 있을 수 있다); 조직을 창조하는 감각(이것이 없다면 심리적 혼동이 있을 수 있다); 의미를 전달하는 감각(이것이 없다면 문화로부터 배제, 만남이 거의 없고, 개인적 지식이 타당하다는 느낌이 없다) 등등이다. 요약컨대, 이러한 자기의 감각은 정상적이건 비정상적이건 사회성 발달의 주관적 경험을 위한 토대가 된다.

자기 감각을 발달 연구의 핵심에 놓는 세 번째 이유는, 최근 다양한 자기의 병리들에 대해 임상적으로 생각하는 새로운 시도가 있었기 때문이다(코헛 1971, 1977). 하지만 쿠퍼(1980)가 지적한 것처럼, 자기self가 새롭게 발견되었다는 것은 아니다. 자기의 본질적 문제는 프로이트 이후로 모든 임상적 심리학에 중요했고, 다양한 역사적 이유로 인해서 자기의 심리학 안에서 축적되었다. 이것은 또한 대학의 학술적 심리학에서도 주요한 주장들의 핵심이 되어왔다(예를 들면, 발드윈 1902; 쿨리 1912, 미드 1934).

유아기의 자기 감각에 집중하려는 마지막 이유는 이것이 발달 과정에 대한 강력한 임상적 인상과 맞기 때문이다. 발달은 도약과 약동을 하면서 이루어진다. 질적 변화는 가장 분명한 특징들 중의 하나이다. 부모, 소아과의사, 심리학자, 정신과의사, 뇌과학자 모두가 새로운 통합들이 비약적인 도약들을 만드는 것에 동의한다. 관찰자들 또한 2~3개월(5~6개월에는 좀 약한 정도로), 9~12개월, 15~18개월이 대단한 변화의 시기라는 데 의견을 일치했다. 이러한 변화의 시기 동안에 조사하기 원하는 조직체의 단계가 무엇이던 간에, 뇌파계의 기록들, 눈에 보이는 행동, 그리고 주관적 경험까지 비약적인 발전이 있다(엠데, 갠즈바우어, 하르몬 1976; 맥콜, 아이히호른, 호가르티 1977; 캐건, 키어슬리, 젤라조 1978; 캐건 1984). 이러한 빠른 변화의 기간 동안에 상대적으로 고요한 시기도 있는데, 그때에 새로운 통합들이 만들어지는 것으로 보인다.

이러한 주요한 변화들의 각각에서, 유아들은 주요한 변화들이 자기와 타인에 대한 주관적 경험에서 발생하고 있다는 강력한 인상을 만들어낸다. 부모는 갑자기 달라진 사람을 대하게 된다. 그 아이가 다르다고 여겨지는 것은 단순히 새로운 행동들과 능력들이 아니다. 갑자기 아이는 추가된 '존재감'과 다른 사회적 '감각'을 가지는데, 이것은 새롭게 획득된 행동들과 능력들 그 이상의 것이다. 예를 들면, 2~3개월 어느 시점에 아이가 대답을 나타내는 미소를 짓고, 부모의 눈을 뚫어지게 쳐다보고, 옹알이를 하기 시작할 때, 다른 사회적 감이 만들어졌다는 것에 대해 이의가 없다. 그렇지만 변형을 이루는 것은 이러한 행동이나 그것들의 조합에서만이 아니다. 이러한 행동의 변화들 뒤에 있는 유아의 주관적 경험의 변화된 감각이 우리를 다르게 행동하게 하고 아이에 대해서 다르게 생각하게 만드는 것이다. 유아 안에서의 조직의 변화와 부모 쪽에서의 새로운 기여 중에 어떤 것이 먼저 일어나는가? 이런 질문을 할 수 있다. 또렷한 눈 맞춤과 웃는 것과 같은 아이의 새로운 행동의 출현이 아이의 주관적 경험은 아직 변화가 전혀 일어나지 않았는데도 부모가 아이에게 새로운 페르소나를 부여하게 만드는 것인가? 사실 유아의 어떤 변화들은 부분적으로 성인이 유아를 다르게 해석하고 그에 따라 행동하는 것 덕분에 생길 것이다. (성인은 아이의 발달 근접 지대 안에서, 즉 아직 나타나지는 않았지만 곧 출현하게 될 아이의 능력에 적합한 범위 안에서 작용할 것이다.) 아마도 대개는 양방향으로 작용한다. 유아 안에서의 구조의 변화와 그것에 대한 부모의 해석은 서로를 촉진한다. 최종 결과는, 유아는 자신이 누구인지 그리고 엄마가 누구인지에 대한 새로운 감각뿐만 아니라 지금 진행될 수 있는 상호작용에 대한 다른 감각을 가지게 되는 것이다.

자기 감각에서의 또 다른 변화는 약 9개월쯤에 볼 수 있는데, 그때 유아들은 갑자기 자신의 내면에 주관적 삶을 가지고 있고 다른 사람도 그렇다는 것을 감지하는 것처럼 보인다. 유아들은 외적 행동에 대해서는 상대적으로 관심을 덜 갖게 되고, '그 뒤에' 전재되고 그러한 행동을 일어나게 하는 정신 상태에 대해 좀 더 많은 관심을 갖게 된다. 주관적 경험을 공유하는 것이 가능해졌고, 대인관계적 주고

받음의 주제가 바뀌었다. 예를 들면, 어떤 말의 사용 없이 아이는 이제 "엄마, 나는 엄마가 이쪽을 봐주기를 원해요(나의 주의집중에 상응하게 엄마의 주의집중을 바꾸어주세요. 엄마도 이 장난감이 얼마나 흥미진진하고 유쾌한지 알게 될 거예요. 그래서 엄마도 나의 흥분과 즐거움의 주관적 경험을 같이할 수 있게요)."와 같은 것을 소통할 수 있다. 이 유아는 또 다른 자기 감각과 타인의 감각을 가지고 작용하고 있는데, 그것에 대한 다른 조직화하는organizing 주관적 관점을 가지고 사회적 세상에 참여하는 것이다.

자기의 감각을 유아의 사회적 삶의 주관적 경험에 대한 탐구의 출발점으로 삼으면서, 우리는 유아의 능력의 성숙이 자기와 타인에 대한 새로운 조직화하는 주관적 관점을 가능하게 했을 때 출현하게 되는 각각 다른 자기 감각들을 검토할 것이다. 그리고 우리는 임상 이론과 실제를 위해서 그러한 발달 과정이 내포하고 있는 의미들을 검토할 것이다. 우리가 검토할 주요점들을 요약해보고자 한다.

유아들은 출생부터 출현하는 자기의 감각the sense of an emergent self을 경험하기 시작한다. 그들은 자기-조직화 과정을 인식하도록 설계되어 있다. 유아는 결코 전적인 자기/타인 미분화undifferentiation 시기를 경험하지 않는다. 처음에 또는 유아기 어느 시점에도 자기와 타인 사이에 혼동은 없다. 유아는 외부의 사회적 사건들에 선택적으로 반응하도록 설계되어 있고 결코 자폐와 같은 단계는 경험하지 않는다.

2~6개월 동안, 유아들은 분리되어 있고 응집되어 있고 경계가 있는 신체적 구성단위로의 핵심 자기의 감각the sense of a core self을 그들 자신의 집행자, 감정 상태, 시연속성의 감각과 함께 통합한다. 공생

단계 같은 것은 없다. 사실, 다른 사람과의 연합union의 주관적 경험은 핵심적 자기감과 핵심적 타인에 대한 감각이 존재한 후에야만 발생할 수 있다. 따라서 연합의 경험은 자기를 다른 이로부터 구별하는 능력의 수동적 실패의 산물이라기보다는, 자기가 다른 이와 함께 있는 경험을 능동적으로 조직화하는 것의 성공적인 결과로 보인다.

약 9~18개월 사이의 삶의 기간 동안, 아이는 독립 또는 자주성 또는 개별화, 즉 주 양육자로부터 벗어나서 자유롭게 되는 발달과제만 주로 몰두하는 것이 아니다. 이 기간에 아이는 다른 사람과의 상호주 간적 연합을 찾고 만드는 데 몰두하게 되는데, 이것이 이 나이에 가능하게 된다. 이 과정은 한 사람의 주관적 삶(마음의 내용과 느낌의 질)이 다른 사람과 나눌 수 있음을 배우는 것을 포함한다. 그래서 분리separation가 자기 경험의 어떤 영역에서 진행되는 동안, 다른 이와 함께 있음의 새로운 형태들이 동시에 자기 경험의 다른 영역에서 진행된다. (자기 경험의 다른 영역들은 각각 다른 자기 감각의 관점 안에서 발생하는 경험들을 말하는 것이다.)

이 마지막 논점은 좀 더 일반적인 결론을 강조한다. 나는 구강적 경향성, 애착, 자율성, 독립, 신뢰와 같은 특정한 임상적 이슈에 집중되었던 발달 단계에 대한 전체 개념에 질문을 던진다. 유아기의 특정한 시기에 일어나는 발달 과제들로 보았던 임상적 이슈는, 여기에서는 삶의 발달 단계들의 과제라기보다는 전체 인생의 과제로써 보았다.

유아의 사회적 '존재(감)'와 '느낌feel'의 비약적인 변화들은 그래서 더 이상 한 가지 특정한 발달 과제의 단계에서 나와서 그다음으로 들어가는 것으로 생각할 수는 없다. 대신에, 사회적 경험에서의 주요한 발달적 변화들은 유아의 새로운 자기의 감각들의 획득에 기인한다. 이것이 바로 자기의 감각이 이러한 작업 이론에서 이렇게 크게 나타나게 된 이유이다. 자기의 감각은 사회적 경험을 조직화하는 주요한 주관적 관점으로 기능하고 초기 사회적 발달을 지배하는 현상으로의 핵심 무대로 이동한다.

네 가지 각각 다른 자기의 감각들이 묘사될 것이다. 하나하나가 자기 경험과 사회적 관계성의 다른 영역을 규정한다. 태어나서부터 2개월까지 형성되는 **출현하는** 자기의 감각, 2~6개월 사이에 형성되는 **핵심** 자기의 감각, 7~15개월에 형성되는 **주관적** 자기의 감각, 그 후에 형성되는 **언어적** 자기의 감각이 그 네 가지이다. 이러한 자기의 감각들은 하나가 다른 것을 대체하는 연속적인 단계들로 보지 않는다. 일단 형성되면, 각 자기 감각은 인생 전체에 걸쳐서 온전히 기능하고 활동적인 상태이다. 모두가 계속 성장하고 함께 존재한다.

유아들은 매우 활동적인 기억의 그리고 환상의 삶을 가지고 있는 것으로 보이지만, 그들은 실제로 생긴 일들에 관심이 있다. ('유혹'은 프로이트가 임상적 자료에서 처음으로 대면한 것처럼, 이 단계의 삶에서 일어난 실제이다. 소원을 성취하는 환상들은 없다.) 유아는 뛰어난 현실 검증자처럼 보인다. 이 단계에서의 현실은 방어적인 이유 때문에 결코 왜곡되지 않는다. 더욱이, 초기 발달에서 중대한 역할을 한다고 정신분석 이론이 생각했던 현상들(합병 또는 융합의 망상, 분열, 방어적 또는 피해 망상적 환상 등과 같은) 중 많은 것들은 유아기, 즉 대략

18~24개월 이전에는 적용되지 않고, 언어를 통해서 분명하게 되는 상징화의 역량이 나타난 이후에야만 생각할 수 있는 것인데, 이때 유아기는 끝난다.

대체로 정신분석적 신념들 중 많은 것들이 유아기가 끝나고 아동기가 시작되었을 때, 즉 말하는 것이 가능해졌을 때의 발달을 훨씬 더 잘 묘사하는 것처럼 보인다. 이러한 관찰이 정신분석 이론의 부당성을 증명한다는 의미가 아니라, 정신분석 이론이 이러한 삶의 초기에 잘못 적용되어왔다고 제안하는 것이다. 다른 한편, 유아기를 묘사하는 대학의 학문적 작업 이론들은 주관적 사회적 경험에 적절한 중요성을 주지 않는다. 자기 감각의 발달에 대한 강조는 관찰 가능한 자료와 더욱 잘 맞고, 궁극적으로 주관적 경험을 다루는 것의 실제적 중요성을 입증하는 이론들을 점차적으로 발견하는 방향으로 한발 내딛는 것이다.

마지막으로, 여기에서 제안한 작업 가설의 주요한 임상적 의미들 중 하나는 환자의 과거의 임상적 재구성reconstruction 작업이 발달 이론을 잘 사용한다면 자기 경험의 한 영역에서 병리의 원인을 찾을 수 있다는 것이다. 구강적 경향성, 자율성, 신뢰와 같은 전통적인 임상적 발달 이슈들이 더 이상 특정한 나이와 관련된 민감한 기간을 점하는 것이 아니라 인생 전반에 걸쳐진 이슈들로 보이기 때문에, 정신분석이 지금까지 약속해왔다 하더라도 우리는 더 이상 이러한 이슈들과 연관되어 후에 나타나는 임상적 문제들의 원인의 실제 발달상의 지점을 예측할 수 없다. 하지만 우리는 다양한 자기 경험의 영역에서 병리의 원인에 대한 예측을 시작할 수 있다. 그 결과는 치료적 탐구에서의 더욱 커다란 자유이다.

이것이 작업 이론의 전반적인 개요인데, 새롭게 알게 된 유아기의 자료들을 통해서 임상적으로 고려된 추론들을 만드는 것으로부터 얻게 된 것이다. 각각 다른 자기의 감각들이 이러한 설명의 중심에 있기 때문에, 이 책의 PART II의 몇 개의 장들은 어떻게 새로운 자기 감각이 생기게 되는지, 어떤 성숙한 역량과 능력이 그것을 가능하게 하고, 어떤 새로운 견해가 유아의 사회적 세계관에 더해지는지, 어떻게 이러한 새로운 견해가 관계성을 위한 유아의 역량을 향상시키는지 설명하는 데 할애되었다. PART III은 이런 작업 이론의 임상적 의미를 다른 관점들로부터 다룬다. 9장은 임상적인 눈으로 '관찰된 유아'를 다룬다. 10장은 그러한 견해를 뒤집고 유아들의 관찰자의 눈으로 임상 실제에서 재구성된 아이를 살펴볼 것이다. 그리고 마지막 장에서는 환자의 과거를 재구성하는 치료적 과정을 위해서 이러한 발달적 관점이 의미하는 바를 살펴볼 것이다.

첫째로, 나의 접근의 특성과 그것의 문제점을 자세히 설명하는 것이 필수적이라고 생각된다. 2장에서는 그러한 이슈들을 언급할 것인데, 특별히 실험적 근거와 임상적 근거의 결합된 자료들의 이점과 한계에 대해서 말하려고 한다. 이것은 사회적 경험에 대한 발달론적 설명의 중심에 자기의 감각을 놓기 위한 근거이고, 자기의 감각의 발달 진행에 대한 개념화이다.

CHAPTER 02

유아기에 대한 견해들과 접근들

유아의 경험에 대해 이 책에서 제안하고자 하는 그림은 최근 정신분석과 발달심리학에서 그린 그림과 비교해보면 유사점과 차이점 둘 모두를 가지고 있다. 내가 채택한 접근은 발달심리학에서의 방법들과 발견들, 그리고 실제 임상에서 얻은 이해들을 빌려왔기 때문에, 각 학파의 가정과 두 가지 접근법을 함께 사용하는 것에서의 문제점을 자세히 논의하는 것은 중요하다.

관찰된 유아와 임상적 유아

발달심리학은 관찰된 유아에 대해서만 질문할 수 있다. 관찰된 행동을 주관적 경험과 연결시키고자 한다면 우리는 반드시 추론적 비약을 해야만 한다. 그런 추론들은 비약을 할 수 있는 데이터베이스가 광범위하고 잘 구축되었을 때 더욱 정확할 것은 분명하다. 심리

내적 경험의 연구는 직접 관찰을 통해서 얻어진 발견들을 받아들여야만 하는데, 유아에 대한 가장 새로운 정보의 출처는 여전히 자연주의적·실험적 관찰이기 때문이다. 하지만 아이의 역량의 관찰은 기껏해야 주관적 경험의 한계를 정하는 데 도움이 될 뿐이다. 그 경험에 대한 온전한 설명을 위해서 우리는 임상에서 얻어진 통찰들을 요청했고, 두 번째 접근이 이 과제를 위해서 필요하다.

발달심리학에서 관찰한 유아와는 대조적으로, 또 다른 '유아'가 실제 임상(주로 성인과 함께 했던) 과정에서 정신분석 이론으로 재구성되었다. 이 유아는 두 사람이 만들어낸 공동의 창조물인데, 한 명은 정신과 환자가 되었던 성인이고 또 다른 한 사람은 유아 경험에 대한 이론을 가진 치료사이다. 이 재창조된 유아는 기억, 전이에서의 재현, 이론을 근거로 한 해석으로 함께 만들어졌다. **관찰된 유아로부**터 구별하기 위해서 나는 이 창조물을 **임상적 유아**라고 부르는데, 관찰된 유아의 행동은 그것이 발생한 그 시점에서 검토된다.

이 두 가지 접근 둘 모두는 유아의 자기 감각의 발달에 대해서 생각해보는 현재 과제를 위해서는 없어서는 안 된다. 임상적 유아는 관찰된 유아에게 주관적 삶을 불어넣어 주고, 관찰된 유아는 일반적인 이론들을 제시해주는데, 그 위에 우리는 추론된 임상적 유아의 주관적 삶을 세울 수 있다.

이러한 공동 작업은 불과 10년 전에도 상상할 수 없는 것이었다. 그때까지는 관찰된 유아는 주로 비사회적 접촉을 다루었는데, 앉기, 잡기, 또는 대상을 지각하고, 대상에 대해서 생각하는 능력의 출현과 같은 신체적 이정표들이었다. 반면 임상적 유아는 항상 주관적으로 경험했던 사회적 세계에 관한 것이었다. 이 두 개의 유아가 각각 다른 이슈에 관여하는 한 그들은 각자의 길로 가게 될 것이다. 그들의 공존은 문제가 되지 않았고 그들의 협동작업의 가능성은 적었다.

하지만 이제는 더 이상 그렇지 않다. 유아의 관찰자들은 최근 어떻게 그리고 언제 유아들이 자신들뿐만 아니라 다른 사람들을 보고, 듣고, 상호작용하고, 느끼고 이해하는지에 대해서 질문하기 시작했다. 이러한 노력은 관찰된 유아를 임상적 유아와 연결해서 둘 모두가 유아의 살아 있는 사회적 경험(유아의 자기 감각을 포함하여)에 대한 견해들을 고려하게 되었다. 이젠 관찰된 유아와 임상적 유아의 공존이 비교와 협력을 해야 할 때이다.

이러한 두 가지 다른 방법으로 얻어낸 유아들에 기반을 두게 되면서 생기는 질문이 있다. 즉, 이 두 유아들은 어느 정도까지 비슷할까? 어느 정도까지 그들은 공통점을 공유하고 있어서 하나의 목표를 위해서 함께할 수 있는가? 언뜻 보면 두 개의 관점이 실제 유아의 사회적 경험에 대한 것처럼 보인다. 만약 그렇다면, 각각은 다른 주장을 입증하던지 반증할 수 있어야 한다. 그러나 많은 이들은 이 두 가지 의견이 같은 현실에 대한 것이 전혀 아니고, 한쪽의 개념적 해석이 다른 쪽의 발견에 영향을 주지 못한다고 믿고 있다. 이러한 경우에, 비교를 위한, 그리고 아마도 협력을 위해 만날 수 있는 공통영역은 존재하지 않을 것이다(크레이슬러와 크래머 1981; 리보비치 1983; 리히텐베르크 1983; 크래머 1984; Gautier 1984).

유아기에 대한 이러한 두 가지 견해 간의 대화와 그것들이 어떻게 서로에게 영향을 주는가는 이 책의 2차적인 논제이다. 그것들이 함께 유아의 자기 감각의 발달을 설명할 수 있는 방법이 주요 논제이다. 두 목표를 위해서, 각 견해를 더욱 충분히 검토하는 것이 중요하다.

임상적 유아기는 매우 특별하게 구성된 개념이다. 이것은 환자가 다른 사람에게 그것을 말하는 과정에서 나타나게 된 인생 이야기의 전체 초기 시기를 이해하기 위해서 창조되었다. 이것이 많은 치료사들이 그들의 정신분석적 치료법을 특별한 형태의 이야기 만들기story-making, 내러티브라고 말했을 때 의미하는 것이다(스펜스 1976; 리쾨르 1977; 쉐이퍼 1981). 그 이야기는 말하는 과정에서 말하는 사람과 듣는 사람 둘 모두에 의해서 발견되고 변화된다. 역사적인 진실은 이야기되는 것에 의해서 세워지는 것이지, 실제로 벌어졌던 것에 의해서가 아니다. 이러한 입장은 한 사람의 삶(특별히 초기의 삶)에 대한 어떤 내러티브도 실제로 벌어졌던 것만큼 타당하다는 가능성의 문을 열어준다. 초기 삶이 실제로 어떤 것과 같은 것인가에 대한 유력한 이론들, 또는 가능성 있는 내러티브들이 있다. 프로이트, 에릭슨, 클라인, 말러, 코헛에 의해서 만들어진 초기 삶의 내러티브는 같은 사례 자료에 대해서조차도 어느 정도 다를 수 있다. 각 이론가는 경험의 다른 측면을 중요한 핵심으로 선택했고 그래서 각각이 환자에 대해 다르게 느껴진 삶의 역사를 만들게 되었다.

이런 식으로 본다면, 어떤 내러티브 서술도 유아기에 실제로 발생한 것이라고 여겨지는 것에 의해서 입증될 수 있겠는가? 쉐이퍼 (1981)는 그럴 수 없다고 주장한다. 그가 제안하는 것은, 치료적 내러 티브들은 단순히 과거 그 당시에 실제로 발생했을 것 같은 것을 보 여주거나 설명하는 것이 아니라, 주목해야만 하는 것과 가장 두드러 진 것을 구체화함으로써 삶의 실제 경험으로 창조한다는 것이다. 다 시 말해서 실제 경험이 치료적 내러티브를 만든 것이 아니라, 경험했 다고 여겨지는 실제 삶은 이 내러티브의 산물이다. 과거는 어떤 면에 서 픽션fiction이다. 이러한 견해에서 보자면 임상적(이야기된) 유아와 관찰된 유아 간의 상호 승인은 의논해봐야 소용이 없다. 어떤 만남의 장소도 존재하지 않는다.

리쾨르(1977)는 그렇게 극단적인 입장을 취하지는 않는다. 그는 쉐이퍼와는 다르게 외적 입증을 위한 만남의 장소가 존재하지 않는 다고는 생각하지 않는다. 만약 그렇다면, 그것은 "치료적 효과를 위 해서 환자가 설명을 받아들일 수 있도록 한다는 명분 아래서 정신분 석적 주장들을 설득의 수사학으로 만드는 것이다."라고 그는 주장한다.

리쾨르가 제시하는 것은, 마음이 어떻게 작동하고 마음이 어떻게 발달해서 많은 내러티브들이 구축될 수 있게 독립적으로 존재한다 는 것에 대한 몇 가지 일반 가설들이 있다는 것이다. 예를 들면, 성심 리 단계들의 발달 순서나 대상 관계성 또는 인간 관계성의 발달 특 성이 그런 것들이다. 이러한 일반 가설들은 직접 관찰에 의해서 또는 어떤 특정한 하나의 내러티브 바깥에 존재하는 증거 또는 정신분석 바깥에 존재하는 증거에 의해서 시험을 거쳐야 할 수도 있고 또는 강력하게 지지받을 수 있다. 리쾨르의 입장이 지니는 한 가지 이점은, 그것이 임상적 유아에게 매우 필요했던 독립적인 정보의 출처들 (인생 내러티브 구축에 들어가는 함축된 일반 가설들을 검토하게 해주는)을 제공해준다는 것이다. 관찰된 유아가 그러한 출처가 될 수도 있다.

나는 리쾨르의 입장에 전적으로 동의한다. 이 입장은 한 환자의 재구성된 개인의 역사에 적용되는 것이 아니라 메타심리학 또는 발달 이론의 제한들에 적용할 수 있다는 이해와 함께 내가 이 책에서 하고 있는 진행에 상당한 근거를 제공한다.

세 번째 고려 사항은 대조적이며 부분적으로 양립할 수 없는 관점들에 대한 이슈와 연관이 있다. 최근의 과학적 시대정신은 무엇이 합리적인 견해인가를 결정하는 데 설득력 있고 적법성을 부여하는 어떤 힘을 가지고 있다. 널리 퍼져 있는 유아에 대한 견해는 최근 몇 년 동안 급격하게 변했고 앞으로도 계속해서 변할 것이다. 유아기에 대한 정신분석적 견해가 관찰의 접근과 너무 떨어져 있고 모순된다면 이것은 결국 거북함이나 질문의 원인이 될 것이다. 다른 관점에서 보았을지라도 같은 주제에 대한 관련된 분야이기 때문에 너무 지나친 불협화음은 견딜 수 없을 것이다. 그리고 최근 양보해야만 하는 쪽은 정신분석인 것처럼 보인다. (이 입장은 아마도 지나치게 상대주의적으로 보이지만, 과학은 상황이나 사물을 어떻게 보아야만 하는가에 대한 패러다임을 바꾸면서 진보하고 있다. 이러한 패러다임은 궁극적으로는 신념 체계이다.) 따라서 관찰된 유아와 임상적 유아 사이의 상호 영향은 리쾨르가 의미했던 것처럼 경쟁하고 있는 특정한 이슈들에 대한 직접적인 대면과 유아기의 특성에 대해 발전되고 있는 감각, 둘 모두로부터 생기게 될 것이다. 이 과정은 점차적으로 어떤 것이 받아들일 만하고 비판에 견딜 수 있으며 상식과 조화되는지를 결정할 것이다.

관찰된 유아도 역시 특별하게 구성된 개념이며, 직접적으로 관찰될 수 있는 역량들, 즉 움직이고, 미소 짓고, 새로운 것을 찾고, 엄마의 얼굴을 구별하고, 기억을 코드화하는 등등에 대한 묘사이다. 이러한 관찰들, 그것들 자체로는 살아 있는 사회적 경험이 어떤 '느낌의 질감'을 갖고 있을지는 거의 보여주지 않는다. 더욱이 관찰된 유아가 조직화하고, 재조직화하는 역량들의 늘어가는 목록 그 이상의 존재임을 말해주는 좀 더 고차원적인 조직화 구조에 대해서는 우리에게 거의 말해주지 않는다. 실제 유아의 현실적 경험에 대한 추론을 만들려고 할 때(즉 자기 감각과 같은 주관적 경험의 질감들을 구축하기 위해서), 우리는 영감의 주요 지로 우리 지신의 주관적 경험으로 되돌아가게 된다. 그것이 정확하게 임상적 유아의 영역이다. 그러한 정보의 유일한 창고는 우리 자신의 사회적 삶을 살아왔던 것처럼 느낄 수 있는 우리 자신의 삶의 내러티브들이다. 그렇다면 여기에 문제가 있다. 내담자가 이야기한 성인의 주관적 삶이 유아가 느낀 사회적 삶의 질에 대한 추론의 주요 자료이다. 어느 정도의 순환논리가 불가피하다.

유아에 대한 각 견해는 다른 쪽이 부족해하는 특징들을 가지고 있다. 관찰된 유아는 손쉽게 볼 수 있는 편리성이 있는 반면 임상적 유아는 사회적 삶의 근본적이고 일반적인 특징인 특정한 주관적 경험을 보여준다.

이러한 두 가지 유아의 부분적 결합은 세 가지 이유 때문에 반드시 필요하다. 첫째, 실제로 일어난 일들―말하자면, 관찰 가능한 사건들(엄마가 이것을 했고 저것을 했는데…)―이 어떤 방법으로든 임상가가 심리 내적("나는 엄마를 …로 경험했다"이라고 부른 주관적 경험으로 변형되는 것은 분명하다. 이 부분이 관찰된 유아와 임상적 유아 둘 모두가 연루되는 교차점이다. 이 두 가지 관점이 서로 겹치지는 않지만 어떤 시점에서 서로에게 영향을 주어 접점을 만들어낸다. 이러한 접점 없이 정신병리의 근원을 이해하는 것은 불가능하다. 둘째, 관찰된 유아를 좀 더 잘 알고 있는 치료사는 환자가 좀 더 적절한 인생 내러티브를 창조해낼 수 있게 도울 수 있는 입장에 있을 것이다. 셋째, 임상적 유아를 더 잘 알고 있는 관찰자는 관찰하면서 새로운 방향을 신속하게 생각해낼 수 있을 것이다.

발달 주제에 대한 관점들

정신분석적 관점

발달심리학은 새로운 역량들의 성숙(손과 눈의 공동작용, 기억 떠올리기, 자기 인식 등등)과 그것들의 재조직화를 발달적 변화의 알맞은 주제로 본다. 임상적 유용성과 주관적 이야기를 위해서, 정신분석은 발달 또는 정신적 삶에 대한 좀 더 큰 조직화 원칙들의 견지에서 그 이상의 걸음을 내디뎌야만 하고 진행적인 재조직화progressive reorganization를 명확하게 해야만 한다. 프로이트가 말한 구강기에서 항문기로, 그리고 성기기로의 발달 진행은 추동drive 또는 이드id의 특성의 순차적 재조직화로 보인다. 에릭슨이 설명한 신뢰에서 자율성으로, 그리고 근면으로의 발달 진행은 자아와 성격 구조들의 순차적 재조직화로 보인다. 비슷하게 스피츠의 조직화 원칙들의 진행은 자아 전조들의 순차적 재구성에 관한 것이다. 말러가 말한 정상적 자폐에서 정상적 공생으로, 그리고 분리－개별화로의 발달 진행은 자아와 이드의 재구성에 관한 것이지만 자기와 타인에 대한 유아의 경험의 측면에서 본 것이다. 클라인의 발달 진행(우울 자리 그리고 피해망상과 분열 자리)도 자기와 타인의 경험의 재구성에 관한 것이지만 이것은 매우 다른 방식을 취하고 있다.

이 책에 묘사된 발달의 설명은 자기의 새로운 감각들이 발달의 조직화 원칙으로 기능한다는 것인데, 핵심적인 관심사가 자기와 타인에 대한 유아의 경험이라는 측면에서 말러와 클라인의 설명과 매우 가깝다. 차이점은 발달 순서의 차례와 자기 감각의 발달에 대한 나의 강조점 면에서 그 경험의 본질이 어떤 것인지 생각하는 것인데, 자아 또는 이드의 발달의 이슈들로 방해받거나 혼란스러워하지 말기를 바란다.

정신분석적 발달 이론들은 또 다른 전제를 공유한다. 이 이론들 모두는 발달이 한 단계에서 다른 단계로 진행하고 각 단계가 자아와 이드의 발달을 위한 특정한 단계일 뿐만 아니라 어떤 최초의 임상적 이슈들에 대해서도 특정하다고 가정한다. 사실상 발달 단계들은 유아가 이후의 삶에서 병리적 형태로 나타날 수 있는 특정한 유형의 임상적 이슈를 처음으로 어떻게 다루는가와 관계가 있다. 이것이 피터프로인드(1978)와 클라인(1980)이 발달 시스템은 병리형태적이면서 회고적retrospective이라고 할 때 의미하는 것이다. 피터프로인드는 "두 가지 근본적인 개념적 오류, 특별히 정신분석적 사고의 특징인 성인기를 토대로 한 유아기, 그리고 이후의 정신병리 상태들에 대한 가정의 견지에서 정상 발달의 초기 상태들에 특성을 부여하는 경향성"에 대해서 말한다(p.427).

프로이트의 구강기, 항문기, 등등의 단계들은 추동drive의 발달 단계를 의미할 뿐만 아니라 이후에 발생하는 특정한 정신병리적 실체가 되는 고착의 잠재적 기간, 즉 병리의 기원의 특정한 지점을 나타내는 것도 바로 이러한 방법에서였다. 비슷하게 에릭슨은 그의 발달 단계에서 이후의 자아와 성격의 병리의 구체적인 뿌리를 찾으려 했다. 말러의 이론에서, 아동기 자폐, 아동기 공생적 정신이상, 지나친 의존성과 같은 이후의 임상적 현상들을 이해해야 하는 필요성은 발달 초기에 어떤 예비적 형태로 이러한 실체가 발생한다고 가정하는 것으로 이어진다.

이 정신분석가들은 시간을 거슬러 올라가면서 작업하는 발달 이론가들이다. 그들의 주된 목표는 정신병리의 발달의 이해를 돕는 것이다. 이것은 사실 치료에서 급박한 과제인데, 어떤 다른 발달심리학도 다루지 않는 그런 과제이다. 하지만 이런 점 때문에 정신분석가들은 성인에게서 보인 병리형태적으로 선택된 임상적 이슈들을 핵심적 발달 역할에 놓게 된 것이다.

대조적으로, 여기에서 취한 접근은 병리형태적pathomorphic이라기보다는 정상 규범적normative이고 뒤를 돌아보면서retrospective라기보다는 앞을 바라보는prospective 방법이다. 자기의 감각의 발달에서의 혼란이 이후의 병리를 예측하는 것이 될 수도 있지만, 각각의 자기 감각은 정상적 발달을 묘사하기 위해서 디자인된 것이지 병리 발생적 형태의 개체발생을 설명하기 위한 것은 아니다.

정신분석적 이론들은 또 다른 가정을 만든다. 임상적 이슈를 작업했던 병리형태적으로 지정된 단계는 행동학 개념에서 발달적으로 민감한 시기이다. 임상에서의 각각의 개별적 이슈인 구강기적 경향성, 자율성, 혹은 신뢰 등등에는 한정된 시간대, 즉 특정한 단계가 주어지는데, 이 단계에서 지명된 단계별 특정한 임상 이슈가 "우세해지고, 위기를 만나게 되고, 그리고 그 한경과의 결정적인 지면을 통해서 지속적인 해결을 찾게 된다."(샌더 1962 p.5) 이런 방식으로 각 나이 또는 단계는 단 하나의 특정한 임상 이슈의 발달 또는 성격 특성의 발달에 민감하고, 거의 결정적인 시기가 된다. 프로이트, 에릭슨, 말러의 순서는 매우 좋은 예들이다. 그러한 체계에서, 각 이슈(예를 들면, 공생, 신뢰, 또는 구강기 경향성)는 결국 각각의 구별된 시기와 관련되게 된다. 그 결과가 일련의 특정한 시기들이며, 삶의 가장 기본적인 임상 이슈가 각각의 구별된 순서대로 지나간다는 것이다.

임상에서의 이러한 이슈들이 정말로 특정한 나이의 단계를 정의하는가? 각각 다른 두드러진 임상적 이슈들의 연속이 관찰자와 부모가 쉽게 볼 수 있는 사회적 관계성에서의 비약적인 도약을 설명하는가? 발달심리학자의 관점에서 보면, 발달 단계를 의미 있게 묘사하기 위해 임상에서의 이슈들을 사용하는 것에는 심각한 문제들이 있다. 자율성과 독립에 대한 기본적인 임상적 이슈가 하나의 좋은 예를 제공한다.

어떻게 자율성과 독립의 이슈에 특정한 연관된 단계를 규정할 수 있는 결정적인 사건들을 알아낼 수 있는가? 에릭슨(1950)과 프로이트(1905)는 약 24개월쯤 아이가 배변 기능을 독립적으로 조절할 때 이러한 임상적인 이슈를 결정적으로 대면하게 된다고 보았다. 스피츠(1957)는 이 결정적인 대면이 15개월에 아이가 "싫어."라고 말하는 능력이 생길 때 일어난다고 보았다. 말러(1968, 1975)는 자율성과 독립성의 결정적인 사건이 약 12개월에 시작되는 아이의 걷고, 엄마로부터 떨어져 돌아다닐 수 있는 능력이라고 생각했다. 이러한 세 가지의 결정적인 대면의 시기는 2살 반 아이의 인생에서 절반인 일 년가량의 불일치를 보인다. 이것은 커다란 불일치이다. 어떤 저자가 옳은가? 그들 모두가 옳다. 그리고 그것이 문제이면서 동시에 중요한 포인트이다.

사실 아이들이 가지는 다른 행동들도 동등하게 자율성과 독립성에 대한 기준이라고 말할 수 있다. 예를 들면, 3~6개월 기간 동안 엄마와 아이 사이에서 이루어지는 응시 행동을 통한 상호작용은 12~18개월 기간 동안 엄마와 아이 사이에서 운동성 행동을 통해 이루어지는 상호작용과 놀랄 만치 비슷하다. 3~5개월 기간 동안, 엄마는 사회

적 활동에서 직접적인 시각적 참여의 시작과 끝맺음에 대한 통제권
을 아이에게 주거나 또는 아이가 그 통제권을 차지한다(스턴 1971,
1974, 1977; 비비와 스턴 1977; 메서와 비즈 인쇄 중). 이러한 기간 동안에
아이는 걸을 수 없고, 팔다리 움직임과 눈과 손의 협력작용을 제대로
조절할 수 없다는 것을 염두에 두고 있어야 한다. 하지만 시각 운동
시스템은 사실상 발달되어서 응시행동에서 아이는 놀랄 만하게 유
능한 상호작용의 파트너이다. 응시하기는 사회적 의사소통의 영향력
있는 형태이다. 생애의 이러한 기간 동안에 엄마와 아이의 응시하기
패턴을 지켜보면, 같은 사회적 행위에 대해 두 사람이 거의 동등한
솜씨와 통제력을 가진 것을 보게 된다.[1]

　이러한 관점에서 보면, 유아는 엄마와의 사회적 접촉의 시작, 유
지, 끝맺음과 회피에 대한 주요한 통제권을 행사하고 있는 것이 분명
하다. 더욱이 아이는 응시의 방향을 통제하는 것으로 자신이 처하게
되는 사회적 자극의 정도와 양을 스스로 조절한다. 아이는 자신의 응
시를 다른 곳으로 돌리거나, 눈을 감거나, 초점을 흐르게 멀리 바라
볼 수 있다. 이러한 응시 행동을 결단력 있게 사용하는 것을 통해서
아이는 거절하고, 엄마로부터 거리를 두거나, 또는 엄마로부터 자신
을 보호하는 것처럼 보인다(비비와 스턴 1977; 스턴 1977; 비비와 슬로트
1982). 아이는 또한 응시하기, 미소 짓기, 소리내기 등을 통해서 자신
이 원할 때 엄마와의 접촉을 다시 시작할 수 있다.

　아이가 응시 행동을 통해서 자신의 자극과 사회적 접촉을 조절하
는 방식은 본질적으로 자율성과 독립성 측면에서 9개월 이후에 아이

가 걸어서 엄마로부터 떨어지고, 다시 엄마에게 돌아가고 하는 방법과 꽤 비슷하다.[2] 그렇다면 외적 행동에서 명백하게 나타나고 주관적으로 경험되는 3~6개월 기간을 자율성과 독립 이슈의 특정한 단계로 고려해야만 하는 것이 아닌가?[3]

엄마들은 유아들이 4개월 때 응시 회피로, 7개월 때 몸짓과 목소리의 억양으로, 14개월 때 달아나는 것으로, 그리고 두 살 때에는 언어로 단호하게 '싫어NO'를 말하는 것으로 자신들의 독립성을 주장한다는 것을 꽤 잘 알고 있다. 자율성 또는 독립에 대한 기본적인 임상적 이슈는 본질적으로 관계 참여의 양과 질을 조절하는 모든 사회적 행동에서 작동하고 있다. 자율성 또는 독립을 특정한 단계의 이슈가 되게 하는 결정적 사건을 구성하는 것은 인지 수준과 운동 역량의 도약적 성숙과 좀 더 관계되어 있는 것으로 보이는데, 이런 것은 자율성과 독립 그 자체에 대한 고려 바깥에 있다. 각 이론가들의 단계에 대한 정의에서 실제로 필요한 것은 바로 이러한 능력과 역량인데, 각 이론가들은 다른 기준을 사용한다.

기본적인 임상 이슈들, 즉 시간적으로 맞추어진 특정한 단계들이 정말 존재한다고 믿는 사람들은 모든 임상 이슈들은 물론 모든 경우에 절충될 것이지만 여전히 우세한 것이 있고, 한 가지 인생 이슈가 그 사람의 생애에 상대적으로 좀 더 두드러진다고 주장할 것이다. 분명히, 발달의 주어진 어느 시점에 계속 지속되는 이슈를 처리하기 위해서 사용되는 새로운 행동이 더욱 극적일 수 있고(예를 들면, 미운 두 살에 자율성과 독립이 취하는 형태들), 또한 이러한 새로운 형태는 자신에게 더욱 많은 관심을 끌기 위해 사교적이어야 하는 압박을 받을 수 있다. 하지만 좀 더 사교적이어야 하는 압박의 필요성은 대체로 문화에 따라 결정된다.[4] 이런 '미운 두 살'이 모든 사회에서 끔직한 것은 아니다.

그러므로 특정한 나이에 어떤 최초의 임상 이슈가 상대적으로 우세하다는 것은 환상에 불과하고 이론적, 방법론적 또는 임상적 필요와 편견, 그리고 문화적 압박으로부터 생겨났을 가능성이 많다. 이것은 보는 사람의 눈에 있는 것이지 유아가 그렇게 경험하는 것이 아니다. 더욱이 만약 하나의 기본적인 인생 이슈를 뽑고 어떤 발달 시기를 그 이슈의 결정적인 해결에 전적으로 할애하면, 그 발달 과정의 그림은 필연적으로 왜곡될 것이다. 그것은 가능할 만한 임상적 내러티브를 묘사하는 것이지 관찰된 유아를 묘사하는 것은 아니다. 관찰의 관점으로 본다면, 기본적인 임상 이슈들이 전반적으로 발달 시기나 단계를 적절하게 정의하는 것으로 고려하는 것에는 설득력 있는 근거가 없다.[5]

임상의 이슈들은 인생 전반에 걸친 이슈들이지 인생의 단계의 이슈가 아니다. 따라서 임상적 이슈는 유아의 사회적 '감'에서의 또는 사회적 삶에 대한 유아의 주관적 관점에서의 발달적 변화들을 설명하지는 못한다.

이러한 전통적인 임상적, 발달적 이슈를 인생의 민감한 단계에 대한 주제로 만드는 데에는 또 다른 문제점이 있다. 이러한 견해가 지난 몇 십 년 동안 널리 받아들여지고 있다는 사실에도 불구하고,

이러한 이론이 가지고 있는 매우 분명한 예측을 지지할 만한 가능성 있는 종적으로 보는 연구가 아직 나오지 않았다. 특정한 나이나 단계에서 발생하는 심리적 모욕과 외상은 후에 예측할 수 있는 특정한 타입의 임상적 문제로 귀결되어야만 한다. 그에 대한 증거는 존재하지 않는다.[6]

임상을 바탕으로 한 발달심리학자들의 관점

유아를 직접 관찰하는 사람들에게는 발달 단계들이 분명히 있는 것처럼 보인다. 하지만 이러한 단계들은 이후의 임상적 이슈의 측면에서가 아니라 지금의 적응적인 과제의 측면에서 보아야 하는데, 그 과제가 유아의 신체적, 그리고 정신적 역량의 성숙 때문에 발생한다. 그 결과가 엄마와 유아가 적응이 어떻게 진행되어야 할지 반드시 함께 협상해야만 하는 발달 이슈들의 진행이다. 샌더(1964)는 이러한 관점에서 다음과 같이 단계들을 묘사했다. 생리적인 조절(0~3개월); 상호 교환의 조절, 특별히 사회적-정서적 조절(3~6개월); 사회적 교환과 환경을 조정하는 것에서의 유아의 주도권의 공동 조절(6~9개월); 활동들의 초점의 집중(10~14개월); 자기주장(15~20개월). 그린스팬(1981)은 어느 정도 비슷한 단계들의 순서를 전개했는데, 다른 점은 그는 쉽게 관찰할 수 있는 행동들에서 더욱 벗어났고 정신분석의 추상적인 조직화 원칙들과 애착이론을 통합했다는 것이다. 그가 제안한 단계는 여러 다른 종류로 이루어졌다. 항상성homeostasis(0~3개월); 애착(2~7개월); 신체심리적 분화differentiation(3~10개월); 행동의 조직화, 주도성, 내재화(9~24개월); 그리고 표상의 역량, 분화, 합병(9~24개월).

　엄마와 유아의 상호작용의 관찰자들 대부분은 그러한 묘사적인 체계들이 정도의 차이는 있지만 중요한 발달상의 변화들을 잡아내고 있다는 데 동의할 것이다. 이러한 묘사적인 체계들의 구체적인 면 중 몇 가지는 논쟁의 여지가 있지만 이러한 체계들은 어려움에 있는 엄마-아이 한 쌍을 평가하고 치료하는 데 임상적으로 도움이 된다. 여기에서 핵심은 이러한 묘사들의 타당성이 아니라 그것들이 취하고 있는 관점의 본질이다. 이 체계들은 한 쌍을 초점의 구성단위로 보고 이것을 적응의 과제 측면에서 본다. 이것은 있을 법한 유아의 주관적 경험에 대해서는 거의 고려하지 않는다. 유아는 자라고 발달하는 그들의 일을 수행해나가고, 항상성과 상호적 조절과 같은 추상적인 실체는 아이의 주관적 사회 경험에서 상상컨대 의미 있는 부분이 아니다. 우리가 이 연구에서 가장 염두에 두고 있는 것이 바로 유아의 주관적 경험인 것이다.

　애착attachment 이론은 발달심리학의 견해들과 방법들을 포함하기 위해서 정신분석과 행동학에 그 근원을 두고 성장해왔는데(볼비 1969, 1973, 1980), 애착이론은 현상의 많은 차원을 포함하게 되었다(에인스워스 그리고 비티히 1969; 에인스워스 1978). 다양한 차원에서 애착은 '작업 모델'의 형식에서 유아의 행동, 동기 시스템, 엄마와 유아 사이의 관계, 이론적 개념, 유아의 주관적 경험을 다 포함하고 있다.

　각각 다른 나이에 애착을 유지하기 위해서 변화시키는 행동 패턴과 같은 애착의 몇몇 단계는 순차적 발달 단계로 쉽게 볼 수 있다.

반면 엄마－아이의 관계의 질quality과 같은 것은 평생에 걸친 이슈이
다(스루프와 워터스 1977; 스루프 1979; 힌데 1982; 브레테튼과 워터스, 인
쇄 중).

　대부분의 애착 이론가들은 아마도 대학의 심리학에 기초를 두고
있기 때문에 볼비의 개념을 좀처럼 선택하지 않았다. 볼비는 애착이
진화에 대한, 종species에 대한, 그리고 한 쌍에 대한 견해이면서 이것
은 또한 엄마에 대한 유아의 작업 모델의 형식에서 유아의 주관적
경험에 대한 관점이라고 생각했다. 최근에야 비로소 연구자들이 유
아의 마음에 있는 엄마의 작업 모델에 대한 볼비의 개념을 다시 언
급하고 있다. 현재 몇몇 연구자들(브레테튼, 인쇄 중; 메인과 카플란, 인
쇄 중; 오소프스키 1985; 스루프 1985; 스루프와 플리슨 1985)이 애착이론
이 세운 개념을 유아의 주관적 경험의 차원에서 사용하고 있다.

발달하는 자기의 감각들에 대한 견해

　여기에서의 설명은 작업 가설의 형태일지라도 전통적인 정신분
석 이론 그리고 애착이론 둘과 많은 특징을 공유하고 있다. 좀 더 고
차원적 개념들은 발달에 대한 조직화 원칙으로 기능할 필요가 있다.
이런 면에서, 이 설명은 두 이론과 완전히 같은 선상에 있다. 이것이
그 이론들과 다른 점은 이것의 조직화 원칙이 주관적 자기의 감각에
관계되어 있다는 것이다. 자기 심리학이 그 중심에 자기self를 구조와
과정으로 써놓는 일관성 있는 치료 이론으로 출현하고 있지만, 자기
의 감각을 발달의 조직화 원칙으로 고려하려는 체계적인 시도가 아

직 없다. 그렇지만 그 방향에서 몇몇 가정들이 만들어지고 있다(예를 들면, 톨핀 1971; 코헛 1977; 셰인 1980; 스테클러와 카플란 1980; 리 그리고 노암 1983; 스토러로 1983). 그리고 현재의 발달적 견해가 성인을 위한 임상적 이론으로써의 자기 심리학의 생각과 어떻게 조화를 이룰 수 있을지 아직 분명하지 않다.

분명히 말러와 클라인과 대상관계 학파는 자기와 타인의 경험에 집중해왔지만 주로 리비도와 자아의 발달로부터는 떨어져 나온 것으로써 또는 부차적인 것으로써였다. 이 이론가들은 자기의 감을 주요한 조직화 원칙으로 결코 고려하지 않았다.

자기의 감각과 타인의 감각에 집중하고 있는 여기에서의 설명은 유아의 추론된 주관적 경험을 그 출발점으로 삼고 있다. 그런 면에서 독특한데, 주관적 경험 그 자체가 여기에서는 주요 작업의 부분이다. 반면 정신분석 이론이 주요 작업이 부분은 주관적 경험에서 이끌어 낸 자아와 이드였다.

자기의 감각의 발달 진행

새로운 행동들과 역량들이 나타나게 되었을 때, 그것들은 재조직화되어 자기와 타인에 대한 조직화하는 주관적 관점을 형성한다. 그 결과는 비약적인 도약을 통한 각각 다른 자기의 감각들의 출현이다. 여기에서 이 감각들에 대한 간단한 개요를 기술하고, PART II의 각각의 구별된 장에서 더욱 자세히 설명하고자 한다.

각 사람마다 신체적 자기가 있는데, 이것은 일관성 있고 의도를 가진 신체적 실재로 경험되며, 유일무이한 정서적 삶과 역사를 지니고 있다. 이 자기는 일반적으로 인식의 범위 밖에서 작동한다. 이것은 당연하게 받아들여지고 그것에 대해서 언어로 말하는 것은 어렵다. 이것이 내가 **핵심 자기의 감각**the sense of a core self이라고 부르는 경험적 자기의 감각이다.[7] 핵심 자기의 감각은 대인관계적 역량들의 작동에 근거한 관점이다. 이 관점이 형성되었을 때, 주관적인 사회적 세계가 변하고 대인관계의 경험이 다른 영역, 즉 **핵심 관계성의 영역**domain of core-relatedness에서 작동된다. 이러한 발달적 변형 또는 창조는 대략 2~6개월 사이에 발생하는데, 이때 유아는 자신과 엄마가 신체적으로 구별되어 있고, 다른 집행자이며, 구분된 정서적 경험을 가지고 있고, 개별적인 역사를 가지고 있다는 것을 감지하게 된다.

그것은 자기와 타인에 대한 단지 하나의 가능한 조직화하는 주관적 관점이다. 7~9개월 사이 어느 때쯤 유아는 두 번째 조직화하는 주관적 관점을 발달시키기 시작한다. 이것은 아이가 세상에는 자신의 것뿐만 아니라 다른 마음들이 있다는 것을 '발견'할 때 생긴다. 자기와 타인은 더 이상 단지 신체적 존재, 행동, 정서, 연속성의 핵심 개체들이 아니다. 자기와 타인은 이제 주관적 정신 상태, 즉 느낌, 동기, 의도를 포함하는데, 이러한 것들은 핵심 관계성의 영역 안에서 생기는 신체적 움직임들 뒤에 있다. 새로운 조직화하는 주관적 관점은 마음속에 보이지는 않지만 추론 가능한 정신 상태(외적인 행동을 이끄는 느낌, 동기, 의도와 같은)를 가지고 있는 질적으로 다른 자기와 타인을 정의한다. 이러한 정신 상태가 이제 관계하는 이유가 된다. 이 새로운 **주관적 자기의 감각**sense of a subjective self은 아이와 엄마 사이의 상호주관성의 가능성을 열고 관계성의 새로운 영역인 **상호주관적 관계성의 영역**domain of intersubjective relatedness 안에서 작동한다. 이것은 핵심-관계성의 영역을 넘는 비약적 도약이다. 사람들 사이의 정신 상태를 이제 '읽을' 수 있고, 같은 상태로 맞출 수 있고, 같은 태도를 취할 수 있고, 또는 조율할 수 있다(또는 잘못 읽을 수 있고, 맞추지 못하고, 어긋날 수 있고, 불협화음을 낼 수 있다). 관계성의 성질이 급속도로 확장된 것이다. 상호주관적 관계성의 영역이 핵심 관계성처럼 인식 밖에서, 그리고 언어적으로 표현하는 것 없이 진행된다는 것을 주목하는 것이 중요하다. 사실 상호주관적 관계성의 경험은 핵심 관계성의 경험처럼 넌지시 말할 수 있을 뿐이지 묘사할 수는 없다(시인들이 그것을 환시시킬 수 있을 것이다).

자기와 타인에 대한 주관적 감각은 핵심 자기의 감각에 필요한 것과는 다른 역량에 바탕을 두고 있다. 이것은 주의집중을 공유하기 위한, 다른 사람에게 의도와 동기가 있음을 알고 그것을 정확하게 감지하기 위한, 그리고 다른 사람에게 있는 느낌의 존재를 감지하고 그것이 자신의 느낌 상태와 일치하는지 아닌지를 감지하기 위한 역량을 포함한다.

약 15~18개월에 유아는 자기와 타인에 대한 세 번째 조직화하는 관점을 발달시키는데, 다시 말하면 자기(그리고 타인)가 개인적인 세계의 지식과 경험의 저장소를 가지고 있다는 것에 대한 감각이다

("나는 냉장고 안에 주스가 있다는 것을 안다. 그리고 나는 내가 목마른 것을 안다"). 더욱이 이런 지식은 언어에 의해서 허용되는 상호 협상을 통해서 객관화될 수 있고, 상징으로 만들어져 소통하고, 공유하고, 창조되기도 하는 의미를 전달하게 된다.

일단 유아가 자기와 세상에 대해서 공유할 만한 의미를 만들 수 있으면, **언어적 관계성의 영역**domain of verbal relatedness에서 작동하는 **언어적 자기의 감각**sense of a verbal self이 형성된다. 또 다시 이 새로운 자기감은 일련의 새로운 역량, 즉 자신을 객관화하고, 자기 성찰을 하고, 언어를 이해하고 생산하는 역량에 기대고 있다.

지금까지 우리는 유아의 생애에서 2개월에서 2년 사이에 발달하는 세 가지 각기 다른 자기와 타인의 감각, 그리고 각기 다른 관계성의 영역에 대해서 논의했다. 아직 출생부터 2개월까지의 기간에 대해서는 아무것도 언급하지 않았다. 이제 그 부분을 이야기하고자 한다.

이러한 매우 이른 시기 동안에 자기의 감각을 포함한 세상에 대한 감각이 출현한다. 유아들은 다양한 경험을 연결시키는 과제를 부지런히 한다. 아이의 사회적 역량은 사회적 상호작용을 확실하게 하려는 활기찬 목표 지향성을 가지고 작동한다. 이러한 상호작용은 정서들, 지각된 것들, 감각운동 사건들, 기억들 그리고 다른 인지된 것들을 낳는다. 다양한 사건들을 어느 정도 통합하는 것은 타고났다. 예를 들면, 아이가 물체를 만져서 그 형태를 느낄 수 있다면, 아이는 이전에 그 물체를 본 적이 없을지라도 그 물체가 어떻게 생겼는지 알게 된다. 다른 통합들은 그렇게 자동적이지는 않지만 빠르게 배운다. 연결성은 빠르게 형성되고 유아는 조직의 출현을 경험한다. **출현하는 자기의 감각**sense of an emergent self이 탄생하게 되는 과정에 있는 것이다. 이것은 연결망이 출현해서 통합되어가는 경험이고, 우리는 이것의 영역을 **출현하는 관계성의 영역**domain of emergent relatedness이라고 할 수 있다. 하지만 여전히 형성되고 있는 통합적인 연결망은 단일한 조직화하는 주관적 관점에 의해서 아직 받아들여지지는 않았다. 그것은 핵심 관계성의 영역으로의 발달적 도약의 과제가 될 것이다.

지금까지 묘사한 네 가지 주요한 자기 감각들과 관계성의 영역들은 이 책의 대부분을 차지할 것이다. 네 개의 자기 감각들은 그것들이 출현하는 시간적인 면에서 지금까지 언급해온 주요한 발달적 전환들과 일치한다. 각각의 자기 감각의 출현과 함께 생기는 유아의 사회적 감의 변화도 이런 전환의 본질과 조화를 이룬다. 엄마와 유아 사이의 주된 '행위'도 그와 같은 흐름에 있는데, 신체적이고 활동적인 사건들로부터 눈에 보이는 행동 밑에 있는 정신적 사건들로 전환하며, 이후에는 사건들의 의미로 전환한다. 이러한 감각들과 영역들을 더욱 깊이 조사하기 전에, 우리는 반드시 민감한 시기들의 이슈를 언급해야만 하며, 연속하는 단계들뿐만 아니라 동시에 일어나는 자기 경험의 영역들도 우리가 다룬다는 것을 분명히 하고자 한다.

관계성의 네 영역들이 하나 후에 그다음 것이 연속적으로 발달할 때, 각 영역은 그다음 것이 나타나게 되었을 때 어떻게 될까? 각각의 자기의 감각은 새로운 것이 나타나도 그대로 남아 있어서 함께 존재하는 것이 아닐까? 아니면 새로운 자기의 감각의 출현이 존재하고 있던 것을 능가해서 단계들은 순차대로 흥하다가 약해지는 것일까?

　임상적 유아와 관찰된 유아의 전통적인 그림은 순차적 단계의 견해 쪽으로 기울어진다. 발달 시스템들 둘 모두에서, 유아의 세계관은 각 새로운 단계가 나타남에 따라 극적으로 전환하고, 세상은 주로 새로운 단계의 조직의 견지에서 보이게 된다. 이전의 단계, 전 단계의 세계관에는 무슨 일이 생기는가? 이전의 단계는 새로운 단계에 가려지거나 또는 떨어져 나가거나 또는 베르너(1948)가 제안한 것처럼 잠재적으로 남아 있지만 새로운 조직으로 통합되어 들어가서 이전의 특징의 대부분을 상실하게 된다. 카시러(1955)가 설명한 것처럼, 고등 단계의 출현은 "이전 단계를 파괴하지 않고 그것보다는 그 자체의 관점에서 그것을 수용한다." 이것은 또한 피아제의 시스템 안에서도 발생한다.

　이러한 단계들의 발달 진행에서 이전의 단계로 돌아가는 것이 가능하다. 하지만 발달 시간상 그 사람을 뒤로 돌아가게 해서 이전에 경험했던 것과 같은 방식으로 그 세상을 경험하기 위해서는 특별한 과정과 조건이 필요하다. 임상적 이론에서 퇴행이 그러한 목적에 기능한다. 베르나와 카플란의 시스템(1963)에서, 사람은 개체 발생적 나선형 진행을 올라가고 내려올 수 있다. 경험의 이전 단계이면서 더욱 전반적인 형태로의 회귀는 주로 도전, 스트레스, 갈등, 적응의 실패, 또는 피로함 그리고 꿈의 상태인 정신병리적 조건 또는 약물 상태의 조건 아래서 주로 발생하는 것으로 여겨진다. 이러한 퇴행의 예외가 있지만, 발달하는 세계관은 주로 연속하는 그리고 순차적이지 동시

발생적이지는 않다. 현재 경험의 조직화가 이전의 것들을 포괄한다. 현재의 것들은 이전의 것들과 함께 존재하지 않는다. 이러한 발달 진행은 그림 2.1로 도식화할 수 있는데, (a) 구강기, 신뢰, 정상적 자폐 (b) 항문기, 자율성 (c) 성기기 등등을 나타낼 수 있다.

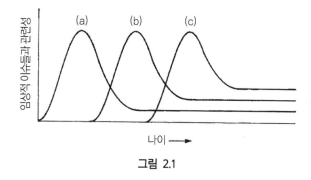

그림 2.1

발달에 대한 이러한 견해는 특정한 정신적 능력이나 인지적 역량의 발달 진행을 고려할 때 가장 합리적일 수 있지만 그것이 현재의 과제는 아니다. 우리는 자기의 감각을 인간관계의 만남에서 일어나는 것에 따라 고려하려고 한다. 그러한 주관적인 영역에서 자기 감각들의 동시발생은 보통의 경험과 더욱 가까운 것 같다. 각각 다른 영역에서의 경험들 사이에, 즉 각각 다른 자기의 감각들 사이에서 앞으로 그리고 뒤로 움직이는 것에는 어떤 특별한 조건이나 과정이 있을 필요는 없다.

성인의 경험으로부터 온 설명이 자기의 감각들의 동시발생을 이해하는 데 도움을 줄 것이다. 전체가 관여하는 대인관계적 일인 성관계를 갖는 것making love은 우선 구별된 신체적 실재로써, 즉 움직이고 있는 형태로써(핵심 관계성의 영역에서의 경험)의 자기와 타인의 감각이 관여하는데, 신체적 행동에서 포함되는 자기 집행자, 의지, 활성화의 감각이 관여하는 것이다. 동시에 이것은 상대방의 주관적 상태, 즉 공유된 욕구, 조절된 의도들, 상호 간에 동시적으로 달라진 흥분의 상태를 감지하는 경험이 관여되어 있는데, 이것은 상호주관적 관계성의 영역에서 발생한다. 연인 중에 한 사람이 처음으로 "사랑해"라고 말하면, 이 말은 다른 영역들에서 발생하고 있는 것을 요약하고(언어적 관점에서 수용된), 아마도 이 커플의 관계는 전적으로 새로운 국면으로 가게 될 것인데, 지금까지의 관계의 역사의 의미를 바꾸고 그것을 말하는 순간을 따르게 될 것이다. 이것이 언어적 관계성의 영역에서의 경험이다.

출현하는 관계성의 영역은 어떤가? 그것은 선뜻 분명하게 보이지는 않지만 그럼에도 불구하고 그곳에 있다. 예를 들면 다른 사람의 눈의 색의 매력에 빠지게 될 수 있는데, 마치 그 눈이 순간적으로 그의 부분이 아니고, 누구의 정신 상태와 관련 없으며, 새롭게 발견되고, 어떤 조직화하는 네트워크 바깥에 있는 것처럼 느껴질 수 있다. '색이 있는 눈'이 다시 지인에 속한 것이 되는 그 순간 출현하는 경험, 출현하는 관계성의 영역에서의 경험이 발생한 것이다.[8]

우리는 사회적 상호작용의 주관적 경험이 모든 관계성의 영역들에서 동시적으로 발생하는 것으로 본다. 물론 한참 동안 한 영역에 집중하고 다른 영역을 부분적으로 배제할 수 있지만, 다른 영역들도 인식되지는 않지만 독특한 경험들을 하고 있다. 실제로 '교제하는 것 socializing'이라고 말할 때 의미하는 것의 대부분은 하나의 영역, 대개는 언어적인 영역에 인식을 집중시키고, 그것을 경험하는 것의 공식적인 견해라고 단언하기도 한다. 이러는 중에 다른 영역들의 경험들(발생한 것의 '비공식적' 견해)들은 부인하게 된다. 그럼에도 불구하고 주의집중은 한 영역에서의 경험으로부터 다른 영역의 경험으로 유동성 있게 이동할 수 있고 실제로 이동을 한다. 예를 들면, 대인관계에서의 언어는 대체로 다른 영역들에서 동시에 일어나는 경험들에 대한 (언어 영역에서의) 설명이다. 만약 당신이 누군가에게 무엇을 해달라고 요청했고 그 사람이 "그게 어려울 것 같아요. 당신이 요청하다니, 놀랍네요!"라고 말한다면, 그는 아마도 동시에 그의 머리를 들어 올리고 약간 앞으로 다시 보낸 다음, 눈썹을 올리고, 코를 조금 밑으로 항히게 할 것이다. 이러한 비언어적 행동(핵심 관계성과 상호주관적 관계성의 영역에 있는)의 의미는 언어를 통해서 잘 전달된다. 하지만 여전히 이러한 신체적 행위는 특유한 경험적 특성을 보유한다. 그것의 목표는 언어 밖에 있는 경험을 관여시키는 것이다.

관계성의 모든 영역들은 발달 동안에 활동적이다. 유아는 성장해서 그것들 중 어떤 것을 벗어나게 되지는 않는다. 그것들 중 어느 것도 쇠퇴하지 않고, 어느 것도 발달적으로 폐기되거나 뒤처지지 않는다. 일단 모든 영역들이 생기게 되면, 어떤 한 영역이 어떤 특정한 나이에 필연적으로 우세할 것이라는 보장은 없다. 어떤 것도 모든 경우에 특권이 있는 위치를 가지고 있지 않다. 발달 동안에 각 영역의 출현에는 순서적으로 시간적 계승―첫 번째는 출현하는, 그다음은 핵심, 그다음은 주관적, 그다음은 언어―이 있기 때문에 불가피하게 하나 또는 두 개의 영역이 기본적으로 우세한 시기가 있을 것이다. 사실, 각각 잇따른 조직화하는 주관적 관점은 이전의 것을 선임자로 필요로 한다. 일단 형성이 되면 이 영역들은 사회적 삶과 자기를 경험하는 별개의 형태들로써 영원히 남아 있다. 어떤 것도 성인의 경험에 없지 않다. 각각은 단지 더욱 정교화되어 간다. 바로 이런 이유 때문에 **단계**phase나 **기**stage 같은 용어보다는 관계성의 **영역**domain이라는 용어가 선택된 것이다.[9] 발달 상황은 묘사한 것처럼 그림 2.2에 묘사되었다.

이제 우리는 민감한 기간들에 대한 이슈로 돌아가보자. 발달하고 있는 많은 심리적(그리고 신경학적) 과정들의 처음 형성 시기가 상대

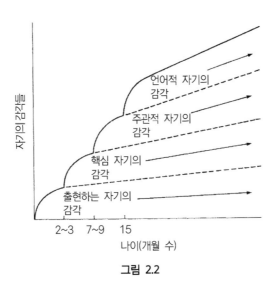

그림 2.2

적으로 민감한 주제인 것처럼 보인다. 일찍 발생한 사건이 더욱 큰 영향력을 가지고 있고 그 사건의 영향이 이후에 발생한 사건보다 돌이키기가 더욱 어려울 것이라는 의미에서 그렇다고 생각하고 있다. 이러한 일반적 원칙은 아마도 각각의 자기의 감각 형성단계에 적용할 수 있다. 형성단계의 시기는 그림 2.3에 도식화되었다.

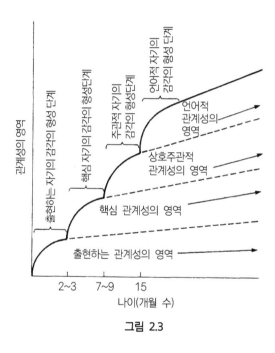

그림 2.3

이 견해는 하나의 민감한 시기로써 각각의 자기의 감각의 형성단계를 고려할 수 있도록 해준다. 이렇게 하는 임상적 의미는 9장과 11장에서 논의하게 될 것이다.

자율성, 구강기 성향, 공생, 개별화, 신뢰, 애착, 숙달, 호기심 등등의 중요한 임상적 이슈들(임상적 아이의 치료적 창조의 중심 무대를 차지하는 이슈들)에는 무슨 일이 생기는가? 이러한 임상적 이슈들은 이 그림에서 전혀 배제되지 않는다. 이것은 단지 주관적 경험의 주요한 조직자로서의 역할을 변화하는 자기의 감각에게 넘겨준다. 자율성과 애착과 같은 평생의 임상 이슈는 가능하게 된 관계성의 모든 영역에서 동등하게 다루어진다. 관계성의 각 형성 단계 동안에 이러한 이슈들이 펼쳐질 대인관계의 행위의 경기장은 자기와 타인이 다르게 감지됨에 따라 변하게 된다. 이에 맞춰, 같은 인생 여정의 이슈의 다른 형태들이 계속하여 발달하게 된다. 예를 들면, 핵심 관계성 동안의 신체적 친밀감, 상호주관적 관계성 동안의 주관적(공감적인 것과 비슷한) 친밀성, 그리고 언어적 관계성 동안의 공유된 의미들의 친밀성 등이다. 따라서 각각의 인생 여정의 임상적 이슈는 그것 자체의 발달선을 가지고 있고, 그 발달선에 대한 약간씩 다른 첨가가 관계성의 각 영역에서 이루어지게 된다.[10]

요약하자면, 유아의 주관적 사회적 삶은 다음과 같은 특징을 지닌 것으로 보인다. 유아는 관찰 가능한 역량들을 가지고 태어나고 이런 역량들은 성숙해간다. 이러한 것들이 사용 가능해지면 조직화되고 변형되는데, 비약적인 정신적 도약을 통해서 자기와 타인의 감각에 대한 주관적 관점을 조직화하게 된다. 관계성의 이러한 영역들은 사회적 경험의 질적인 변화를 가져오지만, 그것들은 단계들이 아니다. 오히려 그것들은 인생 전체에 걸쳐서 온전히 남아 있는 사회적 경험의 형태이다. 그렇더라도 그것들의 형성의 시작 단계는 발달의 민감한 기간이다. 주관적인 사회적 경험은 모든 영역에서의 경험의 총체와 통합의 결과이다. 기본적인 임상적 이슈들은 발달 단계의 이슈가 아니라 인생 전체에 걸친 이슈로 보인다. 자기 경험의 각 영역이 생기게 되면 모든 임상적 이슈의 발달선의 개체 발생에 다른 영향이 주어진다.

이러한 관점과 우리에게 있는 접근을 가지고 이 책의 다음 부분에서 네 가지 자기감각과 네 가지 관계성의 영역을 더욱 자세히 보고자 한다. 우리는 유아의 주관적 사회 경험의 발달에 대한 이러한 견해를 논증하는 관찰 증거와 임상 증거를 망라할 것이다.

---

1 당연히 같은 것을 어떤 유아와 양육자 쌍에서도 말할 수 있다. 이 책에서, '엄마', '부모' 그리고 '양육자'는 일반적으로 주 양육자를 의미하는 것으로 교환하면서 사용하고 있다. 비슷하게 '쌍dyad'은 유아와 주 양육자를 의미한다. 예외는 모유 수유, 특정한 사례들, 모성 행위에 집중한 연구를 언급할 때이다.

2 메서와 비쯔는 짝의 응시 패턴들이 한 살 때에는 상호작용을 훨씬 적게 조절한다고 언급했는데, 그때 유아들은 상호작용과 자신의 긴장 정도를 조절하는 다른 방법들(운동 능력과 같은)을 획득했다.

3 어떤 이는 12개월 때까지 유아들은 충분한 의도성, 대상 영속성 그리고 자율성과 독립의 개념을 의미 있게 만들 수 있는 다른 인지적 역량들을 가지고 있지 않다고 주장할 수 있다. 하지만 다른 이는 또한 18~24개월까지 유아들은 이러한 개념들을 의미 있게 만들 충분한 상징적 기능 또는 자기 인식을 가지고 있지 않다고 주장할 수 있다.

4 세머러프(1983)는 어떤 이슈가 '우위'에 있는지를 결정하는데, 사회와 부모-유아 짝 사이의 상호작용을 설명하기 위한 시스템 이론 모델을 제시했다. 즉, 어떻게 사회적 수준에서의 일들이 한 이슈를 그 짝에게 더욱 현저하게 만드는지를 보여주고자 했다.

5 파인(1981)은 엄마들에 의해서 흔히 관찰되는 사실(유아들이 동시에 많은 임상적 이슈에 능성한 난세를 '안에 에 있나른)에 내해서 실응하는 실냉을 세시했나. 네글 들면, 자율적이 되면서, 숙달을 발전시키고, 그러는 동안에 애착을 갖는다는 것이다. 유아는 하루에 혹은 한 시간에 각각 다른 임상적 이슈가 지배적일 때에도 많은 중요한

'순간들'을 갖는다고 주장했다. 이러한 해결이 가지는 문제를 두 가지 면에서 볼 수 있다. 중요한 '순간들'은 부분적으로 두드러진 단계에 대한 선입관의 기반 위에서 선택된 것처럼 보인다. 그러한 순간들은 높은 긴장 경험들을 둘러싸고 조직화된다. 중간 또는 낮은 긴장 순간들에 비교해서 높은 긴장을 조직화하는 역량에 특별한 관심을 주는 것은 좀 더 논의해야 할 경험적 이슈이다. 그럼에도 불구하고 파인을 이러한 특정한 해결책으로 이끈 것을 보면 그러한 견해가 널리 퍼져 있다는 것을 알 수 있다.

6 병리의 개체발생에 대해 정신분석 이론이 만든 예측들이 가지고 있는 문제 중 하나는 그것이 지나치게 구체적이라는 것이다. 발달 정신병리학에 대한 최근의 생각(시체티와 슈나이더-로즌 인쇄 중, 스루프와 루터 1984)은 병리의 드러남은 각각의 나이마다 매우 다르다는 것을 강조한다. 가장 정상적인 발달 이슈들도 나이에 따라서 그것이 드러나는 방식에는 상당한 변화를 겪는다고 지금은 생각하게 되었다. 이것이 발달의 연속성 안에서의 불연속성의 역설에 대한 생각을 갖게 하였다(와딩턴 1940; 세머로프와 첸들러 1975; 캐건, 키어슬리, 젤라조 1978; 맥콜 1979; 가멘지와 루터 1983; 힌데와 바테슨 1984)

7 핵심 자기의 감각은 정신분석 문헌에서 사용된 '몸 자아' 개념에서 포함하고 있는 현상을 포함한다. 하지만 이것은 그것보다 많은 것을 포함하는데, 자아에 의지하지 않고 다르게 개념화되었다. 이 둘은 정확하게 비교할 수 있는 것은 아니다. 이것은 정서적인 특징들을 포함하고 있기 때문에 감각운동 스키마 그 이상의 것이다.

8 이러한 출현하는 경험은 조직화하는 관점으로부터 서술적으로 분리되어dissociated 있다. 하지만 그것은 정신분석에서 정의한 정신 과정으로써의 '해리dissociation'의 결과물이 아니다. 사색적인 형식에서 이루어지는 예술 작업의 고립된 형태와 비슷하다고 할 수 있다.

9 '영역들Domains'이 '레벨level'보다 더 나은 것 같다. 왜냐하면 '레벨level'은 개체 발생적으로 정확한 상하 계층적 서열을 의미하고 있고 주관적으로 경험되는 사회적 삶의 영역에서는 제대로 적용하기 어렵기 때문이다.

10 발달선에 대한 이러한 취급은 안나 프로이트(1965)가 전개한 같은 생각의 극단적 형태이다. 하지만 그녀는 리비도 단계의 특정성의 개념을 완전히 포기하지는 않았다. 현재의 제안은 그 개념의 거부이다. 여기에서 모든 임상적 이슈는 발달선이 되고, 숨겨져 있는 또는 궁극적인 임상적 이슈가 어떤 주어진 발달 시기에 닻을 내리고 있지는 않다.

PART II
네 가지 자기의 감각들

CHAPTER 03

출현하는 자기의 감각

2 개월의 나이는 거의 출생 자체만큼이나 분명한 경계이다. 약 8주째에 유아는 질적인 변화를 거친다. 즉, 아이는 눈과 눈의 직접적 접촉을 하기 시작한다. 그리고 얼마 지나지 않아 더욱 자주 웃기 시작할 뿐만 아니라, 반응적이고 전염성 있는 웃음을 짓는다. 아이는 옹알이를 하기 시작한다. 이렇게 증가하는 외적인 사회적 행동들이 보여주는 것보다 사실 더 많은 것들이 이러한 발달적 전환 속에서 일어난다. 유아는 배우는 것에 있어서 더욱 빠르고 더욱 포괄적이다. 세상에 대한 주의집중 전략이 변화된 시각의 검토 패턴의 측면에서 전환한다. 운동 패턴들이 성숙한다. 피아제가 묘사한 것처럼 감각운동적 지성이 더 높은 단계까지 다다른다. 뇌전도electroencephalogram에 주요한 변화들이 일어나고, 낮 동안의 호르몬 상황이 잠과 활동의 주기와 더불어 안정화된다. 거의 모든 것이 변한다. 부모를 포함한 유아의 관찰자들은 이것에 동의한다(피아제 1952, 샌더 1962, 스피츠 1965,

엠데 1976, 브래젤튼 1979, 해이스 1980, 그린스팬과 루리 1981, 브론슨 1982).

이러한 발달적 전환이 발생할 때까지 유아는 전사회적·전인지적·전조직화의 삶의 단계(출생부터 2개월까지)에 있다고 일반적으로 생각해왔다. 이번 장에서의 핵심 질문은 이렇다. '아이가 이런 초기에 어떻게 사회적 세상을 경험하는가?' 그리고 '이 시기 동안에 유아의 자기의 감각은 어떤 것일까?' 처음 2개월 동안 아이는 활발히 출현하는 자기의 감각을 형성한다는 것이 나의 결론이다. 이것은 형성의 과정에서의 조직의 감각이고, 평생 동안 활동하게 되는 자기 감각이다. 아직 모든 것을 아우르는 자기 감각은 이 시기에는 획득되지 않았지만 곧 나타나게 될 것이다. 이러한 결론에 어떻게 이르게 되었는지 이해하기 위해서, 이 나이에 있을 법한 유아의 경험의 성질을 이해하는 것이 필요하다.

지난 15년 동안 유아를 관찰하고 평가하는 데 대변혁이 일어났다. 이 대변혁으로 인해 처음 2개월 동안의 유아의 주관적인 사회적 삶을 다시 고려해야만 했다.

어린 유아의 관찰: 유아 연구의 대변혁

유아기 연구에서의 대변혁에 대한 다음의 묘사는 몇 가지 목표를 이루고자 계획되었다. 자기 감각의 형성과 관련된 유아의 역량, 10년 또는 20년 전에는 누구도 있을 거라고 상상도 할 수 없었던 역량들을 보여주는 것; 사용할 수 있는 공통의 용어와 개념을 제공하는 것; 그리고 아마도 더욱 중요한 것은, 빠르게 증가하고 있는 유아에 대한 많은 문헌을 다 읽을 수 없는 사람들과 임상가들에게 일반적으로 퍼져 있는 유아에 대한 참고사항의 틀을 확장하는 것. 새롭게 발견된 유아의 역량에 대한 지식 그 자체가 확장의 작업을 해줄 것이다.

사람들은 항상 유아에 대해서 묻고 싶은 질문들이 있었다. 유아는 무엇을 보고, 냄새를 맡고, 느끼고, 생각하고, 원하는가? 좋은 질문들은 풍부했지만 대답은 부족했다. 어떻게 아이는 대답할 수 있을까? 연구에서의 대변혁은 '아이에게 할 수 있는 좋은 질문은 무엇인가?'를 묻는 것이 아니라, '아이가 대답으로써 기능할 수도 있는 무엇(빨기와 같이)을 할 수 있을까?'로 그 국면을 근본적으로 바꾸는 것으로 구성되었다. 이러한 단순한 전환으로, 대답으로 연결될 수 있는 유아의 능력에 대한 연구는 시작되고 대변혁에 시동이 걸렸다.

또 하나의 시각의 변화가 필요했다. 이것은 신생아기 항상 자고, 배고프고, 먹고, 찡얼대고, 우는 상태, 또는 항상 활동하는 상태에 있지 않다는 깨달음이었다. 만약 이렇다면, 모든 가능성 있는 행동들은 항상 무엇인가를 이미 말하고 있거나, 다른 행동이나 상태로 인해 방해받고 있는 것이다. 하지만 그렇지 않았다. 출생부터 유아는 규칙적으로 경계하고 있는 무활동alert inactivity 상태에 있었는데, 그때에 아이는 신체적으로 조용하고, 경계하고, 분명히 외적 사건들을 흡수하고 있었다(볼프 1966). 더욱이 경계하고 있는 무활동은 몇 분 동안 유지될 수 있고, 어떨 때는 더 길게 유지되며, 깨어 있는 동안 규칙적으로 자주 반복된다. 경계하고 있는 무활동은 필요했던 시간의 '창문'을 제공했는데, 신생아들에게 질문을 부여할 수 있고 그들의 계속적인 활동을 통해서 대답을 식별할 수 있었다.

'어떻게 유아가 '알고' 있는 것을 우리가 알 수 있느냐?'에 성패가 달려 있다고 할 수 있다. 유아의 좋은 '대답들'은 쉽게 관찰 가능한 행동들이어야만 한다. 이러한 행동들은 빈번히 일어나고, 언어 근육 통제 아래 있고, 경계하고 있는 무활동 동안에 요청될 수 있는 것이다. 출생 후 즉시로 일어나는 고개를 돌리기, 빨기, 보기가 세 가지 행동적 대답들이다.

신생아는 자신의 머리를 잘 통제하지 못하고 세우는 자세에서 자신을 곧게 유지할 수 없다. 하지만 머리가 잘 지지되게 등으로 누웠을 때에 신생아는 머리를 좌우로 돌릴 수 있는 적당한 통제력을 가지고 있다. 고개를 돌리는 것이 다음과 같은 질문에 대답이 되었다. '유아는 자신의 엄마의 모유 냄새를 구별할 수 있을까?' 맥팔레인 (1975)은 3일 된 아이들을 뉘어놓고 젖을 먹이는 엄마의 브레스트패드를 아이의 머리 한쪽에 갖다 놓았다. 신생아들은 패드가 어느 쪽에 놓인 것과 상관없이 확실하게 그의 머리를 엄마의 패드 쪽으로 돌렸다. 고개 돌리기는 맥팔레인의 질문에 확실하게 대답했다. 유아는 자신의 엄마의 모유 냄새를 식별할 수 있다.

신생아는 빨기를 정말 잘한다. 아이의 생명의 유지가 빨기에 달려 있는데, 이 행동은 자신의 의지에 따라 수축할 수 있는 근육에 의해서 조절된다. 수유할 때(영양을 관련된 빨기)가 아니면, 아이는 자신의 혀를 포함하여 잡을 수 있는 어떤 것이든 영양과 관련되지 않은 빨기에 상당히 많이 전념한다. 영양과 관련되지 않은 빨기는 신생아의 경계하는 무활동 기간에 발생하는데, 가능성 있는 좋은 '대답'이 된다. 유아는 빨기로 어떤 것이 발생할 수 있도록 신속하게 훈련될 수 있다. 공학적으로 설계된 고무젖꼭지, 즉 그 내부에 압력 변환기가 있는 것을 아이의 입에 주는 것으로 실험은 시작됐다. 이 변환기는 녹음기나 회전목마의 시작 장치와 연결되어서 아이가 어떤 특정한 정도로 빨 때 녹음기가 시작되거나 회전목마가 새로운 활동부로 넘어 가게 된다. 이런 식으로 아이는 그들이 보거나 듣는 것을 빠는 정도를 유지하는 것으로 통제한다(시퀄랜드 & 데루시아 1969). 빨기는 아이가 같은 강도, 같은 크기의 다른 소리보다 사람의 목소리에 특별히 관심이 있는지를 판단하기 위해서 사용되었다. 유아의 빨기 정도는 이 질문에 확정적으로 대답했다(프리드랜더 1970).

신생아들은 시각운동 시스템을 가지고 태어나는데, 이 시스템은 여러 면에서 성숙되어 있다. 유아들은 적절한 거리에 있는 것을 상당히 잘 보며, 대상 고정과 시각적 추구를 담당하는 눈의 움직임을 통제하는 반사 신경들은 출생 시에 손상되지 않았다. 따라서 유아의 보는 패턴은 세 번째 가능성 있는 '대답'이 된다. 판츠(1963)는 개척적인 연구들에서 유아의 시각 선호도를 이용해서 다음과 같은 질문에 대답했다. '아이는 얼굴 보는 것을 다양한 시각적 패턴들을 보는 것보다 선호하는가?' 아이들은 정말로 그렇다. 하지만 그 이유는 복잡하다. (이러한 연구들에서 물었던 세 가지의 질문들은 인간관계의 또는 사회성의 이슈들과 관련되었고 사회적 세상에 대한 유아의 초기 반응을 증명한다는 것을 주목하라.)

이러한 '대답들"을 더욱 흥미로운 질문들과 결합하기 위해서 몇 개의 패러다임들이 발전되었고 한층 더 다듬어졌다. 아이가 어떤 하나를 다른 것보다 좋아하는지를 알기 위해서 단지 두 개의 자극을 '비교 선호도 패러다임'에 넣고 경쟁시켜서 어떤 자극이 주목을 끌게 되는지 보기만 하면 된다. 예를 들면, 아이에게 왼쪽이 오른쪽의 거울에 비친 상인 대칭 패턴을 보여주고, 그다음으로 위쪽 반이 아래쪽 반의 거울에 비친 상인 패턴을 보여주면, 아이는 위아래 거울에 비친 상보다 좌우 거울에 비친 상을 더 오래 보게 된다(쉐로드 1980을 보라). 결론적으로 유아는 사람의 얼굴의 특징인 수직면에 있는 패턴을 수평면에 있는 대칭보다 선호한다. (부모들은 자동적으로 아이 앞에서 그들의 얼굴을 수직면에 정렬하는 것을 주목하라.)

그렇지만 이것보다 저것을 좋아하는 선호도가 없다고 가정해보자. 우리는 여전히 아이가 그것들을 분간할 수 있다는 것을 발견할 수 있겠는가? 유아가 이것과 저것을 식별할 수 있는지를 결정하기 위해서, '습관화/탈습관화habituation/dishabituation' 패러다임의 형식이 사용된다. 이 방법은 같은 것이 아이에게 반복적으로 제공된다면, 아이는 그것에 점점 덜 반응하게 될 것이라는 개념에 기반을 두고 있다. 짐작하건대, 이러한 습관화 반응은 최초의 자극이 그것의 신선함을 잃게 되면서 그 효과가 점점 약해지기 때문이다. 실제로, 유아는 그것을 지루하게 느끼게 된다(소콜로이 1960; 벌린 1966). 예를 들어 유아가 놀란 얼굴과 웃는 얼굴을 식별할 수 있는지를 알기 원한다면, 웃는 얼굴을 6, 7번 보여주면 되는데, 아이는 그것을 점점 보지 않게 된다. 그래서 그다음 나타날 것으로 예측했던 웃는 얼굴 대신에 같은 사람의 놀란 얼굴을 보여준다. 만약 아이가 대체물을 주목한다면, 아이는 탈습관dishabituate할 것인데, 즉 웃는 얼굴이 처음 등장했을 때 했던 것처럼 화난 얼굴을 많이 보게 된다. 만약 아이가 웃는 얼굴과 놀란 얼굴을 구별할 수 없다면, 아이는 계속해서 습관화할 것이다. 즉, 웃는 얼굴을 반복적으로 본 후에 웃는 얼굴을 보는 것처럼 놀란 얼굴도 조금만 보게 된다.

이러한 절차들은 유아들이 구별을 할 수 있는지, 할 수 없는지만 말해준다. 유아들은 그들이 일반적으로 웃음을 형성하는 내용의 어떤 개념이나 표상을 형성하고 있는지 말해주지 않는다. 그것을 알기 위해서 우리는 추가적인 걸음을 내디뎌야만 한다. 예를 들면, 웃음이 누구의 얼굴에 있든지 상관없이 식별할 수 있다는 것을 보여주어야만 한다. 그런 다음에야 그러한 웃음을 짓고 있는 누구의 얼굴과 같은 변이적variant(변하는) 내용과 상관없이 웃음을 구성하는 불변적invariant(변하지 않는) 내용의 추상적 표상을 가지고 있다고 말할 수 있다.

유아들로부터 '대답들'을 이끌어내는 이런 종류의 실험 패러다임과 방법을 사용하면서 인상적인 상당한 정보를 모으게 되었다. 주어진 예들은 유아에 대해서 어떻게 연구를 하는지 설명해주고 발견된 유아의 역량들에 대해 말해준다. 또한 유아의 지각, 인지, 정서에 대한 일반원칙들을 세울 수 있는 정보를 펼치는 데에도 도움을 준다(케센 외 1970, 코헨&살라파텍 1975, 캐간 외 1978, 램&쉐로드 1981, 립시트

1983, 필드&폭스 인쇄 중). 이러한 것들을 간략하게 말하면 다음과 같다.

1. 유아들은 감각 자극을 찾는다. 더욱이 그들은 이미 가지고 있는 질감을 가지고 그러한 것을 한다. 이런 질감은 가설로 만들어진 추동drive과 동기체계에 전제 조건이다.

2. 유아들은 그들이 추구하는 감각들과 형성하는 지각들에 관해서 독특한 편견과 선호도를 가지고 있다. 이런 것은 타고 난다.

3. 출생 때부터 세상에서 무슨 일이 일어나고 있는지에 대해 가설을 세우고 시험해보는 핵심 경향성이 있는 것으로 보인다 (브루너 1977). 유아들은 또한 묻는 방식으로 지속적으로 '평가' 한다. '이것이 저것과 다른가 아니면 같나?', '내가 이전에 마주친 것과 방금 마주친 것은 어떤 차이가 있지?'(캐건 외 1978) 이러한 마음의 핵심 경향성은 계속적으로 적용하면서 재빠르게 사회적 세계를 분류하여 비슷한 종류의 패턴들, 사건들, 경험들로 합치거나 대비하는 것이 분명하다. 아이는 경험의 어떤 특성이 변하지 않고invariant 어떤 것이 변하는variant 것인지 쉽게 발견한다. 즉, 어떤 특성들이 그 경험에 속하는지를 발견한다. 유아는 이러한 같은 과정들을 어떤 감각된 것들이나 지각된 것들이 있을 때 적용할 것인데, 가장 단순한 것부터 궁극적으로 가장 복잡한 것 ─ 말하자면 생각에 대한 생각 ─ 에 적용한다.

4. 정서적 과정과 인지적 과정은 쉽게 분리될 수 없다. 간단한 배움의 과제에 활성화가 형성되고 사라진다. 배우는 그 자체가 동기가 부여된 것이고 정서가 잔뜩 들어 있다. 비슷하게, 강렬한 정서적 순간에서 지각과 인지는 계속된다. 결과적으로 정서적 경험들(예를 들면, 놀람의 많은 다른 경우들)은 불변하고 또

한 변하는 특징들을 가지고 있다. 이러한 것들을 구분하는 것이 정서적 경험과 관련된 인지적 과제이다.

연구의 혁명에 의해서 가능해진 어린 유아에 대한 이러한 견해는 주로 인지적이고, 실험 관찰의 성질에 의해서 큰 부분이 결정된다. 하지만 임상가들과 부모들에게 보인 대로의 어린 유아는 어떠한가? 경계하고 있는 무활동 상태로부터 벗어나게 하는 동기와 취향을 가지고 있는 좀 더 정서적인 아이는 어떠한가? 여기에서 관찰된 유아와 임상적 유아 사이의 차이점이 시작된다.

어린 유아에 대한 임상적 견해와 부모의 견해

유아의 첫 번째 2개월 동안, 엄마의 시간 대부분은 자고−일어나고, 낮−밤, 배고픔−포만의 주기를 조절하는 데 사용된다. 샌더(1962, 1964)는 이러한 초기의 주요한 과제를 생리적 조절의 과제라고 말했고, 그린스팬(1981)은 항상성homeostasis의 과제라고 말했다.

아기가 병원에서 집으로 처음 왔을 때, 새로운 부모는 신생아를 키우기 위해서 매분마다 애쓴다. 며칠 후에 그들은 아마도 20분을 내다볼 수 있을 것이다. 몇 주 후가 지났을 때 그들은 한 시간 또는 두 시간 정도의 시간을 예측할 수 있는 여유를 갖게 된다. 4주에서 6주 후에는 기본적으로 3~4시간이 가능하다. 먹고, 잠들고, 전반적인 항상성의 과제는 대체로 부모의 사회적 행동들, 즉 흔들기, 만지기, 달래기, 말하기, 노래하기, 소리를 내기, 얼굴 표정 짓기 등을 수반한다. 이러한 것들은 대체로 울기, 안달하기, 웃기, 쳐다보기 등과 같은 아이의 사회적 행동에 대한 반응으로 일어난다. 많은 양의 사회적 상호작용이 생리적 조절을 위해서 진행된다. 아이를 달래는 것과 같은 행위의 목표에 현실적으로 집중하고 있을 때 부모는 때때로 사회적 상호작용이 발생한다는 것을 감지하지 못한다. 결국은 이 모든 것이 중요하고, 그러한 결과를 위한 수단은 대인관계의 관계성의 순간처럼 눈에 띄지 않게 진행된다. 다른 때에는 부모는 사회적 상호작용에 집중하고, 시작부터 아이가 자기의 감각을 가지고 있다는 것을 전제로 행동한다. 부모는 즉시로 자신의 아이에게 의도("오, 너 저걸 보기 원하는 구나.")와 동기("엄마가 젖병을 빨리 가지고 오게 네가 그것을 했구나.")와 행동의 주인의식("너 일부러 그것을 던져버렸지, 그렇지?")을 부여한다. 아이에게 인간의 성질을 부여하지 않고는 이러한 사회적 상호작용을 하는 것은 거의 불가능하다. 이러한 성질이 인간의 행동을 이해하게 만들고, 아이의 중심 발전의 영역을 고려하는 것을 통해서 부모는 예외 없이 자신의 아이를 이해할 수 있는 존재로서, 즉 아이가 앞으로 되어갈 그 사람으로서 아이를 취급한다.[2]

부모는 따라서 영유아를 한편에서는 조절의 필요가 있는 생리적인 시스템으로 보고, 다른 한편으로는 주관적 경험, 사회적 민감성 그리고 지금 성장하고 있는(지금 거기에 없을지라도) 자기 감각을 가진 꽤 발달한 사람으로 본다.

고전적 정신분석은 이러한 초기 동안에 거의 오로지 생리적 조절에 초점을 두고 있는데, 이러한 조절의 대부분이 실제로는 사회적 행동들의 상호 교환을 통해서 이루어진다는 사실을 지나쳐버린다. 이러한 접근은 결과적으로 꽤 비사회적 유아의 사진을 낳게 되지만, 이것은 또한 생리적 상태의 변화들에 의해서 영향을 받는 유아의 내적 세계에 대한 풍부한 묘사를 제공하기도 한다. 예를 들면, 프로이트(1920)는 유아가 '자극 장벽stimulus barrier'에 의해서 관계성으로부터 보호되고 있다고 보았다. 자극 장벽은 사람들을 포함한 외적 자극을 기록해야만 하고 다루어야만 하는 것으로부터 아이를 보호한다는 것이다. 말러, 파인, 베르그만(1975)은 유아가 본질적으로 다른 사람과 관계하고 있지 않는 '정상적 자폐'의 상태에 있는 것으로 보았다. 이 두 개의 견해에 따르면, 유아는 다른 사람들과 오직 간접적으로만, 즉 아이의 배고픔, 피로감 등등의 내적 상태에 영향을 주는 정도에서만 관계하고 있다. 이러한 견해들에서 유아는 지속되는 미분화undifferentiation 상태로 남아 있는데, 그 상태에서는 그들이 자기 감각과 타인 감각을 발견할 수 있도록 돕는 사회적 관계가 주관적으로 존재하지 않는다. 다른 한편으로, 유아에게 생기는 요동치는 정서와 생리적 긴장은 궁극적으로 자기 감각을 규정짓게 해줄 경험의 원천으로 볼 수 있다. 이러한 경험들이 처음 2개월 동안 중심 무대를 차지한다.

영국 대상관계 '학파'와 미국의 설리번은 임상적 이론가들 중에서는 특별히 인간의 사회적 관계성이 출생부터 존재하고, 그 자체의 목적을 가지고 존재하며, 규정할 수 있는 본질을 가지고 있고, 생리적 필요 상태에 의존되어 있지 않다고 믿었다(발린트 1937, 클라인 1952, 설리번 1953, 페어베언 1954, 건트립 1871). 최근에는 애착 이론가들이 객관적인 자료를 가지고 이러한 견해를 더욱 정교화했다(볼비 1969, 애인스워스 1979). 이러한 견해들은 유아의 **직접적** 사회 경험(부모는 유아의 주관적 삶의 일부가 되기 위해서 항상 직관적으로 안다)을 관심의 중심에 놓았다.

이런 모든 임상적 이론들은 공통된 주장을 가지고 있다. 즉, 유아는 변화하는 열정과 혼동된 것들로 가득 찬 매우 활동적인 주관적 삶을 가지고 있고, 그들은 연결되지 않고unconnected 통합되지 않은 것unintegrated으로 보이는 불분명한 사회적 사건들과 고투하면서 미분화 상태를 경험한다. 이러한 임상적 견해들은 자기의 감각에 기여할 수 있는 내적 상태의 동요와 사회적 관계성의 주목할 만한 경험들을 밝혀냈다. 하지만 그 견해들은 유아가 이러한 경험을 사용하게 자기 감각과 타인 감각을 구별하도록 해주는 정신적 역량들을 발견할 수 있는 위치에 있지는 않았다. 그 점이 바로 발달심리학자들의 실험연구가 기여하는 부분이다. 이러한 연구는 어떻게 유아가 정서의 세계와 긴장 상태의 변화들을 경험하는지 볼 수 있게 해줄 뿐만 아니라, 정서와 긴장의 변화들을 수반하는 외적 세계에 대해 지각된 것들을 어떻게 경험하는지 볼 수 있게 해준다. 결국 유아의 사회적 경험을 구성하게 되는 것은 이런 모든 것의 통합이다.

출현하는 자기 감각의 본질: 과정과 산물의 경험

자, 이제 핵심 질문으로 돌아가보자. '이러한 초기 동안 아이는 어떤 종류의 자기의 감각이 가능할까?' 그것이 이런 매우 어린 나이에 존재한다는 개념은 일반적으로 무시되었거나 또는 운을 떼지도 않았다. 왜냐하면 자기의 감각에 대한 생각은 대개는 자기self에 대해 모든 것을 아우를 수 있고 통합할 수 있는 스키마schema, 개념, 또는 관점을 위해서 보류해두었기 때문이다. 분명히 이런 이른 시기 동안에 유아는 그러한 개관을 할 수 있지 않다. 아이들은 분리되어 있고 서로 연결되지 않은 경험들을 가지는데, 그것들은 아직 하나의 포괄된 관점으로 통합되지 않았다.

이질적인 경험들 간의 관계들이 생기게 되는 방법들은 피아제, 깁슨 부부, 연상 학습 이론가들의 대부분 연구의 기본 주제였다. 임상적 이론가들은 이런 모든 과정들을 함께 묶었고 그것들을 '일관성의 섬들islands of consistency'의 형성이라고 상징적으로 묘사했다(에스칼로나 1953). 그들은 조직의 발달을 만드는 도약들을 각 진행 단계나 레벨에서의 인지된 것들의 측면에서 묘사했다. 따라서 그들은 그러한 통합하는 도약들의 **산물**을 자기의 감각으로 해석하는 경향이 있다. 그렇지만 그 **과정** 자체는 어떤가? 즉, 그러한 도약들을 만들고, 이전에는 관계되어 있지 않은 사건들 사이에 관계성을 창조해내고, 또는 부분적 조직들을 형성하거나 감각운동 스키마들을 하나로 통합하는 바로 그 경험은 어떻게 이해해야 하는가? 유아는 이미 형성되어 있고 파악된 조직의 감각뿐만 아니라 탄생하고 있는 조직까지도 경험할 수 있는가? 나는 유아는 출현하는 조직의 **과정**과 그 결과를 경험할 수 있다고 제안한다. 그리고 바로 이것이 내가 **출현하는** 자기의 **감각**이라고 부르는 출현하고 있는 조직에 대한 경험이다. 이것은 산물일 뿐만 아니라 과정의 경험이다.

조직organization의 출현은 학습의 한 형태이다. 배우는 경험들은 유아의 삶에서 강력한 사건이다. 우리가 이미 언급했던 것처럼, 유아는 학습의 기회를 찾고, 참여하도록 설계되어 있다. 학습에 대한 모든 관찰자들은 새로운 정신적 조직의 창조에 얼마나 강력한 동기(말하자면, 긍정적으로 강화하는)가 부여되어 있는지 어떤 형태로든 강한 인상을 받게 된다. 엄지손가락을 입으로 가져가는 것과 같은 감각운동적 스키마를 낳는 피아제가 묘사한 초기 학습은 본질적으로 동기가 부여되어 있다(사메로프 1984). 조직을 형성하는 경험은 동기가 부여된 과정과 강화시키는 산물 둘 모두가 관여되어 있다. 나는 여기에서는 과정에 더욱 집중할 것이다.

하지만 우선, 유아는 비-조직도 경험할 수 있는가? 아니다! 미분화 '상태'가 비-조직의 탁월한 예이다. 상황의 앞으로의 진행을 알 수 있을 만큼의 관점을 가지고 있는 관찰자라야 미분화 상태를 상상이라도 할 수 있다. 유아는 자신이 **무엇을** 모르고 있는지 알 수 없고, 자신이 모르고 있다는 **것도** 모른다. 임상적 이론가들의 전통적인 개념은 유아에 대한 관찰자의 지식—즉, 좀 더 나이가 있는 어린이의 분화된differentiated 관점과 비교되는 상대적인 미분화—을 취하고 구체화해서, 그것을 유아의 지배적인 주관적 감각으로써 다시 유아에게 부여했다. 다른 한편으로, 만약 미분화를 유아의 주관적 경험의 속성으로 구체화하지 않는다면, 그 그림은 꽤 다르게 보일 것이다. 많은 개별적인 경험들이 유아에게 매우 명료하고 생생하게 존재한다. 이러한 경험들 사이의 관계성의 부족은 신경 쓰지 않는다.

다양한 경험들이 하나의 방법으로 함께 연결되었을 때(또는 어떤 다른 방법으로 연합되고, 동화되고 또는 연결되었을 때), 아이는 조직의 출현을 경험한다. 유아가 어떠한 형성된 자기의 감각을 가지기 위해서, 판단기준으로 감지할 수 있는 어떤 조직이 결국 있어야만 한다. 첫 번째 그러한 조직은 몸과 관련되어 있다. 몸의 일관성, 몸의 행동, 몸의 내적 느낌 상태 그리고 이 모든 것의 기억이다. 그것이 바로 핵심 자기의 감각이 연관되어 있는 경험적인 조직이다. 하지만 그것 바로 이전에, 자기 감각을 위한 기준 조직이 이미 형성되고 있는데, 다른 말로 하면 그것이 '출현하는emorgont'이다. 따라서 출현하는 지기의 감각은 형성되는 조직의 과정이고 산물과 관련되어 있다. 이것은 유아의 감각적 경험들 사이의 관계들에 대한 학습이다. 하지만 본질적으로 모든 학습이 그런 것이다. 학습은 분명히 오로지 자기 감각을 형성하는 목적을 위해서 설계되지는 않았지만, 자기 감각은 일반적인 학습 역량에 의한 중대한 많은 부산물들 중 하나이다.

출현하는 자기의 감각은 두 요소, 즉 개별적 경험들 사이에서 형성되는 관계의 산물과 과정을 포함한다. 그 산물들은 핵심 자기의 감을 다루는 다음 장에서 자세히 논의할 것인데, 어떤 산물들이 모여서 많은 것을 망라하는 첫 번째 자기의 관점을 형성하는지 묘사할 것이다. 이번 장에서는 그 과정, 또는 생기고 있는 조직의 경험에 좀 더 예리하게 집중할 것이다. 그렇게 하기 위해서, 관계적 조직을 창조하기 위해서 영유아에게 진행되는 다양한 과정들과 그러한 과정들에 참여하는 것으로부터 진전될 수 있는 주관적 경험들을 검토할 것이다.

출현하는 자기와 타인의 감각을 형성하는 데 관여된 과정들

무형의 지각amodal perception

1970년대 후반, 여러 가지 실험들의 발견은 어떻게 유아가 세상에 대해서 배우는지, 즉 아이가 경험들을 어떻게 연결하는지에 대한 심오한 의문을 불러일으켰다. 그때 성패가 달려 있던 것은 지각 단일체에 대한 오래된 철학적 심리학적 문제였다. 우리는 보고 듣고 만진 어떤 것이 사실 같은 것이라는 것을 어떻게 알게 되는가. 하나의 외적 자료에서 발산되지만 몇 개의 다른 지각 양식들로부터 생기는 정보를 우리는 어떻게 종합하는가? 이러한 실험들은 넓게 퍼져 있는 관심을 유아의 능력, 즉 지각 경험을 하나의 감각 양식에서 다른 양식으로 전달하는 능력에 집중시켰고, 재생할 수 있는 실험 형태에서 그렇게 했다.

멜조프와 보튼의 실험(1979)은 그 문제와 이슈를 분명하게 펼쳐놓았다. 이 실험자들은 눈가리개를 한 3주째 유아들에게 빨 수 있는 두 개의 다른 고무젖꼭지 중 하나를 주었다. 한 젖꼭지는 구 모양의 젖꼭지이었고 다른 것은 표면 여러 군데에 돌출된 부분이 있었다. 그 아이가 한 달 동안 오직 입으로만 그 젖꼭지를 느끼는 것을 경험한 후에, 그 젖꼭지를 다른 종류의 젖꼭지와 나란히 놓았다. 그리고 눈가리개를 벗겼다. 재빠르게 시각적 비교를 한 후에, 아이들은 그들이 조금 전 빨았던 젖꼭지를 더 많이 쳐다보았다.

　이러한 발견은 유아의 학습과 세상 지식에 대한 현재의 설명을 거스르는 것처럼 보였다. 이론적으로 보자면, 유아는 이러한 과제를 할 수 없어야만 했다. 아이가 고무젖꼭지가 어떤 느낌인지의 스키마(촉각적 스키마)와 고무젖꼭지가 어떻게 생겼는지의 스키마(시각적 스키마)를 처음으로 형성하는가를 알기 위해서는 피아제 학파의 설명이 필요하게 될 수도 있다. 이러한 두 가지 스키마는 상호작용(상호적 동화)을 가지고 있어야만 하는데, 그래야 공동작용하는 시각-촉각 윤곽이 생겨난다(피아제 1952). 그때야 비로소 유아는 그 과제를 성취할 수 있다. 분명히 유아는 사실 이러한 긴 널의 단계들을 더 거쳐야만 하는 것은 아니다. 아이는 자신이 지금 본 것이 방금 전에 자신이 느꼈던 것이라는 것을 즉각적으로 '알았다.' 이러한 발견에 대한 엄격한 학습이론이나 관념연합론자의 설명은 이것을 설명하는 데 어떤 말을 해야 할지 모를 것이다. 왜냐하면 유아는 느껴진 것과 본 것 사이에 요구되는 관념연합을 형성하기 위한 선경험이 전혀 없었기 때문이다. (이러한 이론적 맥락에서 이 문제에 대한 좀 더 자세한 설명을 원한다면 이 사람들을 보라. 바우어 1972, 1974, 1976; 무어 & 멜조프 1978; Spelke 1980; 멜조프 & 무어 1983) 정보의 촉각-시각적 전송은 아이가 나이를 먹으면서 향상되고 더 빨라지는 것으로 보이지만(로즈 1972),

그 능력이 출생 후 처음 몇 주 내에 존재하는 것은 분명하다. 유아는 촉감과 시각을 교차하는 정보의 왕래를 인식하게 해주는 2감각 통합의 전송을 행할 수 있도록 설계되어 있다. 이러한 경우에 촉각과 시각의 경험의 연결은 지각 시스템의 타고난 디자인의 방식에 의해서 생긴 것이지, 반복된 세상 경험의 방식을 통해서가 아니다. 어떤 학습도 처음에는 필요하지 않다. 그리고 양식들을 가로지르는 관계에 대한 차후의 학습은 이 타고난 기초 위에 세워질 수 있다.

　방금 전에 묘사한 대응은 촉감과 시각 사이에서 발생하고 이것은 모양에 관한 것이다. 다른 양식들은 어떠한가? 강도intensity와 시간time과 같은 다른 질의 지각은 어떠한가? 유아는 이와 같은 것들의 교차－감각양식을 인식하는 데에도 동등하게 자질이 있는가? 습관화 패러다임의 결과 측정으로써 심박동수를 사용하면서, 르코비츠와 터르키비츠는 3주 차 아기에게 어느 정도의 빛의 강도(하얀 빛의 발광)가 어떤 정도의 소리 강도(하얀 소리의 데시벨)와 가장 잘 교감하는지를 '물을' 수 있다. 아이는 한 단계의 소리에 익숙해지고, 탈습관화의 시도가 다양한 빛의 단계에서 이루어진다. 본질적으로, 그 결과가 보여주는 것은 이러한 어린 유아들이 빛의 강도의 어떤 특정한 절대 단계가 소리 강도의 특정한 절대적 단계의 소리 강도와 상응하다는 것을 발견한다는 것이다. 더욱이 3주 차 아이가 발견한 가장 잘 대응하는 2감각 통합의 강도 레벨의 짝 맞춤은 성인이 선택한 것과 같은 짝 맞춤이다. 따라서 강도의 절대 단계의 청각－시각 2감각 통합 짝 맞추기를 할 수 있는 능력은 3주쯤 되면 아이의 역량 안에 있는 것으로 보인다.

시간에 대해서는 어떤가? 현재, 몇 개의 실험이 지각적 형태들을 교차하는 일시적인 정보를 유아가 해석할 수 있는지에 대한 질문에 직접적으로 관계되어 있다(알렌 외 1977; 데마니 외 1977, 험프리 외 1979; 바그너 & 사코비츠 1983; 르코비츠, 인쇄 중, 모론지엘로 1984). 심박동수와 행동을 반응적 측량 수단으로 사용했을 때, 이 연구자들은 유아가 청각의 시간적 패턴이 비슷한 시각적으로 제시된 시간적 패턴과 대응하는 것을 인식한다는 것을 보여준다. 존속 시간, 비트, 리듬의 특성들을 감각 양식들 간에 전송하는 유아의 역량을 증명하는 더욱 많은 실험들이 가까운 미래에 있을 것은 거의 확실하다. 이러한 시간적인 특성들은 모든 감각양식들에서 쉽게 지각되고, 양식을 넘어서 전송될 수 있는 경험의 특성으로서의 뛰어난 후보자이다. 왜냐하면 아이는 생의 초기부터 환경의 시간적 특징들을 정교하게 감지하고 그것들에 민감하다는 것이 더욱 분명해지고 있기 때문이다(스턴 & 기본 1978; 디카스퍼 1980; 밀러 & 번 1984).

감각양식들 간에 이런 특성들의 모든 전송 중 가장 상상하기 어려운 것은 어떻게 아이가 시각과 청각 감각양식 사이에서 모양에 대한 정보를 전송할 수 있는가이다. 모양은 대개 음향적 사건으로써 생각되지 않는다. 하지만 말하는 것이 자연스러운 상황에서 그 자체로 음향적 양식이기도 하지만 시각적 양식이기도 한 것은 입술이 움직이기 때문이다. 입술이 보이게 되면 이해할 수 있는 정도는 상당히 올라간다. 6주쯤에 아기들은 말하는 얼굴을 더욱 자세히 보는 경향이 있다(헤이스 1980). 더욱이 실제 소리가 보이는 입술의 움직임과 일치하지 않을 때, 시각적 정보는 예상외로 청각적 정보를 압도한다. 다른 말로 하자면, 우리는 우리가 보는 것을 듣는 것이지 말한 것을 듣는 것이 아니라는 것이다(맥거트 & 맥도널드 1976).[3]

따라서 이러한 질문이 어쩔 수 없이 나오게 된다. '유아는 시각적으로 그리고 청각적으로 제공된 말소리 사이에 상응을 인식할 수 있는가?' 말하자면, 아이는 들리는 소리의 형태와 그 소리를 내는 입의 발성적 움직임 형태 사이의 상응을 알아낼 수 있는가? 이 문제에 대해서 두 개의 다른 실험실에서 동시에 작업했는데, 긍정적 대답이 결과로 나왔다. 두 실험은 같은 패러다임을 사용했지만 다른 자극을 사용했다. 그들은 아이에게 두 얼굴을 동시에 보여주었다. 한 얼굴은 하나의 소리를 내었고 두 번째 얼굴을 다른 소리를 내었는데, 두 소리 중 하나만이 실제로 아이가 들을 수 있도록 제공되었다. 아이가 '옳은' 얼굴을 더 길게 보는가? 이것이 질문이었다. 맥케인과 그의 연구진은 다양한 2음절을 자극으로 사용하였고(마마mama, 루루lulu, 아기baby, 주주zuzu), 반면 컬과 멜조프는 단일 모음들 '아ah'와 '이ee'를 사용했다. 두 실험 모두 유아가 청각-시각의 상응을 인지했다.[4] 두 실험의 일치된 결과는 그 결과물을 더욱 강화했다.

자기 자신의 움직임이나 위치에 대한 감각, 즉 자기수용성proprioception의 감각양식은 어떠한가? 1977년, 3주 차 유아가 혀를 내밀고 입을 여는 성인 모델을 모방하는 것이 발견되었다(멜조프 & 무어 1977). 이러한 모방을 할 수 있는 능력이 이전에도 관찰되었고 언급되었는데(마라토스 1973; 우즈기리스 1974; 트리바르탄 1977), 가장 강력하고 가능성 있는 추론은 만들어지지 않았었다. 말하자면 유아가 보는 것과 유아가 하는 것 사이의 타고난 상응에 대한 것이다. 그 후의 실험들은 연필의 돌출부나 그와 비슷한 것도 또한 유아의 혀의 돌출부를 나오게 한다는 것을 보여주었다.

이후에 이 이슈는 정서 표현 영역으로 옮겨졌다. 필드(1982)는 이틀 된 신생아가 웃거나 찌푸리거나 또는 놀란 얼굴을 보이는 성인 모델을 모방할 수 있다는 것을 보고했다. 이러한 발견에 의해서 제시된 질문은 여러 가지이다. 어떻게 아기들은 그들이 얼굴 또는 얼굴 형태를 가지고 있는지 '아는'가? 어떻게 아기들은 그들이 보는 얼굴이 그들이 가지고 있는 얼굴과 같은 것이라는 것을 '아는'가? 어떻게 그들은 다른 사람의 얼굴의 특정한 형태가 오직 자기수용적으로 느끼기만 했지 결코 본 적이 없는 그들 자신의 얼굴의 특정한 형태와 부합한다는 것을 '아는'가? 2감각 통합의 능숙도의 양은 선설계의 측면에서 놀라운 것이다. 하지만 이것은 특수한 경우인데 유아의 반응이 모방인지 아니면 반사작용 같은 것인지 알기가 어렵기 때문이다. 다른 사람의 얼굴의 특정한 시각적 특성의 모습이 유아 자신의 얼굴의 자기수용적 특성과 부합하는가? 이 경우에 2감각 통합의 상응(시각-자기수용성)에 대해서 말할 수 있다. 또는 다른 사람의 얼굴에 있는 특정한 배열형태가 특정한 운동프로그램을 가동시켜서 같은 행위를 하게 하는 것인가? 그러한 경우에, 특정한 선천적 사회적 자극 방출에 대해서 말할 수 있다. 현재, 확실한 선택을 하기는 가능하지 않다(버드 & 밀레스키 1981).

　유아들은 따라서 하나의 감각 양식에서 받은 정보를 취하고 그것을 어떻게든 다른 감각 양식으로 옮기는 선천적인 일반 역량, 즉 '무형의 지각'을 가지고 있는 것으로 보인다. 유아들이 어떻게 이러한 과제를 이루는지 우리는 알지 못한다. 정보는 아마도 어떤 하나의 특정한 감각 형태에 속한 것으로 경험되지 않는다. 좀 더 가능성 있는 것은, 정보는 유형이나 채널을 초월하고, 아직 알지 못하는 양식을 초월하는 형식으로 존재할 것이다. 그렇기에 이것은 감각양식들을 교차해서 이루어지는 직접적 전달translation의 간단한 이슈가 아니다. 그것보다는 이것은 미스터리한 무형의 **표상**representation으로 암호화하는 것이 관여되어 있는데, 이것은 그 후에 어떤 감각 양식에서도 인식될 수 있다.

　유아들은 지각 단일체의 세계를 경험하는 것으로 보인다. 그 안에서 그들은 어떤 양식에서든 인간의 표현적 행동의 어떤 형태로부터 무형의 성질들을 지각할 수 있고, 이러한 성질들을 추상적으로 표현하고, 그리고 그것들을 다른 형태들로 바꿀 수 있다. 이러한 입장은 보워(1974), 무어와 멜조프(1978), 멜조프(1981)와 같은 발달심리학자들이 강하게 주장했는데, 그들은 유아가 생애의 초기부터 지각의 성질들의 추상적 표상을 만들어내고 그것에 따라 행동한다고 가정했다. 아이가 경험하는 이러한 추상적 표상들은 보는 것들sights, 듣는 것들sounds, 만지는 것들touches, 칭할 수 있는 대상들이 아니라 그것보다는 모양shape, 강도intensity, 시간적 패턴들, 즉 경험의 더욱 '포괄적인' 성질들이다. 그리고 지각의 주요한 성질의 추상적 표상을 형성하고 그것에 준하여 행동하는 필요와 능력은 정신적 삶의 시작에서 출발한다. 이것은 생애의 두 번째 해에 다다를 수 있는 정점이나 발달적 지표물이 아니다.

어떻게 무형적 지각이 출현하는 자기의 감각이나 출현하는 타인의 감각에 기여하는가? 엄마의 젖가슴에 대한 아이의 경험을 그 예로 삼아보자. 처음에 아이는 두 개의 관련 없는 '젖가슴', 즉 '빠는 젖가슴'과 '보인 젖가슴'을 경험하는가? 피아제 학파의 설명은 아마도 "그렇다"라고 말할 것이며, 대부분의 정신분석적 설명들도 그렇게 말할 것이다. 왜냐하면 그것들이 피아제와 관념연합자의 가정을 사용했기 때문이다. 여기의 설명은 "아니다"라고 말할 것이다. 그 젖가슴은 시각적 감각과 촉각적 감각의 결합(배우지는 않았지만)을 통해서 이미 타인(의 한 부분)의 통합된 경험으로 출현할 것이다. 이와 같은 것은 아기가 보고 빠는 손가락 또는 주먹의 경우뿐만 아니라 자기와 타인의 많은 다른 보통의 경험에도 적용된다. 유아들은 출현하는 자기와 타인의 부분의 형성을 시작하기 위해서 반복된 경험을 필요로 하지 않는다. 그들은 어떤 통합을 하기 위해서 이미 설계되어 있다.

무형적으로 지각된 것들이 유아가 자기와 타인의 다양한 경험들을 통합할 수 있게 해주고, 출현하는 자기 감각은 우리가 앞에서 본 것처럼 통합의 산물과 과정과 관계되어 있다. 결국 보인 것으로써의 가슴과 빠는 것으로써의 가슴은 무형적 지각에 의해서건, 스키마들의 융합에 의해서건, 아니면 반복된 연상에 의해서건 서로 관련되게 될 것이다. 무형적으로 얻어진 통합의 특정한 경험은 융합이나 연상에 의해서 생긴 통합과 비교했을 때 출현하는 경험으로써 어떤 것과 같을까? 다양한 사건들을 연결시키는 각 과정이 아마도 다르고 특징적인 출현하는 경험을 구성할 것이다.

예를 들면, 어떤 것을 처음으로 보는 실제 경험은 그것을 만졌을 때의 느낌을 바탕으로 어떤 모양일 거라고 생각했는데, 참으로 그런 모양으로 생겼을 때, 그것은 데자뷰 경험과 같은 것이다. 아이는 추측컨대 어떻게 대상이 생겼을지 예측하지 않는다. 그래서 인지적 확인의 경험이 없다. 그러한 경험은 전혀 알아차리지 못한 채 진행되거나, 또는 원활하게 기능하면서 '괜찮음all-rightness'처럼 불특정하게 기록될 것이라고 많은 이들은 제안한다. 덧붙여 그 경험은 시각적 형태가 촉각의 정보와 불일치할 때에만 비로소 특정한 성질을 취하게 될 것—역시나 인지적 관점—이라고 그들은 주장하는데, 이것 또한 역시 이 문제를 인지적 관점에서 본 것이다. 내가 제안하는 것은, 언어 이전의 단계에서(인식의 바깥에서) 2감각 통합 짝 맞추기(특별히 처음에는)는 현재의 경험을 이전의 것이나 익숙한 것과 섞이게 하거나 상응한 것과 같이 느낀다는 것이다. 현재의 경험은 어떻게 해서든 다른 곳에서의 경험과 관계되어 있는 것처럼 느낄 것이다. 이러한 데자뷰 사건의 원시적 형태는 연상적 결합을 만드는 과정과 꽤 다르다. 연상적 결합은 좀 더 발견의 질감을 가지고 있는데, 이미 파악된 두 개의 것이 함께 속한 것을 알게 되는 것이다. 이러한 출현하는 경험의 영역에서, 오직 불투명하게만 감지될 수 있는 구조를 드러내는 과정에서 숨겨진 미래에 대한 예감의 경험도 있을 가능성이 있다. 그러한 사건들의 유형분류체계가 개념적 단계보다는 경험적 단계에서 더욱 필요하다.

'인상'의 지각'Physiognomic' Perception

하인츠 베르너(1948)는 어린아이에게 있는 다른 종류의 무형의 지각을 제안했는데, 그것을 '인상'의 지각이라고 불렀다. 베르너는 아이에게 직접적으로 경험되는 무형의 질들은 모양, 강도, 숫자와 같은 지각적 성질이라기보다는 카테고리적 정서들 예를 들면, 간단한 2차원 선이나 색깔 또는 소리가 행복하고(⌣), 슬프고(⌒), 또는 화난(⋀⋀) 것으로 지각된다는 견해를 가지고 있었다. 정서는 감각양식을 조월하는 화폐저럼 기능해서 어떤 양식에서의 자극이라도 전달될 수 있다. 이것이 일종의 무형의 지각인데, 정서 경험이 어떤 하나의 지각 형태에 묶여 있는 것이 아니기 때문이다. 우리 모두는 '느낌 지각'에 관여하지만, 이것은 빈번하고 계속적인가? 이것은 지각의 모든 행위 중 하나의 요소(대개 무의식적 일지라도)일 것이다. 하지만 그것의 메커니즘은 여전히 미스터리로 남아 있으며, 무형의 지각의 메커니즘도 대개는 그렇다. 베르너는 그것이 많은 정서들을 표현하는 사람 얼굴과의 경험으로부터 온다고 주장했다. 따라서 그 이름이 '인상'의 지각이다. 그렇지만 시기를 말하기에는, 어린 유아들에게 그것이 존재한다는 또는 그것의 성질에 대해서 어떤 경험적 증거는 없고 추측만 있을 뿐이다.

'생동력 정서Vitality Affects'

우리는 지금까지 유아가 자신을 둘러싸고 있는 세상을 경험하는
두 가지 방법을 살펴보았다. 2감각 통합의 역량에 관한 실험들은 사
람이나 물체가 가지고 있는 모양, 강도, 움직임, 수량, 리듬 등의 특성
들이 포괄적인 무형적 지각 성질로 직접적으로 경험된다고 주장했
다. 또한 베르너는 사람이나 물체의 어떤 면들은 카테고리적 정서들
(분노, 슬픔, 행복 등)로 직접적으로 경험된다고 주장했다.

사람들과의 만남에서 직접적으로 생길 수 있는 경험의 제3의 성
질이 있는데, '생동력 정서'와 관련되어 있다. 이 말에서 우리가 의미
하는 것은 무엇이며, 왜 인간의 경험 중 어떤 형태를 설명하는 데 새
로운 용어가 필요한가? 그것은 우리 안에 일어나는 감정의 여러 특
성들을 우리가 현재 보유하고 있는 용어와 분류법으로 표현할 수 없
기 때문이다. 이러한 규정하기 힘든 성질들은 '파도처럼 밀려드는',
'점차 사라지는', '순식간에 지나가는', '폭발적인', '점차 강해지는',
'점차 약해지는', '부풀어 올라 터지는', '길게 늘어지는' 등과 같은 역
동적인 운동성 용어들에 의해서 더욱 잘 묘사된다. 이러한 경험의 성
질들은 매우 분명하게 유아들이 감지할 수 있고, 매일, 또는 매 순간
그들에게 중요하다. 동기, 욕구, 또는 긴장감의 변화에 의해서 이끌
어 나오는 것이 바로 이러한 느낌들이다. 철학자 수잔 랭어(1967)는
경험을 토대로 하는 모든 심리학에서 숨 쉬는 것, 배가 고파지는 것,

제거하는 것, 잠에 빠지는 것, 잠에서 깨어나는 것, 또는 감정들과 생각들이 오고 가는 것을 느끼는 것과 같은 삶의 생존 작용과 불가분하게 연관되어 있는 많은 '느낌의 형태들'에 초점을 맞추어야 한다고 주장했다. 우리에게 익숙한 통상적인 감정과는 다르게, 이런 생존 작용으로 인하여 형성되는 각각 다른 느낌의 형태들이 거의 항상 유기체를 침해한다. 우리가 그것들을 인식하고 있든 없든 우리는 항상 그러한 느낌들과 같이 있고, 그러는 동안 '일상적인' 정서가 왔다가 간다.

유아들은 자신들의 내부뿐만 아니라 다른 사람들의 행동에서 이러한 질감을 경험한다. 생동력의 각각 다른 느낌들이 '보통의regular' 정서적 행위라고 말할 수 없는 부모의 수많은 행위에서 표현될 수 있다. 예를 들어 어떻게 어머니가 아이를 들고, 기저귀를 접고, 어머니의 머리나 아이의 머리를 쓰다듬고, 젖병에 손을 뻗고, 블라우스 단추를 풀고, 등등이 그린 것들이다. 유아들은 이런 '생동력의 느낌들'에 푹 담겨져 있는 것이다. 그런 느낌들을 좀 더 조사하는 것은 비언어적 경험들에 우리가 적용하는 개념들과 용어를 풍요롭게 해 줄 것이다.

첫 번째 질문은, 왜 이런 중요한 경험들을 이미 존재하고 있는 감정 이론들의 개념과 단어로 표현할 수 없는가 하는 것이다. 일반적으로, 정서적 경험을 이야기할 때 우리는 각각의 구별된 감정 카테고리－행복, 슬픔, 두려움, 분노, 역겨움, 놀람, 흥미와 혹은 수치심 그리고 이런 감정들의 혼합－를 사용하여 생각한다. 이런 감정들이 선천적으로 구별된 얼굴 표정과 구별된 느낌의 질감을 가지고 있다는 것과 이런 선천적인 패턴들이 종족의 생존을 강화하기 위해서 모든 구성원이 이해하는 사회적 신호로 진화하였다는 것을 상정한 것은 다윈(1892)의 위대한 업적이었다.[5] 또한 각각 구별된 정서의 카테고리는 적어도 두 가지 영역, **활성화**activation와 **쾌감 분위기**hedonic tone에서 경험된다는 것이 일반적인 견해이다. 활성화는 느낌의 질감의 강렬함이나 급박성의 양을 의미하고, 쾌감 분위기는 느낌의 질감이 유쾌한지 또는 불쾌한지의 정도를 나타낸다.[6]

생동력 정서들은 현존하는 정서에 대한 어떤 이론에도 자연스럽게 들어맞지 않는다. 그러한 이유 때문에 구별된 이름이 요청되는 것이다. 하지만 그것들은 분명히 느낌들이고 정서적 경험의 영역 안에 속해 있다. 그것들을 잠정적으로 **생동력 정서들**vitality affects이라고 부르고자 하는데, 그것은 분노, 기쁨, 슬픔 등등의 전통적 또는 다윈 학파의 **카테고리 정서들**categorical affects로부터 구별하기 위해서이다.

생동력 정서들은 카테고리 정서들이 있거나 없는 모든 경우에 발생한다. 예를 들어, 분노 또는 기쁨의 '쇄도', 눈부신 빛, 촉진된 생각들의 연속, 음악으로 자극된 측량할 수 없는 감정의 파도, 그리고 마약의 복용 등 이 모든 것이 '쇄도'같이 느껴질 수 있다. 그것들 모두가 신경계의 다른 부분들 안에 있지만 뇌세포 신호들neural firings의 비슷한 막들envelopes을 공유한다. 이런 비슷한 변화들의 느껴진 질감을 나는 '쇄도'의 생동력 정서라고 부르는 것이다.

이런 종류의 표현성은 카테고리 정서 신호들에만 국한된 것이 아니다. 이것은 모든 행동들에 내재되어 있다. 다양한 활성화의 형세들 또는 생동력 정서들은 '격정적' 미소와 같은 카테고리 신호의 수행 동안에만 경험되는 것이 아니라, 내재된 카테고리 정서의 신호치가 없는 행동들에서도 경험될 수 있다. 예를 들면, 어떤 사람이 의자에서 '격정적으로' 일어나는 것을 보았을 때이다. 일어나는 행동 안에 있는 격정성이 분노, 놀람, 기쁨, 또는 공포 때문이었는지 알 수 없다. 그 격정성이 다윈 학파의 느낌의 질감들과 관련이 있을 수도 있지만, 전혀 관련이 없을 수도 있다. 그 사람은 정서의 특정한 카테고리 없이 결단의 분출로 의자에서 일어날 수도 있다. 세상에는 수천 가지의 미소와 수천 가지의 의자에서 일어나기, 어떤 그리고 모든 행동들의 수행에서의 수천 가지 변주들이 있고, 각각은 다른 생동력 정서를 나타낸다.

생동력 정서의 표현성은 인형극의 그것과 비슷하다고 할 수 있다. 인형들은 얼굴 신호들로 정서들을 표현할 수 있는 역량이 거의 없거나 아예 없으며, 관례적인 제스처나 몸짓 정서 신호들이 매우 빈약하다. 우리가 그것들이 하는 활성화 형세들로부터 각각 다른 생동력 정서들을 추론하는 것은 대개는 그들이 움직이는 방식을 통해서이다. 흔히 각각 다른 인형들의 성격은 대체로 특정한 생동력 정서의 측면에서 만들어졌다. 어떤 인형은 팔다리와 머리를 축 늘어뜨려 무기력함을 표현하거나, 다른 인형은 힘차거나, 또 다른 인형은 명랑함을 표현한다.

추상적인 춤과 음악은 생동력 정서의 표현성의 가장 좋은 예이다. 춤은 생동력 정서들이 나올 수 있는 어떤 줄거리나 카테고리 정서 신호를 의지하지 않고 관람자—청취자에게 다수의 생동력 정서들과 그것들의 변주들을 드러낸다. 안무가는 특정한 감정의 내용보다는 감정을 어떻게 느껴지는지를 표현하고자 한다. 이 예가 꽤 유용한 것은 유아가 고유한 표현성이 없는(즉, 다윈 학파의 정서 신호가 없는) 부모의 행동을 보았을 때 추상적 춤의 관람자나 음악의 청취자와 같은 입장에 있을 수 있기 때문이다. 부모의 행동의 수행의 태도가 그 행동이 어떤 카테고리 정서이든(또는 부분적으로 그 정서가 들어 있든) 아니든 생동력 정서를 표현한다.

사람들은 유아가 처음에는 눈에 보이는 행위를 성인이 지각하는 것처럼 지각하지 못한다고 쉽게 상상할 수 있다. (이 행동은 우유병을 향해 손을 뻗는 것이다, 저 행동은 기저귀를 푸는 것이다.) 오히려 유아는 행위들을 직접적으로 지각하고 그것들이 표현하는 생동력 정서들의 측면에서 그것들을 분류하기 시작할 가능성이 훨씬 많다. 성인들에게 춤이 그러하듯이, 유아가 경험하는 사회적 세상은 이미 잘 정돈된 행동들의 세상이 아니라 주로 생동력 정서들의 세상이다. 이것은 또한 무형적 인식의 물리적 세계와 비슷한데, 이 세상은 보고, 듣고, 만질 수 있는 것들의 세상이 아닌, 모양, 수량, 강도와 같은 추상적 성질들로 채워진 세상이다.

생동력 정서를 카테고리 정서와 분리시키는 또 다른 이유는 생동력 정서는 활성화 레벨의 개념으로는 적절하게 설명이 되지 않기 때문이다. 정서와 그것의 영역들에 대한 대부분의 설명들에서, 우리가 여기에서 부르는 생동력 정서들은 하나로 뭉뚱그려져서 단지 각성이나 활성화 레벨의 영역 아래로 들어갈 것이다. 활성화와 각성이 분명 일어난다. 하지만 그것들은 그 과정에서 또는 어느 순간에 느낌으로서 단순히 경험되는 것이 아니라, 우리 안에서 역동적인 전환 또는 패턴화된 변화로써 경험된다. 그렇기 때문에 우리는 각성-활성화의 영역을 각성-활성화 레벨의 종합지수로서만 사용할 수 있다. 우리는 이러한 경험의 측면에 대한 전적으로 새롭게 분류된 것을 추가할 필요가 있다. 말하자면 특징적인 패턴이 있는 변화들에 부합하는 생동력 정서이다. 시간이 지나면서 생기는 이런 패턴이 있는 변화들 또는 활성화 형세들은 개별적인 생동력 정서들의 기초를 이룬다.[7]

활성화의 형세들(생각, 느낌, 행동의 "쇄도"와 같은)은 어떤 종류의 행동이나 감각성sentience에도 적용될 수 있기 때문에, 하나의 활성화 형세는 어떤 한 종류의 행동에서 발췌될 수 있고, 어떤 무형의 형식으로 존재할 수 있기에 이것은 다른 종류의 행동이나 정신적 과정에도 적용할 수 있다.[8] 이런 추상적인 표상들은 다양한 행동의 드러남에서 표현되는 활성화의 비슷한 형세들 사이에서 형태간의 교류를 가능하게 해줄 것이다. 따라서 극도로 다른 사건들이 생동력 정서라고 부를 수 있는 느낌의 질감을 공유하고 있기만 하면 묶이게 될 것이다. 그러한 상응의 한 예가 아마도 디포의 소설 『몰 플랜더스Moll Flanders』에서 보인 비유의 근거가 될 것이다. 소설의 여주인공이 범죄를 저지른 후에 결국은 잡혀서 감옥에 갇히게 되었을 때 그녀는 이렇게 말했다. "천국 또는 지옥에 대한 생각은 무심코 스쳐 지나가는 날것의 느낌 그 이상도 그 이하도 아니었어…." 그녀의 생각의 활성화 형세는 그녀가 어떤 특정한 신체적 감각, 무심코 지나치는 촉감의 활성화 형세를 연상시키며, 그것들은 같은 생동력 정서를 불러일으켰다.

앞에서 언급된 것처럼, 어린 유아가 생동력 정서들을 경험한다면, 아이는 종종 몰 플랜더스의 그것과 비슷한 상황에 있게 될 것이고, 그 상황에서 비슷한 활성화 형세들을 가진 다양한 감각적 경험들이 결합될 것이다. 다시 말해 그것들은 상응하는 것으로 경험될 것이고, 그렇게 함으로써 조직을 창조하는 것으로 경험될 것이다. 예를 들어, 엄마나 아빠가 아기를 달랠 때, "그래, 그래 그래…."라고 말할 수 있는데, 그 단어의 첫 부분에 좀 더 강조와 진폭을 주고 그 단어의 뒤로 갈 수로 힘을 뺄 수 있다. 그 대신에 엄마나 아빠가 말없이 아기의 등이나 머리를 쓰다듬어주기를 할 때, "그래, 그래."와 비슷하게 쓰다듬기의 시작부분에는 더 힘을 주었다가 서서히 힘을 뺄 수도 있다. 만약 쓰다듬기 사이에 쓰다듬기의 강세와 멈춤 기간이 음성과 멈춤 패턴과 완전히 같거나 대체로 같으면, 유아는 어떤 달래는 방법이 사용되었던지 상관없이 비슷한 활성화 형세를 경험할 것이다. 이 두 가지의 달래기 방법이 서로 다른 감각 기관을 사용함에도 불구하고 같은 것으로 느낄 것이고, 같은 생동력 정서 경험을 가져올 것이다.

이것이 사실이라면, 유아들은 신생의 타인을 경험하는 과정에서 한 단계 진보한 것이다. 유아는 한명의 쓰다듬어주는 어머니와 두 번째의 구별된 "그래, 그래." 달래주는 어머니를 따로 보는 것이 아니라, 달래주는 행위들에서 오직 하나의 생동력 정서를 경험할 것이다.

즉, '달래주는 생동력 정서의 어머니'를 경험하는 것이다. 이런 방식으로 생동력 정서들의 무형의 경험과 지각된 형태들의 2감각 통합 짝 맞추기의 역량은 유아가 신생의 타인을 경험하는 것을 크게 향상시켜줄 것이다.[9]

활성화 형세들activation contours의 개념은(생동력 정서들의 근본적인 특징으로서) 무형의 표상이 어떤 형태로 존재하는지에 대한 해결되지 않은 질문에 가능성 있는 대답을 제시한다(표상을 어떤 특정한 방법으로 지각한다고 추론하고 있다). 무형의 표상은 신경 신호의 농도의 시간별 변화 패턴으로 구성되어 있을 수 있다. 어떤 대상이 시각, 촉각, 또는 청각을 통해서 인식이 되었더라도, 그것은 전체적으로 같은 패턴이나 활성화 형세를 나타낼 것이다.

생동력 정서의 개념은 유아가 또 다른 방법으로 어떻게 조직을 형성하는 과정을 경험하는지를 생각해보는 데 도움이 될 것이다. 김각운동 개요schema의 습득 과정이 한 예를 보여준다. 엄지를 입으로 가져가는 행동이 좋은 예인데, 그것이 매우 일찍 발생하기 때문이다. 사메로프(1984)의 연구를 따라서 우리는 '엄지를 입으로' 개요의 습득을 이런 것과 같다고 묘사하고자 한다. 처음에 유아는 엄지를 입으로 가져가는 데 똑바로 입에 대지 못하고 약간은 어설프게 멈칫거리는 것을 볼 수 있다. 엄지를 입으로 가져가는 전체 패턴은 선천적으로 동기가 부여된 인간의 특정한 행동 패턴인데, 완성해야 하고 매끄럽게 작동이 되어야 한다. 성공적인 시도의 초반 동안, 엄지가 입에 가까워오지만 아직 닿지 않았을 때 그 패턴은 아직 미완성 단계이고 흥분이 고조된다. 하지만 엄지가 입속으로 들어갔을 때 고조되었던 흥분은 가라앉는데, 이는 그 패턴이 완료되었고, 빠른 행동의 '매끄러운 작동'(이미 통합된 시키마)이 시작되었기 때문이다. 이때 흥분의 감소와 함께, 매끄러운 기능의 시작으로 인해 상대적으로 긍정적 쾌감 분위기로의 전환이 이루어진다. 이렇게 엄지가 입을, 입이 엄지를 찾는 행동은 그 행동 패턴이 매끄럽게 기능될 때까지, 즉 그 패턴의 적응이 감각운동의 스키마의 융합과의 조정을 통해서 성취될 때까지 계속 반복해서 일어난다. 이런 과정을 통해서 그 스키마가 온전히 통합되면, 엄지를 입에 대는 행동은 더 이상 흥분과 쾌감적 전환을 수반하지 않고, '매끄러운 작동'으로 분류되어 더 이상 유아의 주의를 끌지 않는다. 하지만 이 행동 패턴이 완성되기 전, 처음 몇 번의 시도들에서 유아는 각각의 위태로운 성공적 시도에서 손이 이리저리 움직이면서 입을 찾고 있을 때 흥분 증가의 특정한 형세를 경험하고, 엄지로 입을 찾고 확실하게 되었을 때 흥분은 가라앉고 쾌감 분위기에 전환이 일어난다. 다시 말해서, 각각의 통합하려는 시도는 팔, 손, 엄지, 입에서 전해지는 감각들과 연결된 특정한 생동력 정서를 수반하고, 이 모든 것은 완성을 향해서 간다.

　이러한 발달의 결과물—자유자재로 엄지를 입에 대는 행동—은 일단 습득된 이후에는 더 이상 주목을 받지는 않겠지만, 그 행동 패턴의 습득 과정 자체는 상당히 두드러진 특징이고 고도의 집중력을 요한다. 이것이 조직이 형성되는 경험이다. 이 예는 더 익숙한 주제인 배고픔의 증가(긴장, 각성), 음식물 섭취 행위를 통한 성취(각성의 감소, 쾌감적 전환), 그리고 자기와 타인에 대한 감각과 지각이 갖고 있는 원리와 다를 바가 없다. 하지만 엄지를 입에 가져가는 행동은 이 행동이 생리적 필요가 아니라 감각 운동 스키마와 관계되어 있다는 점, 그래서 그 행동의 동기가 조금은 다르게 개념화된다는 점, 그리고 이것은 다른 신체 부위들과 다른 정황들과 연결된 생동력 정서의 생성한다는 점에서 다르다.

유아는 많은 다른 종류의 감각 운동 스키마들에 적응해야 하고, 그것들 각각을 공고히 하는 과정은 각각 다른 신체 부위와 다른 정황에서의 감각들과 연결되어 있는 각각 다른 생동력 정서의 주관적 경험을 관여시킨다. 이러한 다양한 조직의 형성의 주관적 경험을 나는 출현하는 자기의 감각이라고 부르고 있는 것이다. 감각 운동 스키마를 습득할 때 겪는 특정한 경험들이 데자뷰나 이미 앞서 언급된 출현하는 자기의 감각의 다른 부분들의 발견에서 보다 더 많은 긴장 해결의 질감을 가질 수 있다.

우리는 지금까지 출현하는 자기와 타인의 감각을 형성하는 데 관여된 세 가지 과정들인 무형적 지각, 인상의 지각, 상응하는 생동력 정서들의 지각을 검토해보았다. 셋 모두가 직접적이고 '전반적global' 인 지각의 형태인데, 그 안에서 다양한 경험들의 묶음은 독특한 주관적 경험들을 동반한다. 하지만 이것이 연관된 경험들의 세계가 존재하게 되는 유일한 방법은 아니다. 유아들에게 출현하는 자기와 타인을 경험하는 구성주의constructionist 과정들도 있다. 이 과정들은 유아의 경험을 다른 각도에서 비추는 접근 방식이지만, 우리가 방금 전에 논의했던 접근 방식을 보완해준다.

사회적 경험들의 연결에 대한 구성주의적 접근들

구성주의적 관점은 유아가 처음에 사람의 형태를 인식할 때는 다양한 다른 배열들, 즉 창문, 유아용 침대, 모빌과 본질적으로 다를 바 없는 물질적 자극의 배열들이라고 이해한다고 가정한다. 또한 유아는 사람들의 개별적인 형태적 요소들, 즉 크기, 움직임, 수직적 선들을 먼저 알아낸다고 가정한다. 이런 형태적 요소들은 어떤 자극 배열에 들어 있다고 할 수 있는데, 하나의 온전한 형태, 전체 모습이 이미 세워져 있는 더욱 큰 실체로 통합될 때까지, 예를 들면 처음에는 하나의 얼굴 그리고 점차적으로 한 사람의 형상으로 종합할 때까지 계속해서 통합해나간다.

구성주의 견해를 구성하는 과정들은 동화assimilation, 수용accommodation, 불변요소들invariants을 식별하기, 그리고 연상적 학습이다. 그러므로 자기의 감각의 출현은 경험의 과정 자체보다는 이미 알고 있던 이질적인 경험들 사이의 관계들에 대한 발견의 측면에서 서술할 수 있다. 이런 저런 형식에서의 학습은 구성주의의 접근의 근본적인 과정인데, 무엇을 배울 수 있고 무엇을 배우고자 하는 것은 그 종species에게 공통된 선천적 기호를 따르게 된다. 인간은 하나의 자극 배열 안에 있는 특정한 특징들에 주의를 기울이게 되는 선호도나 경향성을 가지고 태어난다. 이것은 어떤 감각 형태 안에 있는 자극에도 적용된다. 유아는 자라면서 각 연령대별로 각각 다른 특징들을 알아내거나 발견하게 된다. 이러한 발달적 진행은 시각에서 가장 잘 연구되었다. 생후 2개월 동안, 유아는 움직임의 자극 특성들(헤이스 1966), 크기, 형세 밀도, 각 구성단위 영역의 형세 요소들의 수를 찾으려는 경향을 가지고 있다(케센 1970; 카멜, 호프만 & 페기 1974; 살라패텍 1975). 생후 2개월이 지난 후, 굴곡, 대칭, 복잡성, 참신함, 불규칙성 그리고 궁극적으로 구성배열은 좀 더 분명한 자극 특성들이 된다(하인라인 1978; 헤이스 1980; 쉐로드 1981; 브론슨 1982 참조).

유아는 주의집중(가능성 있는 정보를 모으는)의 전략들을 가지고 세상으로 나오는데, 그것들은 그 자체의 성숙 시기를 가지고 있다. 이 과정은 시각에서 가장 잘 연구되고 있다. 생후 2개월까지, 유아는 주로 대상들의 외곽이나 가장자리를 유심히 살핀다. 그 나이가 지난 후에는 유아들은 그들의 시선을 전환해서 내적 특징들을 보기 시작한다(살라패텍 1975; 헤이스 외 1977; 하인라인 1978). 그 대상이 사람의 얼굴일 때는 이러한 일반적인 주의집중 전략의 진행과는 다른 두 가지 양상을 보인다. 말소리와 같은 어떤 청각적 자극이 첨가되면, 생후 2개월 이전의 유아들도 그들의 시선을 얼굴의 외부에서 얼굴 내부 특징들로 전환하는 경향이 있다(헤이스 외 1977). 같은 경향성이 얼굴의 특징들의 움직임을 포착했을 때에도 관찰되었다(도니 1973).

이 정보를 사용해서 구성주의의 주장대로 어떻게 사람의 얼굴이 경험되는지 예측했을 때, 우리는 다음과 같은 진행을 대략 예측할 수 있다. 첫 두 달 동안 유아는 얼굴을 다른 대상들, 즉 움직이고, 거의 같은 크기이고, 비슷한 형세 밀도를 가진 다른 대상들과의 차이점을 발견하지 못한다. 유아는 머리 윤곽과 같이 경계영역을 구성하는 특징들과는 빨리 친숙해질 수 있지만, 얼굴의 내부 특징들인 눈, 코, 입 - 요약하면 '얼굴됨faceness' 또는 형상을 만드는 모든 특징들 - 과는 거의 친숙하지 않다. 대략 2개월 이후, 주의집중 전략이 내부를 살피는 것으로 전환했을 때, 유아들은 그들이 선호하는 자극 내용을 가진 형태들, 즉 굴곡, 대조, 수직 대칭, 각도, 복잡성 등등에 주의를 집중시킨다. 이런 선호도에 따라, 유아는 처음에는 눈, 입, 그리고 마지막으로 코, 이런 순서로 관심을 보인다. 이런 특징들과 그것들의 변하지 않는 공간적 관계와의 상당한 경험 후에, 유아는 스키마를 세우거나, '얼굴됨'이라고 명시할 수 있는 구성배열의 불변요소들을 알아보게 된다.

실제로, 5개월에서 7개월 된 유아들이 단 한 번, 1분 이내로 본 특정한 얼굴 사진을 일주일 넘게 기억할 수 있다는 것을 쉽게 증명할 수 있다(패간 1973, 1976). 이러한 장기 기억의 재주는 특정 얼굴의 독특한 형태의 표상이 있어야 가능하다. 이것이 형태 인식의 기반 위에서 된 것으로 보이지 않는다. 얼굴이 소리를 내고 그것의 내적 부분들이 말하면서 그리고 표현하면서 움직인다는 사실이 구성주의의 발달예정시간표를 다소 앞당기기는 하겠지만, 형태 지각 발달 과정의 순서에는 아무런 변화를 주지 않는다.

이런 구성주의의 접근은 청각, 촉각 그리고 자극에 대한 다른 감각 기관에 똑같이 적용될 수 있다. 유아가 초기에 인간 자극human stimuli을 어떻게 지각하는지에 대한 구성주의의 그림과 발달 예정 시간표를 받아들인다면, 유아가 사람들과 관계를 맺을 때 사물과는 다른 방법이나 어떤 특정한 방법으로 하지는 않는다고 결론 내리게 될 것이다. 대인관계적 관계성은 아직 사물에 대한 관계성과 구별된 것으로 존재하지 않는다. 이 이론에서, 이 시기의 아이는 비사회적인데, 무반응적인 것이 그 이유가 아니라 단지 사물과 사람을 분간하지 못하는 데에서 비롯된다. 이것은 생후 몇 달간 유아를 보호하는 자극 장벽에 대한 정신분석의 주장과도 비슷하다. 어떤 이는 관계성의 개념을 분리된 특정한 자극 특징이나 내용에 사용할 수 있겠지만 그것은 참으로 약한 주장이다. 유아가 원들circles 또는 구들spheres(또는 정신분석적 용어에서 '부분 대상')과의 관계성의 생각이 대인관계의 영역으로까지 그 사람을 데리고 갈 것으로 보이지 않는다.

이제 문제는 유아가 언제, 그리고 이렇게 인간의 주관성을 깨닫고 자기 자신과 다른 이들의 존재를 인지하고 구분하느냐 하는 것이다. 그 문제를 답하기에 앞서, 우리는 유아가 인간의 형상(얼굴, 목소리, 가슴)을 각각 별개의 특정한 신체 자극의 집합체로 받아들이지 않고, 처음부터 한 사람 전체를 독특한 형태로 경험한다는 것을 말하는 증거가 있음을 유념해야 한다. 그러한 증거는 여러 종류가 있다. 1) 생후 한 달쯤에, 유아는 얼굴의 생기발랄함, 복잡성, 윤곽 등 얼굴의 전체적인 면을 감상할 수 있다(쉐로드 1981). 2) 유아는 도형과 같은 기하학적 형태를 보았을 때보다 살아 있는 얼굴을 살펴볼 때 다르게 응시한다. 이러한 처음 몇 달 동안에도 유아는 단일한 형태적 요소에는 좀 더 작은 관심을 보이고, 얼굴을 볼 때에는 더욱 유동적으로 살펴본다(도니 1973). 3) 신생아들은 살아 있는 얼굴을 살펴볼 때에는 활기 없는 패턴을 살펴볼 때와는 다르게 행동하는데, 팔과 다리를 움직이고, 손과 발을 쥐었다 펴는 움직임이 좀 더 매끄럽고, 더욱 조절되어 있고 갑작스럽게 휙 움직이지 않는다. 게다가 유아는 좀 더 많은 발성을 한다(브래젤튼 외 1974, 1980). 4) 태어난 지 2~3일 정도밖에 되지 않은 신생아가 상호작용하는 사람의 얼굴에 드러난 미소, 찡그림, 놀란 표정들을 구별하고 따라 할 수 있다는 필드와 그의 연구진(1982)의 연구 결과는 유아가 얼굴 내부적 특징들만 인지할 뿐만 아니라 그것들이 어떻게 배치되고 형태를 이루는지를 구별한다는 것을 분명하게 보여준다.[10] 5) 유아가 어떤 특정 인물의 얼굴이나 목소리를 인식하는 것은 그 사람의 자극들에 부착되어 있는 특별함이 있다는 사실을 증명한다. 이것은 신생아가 같은 글을 읽는 어머니의 목소리와 다른 여성의 목소리를 구별할 수 있다는 것의 설득력 있는 증거이다(디캐스퍼 & 피퍼 1980). 생후 2개월 전에 유아가 사람의 얼굴을 식별해낸다는 주장에 대한 근거는 아직 충분하지 않다. 많은 학자들이 그 주장을 뒷받침하는 증거를 찾아내지만, 더 많은 수의 학자들은 그 증거를 찾는 것에 실패한다(쉐로드의 1981 책을 보라).[11] 이런 구성주의 관점의 좋은 연구결과에도 불구하고, 유아가 대인 관계를 형성하고 그 관계를 인지한다는 사실은 질문에 여지가 없다.

유아의 주관적 경험의 이해에 대한 다양한 접근법

무형적 지각(개별적인 정서들과 생동력 정서들을 포함한 경험의 추상적인 성질에 기초한)과 구성주의적 노력들(동화, 적응, 연상, 불변자들의 식별에 기초한)은 유아가 조직을 경험하는 과정들이다. 이 과정들은 지각 능력 차원에서 가장 많은 연구가 이루어졌지만, 경험의 모든 영역들인 운동 활동성, 정서 상태, 의식 상태 등에서 일어나는 조직의 형성에도 동등하게 적용된다. 또한 이 과정은 서로 다른 영역(감각과 운동, 또는 지각과 정서, 등등)에서의 경험을 통합시킬 때에도 적용된다.

유아를 이해하는 데 가장 큰 문제는 다양한 경험의 영역에서 일어나는 조직의 형성을 포함할 수 있는 통합적인 개념이나 용어를 찾는 것이 너무나 어렵다는 데에 있다. 예를 들어, 다양한 지각들을 묶어서 더욱 고차원적인 지각을 형성하는 것을 말할 때, 우리는 인지적 용어들을 사용해서 말한다. 감각 경험과 운동 경험의 통합에 대해서 말할 때, 우리는 피아제의 개념 체계를 받아들이고 감각 운동 스키마의 입장에서 말한다. 또한 지각적 경험과 정서적 경험의 통합에 대해서 말할 때, 우리는 정신분석에서 쓰이는 덜 체계적이고 좀 더 경험적인 개념으로 되돌아간다. 이런 모든 통합들은 우리가 앞서 언급한 것과 같은 기본적 과정에서 비롯되어야 하지만, 현재로써 우리는 마치 조직의 형성이 각각 서로 다른 경험의 영역 안에서 제각각의 독특한 법칙을 따르는 것처럼 행동하는 경향이 있다. 물론 어느 정도는 서로 다른 별개의 법칙이 있을 수 있다. 하지만 공통점이 차이점들보

94

다는 훨씬 더 큰 작용을 하고 있는 것처럼 보인다.

유아가 겪는 경험 중에서 어떤 한 영역의 경험이 더 중요하다고 생각하고, 그것을 유아의 경험의 조직화를 설명하는 기본 토대로 만들 필요나 이유는 전혀 없다. 여러 가지 방법으로 묘사될 수 있는데, 모든 관점은 그 나름대로 타당하고, 필수적이며, 똑같이 '주요한' 것이다.12

유아의 행동. 이것은 피아제의 연구에서 중요하게 제시하는 길이다. 스스로 하는 행동과 감각들은 가장 주요한 경험들이다. 가장 초기에 유아들의 마음에 쌓이기 시작하는 물체들의 특성은 행동－감각의 혼합물이다. 예를 들어, 잡을 수 있는 물체가 있고 빨수 있는 물체가 있다. 세상에 대해서 배워가면서 유아는 자체 생성된 행동과 감각의 주관적 경험 중에서 많은 불변요소들을 필연적으로 알게 되는데, 다른 말로 하면 출현하는 자기의 경험이다.

쾌감과 불쾌(쾌감의 분위기). 이는 프로이트가 처음에 탐험했던 길이다. 그에 따르면 인간의 경험 중 가장 두드러지고 독특한 것은 쾌감(긴장 해소)과 불쾌(긴장이나 흥분의 증가)의 주관적 경험이다. 이것이 쾌감원칙의 기본 가정이다. 그는 쾌감(예: 수유), 불쾌(예: 배고픔)와 연결된 가슴과 얼굴 같은 환경의 시각적 지각, 또는 감촉, 또는 냄새에 시간이 지나면서 감정이 물들게 된다고 추론하였다. 이런 식으로 정서적 그리고 인지적 경험이 연결된다고 생각하였다. 겉으로 보기에는 관념연합 심리학과 같은 관점을 갖고 있는 것처럼 보이지만, 프로이트의 견해는 약간 다르다. 정서는 연상의 방법을 통해서 지각된 것들을 관련시켜줄 뿐만 아니라, 정서가 연결되지 않는다면 지각된 것들은 사람의 마음속으로 들어오지 못한다. 쾌감이나 불쾌의 경험 없이는 어떤 지각된 것도 기록되지 않는 것이다. 피아제에게 '스스로 한 활동'이 중요했듯이 '쾌감 분위기'는 프로이트에게 중요했다. 피아제와 프로이트는 지각을 정신적 현상으로 '창조'했고, 이러한 지각을 가장 원초적인 경험과 연결시켰다.

　유아들은 생후 첫 몇 개월 동안 쾌감의 분위기를 경험할까? 유아가 괴로워하거나 만족하는 것을 보고 있노라면, 그렇지 않다고 믿기가 매우 어렵다. 엠데(1980a, 1980b)는 그의 연구에서 쾌감 분위기가 정서의 처음 경험이라고 가정했다. 생물학자들은 진화론적인 입장에서 고통과 쾌감, 또는 접근과 후퇴가 생존의 측면에서 일차적 정서 경험이어야 한다는 것을 대체로 가정하고 있다. 게다가 인간은 쾌감의 분위기의 기반 위에 각종 정서의 카테고리의 경험을 쌓으면서 진화했다고 학자들은 말한다(슈나이얼라 1965; 맨들러 1975; 자욘스 1980). 엠데와 그의 연구진은 1978년 연구에서 개체 발생ontogeny이 계통 발생phylogeny을 정서 경험의 진행에서 함축하여 보여준다고 제안했다. 이런 관점에서 영아의 얼굴 표정을 해석할 때, 엄마들은 아이에게 쾌감의 분위기를 만들어주는 데에는 가장 많은 확신을 가지고 있지만, 아이의 얼굴에서 드러나는 표정을 보고 정서의 구별된 카테고리를 아는 것에 대해서는 가장 자신 없어 한다는 엠데와 그의 연구지의 보고는 흥미롭다 할 수 있다.

　정서의 구별된 카테고리. 쾌감의 분위기가 하나의 정서적 경험으로써 카테고리적 정서보다 먼저 또는 빠르게 나타난다고 할지라도, 유아의 얼굴에 대한 연구는 유아들이(유아가 느끼든 느끼지 않든 간에) 구별된 카테고리적 정서를 표현한다는 것을 분명히 하고 있다. 상세한 필름 분석을 통해서, 이자드(1978)는 신생아들이 흥미, 기쁨, 고통, 혐오 그리고 놀람을 표현한다는 것을 관찰했다. 약 6개월이 되었을 때, 아이는 공포를 얼굴 표정으로 표현할 수 있게 되고(시체티 & 스루프 1978), 수치심의 표현은 훨씬 더 늦게 관찰된다. 정서는 단지 얼굴에서만 표현되는 것이 아니다. 립시트(1976)는 그의 연구에서 아이가 엄마의 가슴에 눌려서 산소 부족으로 숨을 쉬기 어려울 때 얼굴, 팔, 그리고 온몸을 함께 사용하여 자신이 화났다는 것을 표현한다고 기술했다. 비슷한 예로, 베네트(1971)는 유아가 어떻게 미소를 짓고 온몸을 떨면서 자신의 기쁨을 표현하는지 묘사했다.

우리는 유아가 자신의 얼굴, 목소리 그리고 몸으로 우리에게 그렇게 강력하게 표현하는 것을 유아가 실제로 느끼고 있는지는 알 수 없다. 하지만 그런 짐작을 하지 않기에는 유아의 표현들이 너무나 강렬하다. 또한 유아들이 텅 비었지만 유력한 신호를 가지고 태어난다는 것은 이론적으로도 상상하기 힘든데, 유아가 자기 자신을 통제하기 위해서, 그들 자신을 자각하기 위해서, 그리고 배우기 위해서 표현해야 하는 느낌들이 필요할 때를 생각해보라.[13]

유아의 의식 상태. 생후 첫 몇 달 동안, 유아는 울프(1966)가 처음으로 묘사한 상태들을 극적으로 순환하는데, 졸림, 경계하고 있는 무활동, 경계하는 활동성, 울면서 몸부림치기, 정상 수면, 역설 수면paradoxical sleep 등의 과정을 거친다고 한다. 각각 다른 의식의 깨어 있는 상태들은 모든 경험들을 조직화하는 초점의 역할을 하고, 그에 맞춰 그것들은 초기 유아의 주관적 경험을 묘사하는 데 주요한 접근법을 제공한다고 학자들은 주장했다(스테클러 & 카펜터 1967; 샌더 1983a, 1983b).

지각된 것들과 인지된 것들. 이것은 실험주의자들이 가장 많이 택했던 길이다. 이 접근 방법은 유아의 사회 경험을 일반적으로 지각과 인지의 한 부분으로 보는 견해에 도달하게 되었다. 사회적 지각과 사회적 인지는 다른 모든 대상에게 적용했던 같은 법칙을 따른다.

각각의 접근 방식이 가지고 있는 문제점은, 유아는 우리가 학술적으로 세분화시킨 이러한 용어들을 통해서 세상을 보지 않는다는 것이다. 유아의 경험은 보다 통합적이고 포괄적이다. 유아들은 어떤 영역에서 자신들의 경험이 일어나고 있는지 관심을 두지 않는다. 다만, 감각, 지각, 움직임, 인지, 내적 동기, 의식 상태들을 받아들이고 이것들을 강도, 형태, 시간적 패턴, 생동력 정서, 카테고리 정서, 쾌감의 분위기의 면에서 직접적으로 경험한다. 이것들이 초기 주관적 경험의 기본적 요소들이다. 인지된 것들, 행위들, 지각된 것들 그런 것은 존재하지 않는다. 유아의 모든 경험들은 모든 주관적 요소들이 합쳐지면서 패턴을 지닌 집합체constellation로 재구성된다.

이것이 스피츠(1959), 베르너(1948) 그리고 다른 학자들이 포괄적이고 신체감각적인 경험을 이야기할 때 염두에 두고 있는 것이다. 그들이 이론을 형성할 당시에는, 유아가 추상적이고 포괄적 경험의 질감들을 정제하고 조직화하는 놀라운 능력이 있다는 것을 인식하지 못했다. 유아들은 경험의 추상적인 질감들의 혼돈의 바다에서 허우적거리는 것이 아니다. 그들은 서서히, 그리고 체계적으로 이러한 경험의 요소들에 질서를 부여해서 자기 불변요소와 타인 불변요소의 집합체를 식별한다. 그리고 하나의 집합체가 형성되었을 때마다, 유아는 조직의 출현을 경험한다. 이런 출현하는 조직들을 만드는 요소들은 성인의 그것과는 다른 주관적 구성단위이다. 성인들은 거의 항상 생각, 지각, 행동 등등과 같은 구성단위들을 주관적으로 경험한다고 믿는데, 경험을 언어적으로 부호화하기 위해서 경험을 이러한 용어들로 반드시 전환해야 하기 때문이다.

이러한 출현하는 조직의 포괄적인 주관적 세계는 사람의 주관성의 근본적 영역으로 계속 존재한다. 이것은 경험적 매트릭스로서 인식 바깥에서 작동되는데, 후에 이 매트릭스에서 생각들, 지각된 형태들, 인식 가능한 행동들, 언어로 표현된 느낌들이 발생하게 된다. 또한 이 주관적 세계는 일상의 사건들에 대한 정서적 평가를 내리는 데에 근본자료로써 작용할 뿐만 아니라, 모든 창조적인 경험의 최고의 저장고가 된다.

모든 학습과 모든 창조적 행위들은 출현하는 관계성 영역 안에서 시작된다. 이 영역만이 앞으로 생기게 될 창조와 학습의 중심이 되는 조직과 관련이 있다. 이 경험의 영역은 자기의 감각의 각각의 영역들이 형성되는 기간 동안에도 계속 활동적이다. 이후에 생겨나는 자기의 감각들은 이 조직화 과정의 산물이다. 이들은 자기에 대한, 즉 신체적 행동적 자기, 주관적 자기, 언어적 자기에 대한 포괄적인 관점들이다. 이러한 관점들 각각을 형성하는 과정은 자기와 타인들의 본질과 관련된 창조적 행위이며 출현하는 자기의 감각이 나오게 하는 과정이다. 출현하는 자기의 감각은 우리가 이제 이야기하게 될 다른 자기의 감각들 각각을 형성하는 과정에서 계속 경험될 것이다.

---

1   외부의 사건들에 대한 심리적 응답으로써 심박동수 그리고 환기된 잠재성들도 대답들로 사용될 수 있는데, 그 자체만으로도 그럴 수 있고 또는 행동적 대답들을 인증해 주는 것으로써 사용될 수 있다.

2   부모는 그들의 아이의 존재의 미래 상태와 동조하는 데 숙련된 전문가인데, 치료에도 관련된 현상이 있다. 프리드만(1982)은 이렇게 언급했다. "분석가는 그가 격려하는 발달의 정확한 성질을 알 필요는 없다. 그는 환자를 대략 그가 되어가는 그 사람으로 대하는 것으로 충분하다. 환자는 그런 방법으로 대함을 받는 것을 탐색할 것이고 개인적 사항을 채울 것이다."

3   예를 들면, 만약 어떤 입이 소리 '다da'(묵음으로)를 말하고, '바ba' 소리를 내는 목소리를 듣는다면 그 사람은 '다'를 경험하게 되거나 또는 때때로는 중간 소리 '가ga'를 경험하게 된다.

4   멕케인과 그의 연구진은 이런 특정한 청각-시각 짝짓기 관제는 좌뇌 활동에 의해서 촉진된다는 것을 발견했지만 그 발견에 대한 논의는 이 책의 범위 밖에 있다.

5   이러한 일곱 또는 여덟 개의 구별된 감정 표현들은 각각 따로 표현되거나 혼합된 형태로 표현되는데, 사람의 얼굴 표정에 깃든 전체 정서의 래퍼토리를 설명해준다. 이 이론은 '구별된 정서 가설discrete affect hypothesis'로써 알려지게 되었고, 100년 이상 확고한 지위를 차지했다. 잘 알려진 범문화적 연구들은 기본적인 얼굴 표정의 사진들이 실험한 모든 문화권에서 비슷하게 인식되고, 명명된다는 것을 꽤 설득력 있게 증명하였다(에크만 1971; 이자드 1971). 사회적·문화적 차이를 넘어선 표정의 보편성은, 인간의 표정이 선천적이라는 의견에 힘을 싣는다. 또한 선천적으로 시력을 잃은 아이들이 생후 3~4개월까지 일반적인 얼굴 표정을 보인다는 것은 이젠 이미 잘 알려진 사실로써, 이러한 감정 표현의 패턴이 눈으로 보고 습득된 것이 아닌 선천적이라는 것을 보여준다(프리드만 1964; 프레이버그 1971). 하지만 각각의 얼굴 표정과 연결된 느낌의 주관적 질감을 연구해보았을 때, 범문화적 동일성이 있기는 했지만 어느 정도의 차이가 있었다. 슬픔의 핵심 감각은, 한 문화권 사람들이 언어로 표현했을 때 다른 문화권 사람들과 비교해보면 그것 자체의 구별된 질감들을 가질 수 있다(루츠 1982). 우리는 같은 한

정된 정서표현들을 공유하지만 반드시 질감이 같은 느낌을 공유하지는 않는다.

6 행복이나 슬픔 같은 어떤 정서 카테고리는 언제나 유쾌하거나 언제나 불쾌하지만, 놀
람과 같은 다양한 정도의 다른 카테고리는 그렇지 않다. 일반적으로 활성화 쾌감
분위기는 정서 카테고리를 경험하는 것에 따른 영역으로 보일 것이다. 예를 들어 생
동감 넘치는 기쁨은 활성화 정도가 높은 영역에서 경험되는 행복이라는 정서 카테고
리이지만, 반면에 명상의 기쁨은 같은 행복 카테고리에 있지만 활성화의 정도가 낮은
곳에서 경험된다. 그렇지만 이 두 가지 감정 모두 쾌감의 분위기에서는 똑같이 유쾌
한 경험으로 판단될 수 있다. 거꾸로, 유쾌한 놀람과 불쾌한 놀람은 쾌감 분위기 영역
의 다른 극과 극에 포함되지만, 활성화 역역에서는 같은 레벨에 있을 수 있다. 이 밖
에 정서 카테고리 속한다고 생각되는 다른 영역들이 있다(아놀드 1970; 달 & 스텐젤
1978; 플루칙 1980 참조).

7 모든 각각의 활성화 형세들은 시간의 기능으로써 감각의 강도의 측면에서 묘사될 수
있다. 시간에 따라 일어나는 강도의 변화들은 '폭발', '점차 사라짐', '쇄도' 등등을 적
절히 설명한다. 실제 행동 또는 신경계가 이러한 변화들의 원인이라 한다 하더라도
그렇다. 이러한 이유 때문에 생동력 정서가 활성화−각성의 영역 안에 숨겨져 있었던
것이다. 하지만 활성화−각성 영역은 세분화될 필요가 있으며, 하나의 영역으로 취급
해야 할 뿐 아니라 활성화의 시시각각의 패턴화된 변화들로써 보아야 한다. 즉, 활성
화 형세들은 어떤 무형의 형식으로 존재한다. 이러한 활성화의 형세들은 느낌의 레벨
에서 생동력 정서들이 생기게 한다. 생동력 정서에 대한 이러한 설명은 슈나이얼라
(1959, 1965)와 특별히 톰킨스(1962, 1963, 1981)의 연구에 힘입은 바 크다. 하지만 톰킨
스는 뇌세포 신호의 구별된 패턴(농도×시간)은, 여기에서는 활성화 형세들이라고
부르는, 다윈 학파의 구별된 정서들을 낳는다고 주장하였지만, 나는 이 뇌세포 신호
들이 정서 경험, 또는 생동력 정서의 별개의 분명한 형태를 낳는다고 주장한다. 그럼
에도 불구하고 톰킨스의 연구는 이곳의 설명의 기초이다.

8 이 모든 내용은 유아가 아주 초기부터 이런 그러한 형세들을 구별할 수 있는 능력을
타고 난다는 사실을 전제로 한다. 실제로 이 가정을 간접적으로 뒷받침하는 증거가
존재한다. 예를 들어, 퍼날드(1984)는 유아들이 같은 목소리가 같은 피치와 진폭으로
같은 모음을 하고 오직 시간적 패턴에서만 차이가 있는 두 소리를 내었을 때, 떨어지
는 피치 형세에서 올라가는 피치 형세를 쉽게 구분할 수 있다는 것을 보여주었다. 이
분야에서 좀 더 많은 연구가 필요하다.

9 활성화 형세는 그 종류가 무한하다. 활성화 형세들이 인지할 수 있는 집단들로 조직
화되고, 상대적으로 구별되는 생동력 정서들은 느껴진 요소이며 '치밀어 오르는 것
들', '점점 사라지는 것들', '결의' 같은 단어들로 명도도 할 수 있으며, 이러한 형세의
십합제들을 우리가 인식할 수 있게 된다고 성성만 힐 수 있다. 더 많은 특정한 집합체
로 분화되는 것은 경험적 발달 이슈이다.

10 하지만 유아가 표현적인 형상들을 식별할 때, 얼굴 전체에 대한 인식이 아니라 얼굴
일부분의 변화만을 감지해서 각 표정을 식별할 뿐이라는 주장도 가능하다.

11 유아가 자신의 어머니의 목소리를 구별하는 데 목소리 음의 고저나 전반적인 강세
패턴 이용하는 것 같지는 않아 보인다. 목소리의 질을 사용하여 목소리를 구별한다는
것이 가장 설득력 있는 설명이다(피퍼와의 개인적인 대화에서 1984).

12 유아가 겪는 경험 중 생존의 측면에서 어떤 특정한 경험들이 더 중요하다고 주장할
수 있지만, 이런 경험들은 주관적인 경험의 범주에서 벗어나는 것이다.

13 지난 10년간 발달심리학자들은 유아가 정서적인 경험을 하기 위해서는 인지 능력이
이미 발달되어 있어야 한다고 주장해왔다(루이스 & 로젠블럼 1978). 이로 인해서 인지

구조 조직과 정서 발달이 어떻게 연계되어 가는지에 많은 초점을 두게 되었다. 하지만 최근 들어서 유아든 성인이든, 모든 정서 경험이 인지 능력의 부속물을 아니며, 특히 시작 단계에서 유아의 느낌들은 그들이 특히 초반에는 아는 것과 무관할 수 있으며, 그래야만 한다는 주장이 일고 있다(유아와 관련해서 이 이슈에 대한 논의는 데모스 [1982a, 1982b]; 포겔 외 [1981]; 토만 & 아세보 [1983]를 참조하고, 성인과 관련해서는 자욘스 [1980], 톰킨스 [1981]를 참조).

CHAPTER 04

핵심적 자기의 감각 : I. 자기 대 타인

2 ~3개월 된 유아들은 꽤 다른 사람이 되었다는 인상을 준다. 사회적 상호작용에 참여했을 때, 그들은 더욱 전체적으로 통합된 것으로 보인다. 마치 그들의 행동, 계획, 정서, 지각, 인지 모두가 이제는 대인관계 상황에서 활용되고 있는 것처럼 보인다. 유아들은 단순히 좀 더 사회적이고 또는 좀 더 조절할 수 있고, 또는 좀 더 주의집중하고, 또는 좀 더 똑똑한 것이 아니다. 그들은 조직화하는 관점을 가지고 대인관계의 관계성에 접근하는 것처럼 보이는데, 마치 그들 안에 구별되고 응집된 실체로써의 통합된 자기의 감이 있는 것처럼 엄마가 느끼게 만든다. 유아는 자신의 행동을 통제하고 있고, 자신의 정서에 주인이며, 연속성을 가지고 있고, 다른 사람들이 구별되고 개별적인 존재라는 것을 인식하고 있는 듯하다. 세상은 이제 마치 그들이 완전한 사람이고 통합된 자기의 감각을 소유하고 있는 것처럼 그들을 대하기 시작한다.

　이러한 분명한 인상에도 불구하고, 널리 퍼져 있는 임상적 발달 이론의 견해들은 통합된 자기의 감각을 가진 유아의 이미지를 반영하지 않는다. 대신에 유아는 자기/타인 미분화의 긴 시기를 경험하며, 매우 천천히 1년째 말미에 자기와 타인의 감각을 구별한다는 것이 널리 받아들여지고 있다. 어떤 정신분석 발달이론들은, 말러가 가장 영향력 있는 예를 제공하는데, 미분화된 단계 동안에 유아는 엄마와의 융합fusion의 상태, 또는 '두 개의 단일구성dual-unity'을 경험한다고 제안한다. 이것이 '정상적 공생기'의 단계인데, 대략 2개월부터 7, 또는 9개월까지 지속된다. 대학의 학자들의 이론도 정신분석적 이론들과 기본적으로 다르지 않다. 두 이론 모두 미분화의 긴 기간 후에 자기가 천천히 나타나는 것이라고 제안했다.

　하지만 유아에 대한 최근의 연구결과는 일반적으로 받아들여진 이러한 시간표와 순서들을 도전했고, 어느 시점이 되면 변해 있는 아이에 대한 인상, 즉 통합된 자기의 감각과 타인의 감각을 가질 수 있다는 것과 좀 더 일치했다. 이러한 새로운 발견들은 유아가 이룩해야 할 첫 번째 과제는 핵심 자기의 감각과 핵심 타인의 감각을 형성하는 것이라는 견해를 지지한다. 그 연구결과는 또한 이러한 과제가 대체로 2개월에서 7개월 사이의 기간 동안에 성취된다는 개념을 지지한다. 더욱이 이것은 정신분석에서 묘사하는 것처럼 합병merger과 같은 또는 융합과 같은 경험의 역량은 이미 존재하는 자기의 감각과 타인의 감각보다 2차적이며, 그것에 의존되어 있다는 것을 제시한다. 새롭게 제안된 발달시간표는 자기의 출현을 더욱 이른 기간으로 앞

당기고 발달적 과제의 순서를 뒤집는다. 자기와 타인의 형성이 먼저 생기고, 그런 다음에야 융합과 같은 경험의 감각이 가능해진다.

이러한 새로운 증거를 검토하기 전에 우리는 다음과 같은 것을 물어야만 한다. 최초 2개월에 나타나게 되는 출현하는 자기의 감각을 넘어서 아이가 어떤 종류의 자기의 감각을 발견하거나 창조해낼 것인가?

조직화된 자기의 감의 본질

자기에 대한 첫 번째 조직하는 주관적 관점은 반드시 기본 단계이어야만 한다.[1] 아이에게 가능한 경험들의 잠정적인 목록과 핵심 자기의 조직화된 감각을 형성하기 위해서 필요한 것은 이런 것을 포함한다. 1) **자기 집행자**self-agency, 자신의 행동의 주인이라는 감각, 그리고 다른 사람의 행동의 주인이 아니라는 감각: 자유 의지를 가지고 있고, 자신이 일으킨 행동을 통제할 수 있고(원할 때 팔을 움직인다), 자신의 행동의 결과를 예측하는 것(눈을 감으면 컴컴해진다). 2) **자기 일관성**self-coherence, 경계를 가지고 파편화되지 않은 신체적 통일체의 감각과 움직일(행동할) 동안이나 가만히 있을 때 통합된 행동의 중심을 가지고 있다. 3) **자기 정서 상태**self-affectivity, 패턴 있는 느낌(정서)의 내적 질감을 경험하는데, 이것은 자기의 다른 경험들과 관계가 있다. 4) **자기 역사**self-history, 자신의 과거와의 계속성과 지속된다는 감을 가지는 것, 그래서 자신이 '계속 존재하고go on being', 같은 상태로 남아 있지만 변화도 할 수 있는 것. 아이는 사건들의 흐름 속에서 규칙성에 주목한다.

이러한 네 가지 자기-경험들은 모두 함께 핵심 자기의 감각을 구성한다. 이러한 핵심 자기의 감각은 사건들의 경험적 감각이다. 여기에서 중요한 용어는 '감각sense of'인데 자기 또는 타인에 대한 '개념concept' 또는 '앎knowledge' 또는 '인식awareness'과 구별된다. 이 말에서 강조하는 것은 물체, 행동, 감각, 정서, 시간의 명백한 경험적 현실에 있다. 자기의 감은 인지적 구축물이 아니다. 이것은 경험적 통합이다. 이러한 핵심 자기의 감각은 이후에 덧붙여질 더욱 정교한 자기의 감각들의 기반이 될 것이다.[2]

이러한 네 가지 기본적 자기 경험들은 발달론의 관점에서뿐만 아니라 임상적 관점에서도 타당한 선택들로 보이는데, 그것들이 성인의 심리적 건강을 위해서 필수적이기 때문이다. 이러한 네 가지 자기 경험 모두의 상당한 부재가 있는 것은 오직 정신이상에서이다. 집행자의 부재는 긴장증catatonia, 히스테리 마비, 현실감 상실, 파편화, 병합 또는 융합의 정신이상적 경험에서 나타난다. 정서의 부재는 정신분열의 무쾌감증에서 볼 수 있고, 계속성의 부재는 일시적 기억상실과 해리적 상태에서 볼 수 있다.

핵심 자기의 감각은 이러한 네 가지 기본적 자기 경험들의 통합에서 생겨서 사회성의 주관적 관점으로 간다. 이러한 경험들의 각각은 자기-불변요소self-invariant로써 보일 수 있다. 불변요소는 변하는 모든 것들과의 직면에도 불구하고 변하지 않는 그런 것이다. 핵심 자기의 감각이 주요한 사회적 과제로써 첫 해의 전반부에 형성된다는 것을 받아들이기 위해서, 유아가 매일의 사회적 삶에서 필요한 자기 불변요소(집행자, 응집성, 등등)를 발견하기 위한 적절한 기회와 이러한 자기 불변요소를 알아내기 위한 역량과 이런 자기 불변요소를 하나의 주관적 관점으로 통합하는 능력이 있다는 확증이 필요할 것이다. 자, 이제 유아가 가지는 그런 적절한 기회들을 논의해보자.

자기－불변요소들을 식별하는 자연스러운 기회들

대략 2~6개월의 시기는 아마도 생애에서 어느 시기보다도 더욱 사회적인 시기일 것이다. 2 또는 3개월쯤 유아의 얼굴에는 사회적 웃음이 있고, 다른 사람을 향해서 목소리를 내는 것이 시작되며, 상호적 응시를 더욱 열심히 추구하는데, 인간의 얼굴과 목소리에 대한 선천적으로 설계된 선호도가 완전히 작동하고, 아이는 훌륭한 사회적인 파트너가 되는 생물행동적 변형을 겪는다(스피츠 1965; 엠데 1976). 2개월째의 이러한 변화 전에 아이는 잠, 배고픔과 같은 생리적 필요를 해결하기 위해서 사회적 행동을 갖는다. 6개월 이후에 아이는 다시 변하는데, 사회적 대상에 매료당하고 능숙해지며 조정하려고 한다. 팔과 다리, 손에서 눈까지의 공동 작업이 빠르게 개선되고, 생명이 없는 대상에 대한 관심이 급증한다. 생리적 그리고 정서적 균형 상태에 있을 때 유아는 사람보다 사물에 상대적으로 더 몰두하게 된다. 2개월에서 6개월에 있는 이러한 두 전환들 사이에 아이는 사회성을 더욱 갖게 된다. 이러한 강력하고, 거의 전적인 사회성의 짧은 기간은 초기 설정과 설계에 의해서 발생한다.

이러한 강력한 사회성의 기간을 고려해볼 때, 어떻게 대인관계의 상호교류가 상호적으로 만들어져서 유아는 핵심 자기와 핵심 타인을 지정하게 되는 불변요소들('일관성의 섬들')을 식별하는 위치에 있게 되는가? 나는 이것을 다른 곳(스턴 1977)에서 매우 상세히 논의했지만, 우리의 목표를 위해 그 중요 부분을 요약하겠다.

첫 번째, 유아에 의해서 이끌어진 양육자의 사회적 행동은 일반적으로 과장되어 있고 어느 정도 정형화되어 있다. '아기처럼 말하기'는 그 좋은 예인데, 고음의 음조, 단순화된 구문, 줄어든 속도, 과장된 음높이 유형으로 특징지어진다(페구슨 1964; 스노우 1972; 퍼날드 1982; 스턴, 슈피커, 맥케인 1983). '아기에게 하는 얼굴표정들'(성인들이 유아들에게 하는 종종 이상하지만 효과적인 얼굴표정들)은 표현의 과장과 긴 지속기간, 좀 더 느린 표정의 만듦과 해제로 특징지어진다(스턴 1977). 비슷하게, 성인들의 응시 행동도 과장되어 있으며, 아이가 성인의 행동에 집중하고 마음을 오로지 그것에 집중하기에 가장 적당한 위치에 있기 위해서 '좀 더 가까운데 있는' 경향이 있다. 유아의 사회적 존재감은 성인으로부터 다양한 행동들을 불러내는데, 그러한 행동들은 유아의 타고난 지각적 경향에 가장 적합한 것들이다. 예를 들면, 유아들은 높은 음조의 소리를 선호하는데, 그러한 것들이 '아이처럼 말하기'에서 이루어지는 것이다. 이러한 것의 결과로 아이는 성인의 행동에 최대한으로 주의를 집중한다.

결국 유아는 양육자의 행동으로부터 타인을 분명하게 명시해주는 많은 불변요소들을 알게 된다. 양육자의 행동의 변주가 아이가 특히 좋아하는 것과 일치하게 되면, 아이는 자기 또는 타인을 식별하는 행동의 불변요소들을 지각하기 위한 최적의 기회를 갖게 된다.

양육자는 일반적으로 테마와 변주의 구성 방식으로 이러한 과장된 행동들을 한다. 언어적 행동에서 이러한 구성방식의 예는 이런 것과 비슷하게 진행된다.

안녕, 아가야 … 그래, 아가야 … 잘 잤니 아가야 … 뭐 하니, 아가야? … 그래, 뭐 하니? 뭘 하고 있니? … 거기서 뭘 하고 있니? … 아무것도 안 하고 있니?

여기에는 두 개의 테마가 있는데, '아가야'와 '뭐 하니'이다. 각 주제는 언어 면에서 또는 준언어 면에서 작은 변주로만 몇 번 언급되었다.

이와 같은 방식의 테마와 변주 구성방식은 또한 반복적인 얼굴 표정 또는 몸 만지기 게임에도 적용된다. 예를 들면 일반적인 게임인 잡기놀이와 '걸어가는 손가락'의 간지럽히는 형태에서 진행되는데, 아이의 다리와 몸통으로 손가락이 기어 올라가는 반복으로 구성되어 있고, 클라이맥스로 목이나 볼에서 끝나게 된다. 이것을 여러 번 되풀이하지만, 손가락 행진은 속도, 긴장감, 목소리, 또는 다른 면에서 이전의 깃과 분명히 다르다. 양육자가 최적의 새로움의 양을 그다음 차례의 놀이에 더욱 길게 가지고 들어가면 들어갈수록, 아이는 더욱 길게 몰두하게 될 것이다.

왜 양육자들이 이런 종류의 다양화된 반복에 몰두하는지 두 가지 이유가 있다(일반적으로 그들이 이러한 이유들을 알지 못할지라도). 첫째, 양육자가 각각의 반복에서 정확히 같은 것을 했다면, 유아는 그 행동에 익숙해지고 흥미를 잃게 될 것이다. 유아들은 자극이 바로 이전에 보거나 들었던 것과 같은지를 신속히 판단한다. 만약 같다면 그들은 곧 그것에 반응하는 것을 멈출 것이다. 그래서 아이가 지속적으로 높은 수준의 흥미를 유지하기를 원하는 양육자는 아이가 익숙해지는 것을 막기 위해서 자극의 표현을 계속해서 조금씩 변경해야만 한다. 양육자의 행동은 아이를 같은 위치에 유지시키기 위해서 계속 변경되어야만 한다. 정확한 반복을 해서는 안 된다. 하지만 왜 매번 완전히 다른 것을 해서는 안 되는가? 왜 한 테마에 변주를 이용해야 하는가? 이것은 두 번째 이유인 순서와 반복의 중요성을 생각하게 한다.

유아가 쉽게 보여주는 마음의 핵심적 경향성 중 하나는 불변요소를 찾는 것을 통해서 세상을 정돈하는 경향이다. 각각 연속되는 변인은 친숙하고도(반복되는 부분) 신선한(새로운 부분) 구성방식을 가지고 있는데, 이것은 아이에게 대인관계의 불변요소를 식별하는 것을 가르치는 데 이상적이다. 유아는 복잡한 행동을 보고 어떤 부분이 생략될 수 있는지, 어떤 부분이 남아 있어야 하는지 관찰하면서 어떻게 대인관계적 행동의 변하지 않는 특징들을 식별해야 하는지 배우게 되는 것이다.

과장된 행동과 테마와 변주의 구성방식은 양육자가 유아에게 상호관계의 불변요소를 가르치기 위해서 사용하는 것이 아니다. 불변요소의 파악은 부산물이다. 양육자가 그러한 행동을 하는 것은 유아가 각성과 흥분을 견딜 수 있는 정도에서 조절하기 위해서(그리고 부모가 지루해지는 것을 막기 위해서)이다.

유아들 각자는 유쾌함을 느끼는 최적의 흥분의 정도를 가지고 있다. 그 흥분의 정도를 넘어서면 그 경험은 불쾌한 것이 되고, 어떤 정도 밑으로 가면 관심을 잃게 되고 유쾌한 상태가 멈추게 된다. 최적의 정도는 사실 범위 폭이다. 아이와 엄마 두 파트너는 아이가 범위 안에 있기 위해서 조절한다. 한편으로, 양육자는 아이의 흥분 정도를 결정하는 자극 사건인 얼굴과 목소리 표현, 몸짓, 움직임의 활동의 정도를 조절한다. 아이의 최적의 흥분 범위에 반응하는 것이 최적의 자극의 범위이다. 아이의 현재 흥분 정도와 예측할 수 있는 흐름의 방향에 양육자는 행동의 정도(과장의 크기와 변주의 양)를 민감하게 맞추면서 최적의 자극 범위를 성취한다.

다른 한편에서, 아이도 흥분의 정도를 조절하는데, 최적의 범위 위로 올라간 자극을 시선 회피를 사용해서 끊어내고, 자극의 정도가 너무 낮게 떨어지게 되면 새롭고 좀 더 높은 정도의 자극을 찾고 초대하는 응시와 얼굴의 행동들을 통해서 조절한다. 이러한 상호 조절에서 자신의 역할을 하는 유아들을 보았을 때, 그들이 분리된 타인의 존재를 감지하고 그들 자신의 경험뿐만 아니라 타인의 행동도 바꿀 수 있는 자신의 역량을 감지한다고 결론 내릴 수밖에 없다.

이런 종류의 상호 조절과 함께, 유아들은 자신들의 흥분의 자기 조절뿐만 아니라 신호를 통해서 반응하는 양육자의 자극 정도의 조절에 대한 경험도 갖게 된다. 이것은 초기 대응하는 기능이 된다. 유아들은 또한 양육자가 그들의 흥분 정도를 조절해주는 폭넓은 경험을 갖는데, 그들이 자기-조절을 할 수 있도록 해주는 타인과 함께 있는 경험이다. 이 모든 것은 이 시기 동안의 전형적인 부모-유아의 게임들에서 잘 관찰할 수 있다(콜 & 마샥 1976; 포겔 1977; 쉐이퍼 1977, 스턴 외 1977; 트로닉 외 1977; 필드 1978; 케이 1982).

이 기간 동안에 이러한 사회적 상호작용은 결코 전적으로 인지적 사건일 수는 없다는 것을 주목하는 것은 중요하다. 그것은 주로 정서와 흥분의 조절을 포함하고 있다. 지각, 인지, 기억의 사건들이 이러한 조절하는 일들에서 적지 않은 역할을 하는 것은 사실이지만, 사회적 상호작용은 전적으로 정서와 흥분에 대한 것이다. 이 기간 동안 얼굴과 얼굴을 맞대고 일어나는 사회적 상호작용이 대인관계의 주요한 형태들 중 하나일 때, 사회적 삶의 주된 정서적 정점과 골짜기가 이러한 대면들 동안에 일어나는 것이지 젖을 먹을 때와 같은 생리적 조절이 최고조인 활동들 동안에 일어나는 것이 아니다. 이러한 사회적 일들은 유아의 인지적, 그리고 정서적 경험 둘 모두에 관여한다.

그런데 생리적 그리고 신체적 필요-배고픔이나 불편함 때문에 일어나는 괴로움이나 울음과 배부름으로 인한 만족-와 관련된 극단적인 정서적 상태들은 어떠한가? 이러한 상태는 자기와 타인의 발견의 견지에서 유아에게 전혀 다른 사회적 상황을 가져다주는가? 그렇지 않다. 이런 상황에서 부모의 행동은 사회적 놀이 동안에 했던 것과 같은 일반 규칙을 따른다. 행동은 과장되어 있고 적절한 변주로 반복되고 정형화되어 있다. 힘들어하는 아이를 달래는 시도를 상상해보라. 얼굴, 목소리, 촉감적 행동들은 매우 과장되어 있고 성공될 때까지 지속적인 변주들로 반복된다. (성공적이지 않은 달래기는 완전하지 않고, 깨져 있고, 효과적이지 않은 의례들rituals로 되어 있다. 하지만 이것도 의례이다.) 이 일들 동안에 물론 아이는 부모의 행동의 테마와 변주에 따라 다양한 정서적 변화를 경험한다.

　　따라서 핵심 자기를 구체화하는 불변요소들을 유아가 발견할 수 있는 기회를 제공하는 것은 이러한 일상의 일들이다. 자, 이젠 핵심 자기와 타인을 명시해주는 기본적인 불변요소를 발견하기 위해서 아이에게 필요한 역량을 이야기해보자.

자기 불변요소의 특징

　　무엇보다도, 자신의 우주에 질서를 만들려는 선천적 동기는 정신적 삶의 필수적인 것이다. 유아는 그렇게 할 수 있는 전반적인 역량을 가지고 있는데, 이러한 과정의 대부분은 점진적으로 경험에 조직을 제공하는 불변요소들(일관성의 섬들)을 식별하는 것으로 그렇게 한다. 모든 유아가 가지고 있는 이러한 동기와 역량과 더불어, 핵심 자기의 감각을 구체화하는 데 가장 중요해 보이는 불변요소들을 식별할 수 있는 특정한 능력이 유아는 필요하다.

집행자agency

집행자agency, 또는 행동의 주체자는 경험의 세 가지 가능한 불변 요소로 나누어질 수 있다. 1) 운동 행위에 선행하는 자유의지의 감각, 2) 그 행위 동안에 발생하거나 발생하지 않는 자기 수용성 피드백, 그리고 3) 그 행동에 따르는 결과의 예측 가능성. 이러한 집행자의 특징들을 알아내기 위해서 유아는 어떤 역량을 가지고 있어야 하는가?

자유의지의 불변요소는 아마도 핵심 자기 경험의 가장 근본적인 불변요소일 것이다. 반사작용보다 더 고차원적인 레벨에서 조직화되는 자율적인 (선 모양의) 근육들의 모든 움직임들에 선행해서 운동 계획이 공들여 만들어진다. 그런 후에 근육 그룹에 의해서 이 계획이 실행된다(래쉴리 1951). 정확히 어떻게 이러한 운동 계획이 감각에 기록되는지는 분명하지 않다. 하지만 행동 이전에 존재하는 운동 계획의 정신적 기록(보통 인식 바깥에서)이 있다고 보편적으로 받아들여지고 있다. 그 계획의 존재는 그것의 실행의 억제되었을 때이거나 어떤 이유에서 운동 실행이 불발되고 원래의 계획에 꼭 들어맞는 것에 실패했을 때에(예를 들면, 엄지손가락이 입으로 들어가는 대신에 볼을 찍었을 때) 꽤 쉽게 인식할 수 있다. 우리는 우리의 눈과 손과 발이 우리가 계획했던 것을 하는 것을 기대한다. 운동 계획은 마음 안에 존재하면서 결단과 의지를 염두에 둔다. 우리가 운동 계획을 의식하지 않더라도 자유의지의 감각은 우리의 행동들이 우리에게 속한 것이고 자기의 행위인 것으로 느끼게 만든다. 이것이 없다면 아이는 꼭 두각시 같다는 느낌을, 즉 자신의 즉각적 행동의 주인이 아니라고 느끼게 될 것이다.

아이가 운동을 계획하는 것은 생애의 처음부터 발견할 수 있는데, 적어도 자율적인 운동 기술들이 분명해지면 그렇다. 운동 계획은 출생 후 1개월 때 손을 입으로 가져가는 기술, 응시 기술, 빠는 기술과 함께 생겨난다. 이후에 4개월 된 아이는 특정한 크기에 물체를 잡으려고 손을 뻗치는데, 손가락 위치와 손을 벌리는 정도가 잡으려고 하는 물체와 잘 맞는다(바우어 외 1970). 손의 이러한 적응은 그 대상으로 가는 도중에 만들어진다. 아이는 보았지만 아직 느껴보지 않은 그 대상의 크기에 적응하게 된다. 손을 뻗칠 때 손의 모양에 나타나는 운동 계획은 시각 정보를 기초로 해서 형성된다.

손 모양을 만드는 것과 같은 운동 계획의 성취는 단순히 목표를 수정하는 피드백과 함께 일어나는 일치/불일치의 운용이라고 주장할 수 있다. 하지만 그러한 주장은 여전히 무언가를 처음으로 시작하는 정신적 사건(그 운동 계획을 형성하는)에 대해서는 설명하지 못한다. 여기에 자유의지의 중요성이 대두된다. 일치했는지 또는 불일치했는지는 단지 최초의 계획이 성공적이냐 아니면 그렇지 못하냐를 결정할 뿐이다.

운동 계획의 실제상황과 중요성은 래쉴리가 훌륭하게 설명을 했는데, 특별히 말하기나 피아노 치기와 같은 숙련된 행동들에 적용된다. 최근 이 현상에 대해서 하딕스는 개인적인 대화에서 나에게 다른 설명을 제시했다(1983). 실험 대상자들에게 그들의 서명을 두 번 쓰도록 했다. 첫 번째는 종이 위에 적게 했고, 두 번째는 칠판에 크게 쓰도록 했다. 쓴 다음에 크기를 같게 조정하면 두 서명은 놀랍게 비슷했다. 이 예가 흥미로운 것은 전혀 다른 근육 그룹이 사용되었다는 것이다. 첫 번째 서명에서 팔꿈치와 어깨를 고정시키고 손가락과 팔목을 사용하였다. 두 번째 서명에서는 손가락과 팔목이 고정되고 모든 움직임은 팔꿈치와 어깨에서 이루어졌다. 따라서 서명에 사용되는 운동 프로그램은 서명을 위해 필요한 근육들에 있지 않은 것이다. 그것은 마음 안에 있으며 서명을 하기 위해서 한쪽의 근육 그룹에서 전혀 다른 근육그룹으로 옮겨질 수 있다. 운동 계획에서의 자유의지는 정신적 현상으로서 존재하는데, 실행을 위해서는 다양한 다른 근육 그룹과 결합한다. 피아제가 감각운동 스키마와 유아가 다른 수단들을 사용하지만 결국은 같은 결과물을 내는 능력에 대해서 말했을 때 이러한 것을 염두에 두고 있었던 것이다. 이러한 고려사항은 한 임상 사례를 생각나게 한다.

몇 년 전에 몸이 붙어서 태어난 쌍둥이가 내가 가르치던 대학 주변에 있던 병원에서 태어났다. 문헌에 의하면 이러한 쌍둥이는 세계적으로 여섯 사례만 있다고 보고되었다. 그들은 배꼽에서 가슴 대흉근까지 붙어 있어서 항상 서로를 마주하고 있었다. 그들은 각각 자신들의 장기를 가지고 있었고, 개별적인 신경체계를 가지고 있었으며, 본질적으로 피도 공유하지 않았다(하퍼 외 1980). 그런데 종종 한쪽 아이가 다른 아이의 손가락을 빨았고 두 아이 모두 별로 개의치 않았다. 4개월이 되었을 때 분리 수술이 예정되었다. 수술 일주일 전 신생아실의 디렉터였던 리타 하퍼가 나를 불렀는데, 있을 수도 있는 쌍둥이의 심리적인 부분 때문이었다. 수잔 베이커, 로안 베네트와 나는 분리 수술 전에 몇 가지 실험을 했다. 한 실험은 자유의지 운동계획과 자기self에 대한 것이다. 쌍둥이 A(엘리스)가 자기 자신의 손가락을 빨 때, 우리 중 한 명이 한 손을 그녀의 머리 위에 대고 다른 한 손을 그녀가 빠는 데 쓰고 있는 팔에 올려놓았다. 우리는 아이의 빠는 손을 입에서 빼내려 부드럽게 당겼고, 아이가 손가락이 빠지지 않으려고 팔로 저항하는지, 그리고 머리는 앞으로 당기는지를 기록했다. 이 상황에서 엘리스의 팔은 빠는 것을 방해하는 힘에 저항했지만, 그녀는 머리를 앞쪽으로 당기는 것처럼 보이지는 않았다. 엘리스가 그녀의 자매 베티의 손가락을 빨 때에도 비슷한 과정이 일어났다. 베티의 손이 엘리스의 입에서 부드럽게 빠질 때에는 엘리스의 팔은 아무런 저항이나 움직임을 보이지 않았다. 실험자가 그녀의 손을 뺄 때, 그녀는 자신의 팔을 다시 입으로 가져가는 것으로 빠는 것을 유지하려는 계획을 실행했다. 반면 다른 사람의 손이 빼졌을 때, 그녀는 머리를 앞으로 움직이는 것으로 빠는 것을 유지하려는 계획을 실행했다. 이 경우에, 엘리스는 어떤 손가락이 누구에게 속하는지, 그리고 어떤 운동 계획이 빠는 것을 가장 잘 복원하는지에 대한 혼동이 전혀 없었다.

우리는 다행이도 베티가 엘리스의 손가락을 빨고 있을 동안에 엘리스가 베티의 손가락을 빠는 경우를 몇 차례 볼 수 있었다. 빠는 것을 방해하는 같은 실험을 했다. 그 결과가 보여주는 것은 각 쌍둥이는 입으로 손가락을 빠는 것이나 손가락이 빨려지는 것이 일관성 있는 자기를 만들지 않는다는 것을 '알고' 있다는 것이다. 이 경우에 두 개의 불변요소가 빠져 있는데, 우리가 지금까지 이야기하고 있던 (팔의) 자유의지이다. 이것을 증명할 수는 없지만 예측할 수 있는 결과에 대해서 아래에서 논의해보려 한다.[3]

이런 집행자의 측면, 즉 자유의지의 감은 신생아 시기에 반드시 발생하는데, 유아가 할 수 있는 모든 행동이 출생 직후에도 반사작용만은 아니기 때문이다. 때때로 자유의지는 어떤 머리 돌리기, 어떤 빨기, 대부분의 응시 행동, 어떤 발차기와 같은 자발적인 움직임에도 깃들여 있다. 때때로 어떤 행동이 갑자기 반사적으로 취해졌을 때 거기에는 자유의지가 없다. 그러한 행동들은 많은 팔 움직임들(긴장 목 반사들tonic neck reflexes), 머리 움직임 등을 포함한다. 자기 행동에서 반사작용의 비율이 꽤 낮을 때, 자유의지의 감은 대부분의 자기 행동의 불변요소가 되는 것이다. 생후 두 달쯤, 핵심 관계성이 시작될 때 이러한 것은 더욱 많이 발생한다.

집행자를 특징짓는 두 번째 불변요소는 자기수용적proprioceptive 피드백이다. 스스로 행동을 시작했든지 아니면 다른 사람에 의해서 수동적으로 행동하게 되었든지 자기 행동은 넓게 퍼져 있는 현실이다. 유아의 운동 행위는 매우 이른 시기부터 자기수용적 피드백에 의해서 인도된다는 것이 분명한데, 이것이 우리가 유아의 발달 과정에서 자기수용성이 지속적인 자기 집행자의 불변요소라고 추측하는 이유이다. 파포섹(1979)은 이 점에 대해서 언급했는데, 이것은 또한 스피츠(1957)의 중심 주제이기도 했다.

이러한 두 개의 불변요소인 자유의지와 자기수용성을 고려해볼 때, 어떻게 유아가 이 두 개의 불변요소의 세 가지 다른 조합을 감지할 수 있는지가 더욱 분명해진다. 자기가 원하는 자기의 행동(엄지를 자신의 입으로 가져가는 것)은 자유의지와 자기수용성 모두를 경험할 수 있다. 타인이 원하는 타인의 행동(엄마가 고무젖꼭지를 유아의 입으로 가져올 때)에서는 자유의지도 자기수용성도 경험되지 않는다. 또는 자기에게 행해지는 타인이 원하는 행동(엄마가 아이의 팔목을 잡고 '박수 치기' 또는 '쎄쎄쎄 놀이'를 하는데, 아이는 아직 그 게임을 알지 못하고 있을 때)에는 자기수용성은 경험되지만 자유의지는 경험되지 않는다. 이런 방법으로 아이는 핵심 자기와 핵심 타인을 명시하는 그런 불변요소들을 알아내고, 타인과 함께 있는 자기를 명시하는 불변요소들의 다양한 조합을 알아내는 그런 입장에 있다. 우리가 좀 더 많은 불변하는 대인관계의 내용들을 덧붙이게 되면서 가능성들은 크게 확장되었다.

집행자를 형성할 수 있는 세 번째 불변요소는 행동의 결과이다. 자기와 관련된 사건들은 일반적으로 다른 것들과 관계된 사건들과 매우 다른 관계 요소를 가지고 있다. 아이가 자신의 손가락을 빨 때, 아이의 손가락은 빨린다. 그런데 그 손가락은 그냥 대략적으로 빨리는 것이 아니라, 혀와 미각 사이에 감각적 동시성, 그리고 빨린 손가락의 보상적 감각과 함께 이루지는 것이다. 당신이 눈을 감을 때, 세상은 컴컴해진다. 당신이 머리를 돌리고 눈을 움직일 때, 광경은 변한다.

　　사실상 자기가 자기 자신에게 취해진 행동은 확연한 결과를 가져
오는 것으로 느낄 수 있고, 계속 같은 행동을 할 계획이 만들어진다.
반대로 자기가 타인에게 하는 행동은 일반적으로 어떤 결과를 가져
오는지 확실하지 않고, 계속할 것인지 꽤 다양한 계획이 만들어진다.
수반되는 관계성들을 감지하는 아이의 능력만 가지고는 자기와 타
인을 구별하는 데 아무런 도움이 되지 않는다. 도움이 되는 것은 두
개의 다른 스케줄을 식별할 수 있는 아이의 능력이 될 것인데, 자기
가 일으킨 행위는 지속적으로 강화되기 때문이다.

　　최근의 실험들이 보여주는 것은, 유아는 강화를 위한 다른 계획
들을 식별할 수 있는 상당한 능력이 있다는 것이다(왓슨 1979, 1980).
돌아가는 모빌을 보기 위해서 유아들은 반드시 들어간 베게에서 모
빌 쪽으로 고개를 돌려야만 한다는 패러다임을 사용하면서 왓슨이
증명해낸 것은, 3개월쯤의 유아는 지속적 강화의 스케줄(각 머리 돌림
은 보상을 받는다), 고정된 강화의 비율(세 번째 머리 돌림이 강화된다),
그리고 변동이 많은 스케줄(머리 돌림이 어떤 보상을 받을지 예측하기
어려울 때) 사이의 차이점을 구별할 수 있다는 것이다. 아이가 자기/
타인의 차이점을 구별한다는 것이 분명했다. 이러한 식별 능력은 가
까이에 있는 문제를 해결하기 위한 지렛대로 사용될 수 있다. 자기가
필요에 의해서 자기에게 하는 행동은 대부분이 지속적인 강화 스케
줄을 가지고 있다. (팔 움직임은 항상 자기수용적 감각을 수반한다. 목소
리를 내는 것은 항상 목, 가슴, 두개골에서의 독특한 울림을 수반한다.)

　　이와는 대조적으로, 타인에게 하는 자기의 행동은 대개 일정치

않는 반응을 불러온다. 아이의 행동에 대해서 변동이 심하고 예측할 수 없는 엄마의 반응들의 특징은 기록되어 있다(1979년 왓슨의 글을 보라). 예를 들면, 3개월 된 아이는 소리를 낼 때 가슴이 울리는 것을 느낄 가능성이 거의 100퍼센트이지만 엄마의 목소리에서 그와 같은 것을 느낄 수 있는지는 가능성만 있을 뿐이다(스턴 외 1974; 스트레인 & 비쯔 1975; 쉐이퍼 외 1977). 이와 비슷하게, 100일이 지난 아이가 엄마를 바라보았을 때, 엄마가 시각에 들어오는 것은 확실하지만, 엄마가 아이를 돌아볼지는 확실하지는 않지만 가능성은 높다(스턴 1974b; 메서 & 비쯔).

유아기에 대한 인과관계 추론의 기본을 검토하면서, 왓슨(1980)은 3~4개월쯤의 유아에게 있는 인과관계 구조에는 세 가지 특징이 있다고 주장했다. 사건들 간에 시간적 관계의 인식; 감각적 관계의 인식, 즉 행동의 강도나 지속기간과 그것의 영향을 연결시킬 수 있는 능력; 공간적 관계의 인식, 즉 행동의 공간적 법칙과 그것의 영향의 법칙을 고려할 수 있는 능력. 이러한 세 가지 영역의 인과관계 구조는 우리가 다음 부분에서 더욱 자세히 검토할 것인데, 이것을 통해서 유아는 세상을 자기가 일으킨 영향과 타인이 일으킨 영향으로 구별하게 될 것이다.

집행자의 감각은 분명히 자기와 타인의 차이점을 명시하는 주요 요소이다. 하지만 비슷한 무게의 질문이 있다. 유아는 반드시 집행자의 감각이 속할 수 있는 일관성 있고 역동적인 신체적 실재의 감각을 가지고 있어야 하지 않는가?

자기 일관성

타인과 대비해서 자기가 단일하고, 일관성 있고, 경계가 있는 신체적 실재라는 것을 명시할 수 있는 대인관계의 경험의 불변요소들은 어떤 것이 있을까? 또한 그것들을 식별하는 유아의 역량은 무엇일까? 자기와 타인이 일관성 있는 실재라는 감각이 없이 핵심 자기의 감각 또는 핵심 타인의 감각이 생기는 것은 가능하지 않고, 집행자의 감각도 존재하지 않을 것이다.

자기 일관성을 만들어주는 경험의 특징이 몇 가지가 있다.

발생장소의 통일성unity of locus. 일관성 있는 실재는 한시에 한 장소에 있어야 하고 그것의 다양한 행동은 한 장소에서 흘러나와야 한다. 유아는 출생부터 소리의 근원을 시각적으로 쫓아갈 수 있다는 것을 우리는 오래전부터 알고 있었다(워스에이머 1961; 버터워스 & 케스틸로 1976; 멘델슨 & 에이스 1976). 행동의 발생장소의 통일성을 발견하는 데 어떤 어려운 부분은 신경 체계의 선 설계에 의해서 이미 해결되었다. 3개월쯤의 아이는 목소리가 눈으로 보는 얼굴의 위치와 같은 방향에서 온다는 것을 예측한다.

유아들의 반사작용과 예측능력은 그들이 듣고 있는 것을 보고 있고, 역으로도 한다는 것을 확증해주기 때문에, 유아들은 다른 사람의 행동은 그들 자신의 행동이 나오는 존재의 중심지로부터 구별된 근원을 가지고 있다는 것을 주목할 수 있다. 하지만 실제 삶에서의 상호작용은 이러한 그림을 당혹스럽게 하고 타인과 대비되는 자기의 식별 가능한 부분으로서의 행동의 중심지를 종종 침해당한다. 예를 들면, 얼굴과 얼굴을 마주보고 일어나는 상호작용에서 엄마의 입, 얼굴, 목소리는 근원지의 일반적인 불변요소의 원칙을 따르지만 그녀의 손은 아이를 안고 있거나 간지럼을 태운다. 이 경우에 엄마의 손은 그녀의 얼굴과 아이의 몸이 떨어져 있는 거리만큼이나 그녀의 얼굴에서도 떨어져 있다. 엄마의 손은, 아이 자신의 몸의 어떤 부분이 그런 것처럼, 그녀의 얼굴 행동의 발생장소의 통일성을 깨뜨린다. 발생장소의 통일성은 분명히 대인관계의 불변요소로서 역할을 하지만 그 자체로도 유아가 핵심 자기와 타인을 명시하는 데 도움을 주고 엄마가 건넌방에 있을 때에도 도움이 된다.

  움직임의 일관성. 시간에 맞게 일관성을 가지고 움직이는 것들은 함께 속해 있다. 엄마가 방을 가로질러 움직이거나 배경과 다르게 움직이는 것을 아이가 볼 때, 엄마는 일관성을 가지고 있는 것으로 경험되는데, 그녀의 몸 전체가 어떤 배경과 관계되어 움직이기 때문이다(깁슨 1969). 루프(1980)에 따르면 움직이는 대상(엄마)의 계속적인 시각적 변형은 아이에게 독특한 정보를 주어서 구조적 불변요소를 인지하게 한다. 마음은 역동적 사건들로부터 불변요소를 뽑아 낼 수 있기 때문에, 루프는 아이와 대상 둘 모두 활동 중에 있다는 사실을 다루고 있고 이 사실을 활용한다. 하지만 핵심 타인 실재로서 엄마를 식별해주는 불변요소로써의 움직임이 가지고 있는 어려움은 발생장소의 중심지에서 맞닥뜨렸던 어려움과 비슷하다. 첫째, 그녀가 꽤 가까이에 있을 때, 유아는 그녀의 어떤 몸의 부분이 다른 부분에 비해서 상대적으로 빠르게 움직인다고 인지한다. 이것은 일반적으로 그녀의 다른 몸의 부분이 배경이 된다는 것을 의미한다. 이러한 것이 생길 때, 한쪽 팔이 다른 팔과 다른 실재인 것처럼 보일 수 있다. 두 번째 문제는, 모든 부분이 마치 단단한 연결고리로 연결되어 있는 것처럼 움직인다면 유아는 더 큰 일관성을 경험한다는 것이다. 이것은 엄마가 관계적으로 상호작용할 때는 일어나지 않지만, 그렇지 않을 때에는 그녀의 손, 머리, 입, 몸의 움직임은 훨씬 더 불안정하게 서로 관계되어 있어서 그것들이 같은 전체에 속해 있다는 인상을 주지 못한다.

움직임의 일관성이 불변요소가 될 수 있지만 그것만으로는 핵심 실재를 감지하는 데 제한적 가치를 가지고 있다. 다행하게도, 인간의 행동은 더욱 안정적인 불변요소들로 기능하는 다른 요소들을 가지고 있다.

시간 구조의 일관성. 시간은 다른 실체들을 식별해주는 조직화하는 구조를 제공한다. 한 사람이 동시에 예외 없이 하는 많은 행동들은 공통의 시간 구조를 가지고 있다. 콘돈과 옥스튼(1966)은 이것을 자기 동시성self-synchrony이라고 불렀는데, 대인관계의 동시성과 혼동되지 않기 위해서였다. 자기 동시성은 팔다리, 몸통, 얼굴과 같은 개별적인 몸의 부분들이 순식간에 동시에 함께 움직이는 경향이 있다는 사실과 관계가 있다. 하나의 근육 그룹이 방향과 속도 면에서 시작, 정지, 변화를 하면 다른 근육 그룹에서도 동시에 시작, 멈춤, 변화가 일어난다. 이것은 두 팔이 동시에 같은 것을 해야만 하는 것이나 얼굴과 다리가 함께 시작하고 멈추는 것을 말하는 것은 아니다. 각 몸의 부분은 그것 자체의 패턴을 가지고 독립적으로 시작하고 멈출 수 있는데, 그것들은 모두 기본적 시간 구조를 충실히 지킨다. 그래서 몸의 한 부분에서의 변화는 다른 몸의 부분들의 변화를 동시적으로 발생시킨다. 자기 동시적 행동의 시간 구조는 오케스트라처럼 몸은 지휘자이고 목소리는 음악과 같은 것이다. 간단히 말하면 자기에서 나오는 시각, 촉각, 자기 수용적 자극 모두는 공통의 시간 구조를 가지고 있고, 반면 타인에서 나오는 자극은 다른 시간 구조를 가지고 있다. 더욱이 스턴(1977)은 모성적 자기 동시적 행동의 특징은 강조되거나 과장된다는 것을 발견했다. 비비와 거스트만(1980)은 모성적 행동들을 동시적 분출들 또는 동시적 구성단위들로 묶는 것이 특별히 단단하다는 것을 관찰했다. 이러한 관찰들이 제안하는 것은, 엄마들은 그들의 행동의 시간 구조를 특별히 분명하게 만들게 행동한다는 것이다.

여기에도 문제점이 있다. 콘든과 센더(1974)는 자기 동시성과 더불어 엄마와 아이 사이에는 '상호작용의 동시성interactional synchrony'이 있다고 제안했다. 즉, 아이는 엄마의 목소리와 완벽하게 동시적으로 움직인다. 이것이 사실이라면, 각 파트너의 행동은 사실 분리된 별개의 시간구조를 가지고 있지 않을 것이다. 왜냐하면 행동의 시기timing가 대개 다른 파트너의 시기선택에 의해서 결정되기 때문이다. 이것을 발표한 후에 상호작용의 동시성을 증명하기 위한 몇몇 시도들이 성공적이지는 않았다. 또한 다른 방법을 사용해서 같은 현상을 증명하려고 시도했지만 성공적이지 않았다. 상호작용의 동시성 현상은 빠르게 받아들여지고 퍼져나갔을지라도, 이것은 시험의 시기를 견디지 못했다. 그래서 우리는 이 이론을 더 이상 고려할 필요가 없다. 하지만 자기 동시성은 계속 시험을 통과하고 있는 것처럼 보이고, 이제 우리는 두 사람과 함께 있는데, 두 사람은 대부분의 시간을 그들 각자 개인의 행동에 공통된 별개의 시간 패턴을 가지고 있다.

만약 유아가 보고 듣는 것에서 공통의 시간 구조를 지각하는 능력을 가지고 있다면 타인으로부터 자기를 구별하는 발달과제와 저 사람과 이 사람을 구별하는 발달과제는 매우 촉진될 것이다. 최근의 연구 결과는 유아가 실제로 그러한 역량을 가지고 있고 4개월쯤의 아이에게서 관찰된다고 강력하게 말하고 있다.

스펠키(1976, 1979)는 유아는 청각 자극과 시각 자극 사이의 시간적 일치에 반응하는데, 감각 양식을 교차하는 시간의 동일성을 지닌 사건들을 짝짓는 경향을 가지고 있다고 보고했다. 그녀는 4개월 된 유아들에게 2개의 만화영화를 동시에 보여주었다. 두 개의 영상 중간에 설치된 스피커에서는 오직 한 영화에만 적합한 사운드트랙이 흘러나오게 했다. 유아들은 어떤 영화가 그 사운드트랙과 맞는 것인지 구별할 수 있었고 소리와 맞는 영상을 보는 것을 더 좋아했다. 이와 비슷한 다양한 실험을 통해서 유아는 공통의 시간 구조를 인식할 수 있다는 것을 연구자들은 발견했다. 두 개의 동시적 사건들이 같은 형태(예를 들면 둘 모두 시각적)로 일어났는지, 또는 섞인 형태(하나는 청각 그리고 다른 것은 시각)에서 일어났는지는 문제가 되지 않았다. 유아는 같은 시간 구조를 가진 두 개를 찾아낼 수 있었다(스펠키 1976; 리온스-루스 1977; 로슨 1980). 더욱이 유아는 짝을 이룰 것으로 생각되었던 소리와 화면 사이에 4000분의 1초의 편차도 입술 모양을 보고 알아차렸다.

이 책에서 제안하는 것은 시간 구조가 핵심 실재를 알아보는 중요한 불변요소라는 것이다. 유아는 마치 같은 시간 구조를 가진 두 개의 사건이 세트인 것처럼 행동한다. 실험 자극에서 한 발짝 더 나아가 일상의 인간 행동이 제공하는 자극을 살펴보면, 유아는 공통의 시간 구조를 가진 소리와 광경(목소리, 움직임, 표현)이 하나의 존재(자기 또는 타인)에 속한 것임을 쉽게 지각하는 것으로 보인다(스펠키 & 코텔류 1981; 설리번 & 호로비츠 1983). 이러한 발견들을 자기수용성 또는 촉감으로 확장하는 실험들은 아직 이루어지지 않았지만, 실험 결과의 무게가 말해주는 것은 유아는 형태를 교차하는 경험들을 통합하는 감각세계에 살고 있다는 것이다. 아이는 자기에서 나오는 소리, 시각, 감각의 패턴들과 다른 곳에서 나오는 패턴들이 분리된 개별적인 현상, 즉 각각이 그 자체의 독특한 시간 구조를 가지고 있다는 것을 인식할 수 있다.

유아가 공통의 시간 구조를 가지고 있는 일관성 있는 실재들(엄마의 행동과 같은)을 식별할 수 있다고 가정한다면, 그녀를 식별할 수 있는 시간 구조는 유아 자신의 행동에 의해서 파괴되거나 방해받을 수 있는가? 유아의 팔의 움직임이나 목소리를 내는 것이 엄마의 시간 구조와 섞이거나 그것을 모호하게 만드는 또 다른 시간 구조가 생기는 것은 아닌가? 유아는 다른 사람의 행동에 의해서 방해받지 않고 두 사람 중 한 사람에게서 나오는 자극의 시간 구조에 선택적으로 청각적 시각적 주의집중을 할 수 있는가?

워커와 그의 연구진은 이 질문을 다루는 실험을 했는데, 그 실험을 통해서 4개월 아이가 옆에서 벌어지는 다른 시간 구조를 가지고 있는 사건에 선택적으로 신경을 쓰지 않을 수 있는 능력이 있음을 증명했다. 유아들을 뒤쪽에서 영상을 쏴주는 스크린 앞에 놓고, 다른 사건을 담은 두 개의 영상을 그 스크린의 같은 부분에 상영해서 하나의 영상이 다른 영상에 겹치게 하였다. 그런 다음 점차적으로 두 영상의 이미지들을 분리시켜서 나란히 옆으로 놓았다. 잠시 주저하다가, 아이들은 소리와 동시성을 가지고 있지 않은 영상을 쳐다보았다. 그들은 줄곧 겹쳐서 그 영상을 보았음에도 불구하고 마치 소리와 잘 맞지 않은 그 영상을 이전에 보지 못했던 새로운 사건인 것처럼 행동했다. "지각적 선택은 인지 발달의 과정에서 구축된 특별한 메커니즘을 통해서가 아니라 이것은 이전에 지각하는 방법의 특징"이라는 결론에 연구자들은 다다르게 되었다.

강도 구조의 일관성. 자신으로부터 떨어져 있고 구별된 사람의 행동을 식별하는 또 다른 불변요소는 보편적인 강조 구조이다. 한 사람으로부터 나오는 따로따로의 행동들에서, 한 행동이나 양식의 강도 증감률의 조절은 다른 행동에서의 강도의 증감률의 변화와 짝을 이룬다. 예를 들면, 분노 폭발에서 목소리의 크기는 일반적으로 수반하는 움직임의 속도나 강력함과 비슷하다. 그 행동의 강도는 그 행동을 수행하는 동안 강약의 등고선을 그린다. 이러한 강세 구조의 일치는 유아 자신의 행동과 그 행동에 대한 유아의 지각에도 적용된다. 예를 들어 한 아이의 고통의 커져가고 울음의 강도가 점점 강력해질 때, 가슴과 성대와 시각에서의 자기수용적 감각과 마구 움직이는 팔의 자기 수용성도 그러하다. 요약하면, 자기로부터 나오는 모든 자극들(청각, 시각, 촉각, 자기수용성)은 공통의 강도 구조를 가지고 있다.

유아는 강도의 레벨을 지각하는 것으로 자기와 타인을 구별하는 것이 가능할까? 3장에서 이미 언급한 최근의 실험 연구는, 유아들이 감각 양식들을 넘어서 공통의 모양이나 시간 구조를 지각할 수 있는 것처럼 감각 양식들을 넘어서 공통의 강도 레벨을 지각할 수 있고, 이러한 정보를 사용해서 대인관계 사건들의 출처(자기 대 타인)를 알아낸다는 단서들을 제공한다. 루코비츠와 터키비츠는 유아들이 실험실 환경에서 한 형태(빛)에서의 경험된 자극의 강도를 다른 형태(소리)에서 경험한 자극의 강도와 맞출 수 있다는 것을 보여주었다. 따라서 2감각 통합의 강도 맞추기(2감각 통합의 강도의 등가 찾기)는 자기를 타인으로부터 구별하는 데 사용되는 또 다른 방법이다.[4]

외형의 일관성. 다른 사람의 외형(또는 구성배열configuration)은 분명히 누군가에게 속한 소유물이고, 그 사람을 지속되고 일관성 있는 실재로서 식별하는 데 사용된다. 2~3개월의 유아들은 사진이지만 자신의 엄마에게 속한 특정한 얼굴의 구성배열을 인식하는 데 어려움이 없다. 두 가지 질문이 생긴다. 얼굴 표정을 바꾸면 어떻게 될까? 얼굴이나 머리가 각도를 바꾸거나 보여주는 위치를 바꾸면 어떻게 될까? 첫째로, 유아는 외형의 내부 변화를 어떻게 처리할까? 얼굴이 정서적 표현을 바꿀 때마다 그것의 구성배열이 변한다. 유아는 많은 다른 얼굴들에서 '행복한 엄마', '슬픈 엄마', '놀란 엄마' 등등 각각 분리되어 있고 관계가 없는 실재를 만들어내는 각각의 표현적 구성배열을 식별하는가? 스피커는 그의 연구결과를 통해서 유아들은 한 얼굴이 행복감, 놀람, 두려움을 보였을 때 그 얼굴이 여전히 같은 얼굴임을 '안다'고 주장했다(1982). 아이들은 한 얼굴이 각기 다른 다양한 표정으로 변화할지라도 그 특정 얼굴의 정체성을 계속 가지고 있다.[5]

두 번째 질문은 이렇다. 어떻게 유아들은 외형의 외적 변화들을 다루는가? 머리를 돌릴 때 얼굴의 경계의 형태가 변해서 그 얼굴이 전체가 다 보이거나, 3/4만 보이거나 옆모습을 보게 된다. 이와 비슷하게, 어떤 사람이 앞으로 오거나, 뒤로 물러났을 때 구성배열은 변하지 않더라도 얼굴의 크기가 변한다. 이러한 변화가 생길 때마다 '새로운' 실재가 아이에게 소개되는가? 작은 엄마들, 큰 엄마들, 전면에서 보는 엄마들, 옆면 엄마들이 따로따로 있는 것인가?

유아의 지각 체계(세상에 대한 특정한 어떤 경험)는 어떤 대상이 그 크기나 거리의 변화, 그것이 보이는 방향이나 위치, 명암의 차이 등등에도 그 대상의 정체성을 계속 따라갈 수 있는 것처럼 보인다. 어떻게 유아가 이러한 변화에도 불구하고 생명이 없는 대상들의 정체성을 유지할 수 있는지에 대한 다른 이론들이 많이 있지만(예를 들면, 깁슨 1969; 코헨 & 살라패텍 1975; 루프 1980; 브론슨 1982), 모든 이론들이 유아가 이러한 것을 할 수 있다는 데에는 동의한다. 예를 들면, 5~7개월 유아들은 짧은 시간 동안 전체 얼굴과 친숙해진 다음 이전에 한 번도 보지 않은 옆모습을 알아볼 수 있었고, 얼굴의 3/4 모습을

본 다음에는 더욱 잘 알아보았다(패건 1976, 1977).[6]

때때로 이러한 능력들은 2감각 통합 짝 맞추기의 능력에서 제공된 단서들로 인해서 향상된다. 워커-앤드류와 레논(1984)이 보여준 것은, 5개월 유아들에게 한 폭스바겐이 다가오고, 같은 종류의 다른 차가 멀어지는 두 개의 장면을 나란히 함께 보여주었을 때, 차의 소리가 점점 커지는 것을 들으면 아이들은 다가오는 차를 보고, 그 소리가 점점 약해지면 멀어지는 차를 본다는 것이었다. 이와 비슷한 무수히 많은 예를 부모가 다가오고 멀어지는 것이 제공할 것이다.

따라서 이러한 증거가 제안하는 것은, 다른 사람의 상호작용의 행동을 수반하는 거리와 위치와 표현의 변화들은 유아에게 문제가 되지 않는다는 것이다. 유아는 이러한 변화들에도 불구하고 외형이 남아 있다는 것을 알고, 유아의 생애의 초기에 외형의 불변요소가 다른 많은 사람들로부터 특징한 한 사람을 구별하는 수단을 제공해준다.

지금까지 우리는 일관성 있는 자기 실재를 명시해주는 다섯 개의 다른 불변요소를 논의했다. 이러한 불변요소들 중 많은 것이 항상 변화가 없는 진정한 불변요소는 아니지만 그것들의 영향은 핵심 자기와 핵심 타인을 구성하는 각각의 조직을 발견하는 과제에 쌓이게 될 것이다. 남아 있는 문제는 누구의 조직이 누구에게 속해 있는가와 관련된다. 예를 들면, 어떻게 유아는 행동의 일관성 있는 특정한 조직이 실제로 자신의 것이고 다른 사람의 것이 아니라는 것을 감지하는가? 가장 준비된 대답은 유아 자신의 조직만이 집행자agency의 불변요소들, 특별히 자유의지와 자기수용성을 수반한다는 것을 추론하는 것이다.

자기 - 정서 상태

2개월쯤에 유아는 기쁨, 관심, 고통, 놀람, 분노 등 많은 정서들과 셀 수 없이 많은 경험들을 한다. 각각의 분리된 정서에 대해서, 유아는 상황들의 특유의 구성을 알게 되고 그러한 것이 발생할 것을 기대하게 된다(불변하는 자기 – 사건들). 1) 얼굴, 호흡, 발성기관에 일어나는 특정한 운동 유출 패턴으로부터 자기수용적 피드백. 2) 내부적으로 패턴화된 흥분과 활성화의 감각들. 3) 감정의 특정한 성질들. 이러한 3개의 자기 불변요소는 함께 모여서 좀 더 고차원의 불변요소, 자기에 속하고 감정의 한 카테고리를 명시하는 불변요소들의 집합체가 된다.

정서는 뛰어난 고차원의 자기 불변요소인데 그것의 상대적인 고정성 때문이다. 각 정서의 조직과 나타남은 타고난 설계에 의해서 잘 고정되어 있고, 발달하는 동안에도 거의 변하지 않는다(이자드 1977). 얼굴 표정(그리고 얼굴 근육으로부터 오는 자기수용적 피드백)은 각각의 구별된 정서를 위한 구성배열의 불변요소이다. 만약 에크만과 그의 연구진의 예비적인 증거가 확인이 된다면, 각각의 구별된 정서는 자율적 점화에 대한 특정한 프로파일을 가지고 있다. 끝으로, 주관적 느낌의 질감은 각 정서마다 독특하다. 그러므로 각각의 분리된 정서와 함께 3개의 자기 – 불변의 사건들이 공동 작업을 하게 된다.

각각의 구별된 정서에 속한 자기 불변요소의 무리는 여러 가지

정황에서 보통 다른 사람과 있을 때 발생한다. 엄마가 여러 가지 얼굴을 만들고, 할머니가 간지럽히고, 아버지가 아이를 공중에 던지고, 보모가 재밌는 소리를 만들어내고, 삼촌이 인형극 목소리를 내고, 이런 모든 것이 기쁨의 경험이다. 이러한 5개의 '기쁨들'에 공통된 것은 아이의 얼굴로부터, 활성화 프로파일로부터, 주관적 느낌의 질감으로부터 오는 피드백의 집합체이다. 다양한 상황과 다른 사람과의 상호작용을 넘어서 불변요소로 남아 있는 것은 그 집합체이다. 정서는 자기에게 속한 것이지 그것을 불러일으킨 사람에게 속한 것이 아니다.

우리가 지금까지 이 논의에서 오직 카테고리 정서만을 이야기하고 있지만 비슷한 경우가 생동감 정서에도 꼭 맞을 것이다. 유아는 다양한 행동, 지각, 정서에서 무수히 많은 증감을 경험할 것이다. 그 모든 것이 다양한 사건들에도 불구하고 친숙한 내적 상태를 창조하는 활성화 형세들activation contours을 따라간다. 느낌의 주관적 질감은 자기 불변요소 경험으로써 남아 있다.

자기 – 역사(기억)

핵심 자기의 감각은 만약 경험의 연속성이 없다면 그 수명이 짧을 것이다. 연속성 또는 역사성은 타인과의 관계뿐만 아니라 자기와의 관계로부터 상호작용을 구별하는 중요한 요소이다(힌데 1979). 위니캇이 말하는 '존재가 계속되는going on being'을 설명해주는 것도 바로 이 요소이다. 계속성의 이러한 형태를 위해서 필요한 유아의 능력은 기억이다. 유아의 기억은 핵심 자기 – 역사(자기가 계속되는 것)를 유지하는 과제를 수행할 만한가? 유아는 다른 주요 핵심 자기 불변 요소들인 집행자, 일관성, 정서를 이루는 세 가지 다른 종류의 경험들을 기억할 수 있는가? 2~7개월의 유아는 집행자의 경험을 위한 '운동 기억'과 일관성의 경험을 위한 '지각 기억'과 정서적 경험을 위한 '정서 기억'을 가지고 있는가?[7]

집행자의 이슈는 주로 운동계획들과 행동들, 그리고 그것들의 결과들과 관련되어 있다. 유아가 뛰어난 운동 기억을 가지고 있다고 가정한 것은 꽤 오래전부터이다. 브루너(1969)는 그러한 기억을 '언어가 없는 기억'이라고 불렀다. 이것은 어떻게 자전거를 타고, 공을 던지고, 엄지손가락을 빠는지 등등 자발적 근육 패턴 안에 있는 기억들과 그것들의 공동작용을 말한다. 운동 기억은 유아의 성숙에 대한 분명한 특징들이다. 앉는 것을 배우고 손과 눈이 공동 작업하는 것을 배우고 등등은 운동기의 어떤 요소를 필요로 한다. 피아제는 그의 개념인 감각운동 스키마에서 바로 이것(과 그 이상)을 의미했던 것이다.

지금은 언어에 기반을 두지 않은 회상 기억 '체계들'이 있고 그것들이 매우 이른 시기에 작동한다는 것이 분명해졌다(올슨 & 스트라우스 1984). 운동 기억이 그것들 중 하나이다(로비-쿨리어 외 1980; 로비-쿨리어 & 페간 1981, 로비-쿨리어 & 립시트 1981). 매력적인 모빌이 머리 위에 있는 유아용 침대에 유아들을 놓았다. 유아의 발이 그 모빌과 줄로 연결되어 있어서 아이가 발을 찰 때마다 그 모빌은 움직인다. 유아들은 발로 찰 때마다 그 모빌이 움직인다는 것을 신속하게 배운다. 며칠간의 훈련 후에, 그 유아들을 모빌이 있는 같은 유아용 침대에 눕혔다. 하지만 이번엔 연결된 줄이 없다. 방, 인물들, 침대, 모빌 등등의 상황이 운동 행동을 상기시키고 유아들은 줄이 없고 모빌들이 움직이지 않을지라도 빠르게 발을 차기 시작했다. 이 기억 검사에 다른 모빌이 사용되었을 때, 유아는 원래의 모빌이 사용되었을 때보다 적게 발길질을 한다. 즉, 이것은 운동 행동을 소환하거나 회상하기에 조금은 부실한 신호인 것이다. 이와 유사하게 전체 에피소드의 주변적인 시각적 특성인 침대 보호막의 디자인의 변화는 유아의 단서 회상을 바꾼다(로비-콜리어와의 개인적인 대화에서, 1984).

단서로 인한 회상이 사실은 환기된 기억도 인식 기억도 아니라고 주장할 수도 있다. 그 단서는 원래의 것과 같지 않고, 진공 상태에서 자발적으로 회상된 것도 아니다. 하지만 그것은 중요하지 않다. 요점은 운동 경험들을 위한 단서 회상은 실험을 통해서 증명될 수 있을 뿐만 아니라 자연스러운 행동에서도 추론할 수 있으니, 이러한 운동 기억은 자기-연속성을 확증해준다는 것이다. 그것들은 또 다른 자기-불변요소들의 한 세트를 구성하는데, '운동 자기motor self'의 부분이다.

일관성의 이슈는 주로 유아의 지각과 감각과 관련되어 있다. 지각된 것들을 기억하기 위한 유아의 역량에 대해서 어떤 증거들이 존재할까? 5~7개월쯤에 유아들은 시각적으로 지각된 것들에 대해서 놀랄 만한 장기 인식 기억을 가지고 있다는 것이 잘 증명되었다. 패건(1973)은 새로운 사람의 얼굴을 1분 정도 본 유아가 일주일 후에도 같은 얼굴을 알아볼 수 있다는 것을 보여주었다. 이러한 지각 기억은

136

얼마나 일찍 시작할까? 아마도 뱃속에서일 것 같다. 디카스퍼와 피퍼(1980)는 임신부들에게 7개월 이후 임신한 배를 바라보면서 뱃속에 있는 아이에게 말하라고 요청했다. 사용된 말들은(예들 들어 닥터 수스의 책에서 가져온 구절들) 독특한 리듬과 강조 패턴을 가지고 있었다. 태어난 지 얼마 지나지 않아, 자궁에서 들었던 구절이 다른 구절에 비해서 더욱 친숙한지를 유아들에게 물었다(빠는 것을 대답으로 사용해서). 그 아기들은 들었던 구절을 친숙하게 여겼다. 비슷한 맥락에서, 립시트(개인적 대화, 1984)는 제왕절개 바로 전에 뱃속 아이에게 순수한 음들을 들려주었다. 신생아는 그 음들을 친숙하게 여겼다. 따라서 인식 기억은 어떤 경우에는 출산을 넘어서 작동하는 것처럼 보인다.

모유의 냄새, 엄마의 얼굴, 목소리에 대한 인식 기억은 이미 언급된 바 있다. 유아가 지각적 사건들을 기억에 저장하는 역량이 거대하다는 것은 분명하다. 게다가 외적 사건들에 대한 인식 기억이 발생할 때마다, 이것은 외적 세계의 계속성이 입증될 뿐만 아니라 그러한 인식이 시작할 수 있게 해주는 정신적 지각이나 스키마의 계속성도 입증되는 것이다. 인식 기억이 세상-확증에 더하여 자기-확증self-affirming으로써 경험될 가능성은 잘 알려진 '인식의 미소'에 의해서 주장되었다. 이것은 성공적인 수고스러운 소화assimilation의 쾌감 그 이상의 것이다. ("나의 정신적 표상이 작동하네. 실제 세상에도 적용할 수 있네. 기분 좋다!") 이러한 관점에서 볼 때, 기억의 행위 그 자체를 자기-불변요소로써 볼 수 있다.

마지막으로, 정서적 경험들을 인식하거나 회상할 수 있는 유아의 역량에 대한 어떤 증거가 존재할까? 엠데는 최근 전표상적인 자기 prerepresentational self에게 중요한 정서적 핵심에 대해서 거론했다. 이것이 우리가 정서적 경험의 연속성에 대해서 이야기하는 바로 그것이다. 이것은 자기 불변요소들의 집합체의 형태로 존재하고 자기의 연속성의 감각에 기여한다. 정서는 우리가 지금까지 살펴본 것처럼 이러한 과제에 매우 적합한데, 2개월 후에 감정들을 짐작하건대 그날 그날 또는 매년 거의 변화가 없게 느껴지기 때문이다. 인간의 모든 행동 중에 정서는 평생 가장 적게 변화한다. 2개월에 웃거나 울 때 사용하는 근육들은 성인이 사용하는 근육들과 정확하게 같은 것이다. 그래서 웃음과 울음으로부터 오는 자기수용적 피드백은 탄생부터 죽음까지 계속 동일하다. 이러한 이유 때문에, "우리의 정서적 핵심은 많은 방식에서 우리가 변화힘에도 불구하고 발달을 초월해서 우리의 경험의 계속성을 보증한다"(엠데 1983). 하지만 이것이 특정한 정서 경험들을 이끌어내는 특정한 상태들을 이 나이에 기억할 수 있는지에 대한 질문에 대답을 해주지는 않는다.

이 질문을 실험적으로 대답하기 위해서, 나크만(1982)과 나크만 & 스턴(1983)은 6~7개월 유아들에게 손가락 인형으로 움직이고, '말하고', 숨었다 나타나는 까꿍 놀이를 해서 웃게 만들었다. 일주일 후에 유아들에게 그 인형을 보여주었을 때, 그 인형의 모습이 아이들을 웃게 만들었다.[8] 이러한 반응은 단서로 인한 기억으로 여겨지는데, 왜냐하면 움직이지 않고 말도 하지 않았지만 그 모습만으로 아이들을 웃게 했다. 다른 말로 하면, 그 인형이 정서 경험을 활성화한 것이다. 더욱이 유아들은 게임 경험을 가진 후에야 비로소 그 인형들을 향해 웃었다. 운동 기억뿐만 아니라 정서 경험에 대한 단서 재생 기억은 언어적으로 코드화된 수단이 발달될 때까지 기다릴 필요가 없는 것으로 보인다. 다른 형태의 코드화가 관여되어 있다. 이것은 대부분의 정신분석 이론가들에게는 놀랄 만한 것이 아니다. 정신분석 이론가들은 항상 정서 기억이 인생의 처음 순간들에서부터, 또는 적어도 몇 주부터 생긴다고 가정했고, 이러한 과정과 함께 첫 해를 묘사해왔다 (맥데비트 1979).

군더는 아이가 태어나고 며칠 만에 생기는 정서 경험의 단서 회상 기억의 예를 묘사했다(1967). 수유 동안에 뜻하지 않게 젖가슴에 의해서 숨 쉬는 것이 막히게 된 신생아는 그다음 몇 번의 수유 때 젖가슴에 주춤하게 된다. 분명히, 유아들은 정서 경험들을 저장하고, 인식하고, 상기하는 기억 역량을 가지고 있다. 이로 인해 정서적 자기의 연속성이 확실하게 된다.

요약하면, 유아는 그의 '운동', '지각', '정서'의 자기들을 위해서, 즉 집행자, 일관성, 정서 상태를 위해서 최근의 것으로 갱신된 역사를 유지하는 역량을 가지고 있다.

자기 – 불변요소들의 통합

어떻게 집행자, 일관성, 정서 상태, 연속성 모두가 하나의 조직화된 주관적 관점으로 통합되는가? 기억은 살아 있는 경험의 다양한 특징들을 통합하는 체계이고 과정이라는 면에서 그 대답을 제공해 줄 수 있다. 실제 시간에 산 경험은 그것이 끝날 때까지 완료된 구조를 가지지 않는다. 그것의 구조는 즉시로 기억에서 재구성된다. 이러면에서, 삶을 산 것으로써 그리고 기억되는 것으로써 이 경험의 구조는 그렇게 다르지 않고, **에피소드 기억**episodic memory이라고 명명한 것을 자세히 들여다보는 것이 어떻게 산 경험에 깊이 박혀 있는 각각 다른 자기-불변요소들이 통합되는지 이해하는 데 중요하다.

틀빙(1972)이 묘사한 것처럼, 에피소드 기억은 실제 시간에 발생하는 실제 삶의 경험들을 의미한다. 산 경험의 에피소드들의 범위는 사소한 일부터(오늘 오전에 아침을 먹으면서 발생할 일, 무엇을 먹었는지, 어떤 순서로 먹었는지, 어디에 앉았는지 등등) 좀 더 심리적으로 의미 있는 일에까지(그들이 나에게 아버지가 뇌출혈을 일으켰다고 말했을 때 경험했던 것) 이른다. 에피소드 기억은 행위들, 지각들, 정서들을 기억된 에피소드의 주요한 요소로써 또는 특성으로써 포함하는 데 커다란 이점을 가지고 있다. 그러한 이유로 기억에 대한 견해는 유아의 경험에 대한 우리의 연구에서 가장 관련이 있다. 그것은 기억의 조건 그리고 표상의 조건을 일상의 개인적인 사건들에게 부여한다(넬슨 1973, 1978; 생크 & 아벨슨 1975, 1977; 넬슨 & 그레언델 1979, 1981; 넬슨 & 로스 1980; 생크 1982).

기본적인 기억의 구성단위는 에피소드인데, 작지만 산 경험의 일관성 있는 덩어리이다. 에피소드의 영역들을 여기에서 명시할 수는 없지만, 이 분야에서 계속 어려움을 준다. 하지만 에피소드가 작은 요소들과 특징들로 만들어진다는 데에는 합의가 있다. 이러한 특징들은 감각들, 지각된 것들, 행위들, 생각들, 정서들, 목표들이다. 이러한 것들은 어떤 시간적, 신체적, 인과관계적 관계에서 발생하며, 그래서 일관성 있는 경험의 에피소드를 구성한다. 어떻게 에피소드를 정의하느냐에 따라 에피소드를 형성하지 않는 산 경험은 없는데, 왜냐하면 정서와 인지와 행동을 수반하지 않는 지각된 것들이나 감각된 것들은 거의 없기 때문이다. 지각적 상황이 없는 감정이란 결코 없다. 어떤 정서적 동요가 없이 인지되는 것은 결코 없다. 하나의 에피소드는 하나의 신체적이며, 동기가 있는 상황에서 발생하고, 사건들은 시간을 두고 처리가 되며, 인과관계가 추론되고 또한 적어도 기대들이 생긴다.

하나의 에피소드는 분리할 수 없는 구성단위로써 기억으로 들어가는 것처럼 보인다. 각각 다른 부분들은, 즉 지각된 것들, 정서들, 행위들과 같이 하나의 에피소드를 만드는 경험의 속성들은 그것들이 특성이 되었던 전체 에피소드에서 분리할 수 있다. 하지만 일반적으로 그 에피소드는 하나의 전체로써 있게 된다.

유아가 특정한 에피소드를 경험했다고 가정해보자. 그 에피소드는 다음과 같은 특성들을 가지고 있다. 배고프고, 젖가슴으로 데려가지고(이것은 촉각, 후각, 시각적 감각과 지각을 수반한다), 코로 헤집어서 먹을 것을 찾고, 입을 벌리고, 빨기 시작하고, 우유를 먹는다. 이것을 '젖가슴-우유' 에피소드라고 부르자. 다음 시간에 비슷한 '젖가슴-우유' 에피소드가 발생했을 때, 만약 유아가 지금의 '젖가슴-우유'의 중요한 특성들 대부분이 과거의 '젖가슴-우유'와 비슷하다는 것을 알아챘다면, 두 개의 특정한 '젖가슴-우유' 에피소드가 발생한 것이다. 두 개는 충분하지만 감지할 수 있는 비슷함을 가진 여러 개가 발생한다면 유아는 곧 일반화된 '젖가슴-우유' 에피소드를 형성하기 시작할 것이다. 이러한 일반화된 기억은 어떻게 일들이 순간순간 진행하게 될 것인지에 대한 개인적인 기대이다. 일반화된 젖가슴-우유 에피소드는 그 자체로는 특정한 기억이 아니다. 그것은 많은 특정한 기억들의 추상적 개념이다. 그 기억들은 모든 것이 필연적으로 약간 씩 다르지만 하나의 일반화된 기억 구조를 생산한다. 말하자면 평균 경험이 원형을 만드는 것이다. (이런 면에서 그것은 이제 잠재적으로 의미 있는 기억의 부분이다.)

자 이제, 그다음에 특정한 젖가슴 에피소드가 시작하고 일반화된 에피소드에서 벗어난 일이 생긴다고 가정해보다. 예를 들면, 유아가 젖꼭지를 무는 순간에 유아의 코가 젖가슴에 의해 막혔다. 유아는 숨을 쉴 수가 없고 괴로움을 느끼고, 격렬하게 움직이고, 가슴으로부터 머리를 돌리고, 다시 숨을 쉴 수 있게 된다. 이 새로운 특정한 에피소드('젖가슴-숨막힘' 에피소드)는 기대했던 일반화된 '젖가슴-우유' 에피소드와 같으면서도 중요한 부분에서 눈에 띄게 다르다. 이것은 하나의 기억된 특정한 에피소드가 된다. 생크(1982)는 이러한 특정한 '젖가슴-숨막힘' 에피소드의 기억을 실패한 기대의 결과라고 불렀다. 기억은 필연적으로 실패가 일어나는데, 특정한 에피소드가 일반화된 에피소드의 기대들을 깨뜨리는 결과로 산 경험의 조각으로써 관련되고 기억될 만하다.[9] 하나의 에피소드가 일반화된 에피소드의 특정한 예로써 기억되기 위해서 원형과 구별될 만큼 독특하다면 그렇게 일탈적일 필요는 없다.

이 시점에 3가지 중 하나가 생길 수 있다. '젖가슴－숨막힘' 경험이 다시 안 생길 수도 있다. 그런 경우에, 이것은 특정한 에피소드 기억으로써 간직될 것이다. 군더(1961)는 젖가슴－숨막힘의 한 에피소드가 그 후 몇 차례의 수유에서 신생아의 행동에 영향을 주는 것으로 보인다고 보고했다. 그 에피소드는 아마도 장기 단서 회상 기억의 부분이 된다. 또는 젖가슴－숨막힘 경험은 되풀이해서 발생할 수 있다. 그러한 경우에 특정한 에피소드는 새로운 일반화된 에피소드를 형성하기 위해서 일반화된다. 그것을 우리는 일반화된 '젖가슴－숨막힘' 에피소드라고 부를 수 있다. 일단 이것이 형성되면 이러한 에피소드들의 특정한 예들은 그것이 평균의 일반화된 젖가슴－숨막힘 에피소드와 구별되는 경우에만 실제 에피소드로써 기억될 만하다.

마지막으로 첫 번째 '젖가슴－숨막힘' 경험 후에, 그 유아는 결코 다시는 일반화된 '젖가슴－우유' 에피소드의 실제 특정한 예를 경험하지는 않을 수 있다. 다시 말해서, 수유의 어려움이 계속 있을 수 있고, 그래서 엄마는 젖병으로 바꾸어야만 할 수도 있다. 이러한 경우에, 원래의 '젖가슴－우유'의 일반화된 에피소드는 시간이 지나면서 더 이상 일상생활에서 기대하는 평범한 부분이 아니고, 활동적인 (되찾을 수 있는) 기억 구조로 있는 것을 멈추게 될 것이다.

일반화된 에피소드에 대해서 몇 가지 점을 언급하고자 한다. 일반화된 에피소드는 특정한 기억이 아니다. 이것은 실제로 발생한 그대로 사건을 묘사하지 않고, 무수히 많은 특정한 기억들을 포함한다. 하지만 하나의 구조로써 그것은 임상에서 사용하는 추상적 표상과 좀 더 가깝다. 그것은 평균의 경험들을 기반으로 진행될 것으로 예측되는 사건들의 과정에 대한 구조이다. 이에 맞추어 에피소드는 행위에 대한, 느낌에 대한, 감각에 대한 기대들을 만드는 것이다. 그래서 그러한 기대들이 충족될 수도 있고 깨질 수도 있다.

정확하게 어떤 사건들이 이러한 일반화된 에피소드를 형성하는가? 넬슨과 그레언델(1981)은 취학 이전 아동들에 대한 연구에서 생일파티에서 생긴 일처럼 어떤 일이 외적 사건(대체로 언어로 보고된)이라고 부르기 가장 좋은가에 집중했다. 에피소드를 만드는 행위들은 다음과 같다. 케이크를 치징하고, 손님들을 빈기고, 신물을 열고, '생일 축하 합니다' 노래를 부르고, 촛불을 불어서 끄고, 케이크를 자르고, 케이크를 먹고. 이러한 행위들은 예측한 시간과 발생순서에 따라 발생했다. 2살 정도의 어린이는 이러한 일들에 대해서 일반화된 에피소드를 만든다. 넬슨과 그레언델은 이러한 일반적 도식들(변하기 쉬운 요소들, 하지만 구조화된 전체들을 가진)을 일반화된 사건 구조들(Generalized Event Structures, GERs)이라고 부르고, 인지 발달뿐만 아니라 자전적 기억의 기본적 구성 요소들이 된다고 생각했다.

이와는 대조적으로 우리의 관심사는 언어 이전 유아들에게 생기는 다른 일들에 대해서이다. 예를 들어, 배가 고플 때, 엄마의 젖가슴에 있을 때 어떤 일이 생기는가, 또는 엄마와 아기가 재미있는 게임을 할 때 어떤 일이 생기는가? 더욱이 우리의 관심은 행위뿐만 아니라 감각과 정서에도 있다. 우리가 관심을 가지고 있는 것은 다른 유형들의 대인관계의 상호작용이 연루된 에피소드이다. 더 나아가, 우리는 단지 상호작용적 사건들이 아니라 상호작용적 경험도 관심을 가지고 있다. 내가 제안하고자 하는 것은 이러한 경험들도 언어 이전에 평균화되고 표상된다는 것이다. 이것들이 일반화된 상호작용의 표상이다(Representations of Interactions that have been Generalized, RIGs).

유아들이 비언어적으로 정보를 추상화하고, 평균화하고, 표상하는 어떤 능력들이 있는지 우리는 안다. 원형들prototypes의 형성에 대한 최근의 실험은 이러한 종류의 과정에 대한 유아의 역량을 묘사해주어서 유익하다. 스트라우스(1979)는 10개월 유아들에게 도식화된 얼굴 그림들을 보여주었다. 각각의 얼굴은 코의 길이와 눈과 귀의 위치가 달랐다. 전체 그림들을 다 보여준 뒤에, 유아들에게 어떤 그림이 전체 그림들을 가장 잘 '대표'할 만한지 물었다(새로움의 발견의 측면에서). 그들은 자신들이 본 적이 없는 그림을 선택했다. 그 그림은 이전에 본 얼굴 특징들의 크기와 위치를 평균했던 그림이었다. 하지만 그 '평균 얼굴'은 그 사진들 가운데 들어 있지 않았고 전에 본 적도 없었다. 내가 주장하고자 하는 것은, RIG와 같은 그러한 경험들을 추상화하고 표상하는 능력은 훨씬 더 일찍 시작한다는 것이다.

따라서 RIG는 핵심 자기의 표상에 대한 기본 구성단위를 구성한다. RIG들은 수많은 현실을 경험하면서 생긴 직접적 인상에서 온 것이다. 그것들은 핵심 자아의 다양한 행위적·지각적·정서적 특성들로 통합된다.[10] RIG들은 특정한 특성들의 측면에서 조직화될 수 있고, 특성들이 RIG들의 측면에서 조직화될 수 있다. 쾌감적 느낌의 분위기와 같은 어떤 하나의 특성은 어떤 종류의 RIG들이 발생하게 될지 한계를 설정한다.

자기 경험의 각각 다른 불변요소들은 행동하는 자기, 느끼는 자기, 자기 자신의 몸에 대한 독특한 지각을 가진 자기 등등으로 통합된다. 비슷하게, 아이가 행복할 때 놀이하는 엄마, 아이가 괴로울 때 달래주는 엄마, 이런 것을 지각하는 엄마, 이 모든 것이 구분되고 분류된다. '일관성의 섬들'은 어떻게든 형성되고 더 큰 덩어리로 합치게 된다. 이것이 기본적 기억 단위로써 RIG들을 사용하는 에피소드 기억의 역동적 본질이다.

에피소드 기억 체계의 이점은 이것이 자기 불변요소들(또는 타인 불변요소들)에 대한 기억할 만한 사건들을 유동적이고 역동적인 방식으로 목록을 만들고 또 그것을 개정하고, 조직화하고 재조직할 수 있게 한다는 것이다. 이것은 많은 다른 종류들의 특성들을 상상할 수 있게 해준다. 다른 방법들로 연관을 짓고, 결과적으로 조직화된 자기 경험의 성장하고 통합하는 네트워크를 낳는다. (이것이 생크(1982)가 역동적인 기억을 말할 때 의미했던 것이다.)

짐작하건대 이런 방법으로 집행자, 일관성, 정서 상태의 다른 주요한 자기 불변요소들이 (통합하는 과정의 부분으로써 작용하는 기억의 연속성과 함께) 충분할 만큼 통합되고, 이 모든 것들은 함께 유아에게 핵심 자기의 통일된 감각을 제공한다. 삶의 이러한 기간 동안, 즉 2~7개월 동안에 유아는 주요한 자기 불변요소들과 충분한 경험을 가지게 되고, 에피소드 기억에서 반영되는 통합하는 과정은 매우 진보하여 유아는 비약적인 도약을 하고 핵심 자기의 감각이라고 부를 수 있는 조직하는 주관적 관점을 창조해낸다. (어떤 이는 핵심 타인의 감각은 보완적인 과정을 통해서 병행적으로 출현한다고 가정할 수 있다.) 이 기간 동안에 유아는 자기와 타인을 알게 해주는 사건들을 인식하는 역량을 가지고 있다. 사회적 상호작용의 상황은 그러한 사건들을 포착할 수 있는 수많은 기회를 제공한다. 통합적인 과정들은 이러한 주관적 사건들을 조직화하기 위해서 있다. 좀 더 완전한 인간으로써의 변화된 유아에 대한 임상적 인상에 덧붙여, 역량들, 기회들, 통합적 능력의 결합은 핵심 자기와 핵심 타인의 견고한 감각이 이 기간 동안에 출현한다는 결론을 내리게 한다.

---

1   이 논의는 일반적으로 자기의 감각과 관련되어 있다. 타인의 감각은 매우 종종 같은 동전의 다른 면이다.

2   사람외의 고등 동물들이 그러한 핵심 자기의 감각을 형성한다고 믿는 것은 타당하다. 그것은 결코 이러한 성취를 축소하지 않는다.

3   이 예는 부분적으로 '단일 접촉' 대 '두 번 접촉'의 특이한 사례이다. 두 번 접촉은 당신이 당신 스스로를 접촉하고 그 접촉된 부분이 교대로 그 접촉하는 부분을 접촉할 때이다.

4   몇 명의 저자들은 증감률 또는 차원dimension의 정보가 카테고리적 정보와는 대조적으로(밝음 대 패턴, 또는 소리세기 대 음소의 구조phonemic structure) 성인보다 유아에게 매우 중요하다는 것을 최근에 강조했다(엠데 1980a; 스턴 외 1983). 어린 유아들이 질감의 변화에 우선적으로 민감하면서 특별히 자극의 양의 변화, 특별히 강도의 변화들에 주의를 기울이는 사실을 고려해볼 때, 2감각 통합으로 강도를 맞추는 능력은 하나의

특별한 자극(목소리의 크기나 움직임의 강력함의 속도와 같은)이 유아가 참여하고 있는 둘의 관계에서 상대방 쪽에 속한 것인지를 구별하는 데 매우 도움이 될 것이다.

5 스피커가 또한 발견한 것은, 새로운 얼굴을 바라볼 때, 유아는 한 표현의 정체성을 가지고 있어서 각기 다른 얼굴들이 그 표현을 했을 때 그것을 알고 있다는 것이다. 유아들이 정체성과 표현, 이 둘을 가지고 있어서 알지 못하는 사람들을 만날 때, 얼굴의 정체성보다 얼굴 표정이 좀 더 핵심적인 것처럼 아이들은 행동한다. 즉, "만약 그들을 알지 못한다면 그들이 누구인지보다 그들의 정서를 알고 있는 것이 유리하다." 매우 익숙한 얼굴과 함께 있을 때는, 그 반대의 경우를 우리는 추측할 수 있다. "다른 표정을 짓고 있지만 여전히 그는 같은 사람이다."

6 패건은 유아들이 3/4 옆면 얼굴에서 전면이나 옆면과 비교하면서 구성배열의 불변요소들에 대한 정보를 발췌한다는 것을 발견했다. 범죄 감식 경찰국 전문가들에 의하면 성인도 그렇다.

7 지금 당장은 인지 기억(대상이 지금 있을 때 기억하는 것)과 회상 또는 떠올리는 기억(대상이 없을 때) 간의 구별은 묵과하려고 한다. 회상과 인지 기억 사이의 이분법은 지나친 감이 있었다. 아마도 자발적으로 떠올려지는(순전한 회상) 기억 같은 것은 없을 것이다. 어떤 연상 또는 신호가 분명히 그 기억을 촉발했을 것이다. 회상 신호들은 자유연상에서 일어나는 것처럼 멀리 떨어져 있고 경미한 것들에서부터 원래 것과 같지는 않지만 꽤 가까운 어떤 것으로, 그리고 원래의 것의 재출현으로의 연속체이다. 이것은 우리를 인지 기억으로 데리고 간다(넬슨 & 그레언델 1981). 뚜렷한 구별은 회상 기억 체계가 언어 또는 상징 기반이어야만 한다는 조금은 오래된 가정 때문이었다.

8 이것은 인식의 웃음이 아니다. 왜냐하면 다른 그룹의 아이들에게는 움직이지 않는 인형들을 보여주었는데 그 인형들을 아기들을 웃게 만들지 않았기 때문이다. 일주일 후에 이 아이들은 그 실험 인형을 알아보았지만 이러한 인식에도 불구하고 웃지 않았다.

9 숨 막힘 에피소드는 다른 이유들 때문에도 기억될 만하나. 하시만 여기에서는 주로 관련된 사건들 사이의 관계만 다룬다.

10 넬슨과 그레언델(1981)은 일반화된 에피소드들을 형성하는 과제는 유아기와 아동기에 주요한 중요성을 지니고, 특정한 (에피소드) 기억은 특이한 경우일 때만 형성된다고 주장했다. 예를 들면 일반화된 에피소드를 부분적으로 깨뜨리는 그럴 때이다(생크는 예측이 실패하는 기억failure-driven memory이라고 말했다). 생크는 "유아기의 기억상실"의 대부분은 일반화된 에피소드들이 불충분하게 형성되었거나 아직 형성되고 있는 중이라는 사실로 설명할 수 있다고 제안했다. 특정한 일들들(특정한 에피소드 기억들)이 일반화 과정들이 좀 더 발전될 때까지 코드화되지 않는다. 다른 말로 하면, 무엇에 반해서 기억할 만한 것이 없다는 것이다. 치료에서의 복원이 가지고 있는 진짜 문제점은 아마도 특정한 기억들이 어떤 사건들에 대한 일탈된 예들이라는 실상과 관계가 있을 것이다.

CHAPTER 05

핵심적 자기의 감각:

II. 타인과 함께 하는 자기

앞 장에는 중요한 무엇인가가 빠져 있다. 우리는 지금까지 유아의 자기 감각과 타인 감각을 비교해서 논의하고 있지만, 타인과 **함께** 있는 자기의 감각에 대해서는 논의하지 않았다. 다른 누군가와 함께 있음을 경험할 수 있는 방법은 결합, 융합, 안전한 피난처, 안전기지, 안아주는 환경, 공생 상태, 자기대상, 중간transitional 현상, 내적 에너지가 투자된 대상 등등 가장 널리 쓰이고 있는 임상적 개념들을 포함해서 다양하게 존재한다.

우리가 상호작용하고 있는 타인과 함께 있음의 감각은 사회생활의 가장 강력한 경험 중 하나일 수 있다. 게다가 지금 여기에 실제로 있지 않는 어떤 이와 함께 있다는 감은 역시 마찬가지로 강력하다. 부재하는 사람도 영향력 있고 거의 감지할 수 있는 존재로 느낄 수 있고, 또는 무언의 추상적 개념으로써 느낄 수 있다. 프로이트가 언급했듯이(1917), 애도 과정에 죽은 사람이 각각 다른 많은 형태로 존재하는 것처럼 구체적으로 느낄 수 있다. 사랑에 빠지는 것이 다른 평범한 예를 보여준다. 사랑하는 사람들이 단순히 서로에게 사로잡혀 있는 것이 아니다. 사랑하는 사람은 종종 거의 계속 옆에 있는 것처럼 경험되고, 심지어 그 기운이 느껴지기도 해서 자신이 하고 있는 거의 모든 것을 바꿀 수도 있다. 세상에 대해 지각된 것들을 고조시키거나 자신의 순간 움직임들을 고치고 개선하게 된다는 것이다. 이러한 경험들이 어떻게 현재의 틀로 설명될 수 있을까? 유아와 성인의 경험에 대한 사회적 본질을 궁극적으로 어떻게 잡아낼 수 있을까?

위니컷, 말러 그리고 다른 많은 이론가들의 설명에서, 엄마와 함께 있음의 여러 가지 중요한 경험들은 유아가 자기와 타인을 적절히 구분할 수 없다는 가정에 기초를 두고 이해되었다. 자기/타인의 융합fusion은 유아가 끊임없이 되돌아가는 배경 상태이다. 이러한 미분화된 상태로부터 개별적인 자기와 타인이 점차적으로 출현하게 된다는 것이다. 어떤 의미에서, 이러한 관점에서 보면 유아는 완전히 사회적으로 보일 수 있다. 주관적으로 '나'는 '우리'이다. 유아는 타인으로부터 자기를 구분하지 않음으로써 완전한 사회성을 획득한다.

이러한 견해들과는 대조적으로, 지금 여기에서의 설명은 다른 이론들이 상당히 긴 자기/타인 미분화undifferentiation에 할당했던 바로 그 삶의 기간 동안에 형성되는 핵심 자기의 감각과 핵심 타인의 감각을 강조하고 있다. 그뿐만 아니라 여기에서의 관점에서는 타인과 함께 있음의 경험들은 분화differentiation의 수동적인 실패라기보다는 능동적인 통합의 행위로 본다. 함께 있음의 경험들을 구별된 타인과 함께 있는 구별된 자기의 능동적 통합의 결과로써 생각한다면, 우리는 어떻게 타인과 함께 있음의 주관적인 사회적 감각을 가정할 수 있을까? 이젠 말러의 미분화된 '이중－통합체dual-unity'에서 당연하게 여겼던 것이 이곳에서는 더 이상 그렇지 않다.

분명히 유아는 사회적 매트릭스에 깊이 들어가 있는데, 그 안에서 많은 경험들이 타인의 행위들로 인해서 생긴다. 그렇다면 유아의 주관적 관점에서 보았을 때 홀로 있는 자기와 타인과 더불어 합병된 '자기/타인'이나 '우리 자기we self'에 대해서 생각하는 것이 왜 합리적이지 않은가? 영국 대상관계 학파가 우리에게 가르쳐준 것처럼, 유아의 초기 경험은 완전히 사회적인 것이 아닌가? 객관적인 관점에서 보면, 자기와 타인 사이에는 혼합물amalgam 같은 사건들이 있는 것으로 보인다. 유아들은 이러한 것들을 어떻게 경험할까? 자 이제, 사회적 자기에 대한 이러한 문제를 사회적 다인과 함께 있는 자기의 본질을 객관적인 사건으로써 보는 것으로 접근해보자.

객관적 사건으로써 타인과 함께 있는 자기

유아는 타인과 함께 있을 수 있으면서 그 둘이 그들의 행위들을 연결해서 각자로부터 나온 행동들을 혼합하지 않았다면 발생할 수 없었던 무엇인가 발생하게 한다. 예를 들면, '까꿍 놀이'나 '우리 아기 잡으러 가자' 놀이 동안, 상호작용은 유아에게 매우 높은 흥분, 기쁨의 충만, 공포가 살짝 가미된 긴장감의 자기 경험을 만들어낸다. 이러한 느낌 상태는 순환과 점점 커짐crescendo을 몇 차례 반복하는데, 그것의 변동이나 그것의 강도, 그리고 독특한 질감에서 이 나이의 유아가 스스로는 결코 성취할 수 없는 것이다. 객관적으로 이것은 공동의 창작물이며, '우리' 또는 자기/타인 현상이다.

유아는 자신의 자기 경험을 조절해주는 타인과 함께 있다. 이러한 의미에서, 타인은 유아에게 **자기를 조절해주는 타인**self-regulating other이다.[1] 까꿍 놀이 같은 게임에서 주로 관여되는 것은 유아의 흥분의 조절이다. 우리는 자기-흥분을 조절하는 타인에 대해서 이야기할 수 있다. 하지만 흥분arousal은 타인이 조절할 수 있는 가능할 만한 많은 경험들 중 하나일 뿐이다.

정서 강도는 흥분에 대한 또 다른 자기 경험이다. 이것은 거의 지속적으로 양육자에 의해서 조절된다. 예를 들면, 웃는 상호작용에서 엄마와 아이는 정서표현의 강도를 조절할 수 있다. 한쪽이 웃음의 강도를 증가하면 그것은 다른 쪽으로부터 더 큰 웃음을 끌어내고, 그 정도를 다시 올리면 긍정적 피드백을 연속적으로 올라가게 한다(비비 1973; 프로닉 외 1977; 비비 & 크로너 1985).

안전이나 애착은 자기 경험의 또 다른 예이다. 애착, 신체적 가까움, 안전에 대한 느낌을 조절하는 모든 사건들은 공동으로 만들어진 경험이다. 따뜻한 정감을 지닌 몸을 껴안거나 붙어 있는 것; 다른 사람의 눈을 들여다보는 것과 다른 사람이 내 눈을 보는 것; 다른 사람을 꼭 붙잡고 있는 것과 다른 사람이 나를 꼭 안아주는 것, 이러한 종류의 타인과 함께 하는 자기 경험은 전적으로 사회적이다. 직설적으로 말하자면, 이러한 경험들은 타인의 행위나 존재로 인해 이끌어 내지거나 유지되지 않는 한 결코 발생할 수 없다. 이러한 경험들은 타인 없이는 자기-경험의 부분으로써 존재할 수가 없다. 자기를 조절하는 타인이 실제가 아니라 환상 속에 있을 때조차도 이것은 사실이다. (껴안는 경험은 환상 속에서조차도 상대를 필요로 한다. 그렇지 않으면 생각은 할 수 있지만 온전히 경험되지 않는다. 이것은 사람뿐만 아니라 베개를 껴안는 것에도 적용된다. 이 이슈는 베개가 다시 껴안아주든 그렇지 않든 상관이 없고, 베개가 물리적으로 존재하고 그것의 느낌을 상상할 수만 있으면 가능하다. 이런 의미에서 한쪽에서 하는 반쪽 포옹이나 한쪽에서 하는 반쪽 키스 같은 것은 없다.)

애착 이론가들은 안전의 조절에서 타인이 하는 없어서는 안 될 역할을 강조했다. 애착은 부모/아동의 관계의 질을 나타내는 지표로서 매우 중요한 것이지만, 그것이 전체 관계와 같다는 것을 의미하지는 않는다. 적절한 애착의 경계 밖에도 타인들에 의해서 조절되는 다른 많은 자기 경험들이 있다. 흥분은 이미 설명했고, 다른 것들은 후에 설명할 것이다.

부모는 또한 유아가 경험하게 될 카테고리 정서를 조절할 수 있다. 그러한 조절은 유아의 행동을 해석해야 가능하다. "저 얼굴은 재미있다는 것으로 받아들여야 할까 아니면 놀랐다는 것으로 받아들여야 할까?", "컵을 탕탕 치는 것은 즐겁다는 것인가 적대감의 표현인가, 아니면 싫다는 것일까?"와 같은 질문을 하게 된다. 사실 2~7개월에 유아가 느낄 수 있는 선제 성서의 스펙트럼 중 거대한 부문이 타인의 존재가 있을 때 또는 타인의 상호작용의 조정을 통해서, 즉 다른 사람과 함께 있음으로만 가능하다.

또한 유아와 양육자 모두는 세상에 대한 유아의 주의집중, 호기심, 인지적 참여를 조절한다. 양육자의 중재는 유아의 경이감과 탐구의 열망에 지대한 영향을 준다.

역사적으로 가장 주목하고 있는 것은, 타인이 유아의 신체적 상태의 경험들을 조절하는 것이다. 이러한 경험들은 전통적으로 정신분석의 중심 주제가 되고 있는데, 배고픔의 충족이나, 피곤한 상태에서 잠이 들게 해주는 전환 등을 말한다. 그러한 조절에서, 신경생리상태의 극적인 전환이 일어난다. 이러한 사건들이 정신분석에서 그러한 관심을 받은 이유 중 하나는 의심할 여지도 없이 그런 일들이 리비도의 전환이나 에너지 모델 측면에서 쉽게 설명할 수 있기 때문이다(이러한 개념은 오랫동안 자기를 조절하는 타인과 함께 있음의 다른 방법들의 중요성을 파악하는 능력을 보지 못하게 했다). 이러한 방법에서 함께 있음은 분명히 매우 중요한 면이 있다. 이러한 경험들과 그것들의 표상이 가장 완전한 합병의, 자기/대상 경계를 없애는 것의, 그리고 이중 단일체로의 융합의 느낌을 가장 면밀하게 접근한 것으로 생각되었던 것이다. 그렇지만 '공생'이 흥분을 0으로 떨어뜨려주는 체험이라고 가정하지 않는 한(쾌감 원칙에서 묘사하고 설명해 주는 것처럼 외부 자극에 대한 주관적 경험이 효과적으로 멈추게 되었을 때), 배고픔의 충족이나 잠드는 것이 이중 통합체 상태로 되는 것으로 해석해야만 하는 이유는 없다. 대부분의 전통적인 이론들은 사실 그렇게 가정하고, 우리는 9장에서 이러한 가정을 상세히 검토할 것이다.

배고픔의 감소의 경험과 다른 신체적 상태의 조절은 주로 자기 상태의 극적인 변형으로써 경험되는데, 타인의 신체적 중재가 필요로 한다(스턴 1980). 그러한 경우에, 유아의 두드러진 경험은 융합보다는 신체 상태를 조절해주는 타인과 함께 있음일 것이다.

기관에 있는 잘 먹인 유아들과 키부츠의 아기들뿐만 아니라 영장류의 행동을 관찰한 많은 자료들이 명백하게 보여주는 것은, 강한 느낌과 중요한 표상이 형성되는 것이 반드시 먹이거나 잠재우는 바로 그 행위들(즉, 몸의 상태를 조절해주는 타인에 의해서)로 인해서라기보다는 이러한 행위들을 하는 그 사람의 태도에 의해서라는 것이다. 그 태도는 이전에 언급한 타인에 의한 자기-조절의 형태들로 종종 가장 잘 설명된다. 수유 경험의 커다란 이점은 그것이 놀이가 되고 각각 다른 자기 조절 많은 형태들을 한꺼번에 함께 묶어준다는 것이다. 끝으로, 샌더(1964, 1980, 1983a, 1983b)는 유아의 의식의 상태와 행동이 궁극적으로 사회적으로 절충된 상태들이며, 부분적으로 자기를 조절해주는 타인의 중재를 통해서 그 형태를 만든다고 언급한다.

자기를 조절해주는 타인의 사회적 행위는 유아의 경험과 관련되어 구석구석 스며 있는 객관적 사실인 것이 분명하지만, 어떻게 아이는 이것을 주관적으로 경험할까?

주관적 경험으로써의 대상과 함께 있는 자기

어떻게든 유아는 자기를 조절해주는 타인과 함께 있는 객관적 경험을 주관적 경험으로써 기록한다. 이러한 경험들은 합병, 융합, 안전의 만족감, 등등이라고 불리는 것과 같은 것이다. 정신분석은 일차적 융합과 이차적 융합의 차이점을 구분하고 있는데, 우리가 여기에서 고려하고 있는 경험은 그중에 하나로 들어간다. 일차적 융합은 경계가 없는 경험이고 그래서 자기 자신을 타인의 부분으로 느끼는데, 아직 능력이 발달하지 않았기 때문에 타인으로부터 자기를 구별하는 데 실패한 것으로 여겨진다. 이차적 융합은 경계가 형성된 이후에 그 사람의 지각적 경계들과 주관적 경계들을 상실하는 경험이다. 말하자면, 침투하려는 타인의 개인적 특징에 먹히든지 아니면 녹아들어가는 것이다. 이러한 이차적 융합 경험은 소망과 관련된 방어적인 작동에 부차적으로 생기는 퇴행에 의해서 초래되는 일차적 융합의 재판re-edition이라고 생각하고 있었다.[2]

이곳에서 취하고 있는 입장에서 이러한 중요한 사회적 경험들은 일차적 융합도 이차적 융합도 아니다. 그 경험은 어떤 사람(자기-조절적 타인)과 함께 있음의 실제 경험이고, 그것이 자기-느낌들에 중요한 변화를 일으킨 것이다. 그 실제 사건 동안에 핵심 자기의 감각은 침해되지 않으며, 타인도 여전히 분리된 핵심 타인으로서 인지된다. 자기-경험에서의 변화는 오로지 핵심 자기에 속한 것이다. 변화된 핵심 자기는 또한 핵심 타인과 관계(융합이 아니라)되어 있다. 자기-경험은 확실히 타인의 존재와 행위에 의존되어 있지만, 이것은 여전히 전적으로 자기에게 속한 것이다. 유아는 정확하게 현실을 보여준다. 자 이제, 이러한 가정들을 몇 가지 질문을 가지고 검토해보자.

첫째, 왜 자기를 조절해주는 타인과의 경험이 핵심 자기의 감각을 침해하거나 혼란스럽게 하지 않는가? 이 질문에 대답하기 위해서, 앞에서 이야기한 까꿍 놀이에서의 흥분이 타인에 의해서 조절되는 유아의 경험으로 돌아가보자. 왜 유아는 계속해서 기대와 기쁨의 주기들을 핵심 자기에 속한 것으로 경험하는가? 이와 같이 놀라운 '사라지고-다시 나타나는' 익살스러운 행동은 왜 핵심 타인인 엄마에게 속한 것일까? 왜 자기의 존재와 타인의 존재는 침해당하거나 해체되지 않을까?

자기와 타인에 대한 핵심 감각은 몇 가지 이유로 무너지지 않는다. 정상적인 조건들에서, 유아는 '잡으러 가자' 게임, '걸어가는 손가락', '배 간질이기' 그리고 이 나이에게 표준이 되는 다수의 다른 긴장감 게임들과 같이 약간 다른 상황들에서도 긴장감이 증가하고 결정적인 대목이 터지는 비슷한 기쁨을 주는 주기를 경험한다. 유아는 또한 까꿍 놀이의 10가지 그 이상의 변주를 경험할 것이다. 아기의 얼굴을 기저귀로 가리고, 엄마의 얼굴을 기저귀로 가리고, 엄마의 얼굴이 아기의 발로 가려지고, 엄마의 얼굴이 침대 위로 올라왔다가, 침대 밑으로 내려가는 것 등등이다. 엄마가 그것을 어떻게 하든 상관없이, 아기는 그녀의 익살스런 행동이 핵심 타인으로서 그녀에게 속한 것으로 경험한다. 이것은 그녀의 조직, 일관성, 집행자를 경험하는 수많은 방법들 중에 그저 하나에 불과하다.

게다가 엄마가 어떤 방법으로 그 놀이를 하던 상관없이, 아이에게 같은 일반적인 느낌 상태가 일어난다. 아빠, 보모와 같은 다른 사람들도 아이와 이러한 종류의 놀이들을 한다. 특정한 정서는 상호작용의 변주와 그 사람의 변화에도 불구하고 계속 남아 있다. 자기에게 속한 것은 오직 그 느낌의 상태이며, 그것이 자기-불변요소이다.

유아가 어떤 불변요소가 누구에게 속했는지를 측량하고 식별하게 해주는 것은 다양하다. 그리고 정상적인 부모/유아 상호작용은 물론 필연적으로 극도로 다양하다. 타인-불변요소에서 자기-불변요소를 구별하는 경험의 다양성의 중대한 역할을 강조하기 위해서, 다음의 것을 상상해보자.

유아가 기대와 해결의 즐거운 주기를 오직 엄마와만 경험하고, 엄마가 이러한 주기를 정확히 같은 방법으로(사실상 불가능하지만) 항상 조절한다고 가정해보자. 그 아이는 묘한 상황에 있게 될 것이다. 이러한 특정한, 변하지 않는 행위에서 엄마가 핵심 타인으로 감지되는 것은 엄마의 행동이 자기와 대비하여 타인을 명시하는 법칙(집행자, 일관성, 연속성)의 대부분을 따르기 때문이다. 하지만 유아는 자신의 느낌 상태가 어느 정도까지 자기의 불변요소의 것인지, 엄마의 행동의 불변요소의 것인지 확신할 수가 없는데, 둘 모두가 예외 없이 이 느낌을 수반하기 때문이다. (이것은 많은 이들이 가정했던 자기/타인 미분화의 그림과 가깝다. 우리는 이것을 유아의 한계보다는 엄마의 한계로부터 추론한 것이 다른 점이다.)

필연적인 다양성이 있는 정상적인 상태들에서 이러한 행위들을 경험할 때 유아는 누가 누구인지, 그리고 무엇이 누구에게 속하는지 감지하는 데 어려움이 전혀 없다. 하지만 많은 게임들과 일상적인 일들에는 부모와 아이 사이에 행동의 유사성의 정도의 차이가 매우 많다. 이런 사실이 유아가 자기를 타인으로부터 구별하고, '우리'로부터 자기를 구별하는 데 어려움을 주지는 않을까? 이것은 엄마가 손으로 모양을 만들고 아이가 따라하는 (pat-a-cake) 게임의 형태에서도 볼 수 있다. 앞에서 무엇인가 하고 그것을 따라하는 다양한 모방의 진행은 상호적으로 더욱 크게 웃게 한다. 어떤 이는 이렇게 생각할 수 있다. '그런 때에는 자기－불변요소들과 타인－불변요소들을 명확히 하는 단서들이 부분적으로 와해될 것이다. 왜냐하면 모방하는 상호작용에서 타인의 행동은 유아의 행동과 같은 모양이고(강도와 생동력 정서의 측면에서 그 농도가 비슷하다), 종종 동시에 일어나고 또는 동시에 같기조차 하기 때문이다.' 이러한 경험들은 병합이나 자기/타인 경계의 해체의 개념과 매우 가까운데, 적어도 지각적인 입장에서는 그렇다고 생각힐 수 있다(스턴, 1980).

그렇지만 이러한 상태들에 있더라도, 구별하는 단서들의 상당 부분이 없어질 가능성은 거의 없다. 유아들의 시간포착 역량은 놀랍다. 아이들은 1초의 몇 분의 1에 해당할 정도로 아주 짧은 순간의 편차도 포착할 수 있다. 예를 들면, 엄마의 얼굴을 3개월 된 아이에게 텔레비전을 통해서 보여주었고 목소리는 몇 백만분의 일 초 늦게 나오게 했을 때, 아이는 그 동시성의 편차를 찾아내었고, 엉망으로 더빙된 영화를 볼 때처럼 불편해했다(트레바르탄 1977; 도드 1979). 순간의 짧은 시간에도 시간을 추정하는 능력은 아이가 '바'와 '파' 소리(이 소리는 목소리를 시작하는 시간만 다를 뿐이다)를 구별할 수 있게 해준다

(에이마스 외 1971, 1978). 부모가 완벽한 거울처럼 행동할지라도, 자기의 핵심 감각의 기억의 연속성은 지워지지 않는다.[3]

유아의 안전이나 상태 변화의 조절이 관여되는 이러한 상호작용에서의 자기의 감각에 어떤 일이 생길까? 이러한 상호작용이 이미 논의한 상호작용보다 더 많이 정서적 변화에 할애되는 것은 아니며, 그것은 역사적으로는 병합의 경험을 좀 더 증진하는 것으로 생각해 왔다. 이러한 것들을 경험할 동안에 부모의 행동은 유아의 행동과 상호 보완적이다(아이를 안는다. 그 아이는 안겨져 있다). 이렇게 보면, 각 파트너는 대개는 상대방과 상당히 다른 어떤 것을 하고 있다. 그래서 자기와 타인의 손상되지 않음은 손쉽게 그대로 유지될 수 있는데, 지각적 단서들이 상대방이 각각 다른 시간, 공간, 강도 그리고/또는 움직임의 구성을 따라올 수 있도록 드러나기 때문이다. 다른 말로 하면, 자기-불변요소들과 타인-불변요소들을 명확히 하는 모든 단서들(4장에서 논의했던)은 교란되지 않는다. 그래서 자기의 감각과 타인의 감각의 혼동은 핵심-관계성의 단계에서는 발생하지 않는다. 따라서 핵심 자기의 감각과 핵심 타인의 감각은 자기를 조절하는 타인의 존재에 의해서 침해가 꼭 일어나지는 않는다고 생각하는 것이 합리적이며, 정서 상태와 관련된 유아의 경험에서도 마찬가지이다.

이제 두 번째 질문을 생각해보자. 변화된 자기 경험과 유아의 자기 경험이 변할 수 있도록 해주는 타인의 조절하는 역할 사이에는 어떤 관계가 있을까? 혹은 더 중요할 수도 있는데, 그 관계는 어떻게 아이에게 경험될까? 우리는 성인이나 좀 더 나이가 있는 아동에 대해서는 대답을 할 수 있다. 때때로 당신이 불안하고 무서울 때, 그 느낌은 다른 사람과 함께 있을 때의 강력한 느낌처럼 아우성을 치고 전체 관심이 그곳에 쏠리게 된다. 다른 사람의 품에 안기거나 안전함 같은 어떤 것 속에 푹 들어가는, 거의 다른 사람 속으로 들어가는 것 을 생각하게 된다(우리가 알고 있는 전형적인 '융합' 경험이 이런 것과 비슷할 것이다).

다른 때에는, 변화된 자기−경험과 조절하는 타인의 역할 사이의 관계는 조용하고 눈에 띄지 않는다. 이 상황은 조용한 또는 보이지 않는 '자기−타인'의 존재와 비슷한데, 이것을 울프(1980)와 스테클러 와 카플란(1980)이 자기 심리학의 용어에서 잘 표현하였다.

어떤 특정한 나이에 적당한 자기대상selfobject의 형태의 필요 를 잠시 옆에 두었을 때, 심리적으로 영양분을 공급해주는 자기 대상 환경이 계속 존재해야 할 필요성을 우리의 몸이 생리적으로 산소를 가진 환경을 계속 필요로 하는 것과 비교할 수 있다. 이것 은 그러한 것이 잘 이루어지지 않을 때에만 날카롭게 인식할 수 있는 상대적으로 드러나지 않는 필요이다. 그리고 자기대상 환경 의 필요가 충족되지 않을 때 가혹한 세상은 우리를 고통 속에서 숨 쉬게 한다. 그래서 우리는 자기대상이 필요하다. 필요한 반영 을 해주는 반응과 필요한 이상적인 가치를 발견할 수 있지만 실 제로 활용해야만 할 필요는 없는 환경을 제공하는 사회적 매트릭 스 안에서 한 사람이 안전하게 자리 잡고 있는 한, 그는 그의 전 체 사기가 충분히 능성됨을 느낄 수 있고, 역설적이게도 자신이 자립적이고, 자급자족하고, 자율적이라고 느끼게 된다. 그런데 역경이 닥쳐왔을 때 이 사람이 낯선 환경에 들어가게 된다면 그 상황이 아무리 그에게 우호적이라 해도 생경하고 때론 적대적이라고 경험하게 될 것이다. 강한 자기조차도 그러한 환경하에서는 조각나는 경향이 있다. 사람은 군중 속에서 가장 큰 외로움을 느낄 수 있다. 고독, 즉 심리적 고독은 불안의 어머니이다(울프 1980).

변화된 자기 경험과 타인의 조절하는 역할 사이의 관계가 분명하든 또는 그렇게 눈에 띄지 않든, 자기 경험의 변화는 항상 전적으로 자기에게 속한다. 안전의 필요가 충족되는 분명한 상황에서조차도, 타인이 당신을 껴안기 전에 이미 '안전'을 제공하는 것처럼 보일 것이다(실제로 안전을 소유하고 있는 것처럼 보일 것이다). 하지만 안전하게 되었다는 느낌은 오직 자기에게 속한 것이다. 타인의 조절하는 역할이 눈에 띄지 않게 진행되는 그런 상황일 때, 자기 변화의 경험은 기본적으로 오직 자기에게만 속한 것이다.

이전의 논의는 누가 주관적으로 자기의 경험에서의 변화를 소유하는가-자기, 타인, 또는 어떤 '우리', 또는 융합된 혼합체-에 대한 질문에 대한 언급이었다. 그 대답은 소유감이란 철저히 자기의 감각의 영역 안으로 들어가는 것 같다는 것이다. 하지만 이런 주관적 소유권에 대한 이슈는 어떻게 그 관계가 감지되는가에 대한 질문에는 대답을 주지는 않는다.

어떤 관계는 반드시 자기 경험의 변화와 타인의 조절하는 역할 사이에 분명하든 눈에 띄지 않든 존재하는데, 그저 그 둘이 함께 발생하기 때문이다. 반복되는 산 경험의 특징들이 그렇듯이 이런 변화와 조절의 역할도 서로 관련되어 있다. 그것은 융합되거나 혼동되는 요소들이 아니고 그저 관계되어 있다. 변화와 조절의 역할은 자기를 조절하는 타인과 함께 한 특정한 산 경험들 중에 좀 더 분명한 두 요소들(즉, 속성들)이다. 이 나이에 합병merger 경험은 그저 누군가와 함께 하는 하나의 방법이지만 그 누군가는 자기를 조절해주는 타인으로서 기능한다. 그러한 모든 산 경험은 다음 것을 포함한다. 1) 유아의 감정 상태의 중요한 변화들. 그런 변화들은 자기와 타인이 상호적으로 만들었을지라도 자기에 속한 것처럼 보인다. 2) 그 변화의 순간에 아이에게 보이고, 들리고, 느껴지는 다른 사람. 3) 이런 모든 것이 발생했음에도 불구하고 손상되지 않은 핵심 자기의 감각과 핵심 타인의 감각. 4) 정황과 상황의 다양성. 어떻게 이런 모든 것이 함께 엮여서 융합도 아니고, 우리 – 자기도 아니며, 구별된 자기와 타인 사이의 그럴싸한 인지적 연합도 아닌 주관적 구성단위를 형성할 수 있을까? 이러한 엮임은 삶을 살아가는 실제 에피소드의 형태 속에서 발생한다. 기억 속에 있는 산 에피소드는 각각 다른 경험의 속성들을 타인과 함께 했던 관계들 속에 묶는 구성단위이다. 이런 관계들은 실제 발생한 것에 널리 퍼져 있다.

이런 방법으로 보았을 때, 변화된 자기 경험과 타인의 조절하는 역할은 단순히 학습된 방법에서만 서로 관계가 있는 것이 아니다. 그것보다는 이런 경험과 역할은 좀 더 큰 보통의 주관적 경험의 구성단위, 즉 에피소드에 포괄되며, 에피소드는 그것들을 다른 속성들과 함께 포함하고 그것들이 지닌 자연스러운 관계성을 보존한다. 이와 비슷하게, 변화된 자기-경험과 타인에 대해 지각된 것들은 서로에게 무너져 들어간다거나 융합된다든가 혼동되는 것은 아니다. 그러기보다는 좀 더 큰 주관적 구성요소인 에피소드의 분명하고 개별적인 요소들로써 남아 있다.

산 경험의 에피소드는 즉각적으로 특정한 에피소드가 되어 기억에 남게 되고, 그것이 반복되면 4장에서 묘사한 것처럼 일반화된 에피소드가 된다. 이것은 정신적으로 표상된 상호작용 경험의 일반화된 에피소드인데, 즉 일반화된 상호작용의 표상(representation of interactions that have been generalized), 또는 RIG이다. 예를 들면, 처음으로 하는 까꿍 놀이 후에 아이는 특정한 에피소드의 기억을 저장한다. 약간씩 다른 두 번째, 세 번째, 또는 12번째 에피소드의 경험들 후에, 아이는 까꿍 놀이의 RIG를 형성하게 될 것이다. RIG는 여러 개의 실제 예들을 평균화하고 그 모든 것들을 나타낼 만한 원형을 형성하는 유연한 구조라는 것을 기억하는 것이 중요하다. RIG는 정확하게 이런 방법 이외에는 생겨나지 않으며, 실제로 한 번도 발생하지 않은 것은 고려 대상에 넣지 않는다.

자기를 조절해주는 타인과 함께 있는 경험은 점점 RIG들을 형성하게 한다. 이러한 기억들은 RIG의 어떤 특징이 나타날 때면 언제나 되찾을 수 있다. 유아가 어떤 느낌을 갖게 되면, 그 느낌은 그 느낌을 가지고 있는 RIG의 기억을 불러일으킨다. 속성들은 따라서 산 경험을 재활성하는 회상 단서들이다. 하나의 RIG가 활성화될 때마다, 원래 실제 경험의 충격을 살아 있는 기억의 형태로 불러 모은다.

같은 사람과 경험하는 각각 다른 많은 자기 – 조절 타인self-regulating other의 관계들은 그것 자체의 독특한 RIG를 가지고 있다고 나는 제 안한다. 그리고 다른 RIG가 활성화되었을 때, 유아는 자기를 조절하는 타인과 함께 있음의 다른 행태들이나 방법들을 다시 경험한다. 각각 다른 RIG의 활성화는 생물적, 생리적인 범위에서부터 심리적인 영역까지 조절 기능들에 영향을 줄 수 있다.[4]

또 다른 질문은, 부재하는 대상과 비교했을 때 현재 있는 자기 – 조절 타인과 함께 있음에 대한 이슈와 관련되어 있고, 결과적으로 이것은 '내재화된' 관계들의 이슈를 불러온다. 만약 여기에서 제시하고 있는 주장의 맥락을 따른다면, 현존하는 그리고 부재하는 자기 – 조절 대상 사이의 차이점이 그렇게 크게 보이지 않을 텐데, 두 경우 모두 유아는 타인과 함께 역사를 다루어야만 하기 때문이다. 그리고 이 것은 **역사적으로 자기 – 조절 타인과 함께 있음의 주관적 경험**과 관련되어 있는데, **환기된 동반자**evoked companion와 함께 있음의 개념으로 가장 잘 표현될 수 있다.

환기된 동반자

어떤 이(자기 경험을 변화시켜주는)와 함께 있음의 RIG가 활성화 될 때마다, 유아는 환기된 동반자를 만나게 된다. 이것은 그림 5.1에 서 도식적으로 보인 것처럼 개념화될 수 있다.

166

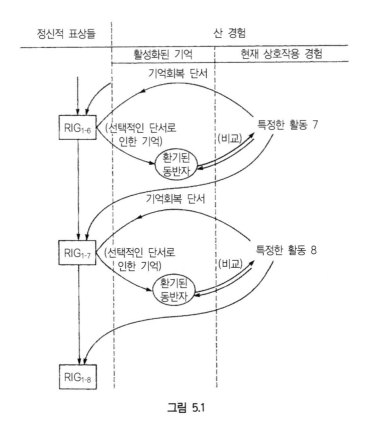

그림 5.1

유아가 이미 자기를 조절하는 타인과 상호작용 유형의 거의 비슷한 특정한 에피소드를 여섯 번 경험했다고 가정해보자. 이러한 특정한 에피소드들은 일반화되고, 일반화된 상호작용의 표상 RIG(1-6)로 코트화될 것이다. 비슷하지만 똑같지는 않은 특정한 에피소드를 다음에 만나게 되면(특정한 에피소드 #7), 그것의 속성들 중 어떤 것은 RIG1-6을 복구하는 신호로써 작용한다. 이 RIG1-6는 표상^{representation}이지 하나의 활성화된 기억이 아니다. 복구하는 신호는 RIG로부터 활성화된 기억을 일깨우는데, 그것을 나는 환기된 동반자라고 부를 것이다. 이 환기된 동반자는 자기-조절 타인과 함께 있는 경험이나 또는 그 타인의 지금 있을 때의 경험인데, 이것은 인식할 수도 있고 인식하지 못할 수도 있다. 이 동반자는 과거에 실제로 발생한 것의 회상으로써가 아니라 그러한 사건들의 살아 있는 표본으로써 RIG로부터 환기된다. 이러한 개념화는 그러한 사건들을 임상이나 일상에서 만나게 되는 형태(추상적 표상에 경험적인 실체를 입히는)를 설명하기 위해서 필요한 것처럼 보인다. RIG처럼 추상적인 실체는 살았던 삶의 형태로 경험되지 않는다. 이것은 산 경험의 일부분이었을 수도 있는 활성화된 기억의 형태로 설명될 수밖에 없다.[5] (환기된 동반자는 동지라는 의미에서의 동반자가 아니라 한 사람이 다른 사람을 동행한 특정한 예의 의미에서이다.)

환기된 동반자들은 계속 진행 중인 특정한 상호작용의 에피소드를 평가하는 기능을 한다. 현재의 상호작용적 경험(특정한 에피소드 #7)은 동시적으로 발생한 일깨워진 동반자와의 경험과 비교된다. 이 비교는 현재의 특정한 에피소드가 RIG1-6를 수정하는 데 새롭게 기여한 요소가 무엇인지 결정하는 기능을 한다. 특정한 에피소드 #7가 독특한 범위까지, 그것은 RIG1-6에서 RIG1-7까지 RIG에 어떤 변화를 가져온다. 따라서 그 RIG는 그다음의 특정한 에피소드(#8)를 만나게 될 때 약간 다르게 변하게 될 것이다. 이런 식으로 RIG들은 현재의 경험에 의해서 천천히 갱신된다. 하지만 과거의 경험이 많으면 많을수록 어떤 단일한 특정한 에피소드가 만들 수 있는 변화는 상대적으로 적다. 역사는 타성을 쌓는다. 이것이 본질적으로 볼비가 엄마의 작업 모델들(RIG들과 다른 표상의 구성단위)은 보수적이라고 말했을 때 의미했던 것이다.

환기된 동반자들은 또한 유아가 혼자 있을 때, 하지만 역사적으로 비슷한 에피소드들이 자기를 조절하는 타인의 존재의 현존과 연루될 때, 현재의 에피소드 동안에 활동적인 기억으로 소환될 수 있다. 예를 들면, 6개월 된 아이가 혼자 있을 때 딸랑이를 보게 되면, 어떻게든 그것을 잡고 흔들어서 소리를 나게 하면 처음의 즐거움은 금세 극도의 기쁨과 활력이 된다. 아이의 웃음과 목소리와 몸을 흔드는 것에서 이것은 표현된다. 이런 극도의 기쁨과 활력은 성공적인 숙달의 결과일 뿐만 아니라 과거에 즐거움과 활력을 강화해주는(조절해주는) 타인과 함께 있으면서 경험했던 비슷한 순간들의 역사적 결과들이다. 이것은 부분적으로 사회적 반응이지만, 이 경우에 그것은 비사회적 상황에서 발생한다. 그러한 순간들에서, 성공적인 숙달에서 태어난 최초의 즐거움은 기억을 불러오는 신호로써 작용해서 RIG를 활성화한다. 결과적으로, 그 성공적인 숙달에 대한 기쁨을 공유하고 상호적으로 영향을 준 환기된 동반자와 함께 하는 상호작용을 상상하게 된다. 이 방법으로 환기된 동반자는 또 다른 영역을, 이 경우에는 추가의 기쁨과 활력을 그 경험에 더하는 데 기능하게 된다. 그래서 실제로 혼자일 때조차도, 유아는 체험한 전형적인 사건들의 활성화된 기억의 형태에서 자기를 조절하는 타인과 함께 있는 것이다. 현재 경험은 환기된 동반자(인식하고 있든지 또는 인식 바깥에 있든지)의 현존을 포함한다.

RIG와 환기된 동반자의 개념은 다른 추론된 현상들인 애착 이론
에서의 '엄마의 작업 모델들working models of mother', 자기 심리학에서의
자기대상들selfobject, 말러의 이론에서의 융합 경험, 전통적인 분석 이
론에서의 내재화의 최초의 형태들, 그리고 '우리' 경험들과 중요한
유사점들과 차이점들을 가지고 있다(스테클러 & 카플란 1980). 이 모든
개념들은 임상적 필요와 이론적 공백을 채우기 위해서 생겨났다.

RIG와 환기된 동반자의 개념은 애착의 작업 모델과 몇 가지 면에
서 다르다. 첫째, 그것은 크기와 순서가 다르다. 개개의 RIG는 상호작
용의 특정한 유형의 표상과 관련되어 있다. 작업 모델은 어떤 조건에
서의 한 사람의 레퍼토리의 좀 더 큰 표상이 되는 그러한 많은 상호
작용들의 집합과 관련되어 있다. RIG들은 기본적인 구성요소이고 그
것으로부터 작업 모델들이 세워지는 것이다. 이것을 그림 5.2에서 도
식적으로 설명했다.

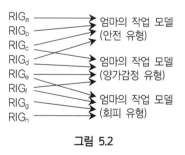

그림 5.2

작업 모델은 좀 더 큰 개념으로써 새로운 RIG가 포함되고 다른
것들이 삭제될 때 변하고, 그 작업 모델을 구성했던 RIG의 계층적 구

조가 재조직될 때 변한다. 그럼에도 불구하고 엄마의 초기 표상들과 작업 모델들의 본질에 관하여 최근 주목할 만한 의견 일치가 있었다. 스루프(1985), 스루프와 플리슨(1985), 브레터튼(인쇄 중), 매인과 카플란(인쇄 중)의 최근 연구는 모두 이러한 접근에 대한 전반적인 개요와 일치한다. 그들은 또한 이러한 개인적 표상들의 형성의 근본적인 과정으로써의 에피소드 기억에 관심을 돌려야 할 필요를 발견했다.

둘째, 작업 모델은 역사적으로 주로 안전—애착 상태의 조절에 대한 기대와 관련된 것이다. RIG는 단지 애착에 관련된 것뿐만 아니라 흥분, 정서, 숙달, 생리적 상태, 의식의 상태, 호기심 등과 같은 자기—경험에서의 변화를 상호적으로 만들어내는 모든 상호작용에 대한 기대를 구체화한다.

끝으로, 작업 모델은 매우 인지적 조건에서 고안된 것이고, 평균 기대로부터 일탈한 것들을 감지하는 스키마처럼 작동한다. 활성화된 RIG로써의 환기된 동반자는 에피소드 기억의 측면에서 고안된 것이고, 다른 사람과 함께 있음의 정서적 본질에 좀 더 적합하다. 왜냐하면 체험했던 그리고 소환된 기억의 정서적 속성들은 단순히 평가하고 인도하는 인지적 용어들로 변형시킬 수 없기 때문이다. 이런 의미에서, 환기된 동반자는 주관적 경험의 생생함에 좀 더 가깝다. 그럼에도 불구하고, 환기된 동반자들은 두 가지 면에서 작업 모델처럼 기능한다. 첫째, 그것들은 하나의 과거의 사건에 제한되지 않은 전형적인 기억들이다. 그것들은 타인과의 상호작용의 유형에 대한 축적된 과거 역사를 나타낸다. 둘째, 그것들은 현재와 미래에 대한 기대를 만들어내는 과거라는 의미에서 안내하는 기능을 한다.

RIG와 환기된 동반자의 개념은 자기대상과 융합과는 중요한 점에서 다른데, 핵심 자기의 감각과 타인의 감각의 온전함이 환기된 동반자의 존재로 인해서 결코 침해되지 않는다. 또한 이것은 '우리' 경험과도 구별되는데, 타인과 **함께** 한 나-경험으로써 느껴진다. 끝으로, 이것은 내재화와도 다른데, 최종 형태에서 이것은 산 경험 또는 재활성화된 경험으로써가 아니라 내적인 신호(상징적 단서)로써 경험된다.

발달의 어떤 시점에서, 더 이상 환기된 동반자를 소환하거나 체험했던 경험을 떠올릴 필요가 없게 된다. 이 속성은 일반화된 사건을 다시 체험하지 않고도 행동을 바꾸는 신호로써 기능한다. (이것은 고전적인 조건에서의 이차적 신호에 대한 파블로프의 개념과 다르지 않다.) 언제 이것이 빈틈적으로 발생하는지, 그리고 2차적 신호(속성)가 정말 혼자서만 활동하는지, 아니면 그것은 보통 어느 정도는 환기된 동반자를 활성화하는지에 대한 경험적 질문은 아직 남아 있다. 양쪽 경우 모두, 환기된 동반자들은 결코 사라지지 않는다. 그들은 인생 전체에 걸쳐서 휴면 중이고, 항상 소환할 수 있으며, 활성화의 정도는 다양하다. 상실과 같은 커다란 불안정한 상태에서 활성화는 매우 분명하다.

환기된 동반자는 다른 사람과 실제 상호작용 동안뿐만 아니라 타인들이 없을 때에도 작용한다. 이것은 활성화되는 것으로 작동되는데, 그래서 자기를 조절해주는 타인이 살아 있는 기억의 형태에서

'지금 존재'하게 된다. 그러한 상호작용들 동안에 타인이 있음에도 환기된 동반자들은 유아에게 지금 무슨 일이 발생하고 있는지 말해주는 기능을 한다. 그들은 현재를 알려주는 과거의 기록이다. 예를 들면, 엄마가 평소와는 다른 매우 다른 방법으로 까꿍 놀이를 하고 있다면(그녀가 우울하고 그냥 동작만 하고 있다고 하자), 유아는 까꿍 RIG에서 불러온 동반자를 표준으로써 사용하게 될 것이다. 이것을 통해서 현재의 에피소드가 중요한 무엇인가가 다른지를 점검하고 특별한 변주가 있다는 것을, 또는 전혀 새로운 유형의 자기-조절 타인을 경험으로써 기록하게 된다. 이런 방식으로 환기된 동반자는 자기-경험을 위해서 기대들을 평가하고 안정시키고 조절하는 데 도움을 준다. 이것은 작업 모델이 기능하고 있다는 것처럼 들릴 것이다. 하지만 그 편차를 탐지하는 것은 주관적으로 생기게 되는데, 환기된 동반자의 '현존'과 '느낌'을 '실제' 파트너와 비교했을 때의 차이점을 알아낸다.

지금까지, 우리는 주로 타인이 있는 상태에서의, 타인과 함께 있는 가운데 벌어지는 에피소드 동안에 이루어지는 RIG의 사용에 대해서 논의했다. 이러한 경우에, 유아는 인식 기억만을 사용해서 기억에 저장된 환기된 동반자를 불러일으키는데, 실제 에피소드가 지금 유아의 앞에서 펼쳐지기 때문이다. 하지만 타인의 부재 시에 환기된 동반자가 소환되는 것은 어떤 것인가? 이때가 결국 내재화의 개념이 일반적으로 임상적인 목적을 위해서 필요할 때이다. 타인과 함께 있는 체험된 에피소드는 타인이 더 이상 현재 함께 있지 않을 때 회상

된다. 분리 반응들에서 보인 것처럼, 유아의 회상 기억은 9~12개월이 될 때까지 부재하는 누군가의 존재를 환기하기는 적절하지 않다고 전통적으로 가정했다. 어떤 이론가들은 부재한 파트너를 환기시킬 수 있는 시기를 2년까지 뒤에 잡기도 하는데, 상징적인 기능이 있어야 환기의 과제를 수행할 수 있다고 보았다. 그 의견은 이 문제를 우리가 지금 고려하고 있는 나이 이후로 가져다놓게 된다. 그렇지만 지금까지 언급된 것(3장을 보라)으로부터의 증거가 지지해주는 견해는, 유아는 단서가 있을 때 회상 기억을 할 수 있는 능력이 3개월이나 그 이전에도 시작된다는 것이다.[6]

단서로 인한 회상 기억과 대인관계의 사건들에 대한 기억의 측면에서 보면, 상호작용에 관여했던 다른 사람이 실제로 같이 있을 때와 그 사람이 부재할 때 두 경우 모두 유아는 이전의 상호작용을 계속적으로 기억하고 있는 것 같다. 프로이드의 '환상에서 그린 젖가슴'에 대한 생각은 잘못된 메커니즘에 의존하기는 했지만 묘사적으로 옳다고 나는 주장한다. 유아가 체험한 에피소드의 한 부분이나 속성과 만날 때마다, 일반화된 에피소드(RIG)의 다른 속성들도 기억이 나게 될 것이다. 다양한 환기된 동반자들은 일상에서 거의 계속적으로 동반자가 될 것이다. 성인이 일에 매진하지 않을 때에도 그렇지 아니한가? 그것이 기억이든지 아니면 앞으로 오게 되는 사건들을 환상으로 연습하는 것이든 또는 백일몽이든, 우리는 얼마나 많은 시간을 상호작용을 상상하면서 보내는가?

이 모든 것을 다른 방법으로 설명하자면, 유아의 삶은 철저하게 사회적인데 유아가 무언가를 하고, 느끼고, 지각하는 대부분의 것은 여러 종류의 관계들에서 발생한다. 환기된 동반자, 또는 내적 표상, 또는 작업 모델, 또는 상상 속에서 엄마와의 연합은 정확하게 특정한 종류의 관계의 역사이거나(볼비의 개념, 1980), 또는 타인과 함께 있음의 많은 특정한 방법의 전형적 기억이다(우리의 개념). 일단 단서로 인한 회상기억이 기능하기 시작하면, 주관적 경험은 우리가 혼자 있든 그렇지 않든 상관없이 대개는 사회적이다. 사실 기억 때문에 우리는 좀처럼 혼자 있는 것이 아니다. 출생 후 처음 6개월 동안에도 그렇다. 유아는 실제 외부의 파트너와 함께 시간을 보내고 많은 시간은 환기된 동반자와 함께 있다. 발달은 지속적이고, 조용한 대화를 필요로 한다.

실제의 그리고 환기된 동반자와 계속적으로 함께 있음에 대한 견해는, 우리가 일반적으로 유아가 자기를 둘러싸고 있는 세상을 탐구하는 것이 믿을 만하고 안전하다는 것을 배웠다고 말할 때 의미하는 것을 포함하다. 무엇이 처음에 탐구하는 데 믿음과 안전함을 만들어낼까? 탐구적인 상황들에서 과거에 경험했던 자기와 타인과의 기억일 것이다. 유아는 주관적 사실에 의하면 혼자가 아니라 몇 개의 RIG들로부터 가져온 환기된 동반자들(이 동반자들은 활성화와 인식의 다양한 단계에서 작동한다)과 함께 한다. 그래서 유아는 세상이 믿을 만하다. 이것이 좀 더 주관적이고 좀 더 경험에 가까운 작업 모델이다.

주관적인 실제로써 타인과 함께 하는 자기에 대한 개념은 구석구석에 배어 있다. 함께 있음(심리 내적으로, 심리 외적으로)의 주관적인 감각은 항상 무언가를 쌓아가는 능동적인 정신적 행위이지 개별화의 수동적인 실패가 아니다. 이것은 성숙의 오류도 아니고, 이전의 미분화 상태로의 퇴행도 아니다. 함께 있음의 경험들은 사람이 성장한 후 벗어나거나, 해결하거나, 뒤에 남겨두고 가야만 하는 '이중 합일체의 망상'이나 융합과 같은 그런 것이 아니다. 그런 경험들은 계속 성장하고 섬세하게 되어가는 영구적이면서 건강한 정신의 전경의 부분들이다. 그런 경험들은 경험을 부호화하고, 통합하고, 회상하고, 그럼으로써 행동의 안내하는 능동적인 기억의 구조이다.

유아의 주관적 세계와 엄마의 주관적 세계에 다리 놓기

우리는 지금까지 유아의 주관적 세계와 이것이 관찰 가능한 상호작용의 사건들과 어떤 관련이 있는지를 논의했다. 이것은 그림 5.1에 노식석으로 나타나 있다. 하지만 이것은 전체 이야기의 절반에 불과하다. 엄마도 같은 관찰 가능한 상호작용의 에피소드에 참여하고, 엄마도 계속되는 상호작용에 대한 그녀의 주관적 경험에 영향을 주는 자신의 역사를 가져온다. 사실 두 명이 참여하는 관찰 가능한 상호작용은 전적으로 분리된 두 개의 주관적 세계 사이를 잇는 다리이다. 원칙적으로 한 쌍의 체계는 대칭적이다. 관찰 가능한 상호작용은 경계면에서 일어난다. 이것은 실제로는 대칭은 아닌데 엄마가 더욱 많은 개인의 역사를 각각의 만남에 가져오기 때문이다. 엄마는 자신의 유아의 작동 모델일 뿐만 아니라 자신의 어머니의 작동 모델이고(매인 1985), 자신의 남편의 작동 모델이기도 하면서, 다양한 다른 작동 모델이기도 하다. 이 모든 것이 활동하게 되는 것이다.

따라서 그림 5.3에서 나타난 엄마의 반쪽을 포함하기 위해서 그림 5.1을 확장할 수 있다. 이러한 확장의 목적을 위해서 그림 5.1에서 유아의 '환기된 동반자'라고 부른 것을 좀 더 일반적으로는 '관찰할 수 있는 사건에 대한 주관적 경험'이라고 부를 수 있다. 이러한 도식화가 어떻게 설명에 도움이 되는지를 설명하기 위해서 특정한 상호작용 에피소드를 상상해보자. 남자아이인 조이는 관심을 받기 위해서 반복된 시도를 했다. 그때 엄마는 그의 호소를 무시하거나 인정해주지 않았다. 이 특정한 에피소드는 유아와 엄마의 기억으로부터 최근에 발생한 상호작용을 고려해서 주관적인 경험을 일깨운다. 엄마의 입장에서, 그 특정한 에피소드는 자신의 어머니의 작업 모델의 부분인 RIGk를 일깨운다. 예를 들면, RIGk는 이 엄마의 어머니가 관심을 위한 그녀의 호소(조이의 엄마가 아이었을 때)에 어떻게 무시와 혐오를 가지고 반응했는지에 대한 특정한 표상이다.

이 엄마의 어머니의 이러한 면이 환기된 동반자의 형태로 활성화된 것이다(프라이베르크의 말로 하자면 '아기 방에 있는 유령'). RIGe에서 나타난 일반화된 상호작용은 아마도 이와 비슷할 것이다. "조이는 항상 관심을 위해서 반갑지 않고 지나친 요구를 하는데 참 불편하다." 이 특정한 RIGe의 환기는 대개 관심을 위한 조이의 현재 호소에 대한 엄마의 주관적인 경험을 경험할 것이다.

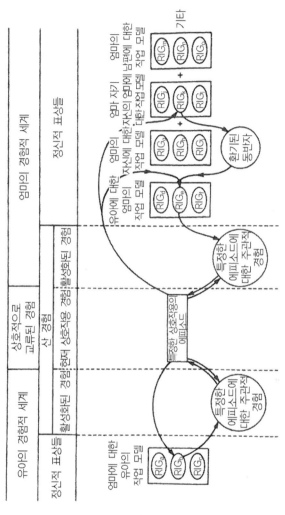

그림 5.3

　비슷한 방식으로, 유아는 자신의 과거 역사를 통해서 계속되는 특정한 에피소드에 대한 다른 주관적 경험을 형성하게 된다. 이런 방식으로 관찰된 상호작용 에피소드는 유아와 엄마의 두 개의 주관적 세계 사이에 연결다리로써 기능한다. 원칙적으로 이런 형식으로 설명하는 것은 정신역동적으로 생각하는 대부분의 임상가들이 전반적으로 사용했던 것과 전혀 다르지 않다. 하지만 이것이 좀 더 구체적 것으로 개념화되었고, 다양한 개별적인 계층적으로 배열된 구성단위들과 과정들을 의미하기 때문에, 어떻게 엄마의 환상들과 속성들이 관찰 가능한 상호작용뿐만 아니라 궁극적으로 유아의 환상들과 속성들의 형태에도 영향을 주는지에 대한 생각을 진보시키는 데 도움이 되고 있다. 이것은 또한 어떻게 치료적 개입들이 유아가 무엇을 하고 있고 그 아이가 어떤 아이인지에 대한 부모의 견해를 바꾸는 데 작용하는지 이해하는 데 도움이 되고 있다. 이 거대한 영역에 대한 더 이상의 탐구는 이 책의 범위를 넘어서는 것이지만 이 방향에서 많은 노력들이 지금 진행 중이다.[7]

우리는 앞 장에서 빠져 있는 부분을 메우려고 시도하고 있는데, 핵심 관계성 영역에서의 사회적 본질과 유아의 사회적인 주관적 경험이다. 마지막으로 고려해야 할 이슈는 유아의 경험의 사회적 본질을 더욱 확장하는 것이다.

무생물과의 자기-조절 경험

인격화된 사물들과의 자기-조절 경험이 이 나이에 관계성의 레벨에서 발생할 수 있다. 그러한 사건들은 발달선상에서 이른 지점에 일어나는데, 이것은 위니캇(1971)이 우리에게 가르쳐준 것처럼, 후에

는 중간 대상들transitional objects을 포함하고(편안한 담요처럼 사람을 상
징하고 자유롭게 대신할 수 있는 것) 그 이후에는 예술의 세계를 포함
하는 좀 더 넓은 중간 현상의 영역을 포함한다.

이 시기 동안에 엄마는 종종 살아 있는 내용물을 어떤 것들에게
주는 것을 통해서 아이의 놀이로 들어온다. 그녀는 장난감들을 가지
고 와락 덤벼들고 도망치고 말하고 간지럽힌다. 이러한 장난감들은
힘의 유기적인 리듬과 느낌들, 즉 사람의 생동력 정서를 가지게 된
다. 이러한 장난감들은 보통 사람만이 불러일으키는 느낌 상태를 유
아에게 불러일으킨다. 엄마가 장난감에게 행동, 움직임, 생동력 정서
그리고 사람이 가지는 다른 불변요소 특성들을 불어넣는 동안이나
그 후에, 그 장난감에 대한 유아의 관심은 고양된다. 이것이 장난감
과의 놀이의 일반적인 흐름을 유지시키는 엄마의 주요한 방법이다.
엄마가 한 대상에 많은 것을 불어넣으면 그것을 철수한 후에도 유아
는 인격화의 잔광이 남아 있는 한 혼자라도 계속 그것을 탐구할 것
이다. 이것은 그 순간에 자기를 조절하는 사람-사물이 되는데 자기
를 조절해주는 타인처럼 이것도 자기의 경험을 극적으로 바꿀 수 있
기 때문이다.[8]

6개월이 되기 훨씬 이전에 유아들은 생물과 무생물을, 즉 사람과
사물을 구별할 수 있는 것으로 보인다(쉐로드 1981). 이것은 아이들이
이것과 저것을 명시하는 불변요소들을 찾을 수 있다는 것을 의미한
다. 이러한 상황을 고려할 때, 사람 역할을 하는 사물은 아이에게 어
떤 합성 개체의 형태로써, 즉 사람의 어떤 특성들을 지닌 사물로써

인식될 것이다. 이것은 양쪽의 어떤 불변요소를 지니고 있다. 유아는 사물과 사람을 대비하는 온전한 감각을 유지한다. 인격화된 사물에 대한 호기심은 성공적인 구성주의적 노력에 놓여 있다. 이것 역시 통합의 성공이지 개별화의 실패가 아니다.

이러한 유아의 발달 시점에서, 인격화된 사물은 짧게 살다 없어지는 자기를 조절해주는 사람-사물이다. 이것은 몇 가지 점에서 위니캇의 중간 대상과 다르다. 1) 중간 대상은 발달적으로 늦게 나타난다. 2) 중간 대상은 상징적 생각과 관련된 반면, 사람-사물은 에피소드 기억으로 설명될 수 있다. 3) 중간 대상의 존재는 위니캇이 추측했듯이 남아 있는 자기/타인 미분화의 부족함(미분화 상태로의 퇴행)을 의미하지만 인격화된 사물은 그렇지 않다.

자기를 조절하는 타인과 인격화된 사물의 현상은 어느 정도까지 유아의 주관적 세계가 깊숙이 사회적이라는 것을 나타낸다. 유아들은 핵심 자기와 타인의 감각을 경험하고, 이것과 함께 무수히 많은 형태로 구석구석 스며 있는 타인과 함께 있는 자기의 감각을 경험한다. 함께 있음의 모든 형태는 능동적인 구성물이다. 그것들은 발달의 과정에서 자라고 더욱 정교하게 되는데, 이러한 과정은 점점 발전하는 사회화의 경험을 가져온다.

1   '자기Self'는 여기에서는 재귀용법으로 사용된 것이 아니라 이 책의 다른 곳에서처럼 유아의 자기를 의미한다.

2   융합의 주관적 상태에 대한 생각은 꽤 상이한 두 개의 개념에서 태어났다. 첫 번째 개념은 좀 더 나이든 아동들에게서 보이는 병리적 상태(공생적 정신이상)를 설명하려 했다. 그 상태에서 아동은 자기와 타인의 경계가 사라짐을 경험하고 결과적으로 융합의 느낌을 경험한다. 이 개념은 또한 융합의 소망과 삼켜짐의 공포를 포함한다. 이것은 성인 환자들에게서 드물지 않게 들어나는 임상적 특징들이다. 두 번째 개념은 지금은 친숙한 가정인, 유아는 자기/타인의 미분화의 긴 시기를 경험한다는 것이다. 만약 유아들이 자기를 타인으로부터 구별할 수 없다면 그들은 자기/타인의 융합된 통합체의 상태를 경험할 것이라고 가정하는 것은 시간상 그렇게 긴 회고적 도약이 아니다. 이러한 방식으로 일차적 융합 경험의 개념은 역사적으로 이차적 융합 경험의 관찰에 의해서 영감을 받은 것이다. 일차적 융합은 병리형태상의, 회고적인, 이차적인 개념화이다.

3   자기/타인의 비슷함의 순간들은 때때로 고도로 흥분된 상황에서 발생하고, 좋든 나쁘든 평생 동안 유대감, 유사성, 또는 친밀감의 느낌을 확립하는 능력을 유지하게 한다. 연인은 구애의 춤처럼 비슷한 자세를 취하고 거의 동시적으로 서로를 향해서 왔다가 밀어진다. 두 개의 그룹으로 나누어서 벌인 정치토론에서, 같은 의견을 가신 사람들이 비슷한 자세를 취하고 있는 것을 발견할 수 있다(셰플린 1964). 엄마와 유아는 행복감을 느끼거나 흥분되었을 때 목소리를 함께 내는 경향이 있다. 이것에 다음과 같은 몇 가지 다른 이름이 주어졌다. 협력하기, 합창하기, 서로 맞추기, 모방하기(스턴 외 1975; 쉐이퍼 1977).

부정적인 면에서, 응시하기, 표정이나 자세의 모방하기, 다른 사람을 그대로 따라서 말하기는 모두 어린이가 친구들이나 성인이나 화나게 할 때 사용하는 것이다. 자기/타인의 유사성(자기/타인 통합체가 아니다)의 이러한 특정한 경험에서의 부정적 친밀성에는 참을 수 없는 어떤 침범적인 것이 있다. 하지만 부정적 친밀감은 핵심 관계성의 영역에 있는 유아들에게는 일어나지 않는다. 이것은 의도를 가진 구별된 타인의 마음이 존재한다는 가정을 가지게 하며, 후에 상호주관적 관계성의 영역이 후에 시작된 이후에 가능하게 된다.

4   동물실험을 고려하여 사별의 정신생물학을 논의하는 데 호퍼는 다음과 같이 말했다.

우리 실험에서 관찰한 동물유아와 그 엄마와의 실제적인 감각운동의 상호작용들에서처럼, 우리가 가까운 사람들과 함께 겪는 경험으로써의 내적 삶의 요소들이 생물학적 조절자의 역할을 제공할 수 있는가? 그리고 이것은 내적 대상관계를 생물학적 체계와 연결시킬 수 있게 하는가? 나는 이것이 가능하리라 생각한다. 분명히 연상적 조건 또는 파블로프의 조건반사는 상징적 단서들cues과 심지어 내적인 시간 감각도 생리적 반응을 통제할 수 있다는 것으로 잘 알려진 메커니즘이다. 따라서 생물학적 시스템을 기반으로 있는 중요한 인간의 관계들의 조절하는 행위는 운동 감각과 실제 상호작용의 시간적 패턴화에 의해서뿐만 아니라, 관련된 사람들의 마음속에서 이루어지는 관계의 내적 경험에 의해서 변화되는 것은 가능한 것으로 보인다. 영구적인 상실은 조직의 양쪽 레벨에서 존재하기 때문에 표상적이고, 실제적인 상호작용들은 사건의 실제 상황에 의해 영향을 받는다(호퍼 1983 p.15).

필드(언론에서)는 확장된 모성 분리에 대한 유아의 반응에 대한 그녀의 연구에서, 레이터와 그녀의 동료든(1981)이 유아 원숭이에 대한 연구에서 내린 것과 비슷한 결론을 향해서 가고 있었다.

5   정신분석 또한 표상을 고려함에 있어서 같은 문제로 씨름하고 있다. 그들은 기억 속

의 이미지로, 개념, 추상적 개념 또는 관심의 초점에 대한 전반적인 정신 기능에 대한 보고서로써 다루어야만 하는가?

6 일반적으로, 9개월 무렵 유아의 '분리반응'이 대인관계 사건에 대한 회상기억의 첫 번째 중요한 증거라고 추정된다. 이 회상기억에 대한 다른 증거와 더불어, 이 추정에는 몇 가지 문제가 있다. 다른 사람들 중 쉐이퍼 외(1972), 캐건 외(1978) 그리고 맥콜(1979)은 전통적인 견해를 비판했는데, 전통적인 견해에서는 분리의 괴로움이 생기는 것은 고통은 오로지 기억 과정의 성숙이 엄마의 내적 표상을 생길 수 있게 했고, 그래서 엄마의 떠남에서 유아는 그녀의 기억을 환기하고 그것을 그녀의 부재 상태와 비교할 수 있기 때문이고 그것이 유아의 외로움을 드러낸다고 말한다. 특히 캐건과 그의 동료는 다음과 같은 질문들을 했다. "유아는 왜 엄마가 멀어져가지만 여전히 눈에 보이는데도 우는가?", "아기는 왜 엄마가 부엌에 가기 위해 그 날 아침 백 번째로 자리를 떠나는데도 울지 않는가?"

대체 해석은 기본적으로 쉐이퍼와 그의 동료들(1972)이 제안했던 것과 기본적으로 비슷한데, 분리의 괴로움이 생기기 위해서는 두 과정이 반드시 성숙해져야만 한다는 것이다. 첫 번째 필요한 조건은, 유아가 과거 경험의 스키마를 소환하고 유지할 수 있는, 즉 그 타인의 내적 표상을 상기할 수 있는 강화된 능력을 가지고 있어야 한다. 전통적인 설명은 여기에서 멈춘다. 이 연령에 나타나는 두 번째로 필요한 능력은 가능할 만한 사건들의 미래－표상들을 예측하여 만들어낼 수 있는 능력이다. 캐건과 그의 동료들(1978)은 이 새로운 능력을 "미래 사건을 예측하려고 시도하고 불일치 상황들을 다루기 위해 반응하는 기질"이라 서술했다(p.110). 만약 아동이 예측을 못하거나 예측을 다루기 위한 중요한 반응에 실패하면 불확실성과 괴로움이 초래된다.

분리 반응을 위해 필요한 이 두 개의 과정을 세 개의 별개의 과정으로 나누는 것이 좀 더 도움이 될 것이다. 향상된 회상(환기시키는)기억, 가능할 만한 사건들의 미래－표상을 만드는 능력, 현재의 사건과 미래 사건의 표상 사이의 불일치에 의해 야기된 불확실성과 괴로움을 다루기 위한 중요한 반응 혹은 소통을 하는 능력. 회생 또는 환기된 기억이 생후 1년쯤 되면 상당히 향상된다는 것은 일반적으로 동의하는 사실이다. 하지만 일부 회상 기억은 9개월 때 생기는 분리 괴로움 훨씬 이전에 기능하고 있다는 것 또한 명백하다. '눈에 보이지 않으면 마음마저 멀어진다out of mind'는 9개월경까지, 그리고 회상 기억 덕분에 9개월 이후에는 '눈에 보이지는 않지만 잠재적으로 마음속에in mind'라는 개념은 보이는 것처럼 그렇게 명백하지 않다.

이러한 견해를 유지하면서 우리는 좀 더 가깝게 다가간 것은, '환상으로 그린 젖가슴 hallucinated breast'에 대한 프로이트의 원래의 개념(프로이트는 이것으로 근본적으로 신생아가 단서로 인한 회상 기억cued recall memory을 사용하는 것을 언급했다)과 우리가 이미 암시했던 단서로 회상에 대한 최근의 발견들을 둘 모두이다. 프로이트가 '환상으로 그린 젖가슴'이라 불렀던 것은 일반화한 수유 에피소드의 속성인 것이다. 배고픔은 다른 속성, 즉 젖가슴을 회상하게 하는 단서로서의 역할을 한다고 우리는 말할 것이다. 프로이트는 배고픔은 방출을 요구하는 긴장을 만들며 그 힘이 분출되는 운동 경로가 막히게 되면 그 충동은 감각 경로를 통해서 방출 경로를 찾게 되는데, 그 결과로 환각이 만들어진다고 말할 것이다. 그 감각의 방출은 적응적인데, 긴장을 감소시켜주는 것만큼의 양 정도로 배고픔을 순간적으로 경감시키게 될 것이다.

하나의 원형 에피소드를 사용하는 것의 방출 가치를 강조하는 대신, 우리는 그 에피소드의 조직하는 그리고 조절하는 가치를 강조한다. 그리고 절실한 필요가 있는 상태에서의 원형 에피소드의 사용을 강조하는 대신에 우리는 모든 진행 중인 경험에 지속성을 부여함으로써, 즉 항상 업그레이드되는 역사에서의 각 경험의 전후맥락을 관련지음으로써 조절하고 안정화하는데, 원형 에피소드의 지속적 사용을 강조한다.

7   크레머 박사와 나는 현재 관찰 가능한 상호작용 레벨들과 엄마의 환상들 사이의 상호작용들뿐 아니라 그 둘에 대한 개입에 대한 연구를 진행 중이다. (크레머와 스턴의 "마음들 사이의 다리: 엄마와 유아의 주관적 세계는 어떻게 만나나?"를 보라.)

8   아동이 언어를 배우기 시작할 때 우리는 이것을 다시 만나게 될 것인데, 말도 역시 의인화된 것이기 때문이다. 퍼날드와 마찌(1983)는 엄마가 14개월 된 유아에게 사물의 이름을 가르칠 때 예측 가능한 전략을 사용한다는 것을 보여주었다. 그녀는 익숙하고 오래된 것과 대비해서 새롭고 참신한 말을 강조하고 싶을 때, 그녀는 증가된 그리고 과장된 음조 형세로, 급격한 음조 상승과 하락 형세를 모두를 사용하면서 그것을 강조하고자 했다. 퍼날드가 지적한 것은, 이렇게 강조된 음조 형세들은 본질적으로 주의를 집중시키지만 엄마는 이것이 그 이상의 것이 있음을 의미한다는 것이다. 유아에게 질감적으로 가장 특별한 것은 보편적 정서와 생동감 있는 감정을 이끌어내는 인간의 사회적 행동이다. 엄마가 억양으로 단어를 강조할 때, 그녀는 유아의 단순히 주의집중을 그냥 높이는 것이 아니다. 그녀는 그 순간에 단어를 사람 같은 것으로 만듦으로써 하나의 특정한 단어를 인간 마술을 채워 넣는 것이다.

CHAPTER 06

주관적 자기의 감각: I. 개관

자기의 감에서 그다음 비약적인 도약은 유아가 자신이 마음을 가지고 있고 다른 사람들도 마음을 가지고 있다는 것을 발견할 때 발생한다. 생후 7~9개월 사이에, 유아들은 점차 내적인 주관적인 경험늘, 즉 마음의 내용이 잠재적으로 다른 누군가와 공유될 수 있다는 중대한 자각을 점점 하게 된다. 이 발달 시점에서의 마음의 내용은 행동에 대한 의도("나는 저 과자를 원해"), 느낌 상태("이것은 흥미진진하다") 혹은 주의집중("저 장난감을 봐")과 같이 단순하고 중요한 것일 수 있다. 이 발견으로 아이는 독립된 마음들에 대한 '이론'을 습득하게 된다. 유아는 자신과 구별되는 타인이 자기 자신이 지탱하고 있는 정신 상태를 지탱해주거나 즐겁게 해줄 수 있다는 것을 감지할 수 있을 때에만, 주관적 경험의 공유와 상호주관성이 가능해진다(트레바르탄 & 허블리 1978). 유아는 반드시 분리된 마음들에 대한 이론뿐 아니라, 서로 접촉할 수 있는 분리된 마음들에 대한 이론에

도달해야 한다(브레테튼 & 베이츠 1979; 브레테튼 외 1981). 물론 유아가 가지게 된 이론이 완전히 발달된 것은 아니다. 오히려 이것은 나의 마음에서 일어나고 있는 것이 너의 마음에서 일어나고 있는 것과 충분히 유사할 수 있어서 우리는 (말없이) 이것을 어떻게든 의사소통할 수 있고 그래서 상호주관성을 경험할 수 있다는 것을 말하고 있는 작업개념working notion이다. 그와 같은 경험이 발생하기 위해서는, 몸짓, 태도, 또는 얼굴표정과 같은 어떤 공유된 의사소통의 의미와 수단의 뼈대가 있어야 한다.

이것이 발생하게 되면, 대인관계적인 행위는 겉으로 드러난 행위와 반응으로부터 그런 드러난 행위들 뒤에 숨어 있는 내적인 주관적 상태로 부분적으로 움직인다. 이런 변화는 유아들이 다른 '존재감'과 사회적인 '느낌'을 갖게 한다. 부모들은 대체로 그런 유아들을 다르게 대하기 시작하고, 자신들의 주관적인 경험의 영역에 대해 좀 더 표현한다. 이런 자기와 타인에 대한 감각은 핵심 관계성의 영역에서 가능했던 것과는 꽤 다르다. 이제 유아들은 자신의 사회생활에 대해 조직화하는 새로운 주관적 관점을 갖게 되고, 자기와 타인의 잠재적인 내용들이 크게 확대된다. 자기와 타인은 이제, 핵심 자기와 타인을 특징짓던 명백한 행동들과 직접적인 감각들에 덧붙여 내적 혹은 주관적 경험 상태를 포함하게 된다. 자기 감각의 본질에 이러한 확장이 생겼을 때, 관계를 위한 역량과 이것과 관련된 경험은 유아를 새로운 **상호주관적인 관계의 영역**으로 갑자기 들어가게 한다. 자기에 대해 조직화하는 새로운 주관적 관점이 출현하게 된다.

이 새로운 관점은 이미 존재하고 있는 핵심 자기의 감각과는 어떤 관계가 있을까? 상호주관적인 관계는 핵심 관계성의 토대 위에 세워진다. 신체적으로 자기와 타인이 분명하게 분리되어 있다는 것이 확실하지 않다면, 주관적인 경험을 공유하는 것은 의미가 없기 때문에, 자신과 타인에 대한 신체적이고 감각적인 차이를 확립시켜주는 핵심 관계성은 필수적인 전제조건이다. 상호주관적인 관계가 대인관계적인 세계를 변형시키는 동안에도 핵심 관계성은 계속된다. 상호주관적인 관계성이 그것을 대체할 수 없으며 아무것도 그럴 수 없을 것이다. 그것은 대인관계의 실질적인 기반이다. 상호주관적 관계성의 영역이 추가될 때, 핵심 관계성과 상호주관적 관계성은 공존하고 상호작용한다. 각 영역은 서로 다른 영역의 경험에 영향을 미친다.

자기의 감각에서 이런 도약이 발생할 때, 대인관계의 세계는 어떻게 다르게 보일 것인가! 양육자가 하는 공감은 이제 아이에게 나른 경험이 된다. 적절한 시기에 달래주는 행동처럼, 엄마의 공감이 반영되는 행동에 대한 어린 유아의 반응이 그중의 하나이다. 좀 더 어린 유아에게 있어서 공감적인 과정 그 자체는 간과되고 공감적 반응만이 기록된다. 또 다른 것은, 유아가 두 개의 마음을 연결하는 공감적 과정이 생성되었다는 것을 감지하는 것이다. 유아 발달에 핵심적 과정인 양육자의 공감은 이제는 유아의 경험에서 직접적인 주제가 된다.

이 단계에서 처음으로 유아는 정신적 친밀감을 위한 역량을 가지게 되는데, 두 사람 사이에서 발생하는 노출, 즉 투과성 또는 상호침투성이 있다고 말할 수 있다(힌데 1979). 신체적인 친밀감뿐만 아니라

정신적인 친밀감이 이젠 가능하다. 서로에게 주관적인 경험을 드러
낸다는 의미에서 알고자 하는 욕구와 알려지고자 하는 욕구는 매우
크다. 사실 그것은 강력한 동기가 될 수 있고, 필요한 상태로 느껴질
수 있다. (심리적으로 알려지는 것에 대한 거부는 커다란 힘으로도 경험
될 수 있다.)

마지막으로, 상호주관성의 출현으로 부모가 유아의 주관적 경험
을 사회화하는 것이 쟁점이 된다. 주관적인 경험은 공유될 수 있는
가? 이것은 얼마나 공유되는가? 어떤 종류의 주관적인 경험이 공유
될 수 있는가? 공유하는 것과 공유하지 않는 것의 결과는 무엇인가?
유아가 상호주관적 영역을 처음 어렴풋이 알게 되고 부모가 이를 인
지하게 되면, 그들은 이 문제를 다루기 시작할 것이 분명하다. 궁극
적으로, 내적 경험이라는 사적인 세계의 어떤 부분이 공유될 수 있
고, 어떤 부분이 일반적으로 인식할 수 있는 인간경험의 범위 밖에
있는 것인지를 발견하는 것은 매우 중요하다. 한쪽에는 정신적인 인
간 회원권이 있고, 다른 쪽에는 정신적인 고립이 있다.

상호주관성에 초점 둔 배경

자기의 감각에서의 이런 비약적인 도약의 광범위한 결과들을 고
려할 때, 유아가 상호주관적인 관계성을 발견한다는 것을 우리는 왜
이리 더디게 알게 되었을까? 역사적으로 여러 탐구의 흐름들이 함께
흘러서 이런 주요 발달 단계를 인식하게 되었다. 철학은 오랫동안 분

리된 마음들의 문제를 다루어왔다. 유아가 분리된 마음들의 이론 또는 작업개념을 획득하는 발달시점을 가정하는 것은 철학적인 탐구에서 생소한 것이 아니고, 사실 종종 암묵적으로 가정되었다(하베마스 1972; 햄린 1974; 맥머레이 1961; 카벨 1984). 다른 한편으로, 심리학에서는 이 문제를 좀처럼 다루지 않았는데, 상황things에 대한 지식의 발달의 연구에 비해서 상대적으로 사람person의 주관적인 경험의 발달에 대한 연구는 최근 대학의 심리학에서 무시되어왔기 때문이다. 지금에야 비로소 그 추가 다른 쪽 방향으로 움직이기 시작했다고 말할 수 있다. 발드윈(1902)을 포함한 선구자들은 자기와 타인의 주관적인 경험을 발달심리학의 시작단위로써 확고히 지정했으며, 그러한 선구자들이 유럽에서 발론(1949)이 그런 것처럼 이 나라에서 재발견되고 있다.

정신분석에서는 힝싱 개인들의 주관직인 경험에 집중직으로 관심을 가지고 있다. 하지만 치료적 공감이라는 매우 특별한 경우를 제외하고는 상호주관적 경험을 두 명이 벌이는 사건으로써 개념화하지 않았다. 이런 개념화는 상호주관성의 일반적인 관점에 필수적이다. 또한 논의 중에 있는 인생의 시기를 설명하는 데 분리/개별화 separation/individuation 이론의 장악력은 상호주관성의 역할을 좀 더 철저하게 평가하는 데 장애물로 작용할 수 있다.

이러한 점을 보다 구체적으로 보자면, 자아 정신분석 이론에서는 생후 7~9개월 후의 기간을 미분화되어 있고 융합된 상태에서 완전히 벗어나는 시기로 보고 있다('부화'는 은유이다). 이 단계에서는 주로 분리되고 개별화된 자기를 확립하고, 융합된 경험을 해소하고, 좀 더 분리된 타인과 상호작용할 수 있는 자율적인 자기를 형성한다고 설명했다. 이 시기의 주요한 인생의 과제에 대한 견해를 고려해볼 때, 상호주관적 관계성의 출현이 처음으로 가능하게 하는, 상호 간의 지탱된 정신 상태의 창조와 현실에 기반을 두는 내적 경험의 결합joining (심지어는 융합도)을 자아 정신분석 이론이 주목하지 못한 것은 그리 놀라운 일이 아니다. 역설적으로, 주관적인 정신적 경험의 결합과 같은 것이 실제로 발생할 수 있는 것은 상호주관성이 출현했을 때에야 비로소 가능할 수 있다. 이것은 진실로 이 발달 시기에 자기와 타인의 상호주관적 감각으로의 도약이 가능하게 하는 것인데, 이 시기에 전통적인 이론은 다른 방향으로 가는 물결을 타기 시작한다. 현재의 견해에서 볼 때, 분리/개별화와 연합union(또는 함께 있음) 경험의 새로운 형태들은 모두 같은 상호주관성의 경험에서 동일하게 출현한 것이다.[1]

상호주관적인 경험을 두 사람의 관계의 현상으로써 간주하지 않음에도 불구하고, 상호주관성 또는 주관적인 관계의 개념을 수용하는 입장을 주장하는 이론가들이 주류 밖에서 정기적으로 자주 나타났다. 비고츠키의 '내적 정신의intermental'(1962) 개념, 페어벤의 유아의 타고난 대인관계성(1949), 그리고 맥머레이의 개인의 분야(1961)뿐만 아니라 설리번의 대인관계 분야(1953)는 영향력 있는 예들이다. 발달학자들의 최근 연구 결과들이 상호주관성의 발달적인 도약을 현재의 관심사로 여기도록 하고 있다. 이 발달학자들이 주로 어머니-유아의 상호작용에서 의도성의 역할이나 유아가 어떻게 언어를 습득하는지에 관심을 두는 것은 놀라운 일이 아니다. 두 노선들 모두 궁극적으로 철학자들이 오랫동안 다루어왔던 상호주관성과 그것의 기본 가정에 대한 이슈로 가게 될 것이다.

상호주관적 관계성에 대한 증거

그렇다면, 무엇이 7~9개월에 상호주관적 관계성의 출현에 대한 증거인가? 트레바탄과 허블리(1978)는 상호주관성을 "사건과 사물에 대한 경험의 공유를 의도적으로 추구하는 것"이라고 정의했다. 어떤 주관적인 경험들을 유아는 공유의 증거로, 또는 적어도 엄마가 공유하기를 기대하는 증거로 제공하는가?

이런 발달시점에 있는 유아들은 여전히 언어 이전임을 기억하라. 그들이 공유할 수 있는 주관적 경험들은 틀림없이 언어로의 번역을 필요로 하지 않는 것이다. 대인관계의 세계와 크게 관련되어 있으나 아직 언어를 필요로 하지 않는 세 가지 정신 상태가 마음에 떠오른다. 이것들은 공동의 관심 공유하기, 의도 공유하기, 정서적 상태 공유하기이다. 우리는 유아의 어떤 행동들을 보고 유아가 이런 공유하기를 인식하고 행할 수 있다는 것을 주장할 수 있는가?

관심의 초점을 공유하기

가리키는 몸짓과 그다음에 따라오는 또 다른 시선행위가 관심을 공유하거나 또는 공동 관심을 확립하려는 것이라고 추론할 수 있게 해주는 외적 행위들이다. 엄마가 가리키고 유아가 가리킨다. 엄마가 가리키는 것부터 이야기해보자. 그녀가 가리키는 경우, 유아는 가리키는 손 자체를 보는 것을 중지하고 손이 지적하는 방향을 바라봐야 한다는 것을 알고 있을 것이다. 오랫동안, 유아는 두 살이 될 때까지 이 작업을 수행할 수 없다고 생각했는데, 아이가 자아 중심적 위치에서 벗어날 수 없기 때문이라고 믿었다. 그러나 머피와 메서(1977)는 9개월 된 유아가 정말로 가리키는 손에서 자신의 시선을 떼어 가상의 선을 따라서 목표로 가는 것을 보여주었다. "이 단계에서 숙달한 것은 다른 사람의 관심의 초점으로 곧장 나아가는 과정이다. 이것은 노출과 발견의 진행이다. … 특정한 종류의 대상에 한정되지 않는다는 점에서 유아가 살고 있는 제한된 세계 내에서 매우 생산적인 것이다. 더욱이 아이가 타인들의 관심의 방향을 이해하고 그들이 표시하는 의도를 해독할 수 있는 경우라면, 그것은 아이로 하여금 자아 중심성을 초월하는 기술을 갖추게 한다. 아이는 자신이 중심인 세상 그 이상의 세상에 대한 협력 작용 체계를 사용하여 피아제가 탈중심성이라 부른 것을 위한 기반을 분명히 성취했다."(브루너 1977, 276) 9개월 이전에, 유아들은 이런 발견 절차의 예비 형태를 보여준다. 엄마가 유아의 시선을 따라간 것처럼(콜리스와 쉐이퍼 1975), 아이도 엄마가 머리를 돌릴 때 엄마의 시선을 따라간다(스케이프와 브루너 1975).

지금까지 우리는 다른 사람의 관심의 초점을 발견하는 통상적인 과정이나 절차에 대해서만 보았다. 하지만 9개월의 유아들은 그 이상을 한다. 그들은 가리키는 지점의 방향을 시각적으로 따라갈 뿐만 아니라, 목표에 도달한 후 다시 엄마를 보고 자신들이 의도된 목표에 도달했는지 확인하기 위해 엄마의 얼굴에서 오는 피드백을 사용하는 것으로 보인다. 이것은 발견 절차 그 이상의 의미를 가지고 있다. 비록 유아가 이런 작용을 자각하지 못할지라도, 그것은 공동 관심이 성취되었는지의 여부, 즉 관심의 초점이 공유되었는지의 여부를 검증하는 의도적인 시도이다.

유사하게 유아들도 엄마처럼 빈번하지는 않지만 약 9개월경에 가리키기 시작한다. 아이가 그러한 것을 할 때, 아이는 목표와 엄마의 얼굴을 교대로 응시하는데, 엄마도 자신이 관심의 초점을 공유하는 데 동참하게 되었는지를 보려고 한다.[2] 심지어 가리키기 이전에도 유아가 움직이고 기어다니고 노는 역량은 다른 관점들을 발견하는 데에 매우 중요하며, 공동 관심을 위해 필수적이라고 가정할 만한 충분한 이유가 있는 것으로 보인다. 유아는 돌아다니면서 고정된 조망에 고정된 관점을 계속 변경한다. 아마도 이렇게 순차적으로 생기는 다른 관점들을 수용하는 것은, 타인들이 유아 자신의 것과는 다른 협력 작용 체계를 사용할 수 있다는 좀 더 포괄적인 '깨달음'을 위한 필수적인 전조이다.

이러한 관찰들은 추론할 수 있게 해주는 것은, 9개월쯤 유아는 자신이 특정한 관심의 초점을 가질 수 있고, 엄마 또한 특정한 관심의 초점을 가지고 있으며, 이런 두 정신 상태가 비슷하거나 비슷하지 않을 수 있고, 만약 비슷하지 않다면 그것들은 맞춰지고 공유될 수 있다는 것을 어느 정도 이해하고 있다. **상호 - 관심**Inter-attentionality이 현실이 된다.

의도 공유하기

유아의 언어 습득에 관심 있는 연구자들은 자연스럽게 언어 사용의 기원부터 살펴보게 된다. 이러한 기원은 유아가 언어 습득 이전에, 그리고 아마도 언어의 전조로써 보여주는 제스처, 자세, 행동, 비언어적 발성 등을 포함한다. 이러한 최초의 언어 형태는 많은 연구자들에 의해 자세하게 검토되어왔으며, 이들 모두는 유아가 9개월경에 의사소통을 하기 시작한다는 것에 동의하고 있다(블룸 1973, 1983; 브라운 1973; 브루너 1975, 1977, 1981; 도레 1975, 1979; 할리데이 1975; 베이츠 1976, 1979; 니니오 & 브루너 1977; 쉴즈 1978; 베이츠 외 1979; 브레테튼 & 베이츠 1979; 하딩 & 골린코프 1979; 트레바탄 1980; 하딩 1982). 의사소통하려는 의도는 단순히 다른 사람에게 영향을 주려는 의도와는 다른 것이다. 베이츠(1979)는 우리가 사용할 수 있는 의도적인 의사소통의 작업 정의를 제공한다.

의도적인 의사소통은 신호를 보내는 행동signaling behavior인데, 보내는 사람은 그 신호가 듣는 사람에게 미칠 영향을 미리 인식하고 있다. 그는 효과를 얻거나 실패가 분명하게 나타날 때까지 그 행동을 지속한다. 우리가 의사소통의 의도들이 존재한다는 것을 추론할 수 있도록 해주는 행동의 증거는 다음과 같다. a) 목표와 대상으로 삼은 듣는 사람 사이에서 번갈아 하는 시선 접촉, b) 목표를 얻을 때까지 신호를 증가, 첨가, 치환하는 것, c) 오직 의사소통의 목표를 달성하기 위해 적절히 생략되거나 과장된 패턴들로 신호의 형태를 변화하는 것.

의도적인 의사소통의 가장 간단하고 일반적인 예는 요청의 최초의 언어 형태이다. 예를 들면, 엄마가 유아가 원하는 무엇인가를 들고 있고, 그것이 쿠키라고 가정해보자. 유아는 손을 뻗어 엄마를 향해 손바닥을 위로 향하며, 잡으려는 동작을 하고 엄마의 얼굴과 손을 번갈아 쳐다보면서 명령적인 운율로 "어! 어!" 읊조린다(도어 1975).[3] 그 사람에게 방향을 돌리는 이런 행위는 유아가 내적 정신 상태를 그 사람에게 돌리는 것을 의미하는데, 그 사람이 유아의 의도성을 이해하고 그 의도를 만족시키는 역량을 가지고 있다는 것을 아이가 이해하고 있다는 것이다. 의도는 공유할 수 있는 경험이 된다. 의도의 교류interintentionality가 현실이 된다. 이것에 자기 인식이 필요하지는 않는다.

9개월 이후 유아에게서 농담과 놀리는 것이 시작되는 것을 볼 수 있다. 던은 좀 더 나이 든 형제와 어린 형제 사이의 상호작용을 관찰하여, 그들 사이에서 상호주관성의 순간들이 공유되고 있다는 것을 의미하는 많은 미묘한 사건들을 풍부하게 묘사했다. 예를 들어, 3살과 1살 유아들이 사적인 농담에 갑자기 웃음을 터뜨리는데, 누구도 무엇이 그러한 웃음을 유발했는지 알 수가 없다. 놀리는 에피소드에서도 비슷한 분출이 발생하는데, 이것 또한 어른들이 이해하기는 힘들다(던 1982; 던 & 켄드릭 1979, 1982). 이러한 사건들은 의도와 기대가

들어 있는 공유할 수 있는 정신 상태의 속성이 있어야만 한다. 당신이 다른 사람의 마음 안에 있는 것을 정확하게 추측하고 당신이 알고 있다는 것으로 인해 그들을 고통스럽게 하거나 웃게 만들 수 없다면, 당신은 다른 사람을 놀릴 수 없다.

정서 상태 공유하기

유아는 공유할 만한 정서적 상태를 자신의 관계 파트너에게 줄 수 있는가? 여러 연구자들(엠데 외 1978; 클린너트 1978; 캠포스 & 스텐베르그 1980, 엠데 & 소스; 클렌너트 외 1983)은 그들이 사회적 참조라고 부른 현상을 묘사했다. 한 살의 유아들을 불확실성, 즉 접근과 철수 사이의 양가감정을 만들어내는 상황에 있게 만들었다. 유아는 매력적인 장남감에 유혹되어 '시각 절벽'(한 살 정도의 아이에게 약간은 무서울 수 있는 분명한 급경사면)을 가로질러 기어가게 하거나, 또는 스타워즈에 나오는 R2D2와 같은 삐 소리를 내고 번쩍이는 로봇과 같은, 이상하지만 매우 자극적인 대상이 아이에게 접근하게 했다. 유아들이 이런 상황을 만나게 되고 불확실하게 될 때, 어머니를 바라보면서 정서적 내용을 위해 어머니의 얼굴을 읽으려 하고, 본질적으로 그들이 무엇을 느껴야 하는지를 보려 하며, 그들의 불확실성을 해결하는 데 도움이 되는 두 번째 평가를 얻으려 한다. 만약 어머니가 웃으면서 얼굴에 즐거움을 보인다면, 그 유아는 시각절벽을 가로질러간다. 만약 엄마가 얼굴에 두려움을 보인다면, 유아는 '절벽'으로부터 뒤돌아서 후퇴하고, 아마도 마음이 상할 것이다. 이와 비슷하게, 엄마가 로봇에게 미소를 지으면 아이 역시 그렇게 할 것이다. 만약 엄마가 두려움을 보이면 유아는 더 경계하게 될 것이다. 우리가 말하고자 하는 것은, 유아들이 자신들의 실제적인, 또는 잠재적인 느낌 상태들과 관련된 정서를 엄마가 가지고 있고 신호를 보낼 수 있다고 여기지 않는 한, 아이들은 이런 방식으로 엄마와 확인하지 않을 것이다.

최근 우리 실험실에서의 발견들(맥케인 외 1985)이 제안하는 것은, 약 9개월 된 유아들은 자신들의 정서 상태와 다른 사람의 얼굴에서 보이는 정서표현 사이에서의 일치를 주목한다는 것이다. 유아들이 어머니로부터 몇 분간 떨어지게 되어 슬프고 속상하게 될 경우에(이 나이에는 극심한 분리반응을 보인다), 그들은 어머니와 재회하자마자 속상함을 멈추지만 침통함을 유지하여, 엄마와 실험자들은 아이가 그럼에도 불구하고 평소보다 더 슬프다고 판단하게 된다. 그래서 재회 직후 유아들이 여전히 슬플 때, 그들에게 행복한 얼굴과 슬픈 얼굴을 보여주면 그들은 슬픈 얼굴을 바라보는 것을 선호한다. 만약 유아들이 처음에 웃게 되었거나 또는 처음부터 분리되지 않았다면 이것은 발생하지 않는다. 하나의 결론은, 유아는 자신의 내부에서 경험된 정서 상태와 다른 사람의 '얼굴에' 또는 '안에'에서 보이는 느낌 상태 사이에서 일치점을 만든다는 것이다. 우리는 이런 일치를 **상호 정서 상태**interaffectivity라고 부를 수 있다.

상호정서 상태는 주관적인 경험을 공유하는, 첫 번째이며 가장 널리 퍼져 있고 가장 중요한 형태일 수 있다. 데모(1980, 1982a), 토만과 아세보(1983), 트로닉(1979)과 정신분석가들은 정서는 삶의 초기에 의사소통의 주요 매개체이며 또한 주요 주제라고 제안한다. 이것은 우리의 관찰과 일치한다. 그리고 9~12개월에, 유아가 대상에 대한 행동과 의도를 공유하기 시작하고 전언어적 형태로 제안을 교환하기 시작할 때, 정서적인 교환은 엄마와의 의사소통에서 여전히 지배적인 방법이고 본질이다. 바로 이런 이유로, 이 나이의 유아들에게 정서적인 상태를 공유하는 것이 중요하다고 강조할 만하다. 의도와 대상이 관여된 대부분의 최초의 언어적 교류는 동시에 정서적인 교류이다. (아기가 처음으로 '고-오'를 말하고 공을 가리킬 때, 주위 사람들은 기쁨과 흥분으로 반응한다.) 그 두 가지는 동시에 일어나며, 이러한 사건이 주로 언어적인지 또는 주로 정서적인지를 규정하는 발견들은 관점에 달려 있다. 하지만 추론적 형태를 배우고 있는 유아는 정서교류 영역에서 훨씬 더 전문가인 것으로 보인다. 같은 맥락에서, 트레바탄과 허블리(1978)는 정서적 분위기와 상태의 공유가 이자 관계 밖에 있는 대상을 참고하는 정신 상태의 공유 이전에 나타난다고 말한다. 분명히 상호주관적인 관계성의 첫 부분에서, 정서 상태를 공유하는 것은 다른 무엇보다도 가장 중요한 것으로 보인다. 그래서 다음 장에서는 정서 상태를 상호주관적으로 공유하는 것의 다른 견해에 대해 살펴볼 것이다.

상호주관적 관계성으로의 도약의 본질

왜 유아는 갑자기 상호주관성으로의 문을 여는 자신과 타인에 대한 조직화하는 주관적인 관점을 채택하는가? 이런 비약적인 도약은 단지 새롭게 출현한 특정 역량이나 또는 기술의 결과인가? 혹은 사회적 상호작용의 경험의 결과인가? 혹은 주요한 인간의 필요와 동기 상태를 발달적으로 펼치는 것인가? 피아제(1954), 브루너(1975, 1977), 베이츠(1976, 1979) 등은 주로 인지 혹은 언어적 관점으로 접근하며, 이런 성취를 주로 습득된 사회적 기술의 측면에서 본다. 유아는 상호작용에 대한 발생학적 규칙과 절차를 발견하고, 이는 궁극적으로 상호주관성의 발견으로 이어진다. 트레바탄(1978)은 이것을 구성주의 접근 방식이라고 부른다.

쉴즈(1978), 뉴슨(1977), 비고스키(1962)와 다른 학자들은 이런 성취를 엄마가 아이의 탄생부터 시작하는 '의미 있는' 교환들을 한 결과로써 이해한다. 그녀는 유아의 모든 행동들에 의미가 있다고 해석한다. 즉, 그녀는 의미들을 그깃들에 부어안나. 그녀는 처음에는 혼자서 의미 요소를 제공하고, 계속해서 아이의 행동을 의미를 창조하는 그녀의 구조로 가지고 들어온다. 점차적으로 유아가 능력이 생기면서 의미의 구조는 상호적으로 창조된다. 사회적 경험에 근거한 이 접근은 대인관계적 의미의 접근이라 할 수 있다.

프랑스와 스위스의 많은 사상가들은 저마다 따로 비슷한 라인을 따라 문제에 접근하였고, 모성적 해석의 개념을 좀 더 풍부한 임상 영역으로 확장했다. 그들은 엄마의 '의미'는 그녀가 발견한 것뿐만 아니라 유아가 누군지 그리고 무엇이 될 것인지에 대한 그녀의 환상도 반영된다고 주장한다. 그들에게 상호주관성은 궁극적으로 내적환상과 관련되어 있다. 그들은 부모의 환상이 어떻게 유아의 행동에 영향을 주며, 궁극적으로 유아 자신의 환상을 어떻게 형성하게 되는지에 대해 질문했다. 이런 상호적 환상의 상호작용은 은밀한 수준에서 만들어진 대인관계적 의미의 한 형태이다(크라이슬러, 페어 & 술 1974; 크라이슬러 & 크래머 1981; 크래머 1982, 1982b; 레보비치 1983; 피놀-두리에즈 1983). 이러한 의미의 창출을 '환상의 상호작용'이라고 불렀다. 미국의 프레이버그와 그의 연구진(1975)과 스턴(1971)도 모성적 환상과 외적 행동 사이의 관계를 자세히 살펴보았다.

트레바탄(1974, 1978)은 상호주관성은 타고난 인간의 역량이라는 입장을 비교적 혼자 주장했다. 그는 상호주관성의 출현에 대한 다른 설명들, 특히 구성주의자의 설명은 인간에게 고도로 발달되어 있는 어떤 특별한 인식이나 공유된 인식을 설정하지 않았다고 지적했다. 그는 이런 발달적인 도약을 '일관성 있는 의도성의 분야의 차별화'로 보며(트레바탄 & 허블리 1978 p.213), 상호주관성을 생후 초기부터 주요한 형태를 지닌 인간의 역량으로 본다.[4]

세 가지 관점 모두가 상호주관성의 출현에 대한 적절한 설명을 위해 필요한 것처럼 보인다. 어떤 특별한 형태의 인식이 이 시점에서 반드시 작동하기 시작하고, 이를 위한 역량이 발달적으로 펼쳐진다는 점에서 트레바탄은 옳다. 그 특별한 인식이 우리가 조직화하는 주관적인 관점이라고 부르는 것이다. 하지만 이 역량은 틀림없이 함께 작동할 어떤 도구들을 가지고 있고, 구성주의적 접근이 그 도구들을 규칙 구조, 행동 형식, 발견 절차의 형태로 제공하고 있다. 마침내 이런 도구들이 더해진 역량은 상호간에 창조되는 대인관계적 의미가 추가되지 않는다면 공허하게 작동하게 될 것이다. 세 가지 모두를 함께 고려하는 것이 상호주관적 관계성을 더욱 충분히 설명하기 위해서 필요한 것이다.

　상호주관성을 맛보게 되었을 때, 이것은 사용할 수 있고 또는 사용하지 않는 역량으로써 남아 있는가? 또는 채택할 수 있고 채택하지 않을 수도 있는 자기와 타인에 대한 관점으로써 남아 있는가? 혹은 그것은 새로운 심리적인 필요, 즉 주관적인 경험을 공유하기 위한 필요가 되는가?

　우리가 가능성 있는 새로운 자율적인 역량이나 필요를 발견할 때마다, 기본적인 심리적 필요의 목록에 그것을 호탕하게 추가할 수는 없다. 하트만, 크리스, 로벤슈타인(1946)의 개척적인 연구 이후로 이 문제에 대한 일반적인 정신분석적 해결은, 그러한 모든 자율적으로 기능하는 역량들과 필요가 있는 상태들을 본능이나 동기부여 시스템이라기보다는 '자율적인 자아 기능'이라 부르는 것이다. 이런 명명은 그것들에게 따로 설명할 필요가 없는 주요한 자율적 지위를 제공할 뿐만 아니라, '기본적인' 정신분석적 요구에 기여할 수 있게 해준다. (새롭게 인식된 역량들과 필요들의 현존과 편재해 있음이 명백해졌고, 문제를 제기하는 것이 바로 유아기 연구의 영역에 있다.)

　어느 정도까지는 자율적인 자아 기능에 대한 이러한 설명은 이 분야에 매우 유용하고 생산적인 것으로 입증되었다. 질문은, 언제 자율적인 자아 기능은 '기본적 필요 또는 동기부여 시스템'이라고 생각되는 그런 무게를 가지게 될까? 호기심과 자극추구는 이런 점에서 좋은 예들이다. 이것들은 단순한 자율적인 자아기능보다는 질적인 면에서 동기부여 시스템과 함께 하는 것으로 보인다.

그렇다면 상호주관적 관계성은 어떤가? 이러한 또 다른 자율적 자아 기능을 우리는 고려해야 하는가? 또는 우리는 기본적인 심리생물학적 필요를 다루고 있는가? 이러한 질문에 대한 대답은 임상 이론에서 실제로 중요한 것이다. 상호주관적인 관계성을 기본적인 심리적 필요라고 생각하면 할수록, 임상이론을 자기 심리학자들과 일부 실존 심리학자들이 제안했던 형태로 개조하게 되는 것이다.

유아기 연구의 관점에서 보면, 그 질문은 여전이 남아 있다. 우리가 이 이슈에서 한 가지 고려할 것은 무엇이 상호주관성을 그렇게 강화시키는지를 파악하는 것이다. 그 강화하는 힘이 안전의 필요나 애착의 목표를 이루는 것과 관계될 수 있다는 것은 의문의 여지가 없다. 가령 '상호주관적 성공'은 안전감을 향상시켜줄 수 있다. 마찬가지로, 상호주관성에서의 사소한 실패는 관계에서의 전면적인 균열로 해석되고, 경험되고, 작용될 수 있다. 이것은 치료에서 종종 나타난다.

이와 아주 유사한 관점으로, 다른 무엇보다도 더 중요한 인간의 필요는 인간 집단의 정신적 일원으로써 발달하는 것이다. 즉, 인간 집단에 공유할 만한 주관적 경험을 가진 일원으로써 포함되는 것을 말한다. 이것은 전체적으로 독특하고 특이하며 공유될 수 없는 주관적 경험을 가진 비구성원과는 대조적이다. 이 이슈는 근본적이다. 이

러한 한 영역의 정신적 경험의 양극은 다른 정신증적 상태들을 규정
한다. 한쪽 끝에는 우주적인 정신적 고립, 소외와 외로움(지구에 남아
있는 마지막 사람)의 느낌이 있고, 다른 끝에는 완전한 정신적 투명성
의 느낌이 있는데, 공유할 수 있는 경험의 어떤 한 구석도 사적인 영
역으로 남아 있을 수 없다는 느낌이다. 우리 대부분이 그런 것처럼,
유아는 아마도 극단적인 극들 사이의 중간 어딘가에서 이런 정신적
경험의 국면과 만나기 시작한다.[5]

목적론적으로 말하자면, 진화의 과정에서 본성은 사회적 종species
내의 집단 구성원을 통해서 생존을 확보하기 위한 몇 가지 방법을
만들었다고 나는 가정한다. 행동학과 애착 이론은 생존을 강화하는
개인들의 이러한 신체적 그리고 심리적인 상호 섞임을 확실히 하는
데 기능하는 행동 패턴에 대해서 우리에게 자세히 설명해주었다. 또
한 본성은 생존가치를 증가시켜줄 수 있는 개인들의 주관적인 상호
섞임을 위한 수단과 방법을 제공한다고 나는 제안한다. 그리고 상호
주관성이 살아남을 가치는 잠재적으로 거대하다.

각각 다른 사회들이 상호주관성에 대한 이러한 필요를 최소화하
거나 극대화할 수 있다는 것은 의심의 여지가 없다. 예를 들어, 만약
한 사회가 사회적으로 구조화되어 있어서 모든 구성원들이 본질적
으로 동일한 내적 주관적인 경험들을 가지고 있다면, 그리고 만약 느
낀 삶의 동질성이 강조된다면, 상호주관성의 발달을 향상시킬 필요
가 거의 없고 어떤 사회적 압력도 없을 것이다. 반면, 만약 어떤 사회
가 이러한 경험의 단계에서 개인적 차이점들의 실재와 공유에 높은

가치를 둔다면(우리가 그런 것처럼), 이 사회 속에서는 상호주관성의 발달은 촉진될 것이다.

우리가 순간순간 살고 있는 삶으로 돌아가서, 어떻게 정서적 경험이 상호주관적 영역으로 들어가는지에 대해 좀 더 충분히 살펴보자. 나는 이 현상을 **정서 조율**이라고 부른다.

---

1   공생을 상호주관성으로 교체하거나 발달 과제의 순서를 뒤집으려는 것이 아니다. 상호주관성이 정신적으로 비슷한 타인과 함께 있음의 경험을 만드는 데, 그리고 개별화와 자율성을 발전시키는 데 동등하게 중요하다는 것이다. 핵심 관계성의 신체적 자율성과 함께함에 동등하게 중요한 것처럼.

2   가리키는 것pointing은 손이 미치도록 뻗는reaching 행위에서 유래된 것으로 여겨진다. 이것이 점차적으로 몸짓으로 발전하는 것이다(바우어 1974; 트레바탄 1974; 비고스키 1966). 9개월 이전의 손을 뻗는 행위에서는 아이는 엄마의 얼굴을 돌아보지 않는다. 9개월 이후에 아이는 그렇게 한다.

3   이것은 스피츠와 피아제(1954) 신속히 '주고받는' 게임이 될 수 있다. 이와 관련된 다른 예들을 보기 원한다면 트레바탄과 허블리(1978)와 브레테튼 외(1981)를 보라.

4   사실 우리가 상호주관성이라고 부른 것을 트레바탄은 '2차적 상호주관성'이라고 불렀다(트라바탄과 허블리 1978). 상호주관성은 출현하는 인간의 역량으로 보인다. 하지만 3, 4개월쯤의 1차적 상호주관성에 대해서 말하는 것은 의미가 있지 않다. 이것은 상호주관성이라고 부를 수 있는 핵심적인 요소가 부족하다. 트레바탄의 2차 단계만이 진정한 상호주관성이다.

5   유아가 전능감을 부모에게 위임한다는 개념, 즉 부모가 유아의 마음을 항상 읽을 수 있다고 상상하는 것은 유아가 완전한 투명성의 정신이상과 같은 상호주관적 경험을 경험할 것이라고 예측하게 한다. 하지만 이것은 우리가 논의하고 있는 나이에 가능한 것을 훨씬 넘어선 메타인식의 레벨을 필요로 한다.

CHAPTER 07

주관적 자기의 감각: II. 정서 조율

정서 상태를 공유하는 것의 문제

정서 상태의 공유는 구석구석에 스며 있고, 임상적으로는 상호 주관적 관계성과 연관된 특성이다. 이것은 특별히 유아가 처음으로 이 영역에 들어올 때는 사실이다. 상호정서 상태interaffectivity는 주로 임상가들이 부모의 '반영하기mirroring'와 '공감적 반응'에 대해 이야기할 때 의미하는 것이다. 이러한 일들의 중요성에도 불구하고, 그것들이 어떻게 작용하는지 분명하지 않다. 다른 사람이 느끼고 있는 것과 비슷한 어떤 것을 당신이 느끼고 있다는 것을 그 사람이 알게끔 하는 행동들과 과정들은 무엇인가? 당신은 어떻게 다른 사람의 주관적 경험의 내부로 들어갈 수 있으며, 그런 후에 당신이 거기에 도달했다는 것을 '말'을 사용하지 않고 어떻게 그 사람이 알게끔 할 수 있는가? 어쨌든 우리가 이야기하고 있는 유아들은 겨우 9~15개월 사이에 있다.

모방이 이러한 것을 보여줄 수 있는 방법을 생각할 때 즉시로 마음에 떠오른다. 엄마가 유아의 얼굴 표정과 제스처를 모방하면, 아기는 엄마가 이렇게 하는 것을 보게 된다. 이러한 해답이 갖는 문제점은 유아가 엄마의 모방으로부터 말할 수 있는 것은 유아가 한 것을 엄마가 이해했다는 것이다. 다시 말해, 엄마가 눈에 보이는 같은 행동을 재생할 수 있지만, 비슷한 내적 경험은 하지 않아도 된다. 유아가 그 이상의 가정, 즉 엄마도 그러한 행동을 일으키는 같은 느낌의 상태를 경험했다고 생각할 필요는 없는 것이다.

정서에 관한 상호주관적 교환이 있기 위해서는, 단순한 모방만 일어나는 것은 아니다. 실제로 몇 가지 과정들이 반드시 있어야 한다. 첫째, 부모는 유아의 외적 행동에서 아기의 감정 상태를 읽을 수 있어야 한다. 둘째, 부모는 단순한 모방은 아니지만 어떤 점에서는 유아의 외적 행동에 상응하는 어떤 행동을 할 수 있어야 한다. 셋째, 유아는 부모의 이러한 상응하는 반응이 단순이 유아의 행동을 모방하는 것이 아니라 자신의 최초의 감정 경험과 관계가 있다는 것을 읽을 수 있어야 한다. 이러한 세 가지 조건이 있을 때에만 한 사람 안에 있는 감정 상태가 다른 사람에게 알려지고, 그들 둘 다 언어를 사용하지 않고도 교류가 일어났다는 것을 감지할 수 있다.

이러한 교류를 성취하기 위해서 어머니는 사실적 모방을 넘어서야만 하는데, 이러한 모방은 유아의 삶의 첫 6개월 동안에 엄마에게 매우 중요한 사회적 레퍼토리였다(모스 1973; 비비 1973; 스턴 1974b, 1977; 필드 1977; 브라젤튼 외 1979; 파포섹 1979; 트레바탄 1979; 프란시스 외 1981; 우즈기리스 1981, 1984; 케이 1982; 말라테스타 & 이자드 1982; 말라테스타 & 하빌랜드 1983). 대부분의 연구자들은 어떻게 양육자와 유아들이 초기 9개월 동안 사회적 대화를 구성하는 상호 행동들의 연속과 순서를 상호 간에 창조하는지 상세히 설명했다. 파포세크는 목소리—사실 음악적인—영역에서의 이러한 과정을 설명했다(1981). 이러한 설명에서 놀라운 것은 어머니가 거의 항상 유아와 동일한 양식 안에서 작동하고 있다는 것이다. 그리고 대화에서 어머니는 앞서기, 뒤따르기, 강조하기, 정교화하기를 자신의 차례에 하면서 대개 유아의 즉각적인 행동에 가까운 또는 느슨한 모방을 한다. 유아가 목소리를 내면 어머니는 목소리로 반응한다. 비슷하게, 유아가 얼굴표정을 지으면, 어머니도 얼굴표정을 짓는다. 하지만 이 대화는 반복이 왔다 갔다 하는 전형화된 지루한 순서만을 하지는 않는다. 어머니는 끊임없이 수정된 모방을 제시하거나(케이 1979; 우즈기리스 1984), 각 대화 치례에 약간의 변화들을 가진 주제와 변형의 형태들을 제공한다. 예를 들면, 어머니의 발성은 매번 약간씩 다르다(스턴 1977).

하지만 유아가 대략 9개월이 되면, 어머니가 새로운 범주를 그녀의 모방 같은 행동에 추가하는 것을 볼 수 있는데, 이 범주는 상호주관적인 파트너로서 유아의 새로운 지위에 맞게 조절된 것 같다. (어떻게 어머니들이 이러한 변화가 유아에게 일어났다는 것을 알게 되는지 명확하지 않다. 그것은 부모의 직관적인 감각의 일부인 것 같다.) 그녀는 단순한 모방을 넘어서 자신의 행동을 새로운 행동의 카테고리로 확장하기 시작하는데, 우리가 정서 조율affect attunement이라고 부르는 것이다.

정서 조율이라는 현상은 예를 통해 가장 잘 보여줄 수 있다(스턴 1985). 정서 조율은 종종 다른 행동들에 포함돼 있어서 상대적으로 완전한 예들을 발견하는 것은 어렵다. 하지만 다음에 나오는 처음의 다섯 가지 예들은 상대적으로 다른 상황들로 인해 방해받지 않았다.

- 9개월 된 여자아이가 장난감을 보고 매우 흥분해서 그것을 잡으려고 손을 뻗는다. 아이는 그것을 잡았을 때 활기 넘치는 "아아!" 소리를 지르며 자기 어머니를 바라본다. 아기의 어머니는 아기를 보며 어깨를 더 작게 만들고 엉덩이와 어깨를 흔들며 고고댄서처럼 멋진 춤을 춘다. 그 춤은 오직 자기 딸의 "아아!"를 하는 동안만 지속되지만, 동등하게 신이 나고, 즐겁고, 강렬하다.
- 9개월 된 남자아이가 처음에는 약간 화가 나서 부드러운 장난감을 손으로 두드리다가 점차 즐거움, 활력, 유머와 함께 두드린다. 아기는 규칙적인 리듬을 만든다. 어머니는 아기의 리듬에 빠져들어 "야아아―빵, 카아아―빵" 하고 말하는데, 쳤을 때에 맞추어 "빵", 치기 전에 준비 동작으로 손을 올렸을 때는 "야아아"를 한다.
- 8개월 반이 된 남자아이가 살짝 닿지 않는 곳에 놓인 장난감을 잡으려고 손을 뻗는다. 아기는 조용히 그것을 향해서 몸을 뻗고, 팔을 뻗고 손가락을 완전히 편다. 장난감에 여전히 도달하지 못하게 되자 아기는 장난감에 닿기 위해 그의 몸을 뻗으려고 준비를 한다. 그 순간에 아기의 어머니는 점점 커지는 음성 노력으로, 자신의 긴장된 몸을 밀고 숨을 내쉬며 "으으으 으으으흐!"라고 말한다. 어머니의 가속화되는 발성 호흡 노력은 유아의 가속화되는 신체적 노력과 들어맞는다.

- 10개월 된 여자아이는 어머니와 즐거운 일상의 일을 하고나서 어머니를 바라본다. 이 아이는 얼굴을 열고(입을 열고, 눈은 커지며, 눈썹은 올라간다), 그리고 다시 얼굴을 닫는다. 이러한 변화의 형세는 부드러운 호로 표현될 수 있다(⌒). 어머니는 음량이 점점커지고 점점 작아지게 됨에 따라 오르고 내려오는 음조로 "예"라고 반응한다. 어머니의 음율 형세는 아이의 얼굴 운동 형세와 일치했다.

- 9개월 된 남자아이가 자기 어머니와 마주하며 앉아 있다. 아기는 딸랑이를 손에 쥐고 위 아래로 흔들고 있다. 흥미롭고 즐겁다는 표시일 것이다. 어머니는 지켜보면서, 아들의 팔 동작에 박자를 맞추며 자기 머리를 위 아래로 끄덕이기 시작한다.

더욱 자주 조율은 다른 행동들과 목적들에 깊이 들어가 있는데, 다음의 예시처럼 부분적으로는 감추어져 있다.

10개월 된 여자아이가 마침내 그림 맞추기 퍼즐에 한 조각을 넣었다. 아기는 어머니를 바라보면서 머리를 들어올리고, 힘 있게 팔을 파닥거리고 활기 넘치게 지면에서 떨어져 얼마간 자신을 일으킨다. 어머니는 "잘했어, 내 딸아."라고 말한다. "잘했어."는 매우 강조해서 말한다. 이것은 아이의 제스처와 자세와 공명하는 폭발적인 상승을 갖는다.

"잘했어, 내 딸아."는 긍정적인 강화의 형태의 일상적 반응으로써 기능한다고 쉽게 주장할 수 있다. 그리고 분명히 그럴 것이다. 하시만 왜 어머니는 그냥 "잘했어 내 딸아."라고 말하지 않는가? 왜 어머니는 아기의 제스처에 음성적으로 일치하는 "잘했어."에 강한 억양을 추가할 필요가 있는가? 나는 그 "잘했어."가 일상적인 반응 안에 스며 있는 조율이라고 주장하고 싶다.

조율의 스며 있음은 매우 평범한 것이고 대부분의 경우에 너무 미묘해서 그것을 애써 찾거나 어떤 행동이 왜 정확하게 그런 방법으로 행해졌는지를 묻지 않는다면 조율은 눈에 띄지 않고 지나갈 것이다(물론, 그러한 것들로부터 우리가 임상적으로 '실제로' 무엇이 일어나고 있는지 생각하는 것을 수집한다). 관계의 질에 대한 인상을 주는 것이 스며 있는 조율이다.

조율은 아래와 같은 특징들이 있는데, 상호주관적인 정서의 공유를 하기에 조율은 이상적인 것이다.

1. 조율은 일종의 모방이 일어났다는 인상을 준다. 유아의 외적 행동을 충실히 그대로 재생하는 것이 아니라 어떤 일치시키기의 형태가 일어나고 있다.
2. 일치시키기matching는 대개 2감각 통합이다. 즉, 엄마가 유아의 행동과 일치하기 위해서 사용한 표현의 방법과 양식은 유아가 사용한 방법이나 양식과는 다르다. 첫 번째 예로, 여자아이의 목소리의 강도 레벨과 지속시간은 엄마의 몸의 움직임에 의해서 일치된다. 두 번째 예로, 남자아이의 팔 움직임의 특징들이 엄마의 목소리의 특징들에 의해서 일치된다.
3. 일치되고 있다는 것은 다른 사람의 행동 그 자체가 아니라, 오

히려 그 사람의 감정 상태를 반영하는 어떤 행동의 측면이다. 그 일치를 위한 궁극적인 참고사항은 감정 상태(추론되거나 직접적으로 이해된)로 보이지, 외적 행동이 아니다. 그래서 이 일치는 내적 상태의 표현들 사이에서 일어나는 것 같다. 이러한 표현들은 방식과 형식에서 다를 수 있지만, 그 표현들은 어느 정도는 단일한 그리고 인식할 수 있는 내적 상태의 표현으로써 서로 대체할 수 있다. 우리는 신호나 상징보다는 오히려 표현으로써 행동을 다루고 있는 것 같다. 그리고 이동의 전달 수단은 비유와 유사체analogue이다.[1]

그래서 정서 조율은 내적 상태의 정확한 행동 표현의 모방 없이 공유된 정서 상태의 감정의 질을 표현하는 행동이다. 우리가 사실적 모방만을 가지고 주관적인 정서의 공유를 입증하려고 한다면, 광범위한 모방의 광풍에 우리는 제한될 수 있다. 정서적으로 반응하는 우리의 행동은 터무니없게 보일 수 있고, 심지어 로봇같이 보일 수도 있다.

조율 행동이 개별 현상으로서 중요한 이유는, 사실적 모방은 상대방으로 하여금 내적 상태를 주목하게끔 하지 않는다는 것이다. 그것은 주의의 초점을 외적 행동의 형태에 두게 한다. 반면에 조율 행동들은 사건을 다시 구성하고, 주의의 초점을 행동 뒤에 있는 것, 즉 공유되고 있는 느낌의 질로 옮겨준다. 똑같은 이유로 모방은 외적 형태를 가르치는 탁월한 방법이고, 조율은 내적 상태의 공유를 이야기하거나 표현하기에 탁월한 방법이다. 모방은 형태를 나타내고, 조율은 감정을 나타낸다. 하지만 현실에서는 조율과 모방 사이에 정확한 이분법이 있는 것 같지는 않으며, 오히려 이것들은 스펙트럼의 두 끝단에 있는 것처럼 보인다.

대체 가능한 개념들

이런 현상을 함축하는 용어들이 이미 존재하는데, 내가 왜 이것을 정서 조율이라고 부르는지 물어보는 것은 당연하다. 한 가지 이유는, 이러한 용어들과 기저가 되는 개념들이 그 현상을 적절하게 잡아내는 데 실패한다는 것이다. 엄마의 조율은 종종 그렇게 충실한 모방도 아니지만, 느슨한 모방의 정의의 장점을 주장할 수 있다. 케이(1979)는 '수정하는 모방'은 원래 행동의 측면들을 최대화하거나 최소화하기 위해 정확한 초점을 그냥 지나치게 만든다고 지적했다. 그리고 우즈기리스는 '모방'과 '일치시키기'의 용어들을 통해서 본질적으로 같은 이슈들을 언급한다. 그럼에도 불구하고, '모방'이 일반적인 의미를 여전히 그대로 유지한다면, 정확성이 훼손되지 않는다는 것 외에는 한계점이 있다.

두 번째 문제는 모방에 필수적인 표상들에 대한 것이다. '지연된 모방'은 피아제(1954)가 의미했던 것처럼 원본의 내적 표상의 기초에 근거해서 기능하는 역량을 필요로 한다. 재생산(또는 모방)은 내적 표상이 제공한 청사진에 의해 인도된다. 피아제가 생각했던 것은 표상되는 참고대상으로써의 **관찰된 행동들**이다. 그런 표상들의 본질은 잘 개념화되었다. 하지만 그 참고대상이 감정 상태라면, 우리는 그것의 표상을 어떻게 개념화해서 청사진으로 활용할 수 있을까? 우리는 작동하고 있는 표상의 본질에 대한 다른 개념을 요청하게 된다, 말하자면 외적 행동의 나타남이 아니라 감정 상태의 표상에 대한 것이다.

'정서 일치하기' 또는 '정서의 전염'이라는 개념은 유사한 내용을 가지고 있다. 이러한 과정은 한 사람이 다른 사람의 정서의 표현을 보거나 들을 때 자신 안에 자동적으로 정서가 유발되는 것을 말한다. 이 과정은 매우 진화된 사회적 종들 사이의 기본적인 생물학적 경향성이며, 그것이 인간에게는 완전하게 되었다(말라테스타 & 이자드 1982). 그동안 증명된 가장 초기의 정서의 전염은 인간의 고통스런 울음과 관계가 있다. 울프(1969)는 2개월 된 유아들이 자기 자신의 고통스런 울음이 녹음된 테이프를 들었을 때 '감염성의 울음'을 한다는 것을 발견했다. 신거(1971), 사기아 ㅎ프만(1976)은 전염성의 울음이 신생아들에게 나타난다는 것을 보여주었다. 신생아들은 인공적으로 만들어진 비슷한 크기의 소리보다 대개는 유아의 울음에 더 울었다. 비슷하게, 웃음의 전염되는 특성은 비록 그것의 메커니즘이 발달 중에 변화할지라도 유아기에서 잘 볼 수 있었다.

정서 일치하기가 아마도 '운동근육 모방'에 근거를 두고 있다(립스 1906)는 것만으로는 정서 조율을 설명할 수는 없다. 하지만 그 현상이 토대하고 있는 근본적인 메커니즘들 중 하나를 제공해준다. 정서 일치하기는 그것 자체로는 모방처럼 원래의 것의 재생산만을 설명해주지만 그것은 내적 상태를 가지고 나른 양식들도 반응하는 현상 또는 다른 형태의 행동으로 반응하는 현상을 설명할 수는 없다.

트레바탄(1977, 1978, 1979, 1980)이 설명한 '상호주관성'은 비록 다른 방향이긴 하지만 문제의 본질에 접근한다. 트레바탄은 정신 상태의 상호 공유에 대해서 말하지만 느낌이나 정서의 질보다는 주로 의도와 동기를 주로 언급한다. 그의 주요한 관심사는 상호정서가 아니라, 상호의도성이다. 상호주관성은 전적으로 적절한 용어이며 개념이다. 하지만 그것은 우리가 설명하고자 하는 것에는 지나치게 포괄적이다. 정서 조율은 특정한 형태의 상호주관성인데 특유한 어떤 과정들을 가지고 있다.

'반영하기mirroring'와 '공명하기echoing'는 정서 조율과 매우 가까운 임상적 용어와 개념을 대표한다. 용어로써 이 두 가지는 원래의 것original과 얼마나 정확한가에 대한 문제로 들어간다. '반영하기'는 완전한 시간적 동시성을 제안하기에는 불리한 점이 있다. '공명하기'는 문자 그대로 받아들인다면 적어도 시간적 제약은 피한다. 하지만 이런 의미상의 한계들에도 불구하고 이러한 개념들은 한 사람이 다른 이의 내적 상태를 반영하는 이슈를 해결하려고 씨름하는 시도들을 나타낸다. 모방이나 전염과는 다르게 이런 중요한 관점에서 그것들은 드러난 행동보다는 주관적인 상태와 적절히 관련되어 있다.

내적 상태를 반영하는 것의 의미는 주로 임상적 이론들에서 활용되어왔다(말러 외 1975; 코헛 1977; 라캉 1977). 그런 이론들은 유아의 감정 상태를 반영하여 돌려주는 것이 유아가 자기 자신의 정서 상태와 자기의 감각을 알아가는 데 중요하다는 것에 주목했다. 하지만 이러한 의미로 사용될 때 '반영하기'는 어머니가 유아 안에 있는 어떤 것을 창조하도록 돕고 있다는 것을 의미하는데, 그 어떤 것은 어머니의 반영이 어떻게든 그것의 존재를 견고하게 하기 전까지 그것은 희미하거나 부분적으로만 있다. 이러한 개념은 그냥 다른 사람의 주관적 경험에 참여한다는 것 이상이다. 이것은 다른 사람이 이전에 가지고 있지 않았던 것을 제공하거나 만약에 그것이 있었다면, 그것을 강화시킴으로써 다른 사람을 변화시키는 것을 의미한다.

반영하기mirroring가 용어로써 지닌 두 번째 문제는 그것을 사용함에 있어서의 불일치와 지나친 포괄성이다. 임상 논문들에서 그것은 때때로 행동 그 자체를 의미하는데, 핵심 관계성 영역에서의 순수한 모방, 즉 문자 그대로 반사해주는 것을 의미한다. 그리고 때때로 내적 상태의 공유나 동조, 즉 우리의 용어로 상호주관적인 관계성 영역에서의 정서 조율을 의미한다. 또 다른 경우에는 때때로 언어적 관계성 단계에서의 언어적 강화 또는 동의하는 인정을 언급한다. '반영하기'는 그래서 일반적으로 세 가지 다른 과정을 포함하는 데 사용된다. 게다가 정서를 반영하는 데 포함되어야 하는 것이 어떤 주관적 상태인지 분명하지 않다. 의도인가? 동기인가? 신념인가? 자아 기능인가? 요컨대, 반영하기가 그 문제의 핵심에 초점을 두고 있지만 정확히 정해지지 않은 단어의 사용이 메커니즘, 형태, 기능에서의 실제 차이점들을 흐리게 하고 있다.

끝으로, '공감empathy'이 있다. 조율은 공감이 일반적으로 의미하는 것에 충분할 만큼 가까운가? 아니다. 조율은 내게 인식하지 않은

체 거의 자동적으로 일어난다고 증거는 보여준다. 반면에, 공감은 인지적인 과정이 연루되어 있다. 일반적으로 공감이라고 불리는 것은 적어도 네 가지의 독특하고 아마도 연속되는 과정들로 이루어져 있다. (1) 감정 상태의 공명, (2) 정서적 공명의 경험에서 오는 공감적 이해의 추상적 개념, (3) 추상적인 공감적 지식을 공감적 반응으로 통합, 그리고 (4) 일시적인 역할 동일시. 두 번째와 세 번째 사건에서 연루된 것과 같은 인지적 과정은 공감에 결정적이다(쉐이퍼 1968; 호프만 1978; 온스타인 1979; 바쉬 1983; 디모스 1984). (하지만 다른 사람처럼 된다는 것이 어떤 것인지를 인지적으로 상상하기는, 그것이 적어도 정서적 공명의 불꽃이 시작되지 않는다면 그것은 공감이 아니라 역할하기의 섬세한 행동에 불과하다.) 그때 정서 조율과 공감은 정서적인 공명의 초기 과정을 가지고 있다(호프만 1978). 둘 중 어떤 것도 공명 없이는 일어날 수 없다. 많은 정신분석적 사상가들의 연구는 이러한 개념에 동의한다. 하지만 정서 조율이 공감처럼 정서적인 공명과 함께 시작되지만 정서 조율은 다른 어떤 것을 한다. 조율은 정서적 공명의 경험을 취하고 자동적으로 그 경험을 다른 형태의 표현으로 재구성한다. 그래서 조율은 공감적 인식 또는 반응으로 갈 필요가 없다. 조율은 그 자체로 정서적인 교류의 구별된 형태이다.

조율에 대한 증거

조율attunement이라는 현상에 대해서 어떤 증거가 존재하며, 어떤 종류의 연구가 그것을 증명하기 위해 개발되었는가? 증명의 문제는 요약하면 다음과 같다. 조율이 존재한다는 것은 첫 번째로는 임상에서 얻은 인상, 아마 직관이다. 이러한 인상을 의미 있게 사용할 수 있게 하려면, 한 사람의 행동에서 실제적인 모방 없이 일치시키는 측면을 찾는 것이 필요하다. 스턴과 그의 연구진은 모방하지 않고 일치시키는 행동(따라서 조율의 기본을 형성하는)의 세 가지 일반적인 특징이 있다고 추론했다. 그것은 강도, 시기선택, 형태이다. 이러한 세 가지 영역은 일치의 6개의 특정한 유형으로 나뉜다.

1. **절대 강도.** 어머니 행동의 강도의 수준은 유아의 그것과 동일하고, 행동의 양식이나 형태와는 관계가 없다. 예를 들어, 어머니의 발성의 크기는 유아가 수행한 갑작스러운 팔 움직임의 힘과 일치할 것이다.

2. **강도 형세.** 일정 기간 동안 강도의 변화들이 일치된다. 208페이지의 두 번째 예는 이런 일치 유형의 좋은 예를 제공한다. 어머니의 발성 노력과 유아의 신체적 노력 둘 다 강도의 증가를 보여주었고, 갑자기 훨씬 더 빠른 강도의 감속 국면이 이어졌다.

3. **시간적 박자.** 일정 시간에 있는 규칙적인 진동이 일치된다. 209페이지에 있는 다섯 번째 예는 시간적 박자 일치의 좋은 예이다. 어머니의 머리 끄덕임과 유아의 몸짓은 동일한 박자를 따른다.

4. **리듬.** 불균등한 강세의 진동 패턴이 일치된다.

5. **지속시간.** 행동이 시간 폭이 익치되다. 어머니의 행동과 유아의 행동이 거의 같은 시간 동안 지속된다면, 지속시간의 일치는

일어났다. 하지만 지속 시간 일치 그 자체는 조율을 위한 충분한 기준이 되는 것으로 여겨지지 않는다. 왜냐하면 너무 많은 조율이 아닌 일련의 유아/어머니의 반응들이 지속시간 일치를 보여주기 때문이다.

6. **모양.** 다른 행동에서 추론되어지고 표현될 수 있는 행동의 어떤 공간적인 특성이 일치된다. 209페이지의 다섯 번째 예가 실례를 제공한다. 어머니는 아이의 위로 아래로의 팔 동작의 수직 모양을 빌려오고, 그것을 자신의 머리 동작에 적용시켰다. 모양은 동일한 형태를 의미하지 않는다. 그렇다면 그것은 모방일 것이다.

정서 조율의 본질을 조사하는 두 번째 단계는, 일치시키기matching의 기준이 확립되면 어머니들에게 그들의 일치시키기에 대해 질문하고 대답해달라고 요청하는 것이다. 그녀는 왜 자신이 한 것을 했으며, 그 방법으로 한 이유는 무엇이며, 언제 그것을 했는가? 그 순간에 그녀는 아기가 어떤 것을 느꼈을 거라고 생각하는가? 그녀는 자신이 어떤 것을 할 때 자신의 행동을 인식하고 있었는가? 그녀는 무엇을 성취하기를 바랐는가?

이에 따라, 어머니들에게 우선 그들이 평소에 집에서처럼 아이들과 놀라고 요청했다. 그 놀이는 나이에 적합한 여러 가지 장난감들이 가득 찬 쾌적한 관찰 방에서 하게 되었다. 어머니와 유아는 10~15분 동안 홀로 남겨졌고, 그들의 상호작용은 녹화되었다. 녹화 바로 직후 어머니와 연구자들은 녹화된 상호작용을 재생해보았다. 그때 많은 질문을 했다. 연구자들은 심문하는 듯하거나 판단적이기보다는 어머니들과 협력적이면서, 편안하고, 작업하는 분위기를 조성하기 위해서 많은 노력을 했다. 대부분의 어머니들은 연구자들과 동맹감이 맺어졌다고 느꼈다. 이런 '연구-치료적 동맹'은 이런 종류의 합동연구에서는 결정적이다.

그 과정에서 중요한 이슈는 녹화중인 상호작용의 흐름을 언제 멈추고 질문을 하느냐였다. 상호작용의 흐름에 뛰어드는 지점들을 식별하는 진입 기준이 설정되었다. 첫 번째 기준은 아기가 어떤 정서적인 표현-얼굴표정, 목소리, 제스처 또는 자세-을 만들었을 때였다. 두 번째는 어머니가 어떤 관찰 가능한 방식으로 반응을 했을 때였다. 그리고 세 번째는 아기가 어머니의 반응을 보고, 듣고, 또는 느꼈을 때였다. 이러한 기준을 충족시키는 사건이 관찰되면 비디오 녹화를 멈추고 질문을 했다. 녹화된 에피소드는 필요한 만큼 다시 보았다. 10명의 참여자-연구자들로서의 어머니들 그리고 그들의 8~12개월된 유아들과 함께 한 실험의 결과는 다른 곳에서 상세히 보고될 것이다(스턴 외, 인쇄 중). 여기에는 현재의 논의와 관계있는 주요한 발견들을 요약해보겠다.

1. 유아의 정서 표현에 대한 반응에서, 모성적 조율은 가장 평범한 모성 반응(48%)이었고, 그다음이 말로 언급 하는 것(33%)이었으며, 그다음은 모방(19%)이었다. 놀이 상호작용 동안에 조율은 65초마다 한 번 꼴로 일어났다.

2. 대부분의 조율은 감각 양식들을 교차해 일어났다. 유아의 표현

이 발성이었다면, 어머니의 조율은 몸짓 또는 얼굴표정일 가능성이 많았고, 역으로도 가능했다. 조율의 사례 중 39%에서, 어머니들은 유아가 사용한 것과 완전히 다른 양식을 사용했다(2감각 통합 조율). 사례의 48%에서, 어머니들은 유아가 사용한 것과 동일한 어떤 양식들(양식내적 조율), 그리고 다른 어떤 것들을 사용했다. 그래서 그 시간의 87%에서 부분적으로 2감각 통합이었다.

3. 어머니가 조율을 성취하기 위해 사용할 수 있는 행동-강도, 시기선택, 그리고 모양-의 세 가지 측면 중에서 강도의 일치가 가장 일반적이었고, 그다음으로 시기선택의 일치 그리고 마지막으로 모양의 일치였다. 다수의 사례에서 한 가지 이상의 행동 측면이 동시에 일치되었다. 예를 들어, 유아의 위아래로 손짓에 어머니가 위아래로 고개를 끄덕여서 일치시킬 때, 박자와 모양 둘 다 일치되고 있었다. 다양한 측면들의 일치를 보여주는 모든 조율의 비율은 강도 형세 81%, 지속시간 69%, 절대강도 61%, 모양 47%, 박자 13%, 그리고 리듬 11%이다.

4. 어머니들이 조율을 수행하는 가장 큰 단일한 이유(또는 우리가 추론했던 이유)는 유아와 '함께 있기 위해서', '나누기 위해서', '참여하기 위해서', '연결되기 위해서'이었다. 우리는 이러한 기능을 대인관계 교감interpersonal communion이라고 불렀다. 이러한 이유들은 다음과 같은 다른 종류의 이유들과 대조가 된다. 반응하기 위해서, 아이를 신나게 만들기 위해서, 또는 조용하게 하기 위해서, 상호작용을 재구성하기 위해서, 강화하기 위해서, 일반적인 게임에 참여하기 위해서. 이런 나중의 그룹은 교감communion이라기보다는 커뮤니케이션communication의 기능

을 하는 것으로써 함께 묶을 수 있다. 커뮤니케이션은 일반적으로 다른 사람의 신념이나 행동 시스템을 바꾸려는 시도와 함께 정보를 교환하거나 전달하는 것을 의미한다. 많은 조율 동안에 어머니는 이런 것을 전혀 하지 않는다. 교감communion은 다른 사람이 하고 있거나 믿고 있는 것을 바꾸려는 시도 없이 그 사람의 경험을 공유하는 것을 의미한다. 이런 생각은 연구자들과 어머니들 자신이 관찰한 어머니의 행동을 훨씬 잘 포착해낸다.

5. 조율에 몇 가지 변형들이 발생했다. **교감하는 조율**, 즉 아기와 '함께 있을' 목적으로 어머니가 유아의 내적 상태에 정확하게 일치시키려고 하는 진정한 조율뿐만 아니라, 잘못된 조율이 있었는데, 이는 두 가지 형태로 나눌 수 있다. **목적이 있는 잘못된 조율**misattunement에서 어머니는 '의도적으로' 유아의 강도, 시기 선택, 또는 행동의 형태를 과대로 일치기기거나 과소로 일치시켰다. 이러한 잘못된 조율의 목적은 대개 아기의 활동이나 정서 수준을 증가시키거나 감소시키는 것이었다. 어머니는 그것을 포착할 만큼 충분히 유아의 감정 상태 '안으로 스르르 들어갔다'. 하지만 어머니는 그때 아이의 행동을 바꾸기에는 충분하지만 진행되고 있는 조율의 감을 깨뜨릴 만큼은 아닐 정도로 그것을 잘못 표현했다. 목적이 있는 잘못된 조율은 **조정**tuning이라 불렸다. 또한 목적이 없는 잘못된 조율이 있었다. 어머니가 유아의 감정 상태의 특성과 양을 다소 부정확하게 식별했거나, 그렇지 않으면 어머니 자신이 동일한 내적 상태를 발견할 수 없었다. 우리는 이러한 잘못된 조율을 진정한 잘못된 조율이라 불렀다.

6. 어머니들에게 자신의 조율에 대해 녹화된 재생을 보여주었을 때, 사례 중 24%는 자기의 행동을 발생 시점에 전혀 인식하지 못했고, 사례 중 43%는 자신의 행동을 다만 부분적으로 인식하고 있었으며, 사례 중 32%는 자신의 행동을 완전히 인식하고 있었다고 말했다.

자기의 행동을 완전히 인식하고 있었다고 말한 32%의 어머니들 중에서도 한 어머니는 종종 자신이 실제로 했던 것보다는 자기 행동으로 원했던 결과를 언급하고 있었다. 그래서 조율 과정 그 자체는 대개 인식하지 못한 사이에 일어난다.

조정과 잘못된 조율이 유아에게 영향을 준다는 것을 실험으로 알아내기는 그렇게 어렵지 않다. 그것들은 대개 계속되는 유아의 행동을 변경하거나 방해하는 결과를 낳는데, 그게 그것들의 목적이고 그 결과는 손쉽게 측정될 수 있다. 교감하는 조율이 있는 상황은 다르다. 어머니가 그런 조율을 한 후 대부분의 경우에, 유아는 마치 아무 특별한 것이 일어나지 않은 것처럼 행동한다. 유아의 활동은 중단되지 않고 계속되고, 어떤 증거가 우리에게 보이는 것도 아니지만 조율의 현실이 '들어왔고', 영향을 주고, 이떤 심리직 결과를 가지게 된다고 추측할 수는 있다. 이런 고요한 표면 밑으로 가기 위해서, 우리는 계속되는 상호작용을 동요시키고 그 후 무엇이 일어나는지를 보는 그런 방법을 선택했다.

자연적인 또는 반자연적인seminaturalistic 상호작용에서 규정된 동요들을 일으켜서 연구하는 방법이 유아 연구에 잘 확립되어 있다. 예를 들어 '정지한 표정' 절차에서(트로닉 외 1978), 어머니나 아버지에게 상호작용 중간에 무표정하고 감정이 없는 '정지된 표정'을 요청해서 아이가 예상하고 있는 흐름에 동요를 일으킨다. 3개월쯤의 유아들은 약간의 속상함과 사회적 철수로 반응하고, 또한 무표정한 파트너를 다시 사로잡으려는 시도를 한다. 이런 동요는 예외 없이 모든 부모/유아 쌍에 사용될 수 있다. 하지만 조율의 동요는 각각 어떤 특정한 쌍에 맞추어져 고안되었으며 이전에 식별되었고 다시 일어날 것 같은 조율 에피소드에 겨냥하였다. 어떤 쌍도 똑같은 것을 보여주지 않았다.

어머니와 연구자들이 녹화된 비디오를 보고 있는 동안 각각의 쌍에게 동요하기 위해 선택된 특정한 조율 에피소드를 알려주었다. 조율 에피소드를 만드는 행동들의 구조를 논의한 후에 연구자들은 어머니들에게 어떻게 그 구조를 동요시키는지 가르쳐주었다. 그다음에 어머니들은 관찰실로 돌아갔고, 예상할 만한 조율 행동을 위한 적절한 정황이 발생했을 때 계획된 동요를 수행했다. 두 가지 예를 통해서 그 결과를 설명하고자 한다.

놀이의 처음 기간에 대한 비디오테이프에서 9개월 된 유아가 자기 어머니를 떠나서 새로운 장난감으로 기어서 움직이는 것을 볼 수 있다. 유아는 배를 데고 장난감을 잡고 즐겁게 탕탕 치고 마구 흔들기 시작한다. 아기의 움직임, 호흡, 발성으로 보건데 아기의 놀이에는 생기가 차 있다. 그때 어머니가 아기의 시각 밖인 뒤에서 아기에게 접근하고 어머니의 손을 아기의 엉덩이에 올리고 좌우로 생동감 있게 흔들어준다. 어머니의 흔드는 속도와 강도는 아기의 팔 움직임과 발성의 강도 및 정도에 잘 일치되는 것처럼 보이며 이것을 조율이라고 말할 수 있을 것이다. 어머니의 조율에 아이는 아무 응답이 없다! 아기는 그저 자신의 예초의 속도로 놀이를 계속한다. 어머니가 흔드는 것이 아무런 외적 효과가 없는데, 마치 어머니가 전혀 행동하지 않은 것 같다. 이 조율 에피소드는 이 쌍의 특징이었다. 아기는 어머니에게서 떨어져서 또 다른 장난감에 열중하게 되었고, 어머니는 상체를 구부려 아기의 엉덩이, 다리, 또는 발을 흔들었다. 이런 장면은 여러 번 반복되었다.

첫 번째 동요 동안, 어머니는 아기의 즐거운 활기 수준을 의도적으로 '잘못 판단하고', 아기가 실제 보이는 것보다 다소 덜 흥분한 같은 척하고 그에 따라 흔드는 것을 제외하고는 평소에 하던 것과 같이 하도록 지시받았다. 어머니가 평소에 아이에게 잘 맞추었다고 느꼈을 때보다 약간 천천히, 그리고 약간 덜 강하게 흔들었을 때, 아기는 재빨리 놀이를 멈추고 마치 "무슨 일이야?" 하고 말하는 것처럼 어머니를 돌아보았다. 이런 절차가 반복될 때마다 똑 같은 결과가 나왔다.

두 번째 동요는 반대 지시였다. 어머니는 자기 아기가 더 높은 활기 수준에 있는 척 하고 그에 맞게 흔들었다. 그 결과는 같았다. 아기는 불일치를 알아채고 멈추었다. 그때 어머니에게 적절하게 흔드는 것으로 돌아가도록 요청했을 때, 다시 아기는 반응하지 않았다.[2]

흔들기가 어떤 속도/강도의 연대 안에서 수행될 때 신호라기보다는 강화의 한 형태라고 누군가가 주장할 수 있다. 이런 주장은 아무런 문제가 없지만, 수용할 수 있는 연대감이 어머니 측의 절대적 단계에 의해서가 아니라 아기와 어머니의 속도 및 강도의 단계 사이의 관계에 의해서 결정된다는 사실을 설명하지는 못한다. 그리고 조율은 강화하는 기능으로 기여하기도 한다. 하지만 그러나 단순한 강화는 조율을 잘 해명할 수가 없다. 두 개의 현상은 의심할 여지없이 하나가 다른 것에 포함되고 관계를 발달시키는데, 다른 기능으로 기여한다. 이후 어머니들과의 인터뷰는 이런 이중의 기능이 있다는 것을 증명해주었다. 어머니는 자신이'아기와 함께 놀기 위해서' 일상적인 조율을 한다고 말했다. 하지만 돌이켜 생각해보면 아마도 아기가 놀이를 계속 하도록 '격려하는' 것이었다고 말했다.

또 다른 예를 녹화한 비디오테이프에서, 11개월 유아가 결의를 가지고 흥분하면서 한 대상을 잡으려고 한다. 유아는 그것을 잡고 많은 흥분과 신체 긴장을 보여주면서 그것을 자기 입으로 가져온다. 어머니는 "와, 너 그걸 좋아하는구나."라고 말한다. 유아는 어머니의 말에 응답하지 않는다. 어머니에게 지각된 자기 아기의 흥분 및 긴장과 비교해서, 그녀가 표준적으로 하는 말의 음높이 형세, 속도 그리고 강세의 패턴을 지나치게 하거나 못 미치게 하도록 요청했을 때, 아기는 알아채고 마치 그 이상의 명료함을 요구하는 것처럼 어머니를 바라보았다.

이렇게 개개인에게 맞춰진 많은 동요가 수행되었고, 모든 것이 유아가 정말로 일치의 정도에 대한 어떤 삼각을 가지고 있다는 것을 보여주었다. 일치의 근사치 그 자체가 어떤 상황에서의 기대이고, 그것이 깨지는 것에는 의미가 있다.

대인관계의 교감이 조율에 의해 만들어지게 되면서 유아가 내적 감정 상태들이 다른 인간들과 공유할 수 있는 인간 경험의 형태라는 것을 인식하게 되는 데 중요한 역할을 하는 것이 분명하다. 그 반대도 사실이다. 즉, 한 번도 조율되지 않은 감정 상태는 오직 경험만 되고 공유할 수 있는 경험의 대인관계의 맥락으로부터 고립된다. 여기에서 중요한 것은 다름 아닌 바로 공유할 수 있는 내적 우주의 모양과 크기이다.

조율을 위한 근본적인 메커니즘들

조율이 작동하기 위해서는 다른 형태들과 다른 감각 양식들에서 일어나는 행동 표현들이 어떻게든 교환 가능해야 한다. 어머니의 어떤 제스처가 유아의 어떤 음성 감탄사와 '부합'한다면, 그 두 개의 표현은 한 양식 또는 한 형태에서 다른 것으로 전환하는 어떤 공통의 요소를 공유하고 있음이 분명하다. 그런 공통의 요소는 무형의 내용들로 이루어진다.

어떤 성질이나 내용은 모든 또는 대부분의 지각 양식들이 공동으로 가지고 있다. 강도, 모양, 시간, 동작, 수가 이에 해당한다. 그런 지각의 성질은 자극 세계의 불변요소 내용들로부터 어떤 감각 양식에 의해서도 추출될 수 있고, 그런 다음에 지각의 다른 양식으로 바뀔 수 있다. 예를 들어, '길게 짧게'(— ㅡ) 같은 리듬은 보기, 듣기, 냄새, 만지기, 미각으로 전달될 수 있고 또는 이것들로부터 추출될 수 있다. 이것이 일어나기 위해서 리듬은 반드시 어떤 시점에 마음속에서 그것이 지각되는데, 하나의 특정 방식에만 묶여서 풀려날 수 없는 것이 아니라, 양식들을 가로질러 운반할 수 있도록 충분히 추상적인 형태로 존재해야 한다. 우리가 지각적으로 통일된 세계를 경험하도록 해주는 것은 무형적 요소들에 대한 이러한 추상적 표상의 존재이다.

이전의 맥락에서 보면, 유아는 초기부터 세계를 무형적으로 지각할 수 있다는 것과 그들이 성숙하면서 이것을 더 잘하게 된다는 것은 분명하다. 이러한 입장은 보워(1974) 같은 발달심리학자들에 의해 강하게 주장되어왔는데, 그는 생애의 초기부터 유아가 지각의 질감에 대한 추상적 표상을 형성하고 그것에 따라 행동한다고 말했다.

경험의 질감들은 양식 간의 능수함에 영향을 주는데, 여기에서 우리의 최고의 관심사가 바로 이것이다. 경험의 질감들은 조율을 정의하기 위한 가장 좋은 기준이라고 말할 수 있다. 즉, 강도, 시간, 형태 이다. 이러한 양식간의 능수함을 설명 체계가 필요한 그런 현상이다. 그렇다면 유아들이 강도, 시간 형태를 무형으로 지각하거나 인식할 수 있다는 증거는 무엇인가?

강도Intensity

강도의 레벨은 우리가 본 것 같이 조율을 지정하는 데 가장 빈번하게 일치되는 성질들 중 하나이다. 대부분의 경우에 일치는 유아의 신체적 행동의 강도와 어머니의 음성 행위의 강도 사이에서 일어났다. 유아는 시각적이고 청각적인 양식을 교차하여 강도의 수준을 일치시킬 수 있는가? 그렇다. 꽤 잘한다. 3장에서 묘사된 실험에서 나타난 것처럼 3주 된 유아가 소리의 세기 수준을 빛의 밝기 수준에 일치시켰다(루코비츠 & 터키비츠 1980). 강도의 절대적 단계에 대한 청각적-시각적 교차 양식의 일치를 수행하는 능력은 매우 어릴 때 가지는 능력 같다.

시간

행동의 시간적 특성은 조율을 수행할 때 두 번째로 가장 일반적으로 일치시키는 것이다. 이것도 역시 3장에서 언급된 것처럼, 유아들은 양식들을 교차하여 시간적인 패턴을 일치시키는 능력을 가지고 있는 것으로 보였다. 실제로 강도 수준과 시기 선택은 유아가 발달의 매우 이른 시점에 양식상으로 가장 잘 표현할 수 있는 지각적 특성인 것 같다.

형태

강도와 시간은 자극이나 지각의 양적 요소이다. 이와는 반대로 형태는 질적인 요소이다. 형태나 구성내용의 양식간의 조화에 대한 유아의 능숙함에 대해서 무엇이 알려져 있는가? 68~69페이지에 묘사된 멜조프와 보튼의 실험은 멈춰 있는 대상의 형태가 촉각 양식에서 시각 양식으로 전환하는 탁월한 예이다. 이런 논증 이후에, 상응한 것이 운동 형태에서도 만들어질 수 있을지, 그리고 상응하는 것이 시각과 촉각을 교차할 뿐만 아니라 시각과 청각도 교차하여 일어날 수 있는지 묻는 것은 합리적이다. 결국, 대부분의 인간 행동은 운동성 형태로 이루어져 있다. 구성요소가 시간에 따라 변하게 된다. 그리고 발성은 조율에 관여된 가장 만연한 운동성 형태들 중 하나이다. 맥케인과 외(1983)와 컬 & 멜조프(1982)의 실험은 유아들이 양식을 교차하는 변형을 만드는 데 전혀 어려움이 없다는 것을 보여주었다(3장을 보라).

감각들의 통합체

형태, 강도, 시간은 모두 무형적으로 지각될 수 있는 것으로 보인다. 그리고 실제로 철학, 심리학, 예술은 경험의 무형석 특성들(심리학적 용어로) 또는 경험의 근본적인 특성들(철학적 용어로)이 되는 형태, 시간, 강도를 명명하려는 긴 역사를 가지고 있다(막스Marks 1978을 보라). 이러한 이슈들이 긴 역사를 가지고 있는 것은 그 핵심에 감각들의 통합체가 있기 때문이고, 그것은 궁극적으로 본 세계가 듣거나 느낀 세계와 같다는 지식이나 경험으로 압축할 수 있다.

아리스토텔레스는 최초에 감각의 상응에 대한 교리, 또는 감각의 통합체에 대한 교리를 가정했다. 그가 생각한 여섯 번째 감각은 근본적인 감각(무형적인)의 특성들을 통각apperceive할 수 있는 감각이었는데, 그런 특성들은 색깔이 시각에 속하는 것처럼 어떤 하나의 감각에만 속하는 것이 아니라 모든 감각들에 의해 공유되는 것들이다. 아리스토텔레스에 의하면 그런 근본적인 성질들은 어떤 양식으로부터도 뽑아낼 수 있고, 추상적인 형태로 나타낼 수 있고, 모든 감각 사이에서 전환될 수 있는데, 강도, 움직임, 휴식, 통합, 형태, 숫자를 포함한다. 그 이후로 철학자들은 지각의 속성이 만나는 주요한 성질들의 필요조건에 대해서 논의했는데, 대개는 강도, 형태, 시간은 포함되었다.

심리학자들은 아마도 처음에 공감각synesthesia이라는 현상으로 인해 감각 통합체에 관한 이슈에 관심을 갖게 되었을 것이다. 그 현상에서는 하나의 감각에서의 자극이 다른 자극의 양식에 속하는 느낌들을 불러일으킨다. 가장 일반적인 공감각은 '채색된 듣기colored hearing'이다. 트럼펫과 같은 특정한 소리는 특정한 색깔, 아마도 빨강이라는 시각적 이미지를 청각적으로 지각된 것과 함께 만든다(막스[1978]를 보라). 공감각의 존재는 감각들의 통합체의 매력의 일부에 불과하다. 양식내적으로 동등한 가치를 가진 것들이나 또는 상응하는 것들은 항상 지각을 연구하는 사람들에게 관심사였고, 최근 발달심리학자들은 아주 오래된 이 과제를 다루기 시작했다. 이 문제는 막스가 동등한 정보에 대한 교리the Doctrine of Equivalent Information라고 부르는 것에 포괄된다. 이 이론은 각각 다른 감각들이 외부세계의 동일한 특성을 알려줄 수 있다고 말한다. 깁슨(1959, 1969, 1979), 피아제(1954), 보워(1974) 그리고 다른 학자들의 많은 이론적 연구가 이 이슈에 대해서 언급했다.

치료자들은 이런 현상과 매우 친숙한데, 지각된 중요한 것에 대한 느낌을 소통하는 방법으로써 당연하게 받아들인다. 한 환자가 "나는 그녀가 나를 어떻게 맞이할지 너무 조마조마하고 초조했어요. 그런데 그녀가 말을 하자마자 태양이 나오는 것 같았고, 나는 녹아내렸어요."라고 말했을 때 우리는 즉시 이해한다. 무형의 정보의 전환을 위한 근본적인 역량 없이 대부분의 은유가 어떻게 작동할 수 있겠는가?

예술가들, 특별히 시인들은 감각의 통일체를 당연하게 여긴다. 대부분의 시는 2감각 통합적 비유와 은유가 모든 사람에게 즉각적으로 명백하다는 무언의 가정 없이는 작동할 수 없다. 19세기 동안의 프랑스의 상징주의자들 같은 시인들은 정보의 2감각 통합적 사실을 고양시켜서 시적 과정을 인도하는 원칙으로 삼았다.

> 아기의 피부와 같은 신선한 냄새가 나다,
> 빵같이 달콤하고 잔디같이 푸르다.
> 그리고 다른 것들은 부패하고, 부요하고, 의기양양하다.
>
> (보들레르, 편지, 1957)

단지 3개의 행이지만 보들레르는 냄새를 촉각, 소리, 색깔, 감각, 재정, 힘의 영역들에서의 경험들과 연관시키기를 우리에게 요청한다. 이와 비슷한 것이 다른 예술들에서도 일어난다.

감각들의 통합체에 대한 논의의 요지는, 지각적으로 통합된 세계를 만드는 양식을 가로지르는 등가들을 식별하는 역량은 어머니와 아기가 정서 조율에 참여해서 효과적인 상호주관성을 성취하게끔

하는 역량과 동일하다는 점이다.

어떤 내적 상태가 조율되고 있는가?

정서의 두 가지 형태, 즉 슬픔과 기쁨과 같이 구별된 카테고리 정서들categorical affects, 그리고 폭발과 희미해지는 것과 같은 생동력 정서들vitality affects 둘 모두 조율되는 것으로 보인다. 실제로 대부분의 조율은 생동력 정서와 함께 일어나는 것 같다.

3장에서, 우리는 생동력 정서들을 역동적이고 운동적인 감정의 특성으로 정의했는데, 이 정서들은 살아 있는 것을 생명 없는 것과 구별하고 살아 있는 유기체의 과정에 관여하는 느낌 상태의 순간적인 변화와 일치했다. 우리는 생동력 정서를 우리 자신이나 타인들에게서 일어나는 역동적인 전환이나 패턴이 있는 변화로서 경험한다. 우리가 생동력 정서를 활성화라고 할 때 의미하는 것이나 정서의 카테고리로부터 구별되는 그것 자체의 가치를 지닌 실체로서 확립하기 위해서 그러한 노력을 들였던 이유 중의 하나는 지금 그것이 조율을 이해하는 데 꼭 필요하기 때문이다.

일반적인 어머니와 유아의 상호작용 중에 구별된 정서를 표현하는 것은 가끔씩만, 아마도 30~50초마다 일어난다. 이렇기 때문에, 다른 사람의 정서를 따라간다거나 조율하는 것은 만약 그것이 카테고리 정서에 제한되어 있다면 계속적인 과정으로써 발생할 수가 없을 것이다. 사람은 조율을 다시 확립하기 위해서 놀라움의 표현과 같은 구별된 카테고리 정서의 표현이 발생하기만을 기다릴 수는 없다. 조율은 끊어지지 않은 과정처럼 느껴진다. 구별된 정서가 분출되는 것을 기다릴 수는 없으며, 틀림없이 조율은 사실상 모든 행동과 함께 작동할 것이다. 이 점이 생동력 정서들이 가지는 커다란 이점 중 하나이다. 그것들은 모든 행동에서 나타나고 그래서 거의 어디에나 있는 조율의 대상이다. 그것들은 어떤 행동이 수행되느냐가 아니라, 하나의 행동이, 어떤 행동이, 모든 행동이 어떻게 수행되느냐에 관련되어 있다.

그러므로 생동력 정서는 조율 행위에서 고려되는 주관적인 내적 상태들의 중의 하나로 정서 카테고리에 포함되어야 한다. 생동력은 조율의 대상으로 이상적으로 적합한데, 그것이 강도와 시간의 무형적 특성으로 구성되어 있기 때문이다. 그리고 그것은 실질적으로 사람들이 수행하는 어떤 행동에나 들어 있고 그래서 계속 조율해야 하는 대상(변하고 있지만)을 제공하기 때문이다. 조율은 아기가 어떻게 장난감에 손을 뻗고, 블록을 잡고, 발을 차거나 또는 소리를 듣는지에 대한 느낌의 내적 질감과 함께 만들어질 수 있다. 생동력 정서를 추적하고 조율하는 것은 한 인간이 다른 이와 '함께 있게' 해주는데, 거의 계속되는 기반 위에서 내적 경험을 공유한다는 의미에서 그렇다. 이것이 바로 연결되었다는 그 느낌의 경험이고, 다른 사람과 조율된 상태에 있다는 느낌이다. 이것은 끊어지지 않는 줄 같은 느낌이 있다. 조율은 어떤 그리고 모든 행동에 순간적으로 진행되는 활성화 형세를 찾아내고 교감의 실이 끊기지 않게 유지하기 위해 그 형세를 사용한다.

생동력 정서 소통하기: 예술과 행동의 생동력

카테고리 정서와 생동력 정서 둘 모두 다 조율과 관련된 주제이다. 슬픔 같은 카테고리 정서의 표출은 일단 보이게 되면 보는 사람에 의해 직접적으로 어떻게 느껴지는지 상상할 수 있다. 진화와 경험은 함께 느낌이 한 형태에서 다른 형태로 변해도 이해할 수 있도록 만들었다. 하지만 우리는 어떻게 그리고 왜 자동적으로 생동력 정서를 전환transposition시키는가? 우리는 시간-강도 형세들이 핵심적인 지각적 특성들 중 하나임을 밝혀냈고, 이러한 과정이 무형적 지각의 역량에 기대고 있음을 확인했다. 하지만 어떻게 사람들이 다른 사람들에 대해 지각된 것들로부터 자기 자신 안에 있는 느낌들로 가는지 우리는 완전히 설명하지는 못하고 있다. 여기에는 구별된 카테고리 정서들에 있는 미리 연결된 프로그램이 작동하고 있지 않을 때가 있다.

그 문제는 다음과 같이 다시 언급할 수 있다. 우리는 자동적으로 지각적 질감들을 느낌의 질감으로 바꾸는 경향이 있고, 특별히 그 질감들이 다른 사람의 행동에 속할 때 그렇다. 예를 들어, 우리는 누군가의 팔 동작에서 가속, 속도 그리고 표현의 풍부함을 얻게 된다. 하지만 우리는 그 동작을 시기선택, 강도, 형태의 지각적 질의 견지에서 경험하는 것이 아니라, 우리는 즉시로 그것을 '힘 있는' 것으로써 경험할 것이다. 즉, 생동력 정서의 측면에서 경험한다는 것이다.

그렇다면 우리는 어떻게 강도, 시기선택, 형태로부터 '힘 있음'을 경험하는 것인가? 이것은 예술이 어떻게 작용하는지의 한 측면을 이해하는 데 핵심적인 질문이며, 어떻게 예술의 영역에서 이 질문에 접근해왔는지를 보는 것은 행동의 영역에서 그것을 이해하는 데 도움이 될 것이다.

수잔 랭거(1967)는 지각에서 감정으로 도달하게 되는 하나의 길을 제안했는데, 예술 작품들에서 요소들의 구성은 느껴진 삶의 한 측면을 나타내는 것 같다고 제안했다. 나타난 느낌은 사실은 환영, 환상이며 가상의 느낌이다. 예를 들면, 2차원의 그림이 3차원 공간의 가상의 느낌을 만들어낸다. 더욱이 가상의 공간은 광대함, 거리, 앞으로 나오고, 뒤로 물러나고 등등의 가상적 특성들을 가질 수 있다. 유사한 방식으로, 움직이지 않는 형태의 조각 작품은 기대고, 들어올리고, 날아오르는 것 같이 운동성 형태의 가상의 느낌들을 나타낼 수 있다. 실제 신체의 시간적 사건으로서의 음악은 일차원적이며 시간상 동질이지만 그것은 사실 상의 시간, 즉 경험한 것으로써의 시간, 쇄도하는, 경쾌하게 빨리 걷는, 오래 끄는, 또는 박진감 넘치는 시간이다. 실제 노력이 필요한 움직임과 몸짓으로써의 춤은 "힘의 가상의 영역, 볼 수 있게 만든 힘의 놀이", 즉, 폭발explosion과 내파implosion, 억제, 정처 없이 거닐기, 힘들이지 않음 등등을 나타낸다(고시 1979 p.69).

다른 사람의 외적 행동에서 지각된 활성화 형세들(시시각각의 강도)이 자기 안에서 경험되었을 때 사실상의 생동력 정서가 되는 것이 가능한가?

즉흥적인 행동은 구별된 카테고리 정서의 구성들(웃음과 울음)과 같은 관습화된 요소들을 포함한다. 이것들은 '성 마리아와 아기'처럼 그림에서의 관습화된 표상 형태나 상징적 요소와 유사하다. 여기에서 성 마리아와 아기의 사례에서처럼 문화적 관례에 의한 게 아니라 생물학적 의식화ritualization(진화의 힘에 의한) 때문에 생겨난 의미는 제외된다.

지각에서 관습화된 형태의 느낌으로의 변환translation(예술에서의 아이콘들 또는 즉흥적인 행동에서의 구별된 정서의 표현들)은 이 문제에서 그렇게 흥미로운 부분은 아니다. 하지만 예술과 행동 양쪽 모두에서 관습적 형태의 표현이 있다. 성 마리아와 아이의 상의 경우에, 성 마리아의 옷과 배경을 정확하게 어떻게 처리했는지는 중요하다. 색깔이 어떻게 대조를 이루고 조화를 이루는지, 선과 면의 긴장이 어떻게 해결되는지, 요컨대 그 형태가 어떻게 다루어지는지를 의미하는데, 이것은 스타일의 영역이다.[3] 즉흥적인 행동에서, 예술적 스타일과 대응관계에 있는 것은 생동력 정서의 영역이다. 우리는 지금까지 보아온 것처럼, 이것들은 웃음과 같이 관습화된 정서가 표현되는 방법과 걸음과 같이 다른 고도로 고정된 운동 프로그램들이 수행되는 방법과 관련되어 있다. 이것이 시기선택, 강도, 형태의 측면에서 그 행동의 정확한 수행이 다수의 '스타일'을 낳게 되고, 같은 기호, 신호나 행동의 생동력 정서들을 낳을 수 있다.[4]

예술에서의 스타일의 경우에 지각에서 감정으로의 변환translation은 '현실적' 지각에서(색깔 조화, 선 해상도 등등) 평온함 같은 가상의 감정 형태로 변화하는 것이 관여된다. 다른 사람의 행동에 대한 지각에서 느낌으로의 변환은 2감각 통합의 능숙함을 통해서 시기 선택, 강도, 형태의 지각으로부터 우리자신 안에서 느껴진 생동력 정서로 변형되는 것이 관여된다. 나는 예술과 즉흥적인 행동이 동등하다는 것을 말하려고 하는 것은 결코 아니다. 내가 단지 주목하고 있는 것은 조율이 생동력 정서와 관계있을 때 정서 조율이 어떻게 작용하는지를 이해하는 데 도움이 되는 어떤 유사성들이다.

예술과 행동 사이의 한 가지 결정적인 차이점이 조율의 중요한 제한점을 잘 보여준다. 예술에 대한 이해는(비록 그것의 창조는 아니지만) 일종의 사색의 형식과 관련 있는데, 이것은 오랫동안 미학에서 이슈가 되어왔다. 캔벨 피셔는 이러한 이슈의 본질을 표현했는데, 우리의 의도와 잘 맞는다. "슬픔의 본질에 대한 나의 이해는 … 내가 슬픔을 보았던 순간들에서 나오는 것이 아니라, [예술을 통해서] 우발적으로 복잡하게 얽힌 것으로부터 내 앞에 풀려난 슬픔을 보았을 때 나온다."(랭어[1967] p.88에서 인용) 하지만 사람들 사이의 즉흥적인 행동은 언제나 그리고 되돌릴 수 없이 셀 수 없이 많은 수준들에서 우연성과 얽혀 있다. 이러한 현실에는 두 가지 결과가 있다. 첫 번째, 예술이 생각과 이상을 처리할 수 있지만, 즉흥적인 행동은 오직 생각의 어떤 특정한 경우만을 처리한다. 특정한 것들은 얽혀진 것들에 의해서 규정된다. 두 번째 이슈는, '우연적으로 얽혀 있는 것들'은 조율하기에 불가능할 수도 있다는 것이다. 당신은 당신에게 향해 있는 분노를 마음대로 조율할 수 있는가? 틀림없이 당신은 나쁜 사람에게 일어나고 있고 당신 자신 안에서 유발될 수도 있는 느낌의 강도와 질감의 정도를 경험할 수 있다. 그렇지만 이것을 당신이 다른 사람의 분노를 '공유하고 있다'거나 또는 '참여하고 있다'고 말할 수는 없다. 당신은 당신 자신에게 몰두하고 있는 것이다. 위협과 손상으로 얽혀져 있는 우발사건은 두 개의 독립된 경험들 사이에 장애물을 놓았기 때문에 더 이상 의사소통을 할 수는 없다. 조율의 범위는 대인관계적 현실의 우연적인 세계에서 어떤 제한들을 갖는다.

유아와 아동은 처음에는 그들 자신의 행동과 신체적 과정들과의 상호작용들로부터 생동력 정서를 배우고, 그들에게 영향을 주고 그들 주위에 벌어지는 사회적 행동들을 관찰하고, 시험하고, 반응하는 것을 통해서 생동력 정서 또는 랭어의 용어로 '느낌의 형태들'에 대해 배운다는 것이 불가피하다. 그들은 또한 외적인 것들에 대해 지각된 것을 내적인 느낌으로 변환하기 위한 변형 수단이 있다는 것을 반드시 배우게 되거나 또는 어쨌든 그 깨달음에 도달하게 된다. 지각된 것을 느낌으로 변형하는 것은 처음에는 즉흥적인 사회적 행동들과 함께 배운다. 여러 해 동안 이러한 변형을 수행하고 생동력 정서의 레퍼토리를 구축한 후에야 비로소 아동은 이러한 경험을 외적으로 지각되었지만 느낀 경험으로 바뀌는 예술의 영역으로 가지고 올 준비가 되는 것 같다.

조율은 관계적 행동이 하나의 표현주의 형태로 보일 때(적어도 부분적으로) 좀 더 충분히 해명할 수 있다. 표현주의 형태로써의 어떤 행동의 이해는 조율을 예술 경험의 전초로 만든다. 하지만 조율은 발달적으로 중요한 다른 어떤 것을 성취한 것이다.

언어를 향한 징검돌로써의 조율

조율은 주관적 상태를 재구성하고 재진술하는 것이다. 그것은 주관적 경험을 참고적인 것으로써, 그리고 외적 행동을 그런 참고적인 것의 몇몇 가능할 만한 드러남이나 표현으로써 다룬다. 예를 들어 활기 넘침의 정도와 질감이 독특한 발성으로, 독특한 몸짓으로, 또는 독특한 얼굴표정으로 표현될 수 있다. 이러한 각각의 드러남은 어느 정도는 같은 내적 상태를 인식하게 하는 기표signifier로써 사용할 수 있다. 따라서 조율은 비언어적 비유와 유사물을 통해서 행동을 재구성한다. 유사물과 비유를 통한 모방에서 상징으로의 발달적인 진보를 생각해보면, 주관적 자기의 감각이 형성되는 이 기간은 조율 형태에서의 유사물과의 경험을 제공한다. 이것은 상징의 사용을 향해 나아가는 필수적인 걸음이며, 이제 우리는 그것을 살펴보고자 한다.

1　엄격하게 말하자면 이것은 선택된 특징들의 모방이라고 부를 수 있을 것이다. 행동의 하나 또는 두 가지 특징들이 선택되어 모방되고 다른 특징들은 선택되지 않는다. 우리가 이 용어를 선택하지 않은 이유는 모방된 특징들은 다른 형태로 사용되는데, 외적 행동보다는 내적 상태를 참고하는 인상을 만들어내기 때문이다.

2　동요가 시도될 때마다 유아는 어쨌든 각각 다른 흥분의 레벨을 보여주었고, 엄마는 '잘못된 판단misjudgement'을 조정해서 아이의 현재 레벨에 맞추려고 했다. 여섯 쌍마다 은 잘못된 판단을 실행하는 것을 매우 어려워했는데, 마치 한 손으로 머리를 두드리고 동시에 다른 손으로 배를 문지르는 것과 같았다.

3   표상의 요소들이 생기게 되는 방식에서, 고도의 관습화는 특정한 역사적·지리적·문화적 환경의 산물이다. 행동에도 같다고 말할 수 있다. 여전히 스타일과 관습화된 형태는 구별할 수 없다.

4   춤과 움직임 분석 선구자들은 이 영역에서 많은 노력을 했다. 케스텐베르크(1979)와 소신(1979)은 이것은 엄마/유아 상호작용에 성공적으로 적용했다. 최근 사진 전시회 (사진에서의 형태와 정서, 메트로폴리탄 미술관, 뉴욕, 1983년 3월)는 생동력 정서들이 만들어내는 차이점을 보게 해주었다. 막크 버가쉬는 같은 여성의 얼굴을 6개의 다른 사진으로 찍었다. 그는 그녀에게 한 주제를 생각하고 거기에 '빠지라고' 요청했다. 그리고 한 사진을 찍었다. 그 여섯 가지 주제는 그녀의 어머니, 아버지, 오빠, 그녀의 과거 자기, 그녀의 현재 자기, 그녀의 미래 자기이었다. 이 여섯 개의 사진은 통틀어 '참 자기의 면들'로 이름을 붙였다. 어떤 사진에서도 그녀는 인식할 만하고 명명할 만한 카테고리의 표현이 없었다. 그녀의 얼굴은 행동 표현의 원칙에 의하면 대개 중립적이었다. 하지만 '스타일'의 차이점들이 무엇인가 말하고 있었다. 각 사진은 생동력 정서를 잡아냈던 것이다.

CHAPTER 08

언어적 자기의 감각

유아 삶의 두 번째 해, 언어가 나타나고 그 과정에서 자기의 감각과 타인에 대한 감각이 새로운 속성들을 얻게 된다. 이제 자기와 타인은 각각 다른, 그리고 구별된 개인적 세상 지식을 가질 뿐만 아니라 고유된 의미들을 만들 수 있는 새로운 교환의 수단을 갖게 된다. 새로운 조직화하는 주관적 관점이 나타나고 관계성의 새로운 영역이 열린다. 다른 사람들과 '함께 있음'의 가능한 방식들이 엄청나게 증가한다. 언뜻 보기에 언어는 대인관계 경험의 확대를 위해 직접적인 이점만 되는 것으로 보인다. 이것은 우리가 알게 된 경험의 일부를 다른 사람들과 더 많이 공유할 수 있도록 해준다. 더욱이, 이것은 두 사람으로 하여금 이전에는 알려지지 않은, 그리고 언어로 표현되기 전에는 결코 존재할 수 없었던 의미에 대한 상호 경험을 만들어낼 수 있게 해준다. 이것은 또한 아이로 하여금 자기 자신의 삶에 대한 내러티브를 구성할 수 있게 해준다. 그러나 사실 언어는 양날의 칼이다. 언어는 또한 우리 경험의 어떤 부분들이 우리 자신이나 다른 사람들과 더 적게 공유되도록 한다. 이것은 대인관계 경험의 두 가지 동시적 형태를 갈라놓는데, 즉 산 경험과 말로 표현된 경험으로 나누어지게 된다. 출현하는, 핵심의, 그리고 상호주관적의 관계성 영역 안에서의 경험은 언어와 상관없이 계속되는데, 언어적 관계성의 영역에서는 오직 부분적으로만 수용된다. 언어적 관계성 영역에서의 사건들이 실제로 일어났던 것으로 여기는 만큼 다른 영역들에서의 경험들은 소외를 겪는다(그것들은 지하의 경험의 영역이 될 수 있다). 그럴 때 언어는 자기의 경험에 분열을 일으킨다. 이것은 또한 관계성을 인간미 없는 것impersonal(언어에 본질적인 추상적 단계)이 되게 하고 개인적인personal 것(다른 관계성의 영역들에 본질적인 즉각적 단계)에서 떨어지게 한다.

우리는 이러한 발달의 노선 양쪽을 쫓아갈 필요가 있다. 즉 관계성의 새로운 형태로서의 언어 그리고 '자기 경험'과 '타인과의 자기 경험'의 통합에 문제가 되는 언어이다. 우리는 어떻게든 자기의 언어적 감각의 출현이 만들어내는 이러한 갈라지는 방향들을 염두에 두어야만 한다.

하지만 우선 유아 안에서 발달한 어떤 역량이 자기에 대한 새로운 관점을 출현시키고, 자기가 다른 사람들과 그리고 자신과 함께 할 수 있는 가능한 방법들에 혁신을 가져오는지 보도록 하자.

두 번째 해에 가능한 새로운 역량들

두 번째 해의 중간에 이르면서(15~18개월) 아이들은 기호sign와 상징symbol이 현새 사용되는 그린 방식으로 그들 마음속에서 사물들을 상상하거나 묘사하기 시작한다. 상징적 놀이와 언어가 이젠 가능하게 된다. 아이들은 자신을 외부 실제 또는 객관적 실제로써 상상할 수 있고 거론할 수 있다. 그들은 지금 그 자리에 있지 않은 사물들이나 사람들에 대하여 말할 수 있다. (이러한 획기적인 사건은 피아제의 감각운동 지성의 기간을 끝나게 한다.)

이러한 세계관의 변화들은 피아제의 '지연 모방deferred imitation' (1954) 개념에 의해 가장 잘 설명된다. 지연 모방은 의미를 공유하는 데 필요한 발달적 변화들의 본질적 요소를 획득한다. 약 18개월에, 아이는 다른 사람이 자신이 전에는 한 번도 한 적이 없는 행동을 하는 것을 관찰하게 된다. 예를 들면 전화 다이얼을 놀리는 행동이나, 인형에게 젖을 먹이는 것이나, 컵에 우유를 따르는 것을 관찰하고 그날이나 며칠 후에는 전화를 거는 것, 먹이는 것, 따르는 것을 모방한다. 유아가 이와 같은 단순한 지연된 모방을 수행할 수 있기 위해서는 몇몇 역량이 필요하다.

1. 그들은 자신의 행동 스키마의 일부분이 아직 되지 않은 다른 사람에 의해서 행해진 사건이나 사물을 정확하게 표현할 수 있는 역량을 발달시켰음이 분명하다. 그들은 자신들이 목격한 다른 사람이 한 것의 표상, 또는 정신적 원형prototype을 만들

수 있음이 분명하다. 정신적 표상들은 그것들이 마음 안에서 존재하거나 자리 잡기 위해서 어떤 형태나 통화currency가 필요하다. 시각적 이미지나 언어가 첫 번째로 마음에 떠오른다. 표상을 형성하는 것을 구체적으로 설명하는 데 나타난 발달적 문제를 해결하는 것이 이미 진행 중이다. 리히텐베르크는 이 역량을 "상상하는" 역량이라고 불렀다(1983 p.198). (콜 1980, 콜린코프 1983을 보라.)

2. 물론, 그들은 이미 가능한 행동의 자신의 레퍼토리 안에서 작동할 수 있는 신체적 역량을 가지고 있음이 틀림없다.

3. 모방이 지연되고 원래의 모델이 그것을 더 이상 하지 않거나 그 자리에 없을 때 수행되는 것을 보면 표상은 장기 기억에 코드화되어 들어가 있음이 틀림없고, 최소의 외적 신호에도 가져올 수 있음이 분명하다. 유아는 전체 표상을 위해서 좋은 회상 기억 또는 쉽게 떠올릴 수 있는 기억을 가지고 있음이 분명하다.

아이들은 이미 18개월 이전에 이러한 3가지 역량들을 습득한다. 차이점과 진정한 경계를 만드는 것은 그다음의 2가지 역량이다.

4. 지연된 모방을 수행하기 위해서 유아는 동일한 현실에 대한 2가지 방식을 가지고 있음이 분명하다. 즉, 모델에 의해서 행해진 최초의 행동의 표상, 그리고 그 행동을 아이 자신이 실제로 수행한 것. 더욱이 그들은 현실의 이 두 가지 방식 사이를 왔다 갔다 할 수 있고, 괜찮은 모방을 하기 위해서 한쪽 방식 또는 다른 쪽의 방식의 적용들을 만드는 것이 분명하다. 이것이 피아제가 정신 스키마와 운동 스키마의 협력 작용에서의 '가역

성reversibility'을 말할 때 의미했던 것이다. (상호주관적 관계성 동안에 엄마의 조율을 인식하는 유아의 역량은 지금 기술하고 있는 것으로는 부족하다. 조율에서 유아는 하나의 내적 상태에 대한 두 표현이 동등한지 그렇지 않은지 인식할 수 있지만 이렇게 지각된 것들을 근거로 어떠한 행동의 조정할 필요성을 느끼지 않는다. 더구나, 조율을 기록하기 위해서 오직 단기기억만이 요청되는데, 그 일치가 거의 즉각적이기 때문이다.

5. 끝으로, 유아는 원래의 행동을 한 모델과 자신과의 심리적인 관계를 지각할 수 있음이 분명하다. 그렇지 않으면 이러한 지연된 모방을 하려고 하지 않았을 것이다. 유아들은 자신들과 그 모델이 모방된 행동과 관련해서 같은 입장에 있을 수 있게 그 모델과 유사하게 자기 자신을 나타낼 어떤 방식을 가지고 있는 것이 분명하다(캐간, 1978). 이것은 자기의 표상을 객관적 실세로서 필요로 하는데, 밖에서 볼 수 있을 뿐만 아니라 내부에서도 주관적으로 느낄 수 있어야 하기 때문이다. 자기는 객관적 카테고리뿐만 주관적 경험이 된다(루이스&브룩스-건 1979; 캐건 1981).

자기의 감각에 대한 이런 변혁에서 가장 새로운 것은, 마음속에 존재하는 스키마들을 행위나 언어에서 외적으로 존재하는 작동과 협력 작용시키는 능력이다. 자기의 감각을 가장 많이 변화시키고 결과적으로 관계성의 가능성을 바꾸는 이러한 능력의 3가지 결과는 자기를 반추의 대상으로 삼을 수 있는 역량, 놀이와 같은 상징적 행위에 참여할 수 있는 역량, 그리고 언어의 획득이다. 우리가 차례차례 살펴보게 될 이러한 결과들은 결합하여 아이가 개인적 지식에 대하여 다른 사람과 의미를 공유할 수 있도록 해준다.

자기에 대한 객관적 관점

아이들이 이 나이에 자신을 객관적으로 보기 시작한다는 증거는 루이스와 브룩스-건(1979), 캐건(1981) 그리고 케이(1982)가 충분히 논의하였다. 이 논의에서 가장 말하고자 하는 점은 거울 앞에서의 유아의 행동, 자기를 지명하기 위한 언어들(이름들과 대명사들)의 사용, 핵심적 성 정체성 확립(자기에 대한 객관적 분류), 그리고 공감행동들이다.

18개월 이전에 유아들은 거울에서 그들이 보고 있는 것이 자신의 반영이라는 것을 알지 못하는 것 같다. 18개월 이후에 그들은 그것을 안다. 이것은 아이 몰래 슬쩍 볼연지를 얼굴에 바르는 것을 통해서 알 수 있는데, 아이는 그 자국이 있는 것을 인식하지 못한다. 더 어린 유아들은 반사된 그들의 모습을 보았을 때 자신이 아니라 거울에 집중한다. 18개월쯤 또는 그 이후, 그들은 거울에 집중하기보다는 자기 자신의 얼굴에 묻은 볼연지를 만진다. 그들은 이제 자신들이 객관화될 수 있다는 것을, 즉 주관적으로 느껴지는 자기 외부에 존재하는 어떤 형태로 자기가 나타날 수 있다는 것을 알게 된다(암스테르담 1972; 루이스&브룩스-건 1978). 루이스와 브룩스-건은 이러한 새롭게 객관화할 수 있는 자기를 '카테고리 자기'라고 부르고 '존재적 자기'와 구별한다. 이것은 또한 '주관적 자기'와 비교해서 '객관적 자기', 또는 이전의 관계성의 단계들의 '경험적 자기'에 비교해서 '개념적 자기'로 부르기도 한다.

어쨌든, 그때쯤에 유아들은 마치 자기가 개념화될 수 있는 외적 카테고리인 것처럼 자기를 객관화하고 행동할 수 있다는 많은 다른 증거들을 제공한다. 그들은 이제 자기에 관한 대명사('나', '나에게', '나의 것')를 사용하기 시작하고 때때로 적절한 이름들을 사용하기까지 한다.[1] 또한 성정체성이 고정되기 시작하는 것도 이 시기이다. 유아들은 자기가 객관적 실체로써 다른 객관적인 실체들과 함께 남자아이들 또는 여자아이들 같은 카테고리에 넣을 수 있다는 것을 인식한다.

또한 공감적 행동을 보이는 것도 이 시기쯤이다(호프만 1977, 1978; 잔-왁슬러와 라드케-야로우 1979, 1982). 공감적으로 행동하기 위해서 유아는 자기를 타인에 의해서 경험되는 대상으로 상상할 수 있어야 하고 객관화된 타인의 주관적 상태를 상상할 수 있어야 한다. 호프만은 13개월 된 남아의 사랑스런 예를 보여준다. 그 아이는 어떤 사람(자기 또는 타인)이 객관화되어야만 하고 누구의 주관적 경험이 집중되어야만 하는지 불완전하게만 구별할 수 있었다. 이 사례에서의 실패들은 성공한 것들보다 더 많은 것을 가르쳐주었다. 이 아이는 속상했을 때 특징적으로 그의 엄지손가락을 빨거나 귓불을 잡아당겼다. 이 아이가 자신의 아버지가 분명히 속상한 것을 보았을 때, 아버지에게로 가서 아버지의 귓불을 잡아당겼으나 자신의 엄지손가락은 빨았다. 이 남아는 주관적 관계성과 객관적 관계성 사이의 중간지점에 있다고 할 수 있지만 몇 개월 후면 더욱 충분히 형성된 공감적 행위를 할 수 있을 것이다.

상징적 놀이에 대한 역량

리히텐베르크(1983)는 자기를 객관화하고 정신적 스키마와 행동적 스키마를 협력 작용할 수 있게 하는 이 새로운 역량이 어떻게 유아들에게 자신들의 대인관계의 삶에 대해서 생각하게 하고, 또는 상상할 수 있게 해주는지 주목했다. 헤르조그와 리히텐베르크의 임상적 연구는 이러한 설명을 바탕으로 하고 있다. 아버지가 최근 가족으로부터 별거하게 된 18개월에서 20개월의 남자아이들의 연구에서 헤르조그(1980)는 다음과 같은 이야기를 소개했다. 18개월 된 남자아이는 아버지가 얼마 전에 집에서 나갔기 때문에 매우 우울했다. 인형을 가지고 이루어진 놀이 회기 동안, 남자아이 인형은 엄마 인형이 그런 것처럼 같은 침대에서 잠자고 있었다. (실제로 아버지가 떠난 후부터 엄마는 그 아이를 그녀의 침대에서 자게 했다.) 그 아이는 인형이 잠자는 자리 배열에 기분이 매우 상했다. 헤르조그는 엄마 인형이 남아 인형을 위안하게 하는 것으로 그 아이를 진정시키려 시도했다. 하지만 그렇게 되지 않았다. 그래서 헤르조그는 그 장면 안으로 아빠 인형을 가져왔다. 그 아이는 먼저 아빠 인형을 침대에 있던 남아 인형 옆에 놓았다. 이 해법은 그 아이를 만족시켜주지 못했다. 아이는 아빠 인형이 남아 인형을 분리된 침대에 놓게 하고 엄마 인형과 함께 침대에 눕게 했다. 그리고 아이는 말했다. "이제 모든 것이 잘 되었어."(헤르조그 1980 p.224) 그 아이는 3가지 형태의 가족 현실을 다루어야만 했다. 즉, 그가 집에서 사실이라고 알고 있는 것, 그가 한때 집에서 사실이었다고 기억하고 소망하는 것, 그리고 그가 인형 가족에서 재연되면서 보았던 것이다. 이러한 3가지 표상들을 사용하면서, 그는 소망했던 가족의 삶의 표상 깨닫고 실제 상황을 상징적으로 수정하기 위해서 나타난 표상을 조작했다.

자기를 객관화하고 정신적 스키마와 행동적 스키마를 협력 작용시키는 새로운 능력으로, 유아는 당면한 경험을 초월했다. 아이는 이제 인간관계에서의 세계의 지식과 경험을 공유하기 위한, 그리고 그것을 상상 속에서 또는 현실에서 작업하기 위한 정신적 메커니즘들과 작동방법들을 가지고 있다. 이러한 진보는 거대하다고 할 수 있다.

정신역동적 이론들의 관점에서 보면 여기에 중대한 어떤 것이 일어난 것이 분명하다. 처음으로 유아는 이제 실제 사실과는 다른, 현실이 어떻게 되어야만 하는지에 대한 구성된 소망을 품고 유지할 수 있다.

더욱이 이 소원은 기억을 사용할 수 있고, 심리생리적 필요의 순간적인 압박의 대부분을 완충시킨 정신적 표상 안에 존재할 수 있다. 이것은 하나의 구조처럼 존재할 수 있으며, 역동적인 갈등과 관련된 것이다. 이것은 미성숙으로 인한, 또는 필요한 상태의 영향이나 또는 관계성의 이른 단계들에서 보인 정서로 인한 지각상의 실제 왜곡이나 잠정적 왜곡을 훨씬 넘어서는 것이다. 대인관계의 상호작용은 이제 과거의 기억들, 현재의 현실들 그리고 오로지 과거를 기반으로 하는 미래에 대한 기대가 관여되어 있다. 하지만 기대가 과거의 선택된 부분들에 기반을 두고 있을 때, 우리는 결국 헤르조그의 사례에서처럼 소망들을 갖게 된다.

이런 모든 대인관계의 일들은 이제는 언어로 발생할 수 있고, 또는 적어도 그것들은 자기와 타인들에게 언어로 보고할 수 있을 것이다. 대인관계에서 교류되는 것들(현실적인 것, 소망하는 것, 기억하는 것)은 객관화할 수 있는 자기와 타인들이 연루되어 있는데, 말로 전환될 수 있다. 그것이 일어났을 때, 상호적으로 공유된 의미가 가능하게 되고 관계성에서의 비약적인 도약이 발생하게 된다.[2]

언어의 사용

아기들이 말하기 시작할 때쯤, 그들은 이미 상당한 세상 지식을 획득한 상태이다. 어떻게 생명이 없는 것들이 작동하는지, 그리고 어떻게 그들 자신의 몸이 작동하는지에 대한 것뿐 아니라 사회적 상호작용이 어떻게 진행되는지에 대해서도 알고 있다. 헤르조그의 예에서의 남자아이는 아직 그가 원하는 것과 원하지 않는 것을 정확하게 언어적으로 우리에게 말할 수는 없지만, 그는 그가 아는 것과 바라는 것은 상당히 정확하게 행동으로 표현할 수 있었다. 유사하게, 아이들은 '나', '나의 것', 또는 '코'라고 말하기 전에 그들의 코에 묻은 볼연지를 거울을 보게 되게 되면 그것을 지적할 수 있다. 이것이 나타내는 점은 간단하다. '그곳에 있는' 풍부한 경험상의 지식이 축적되는 데에는 시간이 걸리고, 이것은 후에 말의 코드, 즉 언어로(비록 전부는 아닐지라도) 모이게 될 것이다. 동시에 많은 새로운 경험이 경험의 언어화와 함께 출현할 것이다.

이와 같은 진술은 자명하다. 하지만 1970년대까지 아동의 언어 획득에 대한 연구의 대부분은 경험이 아니라 언어 그 자체에 더욱 관심이 있었고, 또는 촘스키의 연구에서처럼 형식이 있는 체계로써 언어의 의미를 통하게 하는 아동의 타고난 정신적 기구와 작동에 집중했다. 또한 음성의 지각에 대한 대단히 흥미롭고 매우 가치 있는 발견들이 있지만 이러한 것들은 대개 이 책의 범위 밖에 있다.

블룸(1973), 브라운(1973), 도어(1975, 1979), 그린필드와 스미스(1976), 그리고 브루너(1977)의 중대한 연구들은 대인관계의 사건들에 대한 세계 지식이 언어 획득의 미스터리를 푸는 핵심적인 열쇠라고 주장했다. 브루너(1983)가 말한 것처럼, "새로운 기능주의가 이전의 몇 십년 동안의 형식주의를 누르기 시작했다."(p.8) 그럼에도 불구하고, 언어의 단어들과 구조들은 실제 경험에서의 상황과 사건에 대한 일대일 관계 그 이상의 것을 가진다. 말은 존재, 그것 자체의 삶을 가지고 있어서 언어가 산 경험을 초월하고 생산력 있게 해준다.

어떻게 세계 지식과 언어가 언어획득의 시작으로부터 모이게 되는지가 대인관계의 맥락에서 아동 언어에 대한 실험적인 연구의 최근의 이슈이다(골린코프 1983; 브루너 1983). 이 이슈는 우리의 이론이 실제로 주목하고 있는 세계 지식과 언어 구조, 그리고 발생하고 있다고 우리가 상상하고 있는 경험과 언어 사이의 상호작용에 대한 커지는 관심과 동시적으로 다시 수면 위로 올라오고 있다(글릭 1983). 이러한 고려 사항들은 우리의 논의에서 필요한데, 이 질문의 본질이 어뜿게 언어가 자기의 감각을 변화시키고, 언어의 습득과 그것이 의미하고 있는 모든 것이 이전에는 가능하지 않았던 자기와 타인 간의 어떤 것을 가능하게 했는가이기 때문이다. 우리의 주제가 언어의 습득의 거대한 주제라기보다는 대인관계의 관계성이기 때문에, 우리는 특정한 임상적 관계성을 가진 개념에 대해서 매우 선택적으로 다룰 것이다. 왜냐하면 그것들은 언어를 배우는 데 대인관계에서의 동기의 정황 또는 정서의 정황을 고려하기 때문이다.

마이클 홀퀴스트(1982)는 언어와 그것의 습득을 이해하는 다른 견해들의 문제는 누가 의미를 '소유하는가'를 묻는 것으로 접근할 수 있다고 제안했다. 그는 세 가지 주요한 입장들을 정의한다. 개성주의에서는 '내가' 의미를 소유한다. 이 견해는 개인이 유일무이하다는 서구 인간주의 전통에 깊은 뿌리를 내리고 있다. 이와는 반대로, 두 번째 견해는 비교 문헌의 분야에서 발견 될 가능성이 많은데, **어느 누구**도 의미를 소유하고 있지 않다고 주장한다. 그것은 문화 속에서 존재한다. 이러한 견해들은 우리의 관심사에 그다지 도움이 되지 않는데, 두 경우 모두에서 어떻게 대인관계의 사건들이 의미의 공유 또는 공동 소유권에 영향을 미칠 수 있는지를 보는 것은 어렵다. 하지만 홀퀴스트는 세 번째 견해를 정의하고 그것을 대화법Dialogism이라고 불렀다. 이 견해에서는 **우리가** 의미를 소유한다. 또는 "우리가 그것을 소유하고 있지 않으면 적어도 우리는 의미를 **빌려올** 수 있다."(p.3) 이 세 번째 견해는 대인관계의 사건들이 어떤 역할을 할 수 있도록 문을 활짝 열었고, 이러한 관점 때문에 언어에 대한 몇몇 연구자들의 연구가 매우 흥미롭게 되었다.

자기-타인 관계성에 대한 언어의 영향: '함께 있는' 새로운 방식

비고스키(1962)는 언어 습득을 이해하는 데 문제점은 아주 간단히 말해, 어떻게 상호적으로 협상된 의미들(우리의 의미들)이 아이의 마음속에 "들어가는가?"라고 주장했다. 글릭(1983)이 말한 것처럼, "근본적인 개념의 문제는, 매개체의 사회화된 시스템들(주로 부모에 의해 제공되는)과 내적으로 개인(아동)이 이것들을 재구성한 것들(아마 완전히 사회화되지는 않은 방법) 사이의 관계이다."(p.16) 언어 습득의 문제는 대인관계의 문제가 되었다. 세계 지식(또는 생각)과 말 사이의 연결의 측면에서 의미는 더 이상 시작부터 분명한 정해진 것이 아니다. 그것은 부모와 아이 사이에서 협상된 어떤 것이다. 생각과 말 사이의 정확한 관계는 "어떤 것이 아니라 어떤 과정이며 생각에서 말로, 말에서 생각으로 왔다 갔다 하는 계속적인 움직임이다."(비보스키 1962 p.125) 의미는 공유할 만한 것으로써 동의된 것이 관여된 대인관계의 협상으로부터 나온다. 그리고 그러한 상호적으로 협상된 의미들은(생각과 말의 관계) 자라고, 변하고, 발전하고, 두 사람은 그 의미와 씨름하게 되고, 따라서 궁극적으로 우리가 소유하게 된다.

이러한 견해는 한 쌍 또는 한 개인에게 고유한 의미들의 출현에 대해 큰 여지를 준다.[3] '착한 소녀', '나쁜 소녀', '버릇없는 소년', '행복한', '속상한', '피곤한' 그리고 그와 비슷한 다른 많은 가치와 내적 상태 단어들은 세계 지식과 언어를 결합하는 어린 시기 동안 어머니나 아버지와 한 아이 사이에서 고유하게 협상된 의미를 계속해서(종종 일생을 통해서) 가지게 될 것이다. 아이는 또래와 같은 다른 사회화하는 매개체와 함께 대인관계적 변증법에 참여하기 시작할 때만이 이러한 의미는 그 이상의 변화를 하게 될 것이다. 이 단계에서 새롭게 상호적으로 협상된 **우리** 의미들이 나타난다.

의미에 대한 상호 협상의 이러한 과정은 실재적으로 모든 의미들―'개', '빨간 색', '소년' 등―에 적용되지만 이 과정은 가장 흥미로운 것이 되고 내적 상태 언어에 의해 사회적으로 덜 제한을 받는다. (사물 대 내적 상태를 목소리로 내는 것에 대한 관심은 아이들 간에 차이점이 있을 수 있다. 개인의 스타일과 성 사이의 차이에 대해서 브레더튼 외 [1981]; 넬슨[1973]; 그리고 클락―스튜어트[1973]를 보라.) 아빠가 '착한 딸'이라고 말했을 때, 그 말은 엄마의 말인 '착한 딸'에서 결합된 세트와 다른 경험과 생각의 세트와 결합된다. 두 가지 의미, 두 가지 관계가 공존한다. 그리고 이 두 의미에서의 차이는 정체성이나 자기 개념을 확고히 하는 데 어려움의 근원이 될 수 있다. 경험과 생각의 두 가지 다른 세트는 일치되는 것으로 되는데, 그것이 같은 말 '착한 딸'로 표현되고 있기 때문이다. 언어를 배우는 데 우리는 마치 의미가 자기 내부에 있거나 또는 어느 누구에게 속한 바깥 어딘가에 있는 것처럼, 그리고 모두에게 같은 의미인 것처럼 공공연하게 행동한다. 이것은 숨겨져 있는 독특한 **우리** 의미들을 모호하게 한다. 그것들이 구분되고 재발견되기가 매우 어렵게 된다. 심리치료 대부분의 과제가 이것을 하는 것에 있다.

도어는 우리의 의미의 개념과 협상된 공유된 의미를 대인관계의 이론들과 관련된 방식에서 좀 더 진전시켰다. 아이가 말하는 동기의 문제에 있어서, 유아는 부분적으로 (나의 용어로) '함께 있는' 경험을 재확립하기 위해서 또는 '개인적 질서'를 재확립하기 위해서 말을 한다고 도어는 생각했다(맥머레이 1961). 도어는(1985)는 이것을 다음과 같이 설명했다.

> 아동의 삶의 중요한 시기에(걷고 말하기 시작할 때), 엄마는 아이가 개인적 질서에서 나와서 사회적 질서에 적합할 수 있도록 해준다. 다른 말로 하면, 그들의 이전 상호작용은 주로 즉흥적이고, 재미있고, 상대적으로 함께 있는 것을 위해서였는데, 엄마는 지금 아이에게 그의 행동을 실제적이고 사회적인 목적에 맞도록 조직화하도록 요구하기 시작한다. 자기 혼자서 행동하는 것(자기 스스로 공을 잡는 것), 역할 기능을 수행하는 것(스스로 음식을 먹는 것), 사회적 기준에 맞게 잘 행동하는 것(유리잔을 집어던지지 않는 것) 등등. 이것은 아동에게 유아기의 개인적 질서에서 나와서 비개인적 기준들(사회적 질서로 향하는)의 측면에서 수행해야만 하는 두려움을 심어준다(p.15).

유아가 엄마와 개인적 질서를 재확립하려는 필요와 소망을 갖게 되는 것은 바로 새로운 사회적 질서를 유지해야 하는 압력의 정황에 있기 때문이다(도어 1985). 도어는 이런 종류 또는 다른 종류의 동기만으로는 언어의 나타남을 설명하기에는 충분히지 않다고 재빠르게 언급한다. 하지만 우리의 관점에서 보면 이것은 대인관계의 동기(타당하나 증명되지 않은)를 비고스키가 이미 언급한 대인관계의 과정에 추가하는 것이다.

언어에 대한 이러한 대화의 관점의 주요한 의미 중 하나는, 말하기를 배우는 바로 그 과정은 공유된 경험을 형성하고, '개인적 질서'를 재확립하고, 어른과 아이 사이에 '함께 있음'의 새로운 형태를 창조하는 이런 것들을 재구성한다는 것이다. 상호주관적 관계성의 함께 있음의 경험들이 두 개의 주관성의 감각을 필요로 하는 것처럼(어떤 상태의 내적 경험의 공유), 이러한 새로운 언어적 관계성의 단계에서도, 아동과 엄마는 언어적 상징을 사용한 경험과 함께 있음을 창조한다(개인적 경험에 대해서 상호적으로 창조한 의미들을 공유).

언어의 습득은 전통적으로 분리와 개별화의 성취에 있어서 보행능력의 습득 다음의 주요한 진전으로 보아왔다. 현재 관점은 그 반대도 동등하게 사실이라고 주장하는데, 언어의 습득이 연합과 함께 있음에도 잠재적으로 이바지한다는 것이다. 사실상 익힌 모든 말은 일반적인 상징체계 안에서 두 사람의 심적 상태를 결합한 것의 부산물로서 공유된 의미를 만든다. 각각의 낱말로 아이들은 부모와 함께 그리고 후에는 언어문화의 다른 구성원들과 함께 그들의 정신적 공통성을 확고히 한다. 그들의 개인적인 경험 지식이 좀 더 큰 지식의 경험의 일부분임을 발견하고 공통의 문화 기초 안에서 다른 사람들과 함께 통합된다.

도어는 흥미로운 추론을 제시했는데, 언어가 처음에는 '중간 현상transitional phenomenon'의 한 형태로 기능한다는 것이다. 위니캇의 용어로 말하자면, 말은 어느 면에서 유아에 의해 '발견되고' 또는 '창조 된다.' 생각 또는 지식은 이미 마음에 있고 말과 결합될 준비가 되어 있다. 말은 엄마에 의해서 바깥으로부터 아이에게 주어지지만 그것 에 부여될 생각이 마음에 존재하고 있다. 이러한 의미에서 말은 중간 현상으로써 진정으로 자기에게 속한 것도 아니고 다른 사람에게도 속한 것이 아니다. 이것은 유아의 주관성과 엄마의 주관성 사이의 중 간 위치에 있다. 홀퀴스트가 말한 것처럼 '우리'에 의해 '빌려준' 것이 다. 좀 더 깊은 의미에서, 언어는 연합 경험이며 정신적 관계성의 새 로운 단계를 공유된 의미를 통하여 가능하게 해준다.

'중간 대상transitional object'으로써 언어에 대한 개념은 얼핏 보기에 다소 멋있게 들릴 수도 있다. 하지만 관찰된 증거에 의하면 그것은 매우 실재적인 것이다. 캐서린 넬슨은 두 번째 생일 전과 후에 한 여 이의 '침대에서의 대화'를 녹음했다. 일상적으로, 유아의 아버지는 그녀를 침대에 눕힌다. 침대에 눕히는 의식의 부분으로써 아버지는 그날 있었던 일들 중 어떤 것을 점검하고 다음날에 무엇을 할지 의 논하는 대화를 가졌다. 그 여아는 이러한 대화에 활발히 참여했고 동 시에 그 의식을 연장시키기 위해 아빠가 계속 같이 있고 이야기하도 록 여러 가지 분명하고도 미묘한 책략을 시도했다. 그녀는 애원하고, 고양이 울음을 내기도 하고, 우기기도 하고, 꼬드기며, 솔직하게 음 색으로 아버지에게 할 새로운 질문들을 궁리한다. 하지만 아버지가 마침내 '굿 나이트'라고 말하며 떠났을 때, 그녀의 목소리는 극적으 로 좀 더 현실적이 되었고, 이야기 말투와 독백이 시작되었다.

넬슨은 레로미 브루너, 존 도어, 캐롤 펠드먼, 리타 왓슨 그리고 나와 함께 작은 팀을 만들었다. 우리는 이 아이가 그녀의 아버지와 어떻게 대화하고 그가 떠난 후 독백을 어떻게 하는지 조사하기 위해 일 년 동안 매달 만났다. 그녀의 독백에 대한 중요한 특징은 단어 사용의 실제와 발견이었다. 그녀는 사건에 대한 자신의 생각과 지식을 담아낼 적절한 언어적 형식을 발견하기 위해 분투하는 것처럼 보였다. 때때로 그녀는 성공적인 시도들을 통해서 자신의 생각을 좀 더 만족스러운 언어 표현 가깝게 다가가는 것으로 보였다. 하지만 더욱 놀라운 것은, '내재화internalization'가 우리의 눈과 귀 바로 앞에서 발생하는 것을 목격하는 것처럼 느껴졌다. 아버지가 떠난 후 그녀는 외롭고 괴로운 느낌의 어려운 상태 아래 계속적으로 있는 것처럼 보였다. (이 시기에 남동생이 태어났다.) 그녀는 정서적으로 자신을 다스리기 위해서 아버지와의 대화의 부분이었던 주제를 그녀의 혼잣말에서 반복했다. 때때로 그녀는 아버지의 목소리와 비슷하게 말하거나 아버지와 나누었던 이전의 대화와 비슷한 어떤 것을 다시 만들어내는 것처럼 보였는데, 그의 존재를 재활성화하고 이것을 그녀와 함께 잠의 심연으로 가져가기 위해서였다. 이것은 물론 그녀의 독백이 기능하는 유일한 목적은 아니었으며(그녀는 또한 언어를 연습하고 있었다!) 마치 위니캇이 말한 '중간 현상'에 관여하고 있는 것처럼 보였다.

언어는 타인들(그 자리에 있거나 아니면 없거나)과 관계 맺는 새로운 방법을 개인적 세계 지식을 공유하는 것을 통해서 제공하는데, 언어적 관계성의 영역에서 함께 모이는 것이다. 이런 함께 모이는 것들은 애착, 자율성, 분리, 친밀성 등등의 오래되고 지속되는 인생 이슈들을 개인의 지식의 공유된 의미들을 통해서 이전에는 가능하지 않았던 관계성 차원에서 다시 만날 수 있게 해준다. 하지만 언어는 단지 개별화를 위한 또 다른 수단이 아니고 함께함을 만들기 위한 또 다른 수단도 아니다. 이것은 오히려 관계성의 그다음 발달 단계를 성취하기 위한 수단이고, 그 안에서 모든 존재적 인생 이슈들이 다시 펼쳐지게 될 것이다.

언어의 도래는 궁극적으로 자신의 삶의 이야기를 서술할 수 있는 능력을 가져오며, 자신을 어떻게 보는가를 변화시킬 수 있는 모든 가능성을 열어준다. 내러티브를 만드는 것은 생각하거나 말하는 그런 유형과 같은 것이 아니다. 이것은 문제를 해결하거나 순수한 묘사와는 다른 사고의 양식을 관여시키는 것으로 보인다. 그것은 시작, 중간, 끝의 인과관계의 순서로 펼쳐지는 의도와 목표를 가진 집행자로써 행동하는 사람들의 측면에서 생각하기가 관여되어 있다. (내러티브 만들기는 인간의 마음의 디자인을 반영하는 보편적인 인간 현상인 것으로 보인다.) 이것은 새롭고 흥미진진한 새로운 연구의 영역인데, 아직 아이들이 어떻게, 왜, 또는 언제 내러티브를 구성하는지(또는 엄마나 아빠와 함께 구성하는지) 분명하지 않다. 이러한 내러티브들은 자전적 역사를 형성하기 시작하며, 궁극적으로 환자들이 치료사에게 말하는 인생 이야기로 진화해간다. 언어적 관계성 영역은 객관화하고 분류할 수 있는 카테고리적 자기의 감각과, 자기의 다른 감각들(집행자, 의도, 원인, 목표, 기타 등등)에서 온 이야기 요소를 속으로 쉽

260

여 들어가는 내러티브의 자기의 감각으로 세분화될 수 있다.

양날의 검: 자기-경험과 함께 있음에 대해 언어의 소외시키는 영향

이러한 관계의 새로운 단계는 핵심 관계성과 상호주관적 관계성의 단계를 가려서 없어지게 하지 않으며, 이것들은 계속되는 대인관계의 경험의 형태로 지속된다. 하지만 언어는 핵심적-상호주관적 관계성의 경험의 어떤 것을 재구성하고 변형시키는 능력을 가지고 있다. 그래서 이러한 관계성들은 2가지 삶, 즉 비언어적 경험으로써의 원래의 삶과 그 경험의 언어화한 방식version으로써의 삶을 가지게 된다. 베르너와 카플란(1963)이 제시한 것처럼, 언어는 전반적인 비언어적 경험을 구성하는 느낌, 감각, 지각 그리고 인지의 복합체의 한 부분을 움켜잡게 된다. 언어가 잡게 된 그 부분은 언어 만들기의 과정에 의해서 변형되고 원래의 전반적인 경험으로부터 분리된 경험이 된다.[4]

몇 가지 다른 관계들은 비언어적인 포괄적 경험과 말로 변형된 그 경험의 부분 사이에 존재할 수 있다. 때때로 언어가 분리한 그 부분은 본질적이며 전체 경험을 매우 잘 포착해낸다. 일반적으로 언어는 이러한 '이상적인' 방법으로 기능한다고 여겨지고 있지만, 사실 언어가 그렇게 하는 것은 드물고, 우리는 이것에 대하여 과장하지 않을 것이다. 다른 경우들에서 언어적 방식과 포괄적으로 경험된 방식은 잘 공존하지 않는다. 포괄적인 경험은 균열이 되거나 단순히 빈약하게 표상되는데, 이러한 경우에 그 경험은 잘못 이름이 붙여지거나 빈약하게 이해가 된다. 그리고 마지막으로, 핵심적 관계성과 상호주관적 관계성(핵심 자기의 감각과 같은)의 단계에서의 어떤 포괄적인 경험들은 언어가 언어적 변형을 위해 어떤 부분을 구별할 수 있을 만큼 충분한 여지를 허용하지 않는다. 그러한 경험들은 그야말로 지하에서 언어화되지 않은 채 계속되어, 명명되지 않은 채(그리고 그 정도만큼 미지의) 그렇지만 매우 실제적인 존재로 남아 있다. (시나 소설에 대한 정신분석처럼 흔치 않은 노력은 때때로 이러한 영역들을 언어로 표현할 수 있다고 주장할 수 있지만, 일반적인 언어적 감각에서는 그렇지 않다. 그리고 이것이 이러한 과정들이 그렇게 중요한 이유이다.)

특정한 경험들에 대한 구체적인 예들이 세계 지식과 말 사이의 차이점에 대한 일반적인 이슈를 설명해줄 것이다. 세계 지식과 언어 지식 사이의 차이점 또는 불일치에 대한 개념은 그것이 물질의 세계에 대한 지식과 관련되어 있는 것으로써 잘 알려져 있다. 보워(1978)는 이에 대한 훌륭한 예를 제공한다. 한 아이에게 길고 얇게 말려진 찰흙 덩어리를 보여준 다음에 그것을 뚱뚱한 공으로 만들면, 그 아이는 같은 양의 찰흙이지만 그 공 모양이 더 무겁다고 주장할 것이다. 언어적 설명에 의하면, 그 아이는 부피와 무게의 보존 개념을 가지고 있지 않다. 그래서 그 아이에게 두 개의 공을 주는데, 첫 번째는 얇은 것을 주고 그다음은 뚱뚱한 것을 주면, 뚱뚱한 공을 받을 때 아이는 팔을 올리게 될 것인데 그것이 너 무거울 것이라고 생각하고 팔의 근육이 그 차이점을 감안해서 긴장되기 때문이라고 우리는 생각할 수 있다. 하지만 고속 필름은 그 아이의 팔이 위로 움직이지 않는 것을 보여주었다. 보워는 비록 아이가 언어적으로 이러한 역량을 상실했거나 또는 한 번도 가진 적이 없을지라도, 아이의 몸은 감각운동 수준에서 이미 무게와 부피의 보존 개념을 이루었다는 결론을 내리게 되었다. 비슷한 현상들이 대인관계의 세계 지식과 좀 더 직접적으로 관련된 영역들에서 일어난다.

무형적 지각에 대한 유아의 역량은 이런 전반적인 설명에서는 대개 흐릿하게 나타난다. 핵심 자기와 핵심 타인을 감지하는 능력 그리고 조율을 통해서 상호주관적 관계성을 감지하는 능력은 부분적으로 무형적 역량에 기대고 있다. 무형적 지각 경험에 언어가 적용될 때 이 경험에는 무슨 일이 일어날까?

벽에 비친 노란 햇빛에 대한 아이의 지각을 우리가 생각한다고 가정해보자. 유아는 그 빛의 강렬함, 따뜻함, 형체, 밝음, 기분 좋음 그리고 다른 무형적 면들을 경험할 것이다. 그것이 노란 빛이라는 사실은 그 일에 주된 것이 아니고, 중요한 것도 아니다. 그 빛을 보고 느끼고 지각할 때, 아이는 그 빛의 주된 지각적 질감들인 모든 무형의 속성들, 즉 그것의 강렬함, 따뜻함, 등등의 혼합이 함께 있는 포괄적인 경험에 참여한다. 이런 매우 유연하면서 다각적 관점을 유지하기 위하여, 유아는 그 빛이 경험되는 감각 경로를 명시하는 이러한 특정한 특성들(색과 같이 2차적이고 3차적 성질들)을 알지 못한 채 있음이 분명하다. 아이는 그것이 시각적 경험이라는 것을 알고 있지 않거나 인식하고 있지 않음이 분명하다. 하지만 이것이 정확하게 언어가 아이에게 하게 하는 것이다. 누군가 그 방에 들어가서 "오, 노란 햇빛 좀 **봐**!"라고 말하게 될 수 있다. 이런 경우에 말은 그러한 특성들을 정확하게 분리시켜서 그 경험을 단 하나의 감각 형식에 고정시키게 된다. 그 경험을 말에 묶는 것으로써 말은 그 경험을 원래의 경험했던 무형의 흐름으로부터 분리시킨다. 따라서 언어는 무형의 포괄적인 경험에 균열을 일으킬 수 있고, 경험의 불연속성이 생기게 된다.

발달과정에 아마도 발생한 것은 그와 같은 지각적 경험들에 대한 언어 형태의 '노란 햇빛'이 공식적인 형태가 되며 무형 형태는 지하로 들어가고, 어떤 상황이 언어적 형태의 우세함을 억제하든지 그것보다 더 중요하게 될 때에만 다시 표면으로 올라오게 된다.

그런 상황들은 묵상하고 있는 상태, 정서적인 상태 그리고 언어적 기폐고리를 거여하는 경험들을 불러일으키기 위해서 고안된 예술작품에 대한 지각이 포함되어 있다. 상징주의 시인들의 작품들은 후자의 예로서 삼을 수 있다. 언어가 말을 초월하는 경험을 불러일으킨다는 역설은 아마도 언어의 힘을 가장 잘 보여주는 것이다. 하지만 이것은 시적인 사용에서의 말이다. 우리의 일상적인 삶에서의 말은 더욱 자주 그 반대의 것을 하고, 무형의 포괄적인 경험에 균열을 일으키거나 그것을 지하로 보낸다.

그렇다면 이러한 영역에서 언어의 출현은 아이에게 매우 혼합된 축복이다. 잃어버리게 된(또는 잠재적으로 된) 것은 어마어마하고, 얻게 된 것도 또한 어마어마하다. 유아는 더욱 넓은 문화적 회원이 될 것이지만, 원래의 경험의 힘과 전체성을 잃어버릴 위기에 놓이게 되기도 한다.

경험한 그대로의 삶의 구체적인 경우에 대한 언어적 변환은 비슷한 문제를 준다. 앞선 장들에서 우리는 경험한 그대로의 삶의 **구체적인 에피소드들**(예를 들면, "지난번 엄마가 나를 침대에 눕혔을 때, 엄마는 심란한 상태였고 단지 잠자리 의식ritual을 하였고 나는 극도로 피곤했다. 엄마는 내가 익숙한 어려움을 이기고 잠들게 도와줄 수 없었다)과 **일반화된 에피소드들**(엄마가 나를 잠자리에 눕힐 때 발생하는 것)을 구분했다는 것을 떠올려보라. '잠자리 시간'이라고 명명될 수 있는 것은 단지 일반화된 의식이다. 어떤 특정한 경우도 이름을 가지고 있지 않다. 말은 사물의 분류('개', '나무', '달리다' 기타 등등)에 적용된다. 이것이 말이 도구로써 가장 강력할 때이다. 일반화된 에피소드는 비슷한 사건들의 평균이다. 이것은 경험한 것으로써의 한 부류의 사건들의 원형이다. (일반화된 상호작용[RIGs]: 잠자리 들기, 저녁 먹기, 목욕하기, 옷 입기, 엄마와 걷기, 아빠와 놀기, 까꿍 놀이. 그리고 말은 원형적 에피소드의 일반화된 단계에서 살았던 삶의 경험들과 함께 모인다. 특정한 에피소드들은 언어적인 체로 걸러지지 않고 아이가 언어적으로 매우 진보될 때까지 언어적으로 언급될 수 없으며, 때때로 결코 그렇게 될 수 없다. 아이들이 자신들에게는 분명하게 보이는 어떤 것을 의사소통하는 데 실패했을 때의 좌절감에 대한 증거를 우리는 항상 본다. 아이는 한 단어를 여러 번 반복한 후에야(먹다!) 부모는 유아가 마음에 품고 있는 일반적인 종류(먹을 수 있는 것)의 특정한 예

(어떤 식품)와 어른이 생산해주기를 기대하는 것을 알아차리게 된다.

임상적 문헌에서 그러한 현상은 종종 어른의 전지전능에 대한 어린아이의 믿음 또는 소망 때문이라고 여겨졌다. 이러한 견해와는 반대로 내가 제안하고 싶은 것은, 그러한 착오는 엄마는 아이의 마음에 있는 것을 안다는 아이의 개념에 기반을 둔 것이 아니다. 그것은 의미에 대한 진정한 착오이다. '먹다'라고 말하는 유아에게 그것은 어떤 특정한 먹을 것을 의미한다. 이것은 마음을 읽는 것이 아니라, 단지 이해를 필요로 한다. 엄마의 착오는 아이의 특정한 의미가 엄마가 생각한 의미들의 한 부분에 불과하다는 것을 아이에게 가르치는 기능을 한다. 이러한 방법으로 상호 간 의미들이 협상된다. 이러한 경우들에서, 우리는 엄마와 아이가 함께 언어의 특유한 본질과 의미와 씨름하고 있는 것을 관찰했다. 우리는 전지전능한 부모에 대한 유아의 감각이 파열되고 복구하는 것을 관찰하지는 않았다. 열정, 기분 좋음 그리고 좌절은 공유된 의미의 수준에서 정신적으로 함께 있음의 성공과 실패로부터 오는 것처럼 보였지, 전능감의 상실에 대한 불안으로부터이거나 전능감이 재확립되었을 때의 안전감의 좋은 느낌으로부터 오는 것이 아니었다. 이러한 것들은 단지 유아가 언어를 좀더 잘 배우게 동기를 주며, 아이의 유능감을 심각하게 깨뜨리지 않는다.

언어를 배우기 시작할 때 생기는 이러한 좌절을 극복할 수 있는 많은 기회가 있는데, 핵심 관계성과 상호주관적 관계성 단계에서 엄마와 아이는 관계 맺기를 위한 비언어적 상호작용 체계를 작업할 상당히 많은 시간이 있기 때문이다. 공유된 의미들을 협상할 때 그러한 실패는 필연적으로 발생한다. 이전의 단계들에서 엄마와 아이의 상호적 행동의 중요도와 의도를 생각하는 엄마와의 순조로운 처리에 익숙해져 있는 유아에게, 특별히 이것은 좌절감을 줄 수 있다.

언어가 특정한 경험을 의사소통하는 일에 불충분하다는 것을 보여주는 우리의 주장은 언어의 중요성을 결코 축소하지 않는다. 오히려, 이것은 언어로 코드화된 것으로써의 개인적 세계 지식과 공식적 또는 사회화된 세계 지식 사이의 불일치의 형태를 식별하는 것이다. 왜냐하면 이 둘 사이의 불일치는 현실과 환상이 나뉘는 주된 방식들 중 하나이기 때문이다. 바로 이런 언어의 본질, 즉 감각 양식을 명시하는 것으로써의(무형적 불특정함amodal nonspecification과 대비되는), 그리고 특정한 예보다는 일반화된 에피소드를 명시하는 것으로써의 언어는 불일치한 점들이 있다는 것은 확실하다.

우리가 주목해야 하는 불일치의 다른 점들이 있다. 그중 하나는 내적 상태에 대한 언어적 서술에 있다. 개인적 지식의 한 형태로써의 정서는 말로 표현하거나 의사소통하기에 매우 어렵다. 내적 상태들을 명명하기 위한 말은 설사 아이들이 내적 상태들에 오랫동안 친숙해져왔더라도 아이들이 사용되는 첫 번째의 것이어서는 안 된다(브레테튼 외 1981). 정서 상태들의 카테고리(행복한, 슬픈)를 명명하는 것은 범주적 특징들(어떻게 행복한지, 어떻게 슬픈지)을 명명하는 것보다는 쉽다. 한 가지 문제점은 정서의 범주적 특징들은 증감의 특징(조금 행복한, 매우 행복한)이 있는 반면, 카테고리적 특징은 그렇지 않다

(행복한 대 행복하지 않은). 언어는 카테고리적 정보를 다루는 이상적인 매개체이다. 명명하는 것이 부분적으로 바로 이런 것이다. 하지만 행동학의 개념에서 표현의 충만함과 같은 것을 다루는 데에는 커다란 약점이 있는데, 이러한 것은 증감이 있는 정보를 표현하는 데 적합하도록 되어 있다. 그리고 일상적인 대인관계 의사소통의 가장 결정적인 정보를 나르는 것이 바로 증감이 있는 정보이다.

길을 걷고 있던 두 정신과 의사에 대한 잘 알려진 농담이 좋은 예를 제공한다. 그들은 "안녕하세요."라고 말하고 그들이 지나갈 때 미소 짓는데, 그런 다음 각자가 생각한다. "저 사람이 의미하는 바가 무엇이지?" 우리는 이 이야기를 카테고리적 정보와 증감이 있는 정보의 견지에서 논의함으로써 이 이야기가 단순히 사소한 이야기 그 이상이라는 것을 보여주고자 한다. 우선 인사하는 행동은 다윈의 카데고리인 놀라움과 행복함에서 온 요소들을 포함한 관습화된 정서적 반응이다. 다른 사람이 인사하는 반응을 시작할 것을 인식한다거나 나의 인사에 대한 화답을 받게 될 것을 인식하게 되면, 그 사람은 인사의 증감이 있는 특징들 속에서 전달되는 미묘하지만 피할 수 없는 불가피한 사회적 신호들에 관심을 쓰게 된다. 수많은 요인들이 증감이 있는 특징들에 영향을 주고, 인사하는 각자가 그 인사가 어떻게 받아들여지는 평가하는 데 영향을 줄 것이다. 즉, 인사하는 두 사람들 사이의 관계의 본질, 그들의 지난 만남 이후의 관계성의 상태, 그들이 지난번 만난 이후 흐른 시간의 양, 그들의 성, 그들의 문화적 기준, 기타 등등이다. 이러한 요소들에 대한 각 참여자의 평가에 따라, 그들은 서로 대략의 특정한 음량, 열정, 그리고 어조의 풍성함을 지닌 "안녕하세요."를 말할 것을 기대하고, 그들의 눈썹을 올리고 눈을 크게 뜨고 미소를 대략 기대되는 표현의 높이, 넓이, 길이에 맞게 짓는다. 이러한 기대들과는 다른 어떤 중요한 변화는 질문을 하게 한다. "그것은 무엇을 의미했던 거지? 그 인사의 반응자 또는 받는 자 또한 어떻게 자신의 인사를 적절하게 전달할지 측정하는 능동적 위치에 있게 된다(스턴 외 1983).

이러한 예에서, 다른 사람의 행동을 해석하는 작업은 신호signal의 카테고리 속에 있는 것이 아니며, 사실 이것은 수행된 신호의 경사의 특징들 안에 있는 것도 아니다. 이 해석 작업은 증감의 특징들이 실제 수행되었던 방식과 그것들이 주어진 맥락에서 수행되기를 기대했던 방식 간의 불일치 안에 있다. 따라서 해석의 작업은 상상했던 증감의 특징들의 수행(현실에서는 아마도 한 번도 본 적이 없는)과 실제 수행 사이의 거리를 측량하는 것으로 구성되어 있다.

이 상황이 아이에게 그렇게 다를 이유는 없다. 유아는 엄마가 익숙하지 않은 방법으로 "안녕, 우리 아가."라고 말하는 것을 듣게 되었을 때 감지는 할 수 있을지라도 "엄마는 그것을 바르게 말하지 않았어."라고 말해야겠다고 생각도 하지 않을 것이다. 아이가 틀릴 수도 있다. 엄마가 말한 것은 언어적인 측면에서는 맞지만 엄마는 그것에 맞게 행동하지는 않았다. 말하는 것과 의미하는 것은 대인관계의 영역에서는 복잡한 관계성이 있다.

두 개의 메시지(대개는 언어적이고, 비언어적인)가 극단적으로 부딩칠 때 그것을 '이중 메시지'라고 불러왔다(바테슨 외 1956). 보통 이런 경우에는 비언어적 메시지는 의미하는 바이고 언어적 메시지는 '기록' 메시지이다. '기록'에 있는 메시지가 우리가 공식적으로 의지하는 메시지이다.

쉐러(1979)와 레보이와 판쉘(1977)과 같은 몇몇 저자들은 우리의 의사소통 중 일부는 부인할 수 있는 것이고, 반면 다른 것들은 우리가 책임이 있는 것으로 여기고 있다고 강조했다. 증감의 정보는 좀더 쉽게 부인된다. 이러한 각각의 신호들은 동시에 다양한 의사소통 채널에서 진행된다. 더욱이, 의사소통의 가장 뛰어난 유연성과 운용 가능성을 위해서 이러한 혼합이 있는 것은 필요하다(가핀켈 1967). 레보이와 판쉘(1977)은 어조의 신호들intonational signals을 논의하면서 이러한 필요성을 매우 잘 묘사했다. 그들의 논점은 다른 비언어적 행동에도 동등히게 할 적용된다.

　　어조의 신호들에서의 명료성이나 분리됨의 부족함이 이런 채널의 애석한 한계가 아니라 본질적이고 중요한 면이다. 말하는 사람은 부인할 수 있는 의사소통의 형태가 필요하다. 이것은 적대감을 표현하게 하고, 타인의 실력에 도전하고 또는 호의와 애정을 표현하는 데 유리하다. 이러한 방식에서는 만약 명백하게 설명을 필요로 했을 때 부인될 수도 있다. 만약 의사소통에 대해서 그러한 부인할 수 있는 채널이 없고 어조의 형세들이 너무 잘 인식되고 명확하면 사람들은 그것에 대해서 책임을 져야 하는데, 그렇게 되면 다른 형태의 부인할 수 있는 의사소통이 분명히 발달하게 될 것이다(p.46).

부인할 수 있는 채널을 유지하기 위한 확실한 방법은 그것이 공식적인 언어 체계의 부분이 되지 않도록 하는 것이다. 새로운 단어를 배울 때 아기는 분명한 식별을 위해 어떤 경험을 격리시키고 그와 동시에 그 단어에 대해 엄마에게 설명할 수 있게 된다.

이러한 논의의 선상에서 제시하고 있는 것은 다중 채널의 의사소통 시스템 안에는 계속되는 환경적 문화적 압력이 존재해서 어떤 신호들은 다른 것들보다 분명하고 설명할 책임을 져야 하는 코드화되는 데 좀 더 저항하는데, 그것들은 부인할 수 있게 남아 있다. 언어는 어떤 일이 발생했는지를 (그 일이 어떻게 발생했는지보다) 소통하는 것에 뛰어나기 때문에 언어적 메시지는 언제나 책임을 져야 한다. 한 살 된 남자아이가 엄마에게 화가 나서 홧김에 그녀의 얼굴을 쳐다보지도 않고 "아아아아!"라고 소리치면서 주먹으로 퍼즐을 세게 내리쳤다. 엄마는 "엄마에게 그렇게 소리치면 안 돼."라고 말했다. "엄마에게 그와 같이 주먹을 내려치면 안 돼."라고 말할 가능성은 거의 없다. 언어적 메시지나 비언어적 메시지 어느 것도 그녀에게 직접적으로 향해 있지 않았었다. 어떤 것은 매우 이른 시기부터 책임을 져야 한다. 이 아이는 그의 몸짓을 책임질 수 있는 행동으로 만드는 것보다는 목소리를 내는 것에 준비가 되어 있었던 것이다.

이렇게 책임지는 것과 부인하는 것으로의 필연적인 분류의 결과들 중 하나는 타인에게 부인할 수 있는 것은 점점 더 자기에게도 부인하게 된다는 것이다. 무의식으로 가는 길은 (지형학적이고 어쩌면

역동적인 것) 언어를 통해서 잘 만들어질 수 있다. 언어 이전엔 한 사람 행동의 모든 것은 '소유권'에 관한한 동등한 지위를 가진다. 언어의 도래로 어떤 행동들은 소유의 의미에서 이제 특별한 지위를 가진다. 많은 채널들에서의 많은 메시지들은 언어에 의해서 책임/부인의 분류체계로 조각나서 들어간다.

경험과 말(단어) 사이의 또 다른 타입의 불일치가 있다. 응집성의 연속, 신체적으로 통합되어져서 '계속 존재하는going on being', 쪼개지지 않은 자기 등과 같은 자기의 경험들은 심장박동 또는 규칙적인 호흡과 같은 하나의 카테고리로 들어간다. 이와 같은 경험들은 언어적으로 코드화될 필요가 거의 없다. 하지만 주기적으로 이러한 경험의 순간적인 감각은 어떤 설명할 수 없는 이유나 또는 정신병리를 통해서, 존재론적 자기와 언어적 자기가 몇 광년이나 떨어져 있을 수 있다는 감자스런 깨달음이 놀랄 만한 영향과 함께 드러나게 되다, 자기가 불가피하게 언어에 의해서 나뉘는 것이다.

타인과 함께 있는 자기의 많은 경험들은 이러한 언어화되지 않은 카테고리에 들어간다. 예를 들면 말없이 서로 상대방의 눈을 응시하는 것이 그런 것이다. 다른 사람의 특징적인 생동력 정서에 대한 감각도 그러하다. 개인의 세밀한 신체적 스타일의 부분도 또한 아이가 햇빛을 경험하는 것처럼 경험된다. 그러한 모든 경험은 단어나 생각으로써 경험하면서 개인적 지식은 더욱 거리감이 있게 되는 것은 불가피하다. (우리 자신의 이러한 간격을 연결하기 위해서 우리가 그토록 예술을 필요로 하는 것은 의아할 것이 거의 없다.)

마지막 이슈는 경험된 삶과 말로 묘사된 삶 사이의 관계와 관련되어 있다. 자전적 내러티브를 만드는 행위가 개인적 이야기가 된 산 경험들을 얼마나 많이 반영하고 또는 얼마나 많이 필연적으로 변형시키는지는 미해결 문제이다.

유아의 최초의 대인관계의 지식은 주로 공유할 수 없고, 무형적이고, 특정한 경우이고, 비언어적 행동들에 조율되어 있는데, 의사소통의 어떤 채널도 책임성과 소유권에 관련하여 특권적인 지위를 가지고 있지 않다. 언어는 그런 모든 것을 변화시킨다. 언어의 출현과 함께, 유아들은 그들 자신의 개인적 경험과의 직접적 접촉으로부터 멀어지게 된다. 언어는 산 경험으로써의, 그리고 표상하는 것으로써의 대인관계의 경험 사이의 공간이 생기게 한다. 신경증적 행동을 구성하는 연결과 연상이 형성되는 것도 바로 이 공간을 교차하는 것이다. 하지만 언어와 함께 유아는 처음으로 세상에 대한 자신의 개인적인 경험, 즉 친밀하게 다른 사람과 '함께 있음', 고립, 외로움, 공포, 경외감, 사랑 등등을 다른 사람과 공유할 수 있게 된다.

끝으로, 언어와 상징적인 생각의 출현으로, 아이들은 이제 현실을 왜곡하고 초월할 수 있는 도구를 가지게 된다. 그들은 과거 경험과 대조되는 기대들을 창조할 수 있다. 그들은 현재 사실과 대조되는 소망을 발달시킬 수 있다. 상징적으로 연결된 속성들의 견지에서 (예를 들면, 엄마와의 나쁜 경험들) 어떤 사람 또는 어떤 것을 마음속을 그릴 수 있는데, 현실에서는 전혀 경험한 바 없고, 하지만 구별된 에피소드들로부터 어떤 것을 끌어내서 하나의 상징적 표상으로 만들 수 있다('나쁜 엄마' 또는 '무능한 나').

　이러한 상징적 응축은 결국 현실의 왜곡을 가능하게 하고, 신경증 형성에 토양을 제공한다. 이런 언어적 능력 이전에, 유아는 현실의 인상을 반영하는 데 제한되어 있다. 이제 그들은 그것을 좋게 또는 나쁘게 뛰어넘을 수 있다.

1　유사－고유 이름들은 의미론적으로 통제된 대명사보다 좀 더 일찍 나타날 수 있다 (도어, 개인의사소통, 1984). 유아가 처음에 얼마나 이름 또는 대명사를 자기에 대한 객관화된 지시물로써 보는지, 어떤 행위에서 양육자와 자기가 관련된 복잡한 상황조건에 대한 지시물을 얼마나 아는지에 대해서는 약간의 질문들이 있다. "루시는 그렇게 하지 않아!" 어쨌든, 객관화 과정은 잘 시작된 것이다.

2　현재의 설명은 개념이 먼저 오고 그다음에 단어가 따라 붙는다는 것, 또는 보다 초기에 형성된 경험들이 단어로 변환된다는 것을 함축하고 있다. 현재 대다수의 의견은 실제로 느낀 경험과 경험에 대한 표현으로써 말(단어)은 함께 출현한다고 제안한다. 현재의 논의는 이러한 문제에 의거하고 있지 않은데, 이것은 원이밀닐 개념 그 자체로는 중요하다.

3　한 극단적인 예는 쌍둥이의 '혼잣말'이다.

4　우리는 여기서 언어에 의해 새롭게(de novo) 창조된 경험을 고려하지 않는다. 언어적으로 제시된 모든 경험은 새로운 경험이라는 주장이 있을 수 있다. 그러나 여기서는 그것을 가정하고 있지 않다.

PART III
임상적 의미들

CHAPTER 09

임상적인 눈으로 본 '관찰된 아기'

논점을 신뢰와 자율성과 같은 각각 다른 임상적 발달 과제로부터 유아의 사회적 조직화에서의 주요한 변화들의 설명으로써의 각각 다른 자기의 감각으로 전환하는 것을 통해서, 우리는 초기 발달에서 다른 종류의 민감한 기간을 섬보할 수 있게 되었나. 주요한 발달적 전환들은 새로운 자기의 감각의 출현과 관련되어 있기 때문에 각각의 자기의 감각의 형성기는 세심하게 고려되어야 한다. 이러한 자기 감각의 형성기가 얼마나 중요한가는 결국 진행되고 있는 실험적 이슈이다. 하지만 신경학의 그리고 행동학의 관점에서의 증거의 무게는, 형성의 초기가 이후에 기능하는 것의 측면에서 그다음의 기간들보다 상대적으로 좀 더 민감할 것임을 입증하게 될 것이라고 주장한다(호퍼 1980).

이 장에서 우리는 각각의 자기감이 출현하는 동안 보이는 일부 패턴들을 확인하고, 그 패턴들이 형성되는 초기 형태가 어떻게 차후의 기능에 중대한 것이 되는지 추측해볼 것이다. 하지만 우선 몇 가지 절차가 필요하다.

임상적인 눈으로 유아의 발달을 관찰할 때 미리 선정한 위험 집단을 선택해놓지 않은 한 어떤 병리를 찾아내기는 힘들다. 대신 특징적 패턴과 일부 변형된 패턴을 볼 수 있지만 정상으로부터 벗어난 어떤 일탈도 차후의 병리를 가져올 것이라고 믿을 만한 근거는 거의 없다. 일탈이 있을 때, 양육자와의 관계가 일탈된 것이지 유아 혼자만 그런 것이 아니다. 종종 어떤 변형이 차후의 병리의 가장 가능성 있는 조짐인지도 명확하지 않다. 연속적인 각각의 연령대에서 모든 것은 다른 것처럼 보이지만, 모든 것이 임상적으로 정확하게 같게 느껴진다. 이것은 연속성/불연속성의 역설인데, 발달의 전망하는 관점을 매료시키지만 어렵게 한다.

우리는 2, 4, 6, 9, 18, 24, 36개월의 많은 부모/유아 쌍들을 그들의 가정에서 혹은 실험실에서 녹화했다. 한 쌍에 대한 완료된 일정 길이의 시리즈 테이프를 연구자들에게 보여줄 때마다(순서대로 아니면 앞으로 혹은 뒤로 돌려서 보았다), 새로운 장면이건 이미 보았던 것이건 그 두 개인이 대인관계의 일을 비슷하고 알아볼 수 있는 방식으로 시행한다는 것을 감지하고 연구자들은 매우 놀랐다. 동일한 이슈들이 각각의 다른 연령대에서 다른 행동들을 하고 있을지라도 동일한 일반적 방식들로 처리되는 것처럼 보였다. 이러한 임상적 이슈들을 둘러싼 상호작용의 주제와 '느낌'은 지속되었지만 사회적 인간으로서의 유아는 각각의 지점에서 다르게 조직되는 듯이 보였다.[1]

이러한 인상들은 우리가 관심의 초점을 발달 과제로부터 자기의 감각으로 전환한 주된 이유들 중 하나이다. 그래서 자기 감각들의 각각 영역 안에서 자기-경험의 패턴 구축에 강조점을 두게 된 것인데, 이것은 이후 기능에 대해 어떤 임상적 관련성을 가진 것처럼 보인다.

패턴의 지속성을 발견하고 그것을 잠재적 병리와 연결하는 문제는 매우 실제적이다. 최근의 애착attachment 연구 역사가 이 문제를 훌륭하게 다룬 예이다. 처음에는 애착을 특정한 인생 단계에서의 특정한 발달 과제로써 보았다(볼비 1958, 1960; 에인스워스 1969). '관계성의 질', 즉 애착은 최초의 엄마/유아 유대를 넘어 확장되어 아동기 전체에 걸쳐 발달하고, 엄마에게뿐만 아니라 또래아이들에게도 적용된다는 것이 분명해졌다. 사실상 이것은 인생 전체의 이슈다. 질문은 어떻게 애착 패턴들에서 연속성을 발견하는가, 이었다. 우리가 애착을 응시, 음성화, 공간학proxemics 등등 같은 분자 행동molecular behavior으로 측정했을 때, 애착의 성질에 있어서 한 나이에서 다른 나이가 되었을 때 약간의 지속성이 있게 보였다. 연구자가 유아 애착의 유형-안전 (B타입), 불안/회피(A타입), 불안/저항(C타입)과 같은 좀 더 전반적이고 질적인 개요 척도summary measure를 사용했을 때만 애착의 지속성 연구에서 진전이 이루어졌다. 애착 타입의 개요 척도는 애착의 힘이나 좋음이 아니라 애착의 패턴 혹은 스타일을 발견했다는 것을 주목해야 한다. 일단 이 애착 패턴에 대한 개요 척도가 유용해지자, 연구자들은 12개월 때의 애착 유형이 이후의 관계 맺는 패턴과 매우 상관관계에 있다는 것을 보여주었다.[2]

정말로, 첫 해의 관계의 질은 5년까지 다양한 다른 방법으로 맺는 관계의 질의 훌륭한 예측 요소가 되는데, 안전하게 유착된attached 유아는 저항적으로 혹은 회피적으로 부착된 유아를 비교할 수 있는 이점을 가지고 있는 것으로 보인다. 12개월에서의 불안 애착 패턴은 6살 소년들의 정신병리를 예견한다고 제안하고 있다(루이스 외, 인쇄 중).

저항하는 또는 회피하는 애착은 중산층 미국의 표본들의 약 12퍼센트에서 20퍼센트 정도로 발생했는데, 이후의 임상적 문제들의 지표가 되는 것처럼 보였다. 하지만 두 가지 문화 통합 연구에서 주의할 어떤 점이 발견되었다. 남부 독일 표본으로부터의 자료는 미국의 기준을 반영했지만, 북부 독일 표본은 회피 애착이 우세함을 보여주었고(그로스만 & 그로스만, 언론에서), 많은 일본 어린이(37%)는 저항 애착을 보여주었다(미야케, 첸, 캠포스, 언론에서). 이런 관점에서 볼 때, 애착의 유형은 병리의 전조로 고려할 수 있는가? 만약 그렇다면 그것은 상당히 문화와 관련되어 있다. 더욱 가능성 있는 것은, 그것은 단순히 동기 - 임상 이슈를 조사하는 스타일이고 삶에 적응하는 데 일반적인 성공을 잘 보여주는 불특정 지표일 것이다(스루프와 루터 1984; 자멘지와 루터 1983; 치체티와 슈나이더 - 로즌, 인쇄 중). 하지만 일반적인 적응의 지표가 전조는 아니다. 이후의 행동과 그것의 관계는 지나치게 불특정하고 간접적이다.

이 장에서 우리는 이 논의를 자기 경험의 패턴들에 제한하려고 하는데, 이 패턴들은 잠재적으로 임상적 관련성이 있고 각각의 자기의 감각의 영역의 측면에서 가장 잘 개념화된다.

체질적 차이들과 신생의 관계성

유아가 사회적 세상에서 다양한 경험을 엮을 수 있게 해주는 역량은 상당 부분이 체질적, 즉 유전적으로 결정된다. 이 역량은 온전한 신경계와 온전한 환경이 주어진다면 바로 나타날 수도 있고 타고난 시간표에 따라 펼쳐질 것이다. 가까운 미래에, 이러한 역량의 개인적 차이점에 대한 연구가 아마도 영아의 정신병리의 발달에 대한 임상적 연구에서 가장 유익한 영역임을 보여줄 것이다. 새로운 역량이, 특별히 사회적 지각과 능력에 필요한 것이 식별될 때마다, 그것은 자연스럽게 진지한 정밀조사, 추측, 희망의 초점이 된다. 사회적 그리고 지적 기능의 가장 초기의 일탈이 이러한 역량에서의 비정상적인 것들을 추적할 수 있게 해준다면 그것은 희망이다. 만약 그렇다면, 널리 퍼져 있는 발달 장애, 자폐, 학습 장애, 주의력 결핍, 기질적 차이점, 그리고 사회적 활동과 능력에서의 다양한 문제점들의 출현을 설명해줄 수 있는 중요한 메커니즘에 대한 이해를 갖게 될 수 있을 것이다. 구별된 치료적 전략도 더욱 분명해질 것이다.

이러한 역량에서의 결핍에 대한 가능성 있는 임상적 진행상황을 간략하게 살펴보자. 하나의 양식에서 다른 양식으로 정보를 전달하는 역량은 지각경험을 통합하는 데 매우 핵심적이어서 이 능력의 결핍이 가져오는 잠재적 문제는 거의 무한하다. 그중 첫 번째로 마음에 떠오르는 것이 배우지 못하는 장애인데, 많은 학습이 하나의 감각양식에서 다른 것으로 정보를 전달할 것을 필요로 하기 때문이다. 특별히 시각과 청각 사이를 오가는 것이 그렇다. 로즈와 그의 연구진(1979)

은 학습 장애 아동은 특정한 2감각 통합적 전달 역량이 비정상이라는 것을 제안하는 증거를 가지고 있다. 유아도 그러한 결함으로 사회적으로, 정서적으로 장애를 가질 수 있다. 2감각 통합의 능숙함은 다른 사람들의 사회적 행동을 이해하는 것뿐 아니라 자신의 행동, 감각, 정서 등등 자기 자신을 통합하는 데도 매우 유용하다. 이 발견은 여전히 너무 새로운 것이어서 정신병리적 연관성의 한계에 대한 어떤 생각을 아직 가질 수 없다.

다른 맥락에서, 이후의 일반적 지능의 초기 예측요소에 대한 계속되는 연구가, 장기 인지 기억과 다른 정보 처리 솜씨가 이후의 지적 기능을 예측할 수 있는 정도를 보여주는 전망 좋은 결과에 의해서 되살아난 것처럼 보인다(캐론 1981; 패건과 싱어 1983). 유아기의 에피소드 기억에 대한 연구가 이제 겨우 시작되었다.

기질적 차이점에 대한 토마스와 그의 연구진의 연구(1970)와 엄마와 유아의 기질 간의 어울림의 중요성에 대한 에스칼로나의 강조(1968) 이후로, 임상적 관점에서 보는 상호작용에 대한 고려가 기질을 충분히 고려해야 함이 분명해졌다. 임상적으로, 대부분의 치료사들은 기질과 마음과의 어울림의 이슈를 고려하는 것이 절대적으로 필수적임을 알게 되었다. 이것에도 불구하고, 연구자들은 유아기에서 기질적 차이점의 연속성을 증명하는데 그렇게 성공적이지 않았다. (관계적 관점 바깥에서 기질적 결정요인들을 고려함에 있어서의 문제점에 대한 논의에 대해서 스루프를 보라.) 그럼에도 불구하고 자극에 대한 내성과 같은 것에서의 기질적 차이점을 어떻게 임상적으로 볼 것인가를 추론하는 것은 가치가 있다.

자극에 대한 유아의 내성 또는 흥분을 조절하는 역량의 개인적 차이점은 이후의 불안 장애(중요한 체질적 요소를 가지는)와 같은 이슈와 관련이 있을 것이다. 우리는 몇 가지 다른 방법들에서의 절대적 자극과 흥분 사이의 관계를 생각할 수 있다. 그것들 중 하나가 그림 9.1³에서 예로써 나타난다. 별표는 자극 정도를 대처하는 유아의 역량이 약간 초과된 지점의 개인적인 특성을 나타낸다. 이 지점에서 아이는 들어온 자극을 어떤 대처 방안을 통해서 약화시키거나 제거하는 것을 통해서 그 정도를 내려서 조절하게 된다. 또는 대처하는 것의 한계점을 초과하게 되면 유아는 패닉과 같은 것을 경험하게 될 것이다. 선 A가 정상적인 곡선을 나타낸다고 가정해보자. 한 아기가 선 B에 나타난 것과 같은 성격적 곡선을 가졌다고 가정해보자. 정상적인 일상의 사건들의 자극이 그 아이의 대처 역량을 초과하게 되고, 불안 에피소드를 일으키게 될 것이다. 사회적 자극의 한계점이 매우 낮게 설정되었기 때문에, 거의 모든 곳에서 나타나는 예상할 수 있는 일상의 자극에 의해서 그야말로 무차별적으로 불안 발작들이 촉발되었을 때, 이러한 발작은 자연발생적으로 일어나는 것-클라인(1982)이 주장한 것처럼 내적으로 야기되는- 처럼 보일 수 있다. 이러한 면에서, 임신 기간에 비해 작은 유아들의 낮은 자극 내성에 대한 브래젤튼(1982)의 묘사는 관계있음이 입증될 수도 있다.

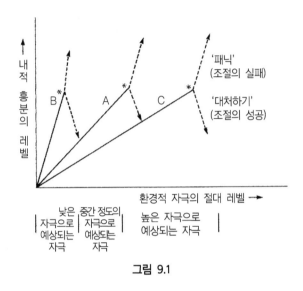

그림 9.1

또한 다른 종류의 자극들에 대한 각각 다른 내성의 한계점도 증명될 것이다. 자폐아동은 인간 자극에 대해서는 극도로 낮은 내성을 가지고 있지만 비인간 자극에 대해서는 그렇지 않다는 것이 오랫동안 제안되어왔다(허트와 오운스테드 1966). 비슷하게, 어떤 사람들은 두드러지게 청각적이거나 시각적이거나 촉각적이고, 많은 연구자들이 엄마와 유아 사이의 자극의 조절의 부조화의 한 원인으로써 다른 양식들에서의 자극에 대한 각각 다른 민감성을 제안했다(그린스팬 1981). 또는 특유하게 사용하는 대처하는 운용의 본질은 폭넓은 개인적 차이점을 보여주며, 수줍음, 회피, 경계와 같은 다양한 모습들을 낳는다.

이후의 정신병리의 이해를 위해 무형의, 그리고 다른 체질상의 역량의 잠재성이 매우 크지만, 그것은 현재 많은 부분 연구되지 않았고 많은 문제점을 가진 채 남아 있다. 첫 번째로 특정성의 문제가 있다. 우리는 이러한 역량들의 하나 또는 두 개에 심각한 기능장애를 다른 모든 부분의 기능 장애 없이 가지는 것이 가능한지 아직 알지 못한다. 두 번째, 이러한 역량들의 결함의 심각성과 실용적인 사회적 행동 간의 관계성이 미지의 상태로 남아 있다. 이러한 역량 중 많은 것들이 심각하게 잘못되었다고 가정해보자. 어떤 결과가 일어날까? 가장 극단적 경우에, 전반적인 발달 장애들을 예측할 것이다(자폐 특징들을 가진 정신지체). 핵심 자기와 핵심 타인이 완전히 형성되지 않았고 사회적 관계성은 대부분 타협될 것이다. 만약 생긴다고 한다면 자기의 감각들의 통합이 경험을 통해서 서서히 맞아 들어간다. 인과 관계는 대부분 알지 못한다. 지각적 세계는 비조직화되고 부분적으로 구축할 수 없는 상태로 있게 된다. 기억은 제한되어 있어서 경험의 연속성이 이주 적다. 인간 세계와의 교섭뿐만 아니라 무생물 세계와의 교섭도 극도로 타협된다. 이 장애는 참으로 여기저기 스며들어 가게 되는데, 어떤 특정한 결함이 기능에 있어서 특정한 장애에 기여하게 되었는지 가려내기가 어렵거나 불가능할 정도이다. 만약 핵심 자기의 감각이 형성되지 않았다면 주관적 자기의 감각을 형성하기 위한 기반이 없을 것이다.

이러한 역량들의 결함이 조금 덜 극단적이면 대인관계적, 인지적, 또는 지각적 스타일의 차이점을 포함해서 미묘한 개인적 기이함부터 심각한 병까지 여러 스펙드럼의 전조들이 될 것이다. 지금 많은 새로운 정보가 있는데, 이후의 임상적 이슈들을 위해서 매우 전망이 좋다. 이젠 그것의 진정한 임상적 의미를 평가하기 시작할 때이다. 특별히 개인적 차이점들을 오랜 기간 지켜보는 연구가 필요하다. 결과가 무엇이든, 이러한 인생의 초기가 임상적으로 결코 같게 보이지 않을 것이다.

지금까지 이 논의는 유아의 출현하는 자기의 감각과 직접적으로 다룬 것은 아니다. 하지만 이러한 역량들이 신생의 경험들을 창조하는 데 연루되어 있는 바로 그런 것들이기 때문에, 출현하는 자기의 감각은 이러한 역량 중 어떤 것의 결핍에도 심각하게 영향을 받을 수 있다. 앞으로의 부분에서 우리는 각각 다른 자기의 감각들이 어떤 면에서 임상적으로 중요한지 더욱 집중할 것이다. 이것들은 DSM-III 에서의 축1의 진단적 카테고리와는 대조적으로 병리적 성격 특징이나 신경증적 특징과 좀 더 관계성을 가지고 있다.

핵심 관계성

우리가 아기를 보았을 때, 핵심 자기의 감각에 다가올 미래의 위험에 대한 임상적 인상을 갖게 될 수 있을까? 흥분, 각성, 활성화, 자극, 긴장 등의 조절은 출생 후 6개월 동안 부모와 유아의 관계의 건강을 증진하는 본질을 평가하는데 임상가들이 주로 집중하는 자기의 측면들이다. 여기에서 우리의 주된 관심사는 부모와 유아에 의해서 상호적으로 수행되는 자극의 형세에 있다.

두 가지 면을 먼저 말하고자 한다. 완벽한 상호적 흥분 형세를 만드는 것과 같은 것은 항상은 물론 짧은 시간만이라도 없다. 상호작용은 그런 방식으로 이루어지는 것이 아니다. 자극의 계속적인 실패들, 즉 지나치게 많이 하는 것 그리고 부족하게 하는 것이 섞여서 상호작용의 역동적 특성이 된다. 목표는 항상 변한다. 지나치게 많이 하는 것과 부족하게 하는 것은 일상적으로 반복되는 상호작용의 패턴들을 만든다. 두 번째, 이전에 언급한 것처럼 표상세계는 예외적인 것들이 아닌 주로 삶의 일상적인 사건들로부터 구성된다는 가정을 기반으로 우리는 우리의 연구를 진행한다. 예외적인 순간들은 아마도 최상일 수 있지만 이례적인 일상적의 예들 그 이상은 아니다. 특징적인 '부적응'과 그것의 결과만을 말할 수 있을 뿐이다.

핵심 관련성 영역에서의 기대할 수 있고 견딜 수 있는 과도한 자극

에릭은 성서석으로 좀 너 석한 엄마에 미해 나소 단조도운 유아이지만 둘 다 완전히 정상이다. 엄마는 계속적으로 그가 좀 더 재미있어 하고, 좀 더 표정이 있고, 감정에 대해서 드러내 놓고 표현하고, 세상에 대해서 좀 더 열렬하게 호기심이 있기를 바란다. 에릭이 어떤 것에 대해서 흥미를 보였을 때, 엄마는 그 경험에 능숙하게 참여해서 격려하고, 약간 강화시키기-보통은 성공적으로-도 하는데, 그래서 에릭은 혼자 경험했을 때보다 더 높은 수준의 흥분을 경험한다. 그녀 특유의 회유하고, 과장하고, 약간 과반응하는 유도하는 행동은 사실 보통은 에릭에게 매우 즐거운 일이다. 엄마의 행동은 큰 부조화를 만들지는 않지만 약간의 부조화는 만들기도 한다. 자극에 대한 그의 내성은 그것을 견딜 수 있으나 어떤 자극의 수준은 그가 스스로 도달할 수 없는 경우도 있다. 그녀를 통제적이고 침범적이라고 부르는 것은 정확하지 않을 것이다. 그녀는 그녀의 필요나 둔감함 때문에 아이의 경험을 방해하거나 방향을 바꾸려고 하지 않았다. 그것보다는 아이의 경험의 범위를 증대하려고 시도했다(그녀 자신의 논리와 그녀 자신의 기질적 타입에 맞추어서). 엄마가 흥분 또는 각성에 대한 유아의 내성을 넓히고 아이의 세계를 확장하려고 시도하는 것은 매우 평범한 경험이다(이 낡은 딸랑이가 그렇게 재미있는 걸 알고 있었니?). 이것은 단지 유아의 근접(정서적) 발달 영역zone of proximal(affective) development, 즉 아이가 지금 있고 그리고 발달하고 있는 곳을 약간 넘어선 그런 곳에서 작동하는 것이다.

이 사례에서 '건설적인' 불일치들을 더욱 분명하게 만드는 것은 엄마와 아들 사이의 기질적 타입의 편차이다. 하지만 그것은 다만 이 상황을 두드러지게 할 뿐이다. 엄마의 기질이 아이의 것과 일치하는 경우에도, 아이의 근접 정서적 발달 영역에서 작동하기 위해서는 때때로 엄마는 비슷하게 행동해야만 한다.

어떤 사건에서도, 에릭이 보통의 경우보다 보다 높은 흥분의 자기 경험을 갖게 되면 사실 대개는 엄마의 행동에 의해서 이루어지고 조절된다. 자기 스스로 좀 더 높은 정도의 흥분을 경험하게 되는 것도 그녀가 증가시키는 몸짓으로 결정적인 기여를 한 산 에피소드들에서만 발생한다. 에릭의 높은 긍정적 흥분의 자기 경험은 엄마가 그것에 참여하지 않는 한 결코 발생하지 않았을 것이다. 특정한 에피소드들은 연합하여 RIG를 형성한다. 활성화된 RIG는 환기된 동반자의 형태를 취하고 그것의 경험은 다음과 같은 질문으로 잘 그려진다. '내가 이런 식의 느낌을 가지게 되는데, 엄마와 함께 있다면 어떨까?' 혹은 '엄마와 함께 있을 때 나는 어떻게 느끼지?'

에릭이 혼자 있거나 또는 다른 사람과 함께 있다고 가정해보자. 혼자 있을 때 평소에 가졌던 긍정적인 흥분 수준을 넘어서기 시작한다. 그때 엄마와 함께 있지 않았다(성숙과 발달은 하루 하루 빠르게 진행하고, 이러한 경험은 자주 있고 피할 수 없다). 그는 '이런 식으로 느끼기' 시작하는데, 즉 좀 더 높은 흥분 수준에 닿게 된다. '이렇게 느끼기'는 RIG의 속성 중 하나이고, 이것 중 분리할 수 없는 다른 속성이 엄마의 격려하고 경험을 확대시키는 행위이다. '이렇게 느끼기' 시작하는 것은 무의식적으로 환기된 동반자를 마음에 불러오는 속성으로써 기여한다(표상이 재활성화된 것이다). 그리고 나면 에릭은 엄마와 함께 있는 환상을 경험한다. 어떤 의미에서 그녀는 기능적으로 '거기' 있으면서 그가 스스로 창조한 흥분 수준을 확장하는 것을 돕는다. 환기된 동반자는 자기 조절 타인으로써 발달을 촉진한다. 현실 왜곡은 없으며 모든 것은 현실에 기반을 둔 것이다. 자, 이제 다른 RIG들, 환기된 동반자들을 살펴보고, 그것들이 발달에 주는 영향을 알아보자.

핵심 관계성 영역에서의 견딜 수 없는 과도 자극의 형태

아이에게 주어지는 과도한 자극의 경험은 그다음에는 일어나는 것의 견지에서만 이해될 수 있는데, 그것이 경험한 에피소드의 부분이 되기 때문이다. 세 달 언저리의 유아의 과도한 자극에 대한 즉각적 반응은 울거나, 허물어지는 것이 아니라 그것을 처리하고자 한다는 것을 이해해야만 한다. 결국 유아는 상호작용에서의 엄마나 아빠의 행동에 대해 조절하는 대응책의 레퍼토리를 갖게 된다. 대처하는 것과 방어적인 작동은 유아의 자극 내성의 상위 한계점과 끝내 우는 것 사이의 작은 공간에서 형성된다. 이 공간은 적응적인 대응책들의 성장과 시험의 장이다. 그것들의 수행은 과도한 자극의 산 경험의 일부가 된다.

스티브의 경우에, 과도하게 자극적이고 통제하는 엄마는 규칙적으로 얼굴을 마주보는 상호작용을 '쫓고 도망가기의 게임'으로 되도록 했다. 이것을 비비와 스턴이 잘 묘사했다(1977). 본질적으로, 엄마는 스티브를 과도하게 자극했고, 스티브는 고개를 옆으로 돌려 피하려고 했다. 엄마는 이러한 피함에 자신의 얼굴을 들이대며 쫓아갔고 스티브의 관심을 끌기 위해 자극 강도를 높였다. 그러면 그는 고개를 다른 쪽 방향으로 돌리면서 또 다른 피함을 시도했다. 엄마는 자신의 얼굴을 다시 아이 쪽으로 들이대면서 마주보려 애썼다. 결국 스티브가 엄마의 눈길을 피할 수 없게 되자, 더욱 속상해했고 결국은 울음을 터뜨렸다. 그렇지만 대개는 그의 회피는 성공적이었고 엄마는 아이가 울기 전에 그 뜻을 알아차렸다(스턴 1971, 1977; 비비와 슬로트).

엄마 쪽에서의 이런 종류의 침범적인 과도 자극 행동은 많은 이유로 발생한다. 적대감, 통제의 필요, 둔감함 또는 거절에 대한 보통

이상의 민감성, 그래서 엄마는 아이가 고개를 돌리는 것을 '미세한 거절'로 해석하고 그것을 해결하고 원래 상태로 만들려고 시도한다 (스턴 1977). 엄마의 행동의 이유가 무엇이었든, 스티브는 다음과 같은 RIG를 경험한다. 높은 수준의 각성, 그의 수용 한계 밖으로 그를 밀어내는 엄마의 행동, 하향조절의 필요, 지속적인 피함을 통한 (일반적으로) 성공적인 자기 조절. 스티브의 경우에, 그가 좀 더 높은 정도의 흥분을 경험했을 때 그의 엄마는 다른 종류의 환기된 동반자, 즉 자기-조절을 어렵게 하는 타인이 된다.

이제 스티브가 혼자 있거나 또는 누군가와 함께 있고, 그가 자신의 견딜 수 있는 자극의 높은 수준에 도달하기 시작하여 '어떤 특정한 방식으로 느끼기' 시작했다고 가정해보자. 그 특정한 방식으로 느끼는 것은 RIG를 활성화시킬 것이다. 에릭처럼, 스티브는 환기된 엄마와 함께 있음을 경험하게 될 것이지만 그의 경우는 엄마와의 조절 실패의 연합이고, 이는 잠재적으로 부적응적인 행동을 하게 할 것이다. 그는 그의 허용치를 넘어서려고 위협하는 자극이나 또는 허용치를 막 넘어선 자극을 불필요하게 회피할 것이다. 만약 그가 다른 사람과 함께 있다면, 스티브에게 상호작용할 수 있도록 허용하는 그 사람에게 적응하지 못하든지 또는 열린 마음으로 있지 못한다. 스티브 같은 많은 유아들을 관찰해본 결과, 그들은 자신의 경험을 일반화하여 상대적으로 새로운 사람을 과도하게 회피하는 것이 분명하다. 그들이 혼자 있을 때, 두 가지 중 하나가 발생하는 듯하다. 그들은 잠재적으로 긍정적인 흥분을 도중에 끝내는데, 아마도 환기된 동반자로써 조절하지 못했던 엄마를 활성화하는 것에 의해서 그렇게 된다. 또는 그들은 마치 이 RIG의 활성화를 금지하거나 또는 막는 것처럼, 그들 자신의 쾌감적 흥분에 더욱 자유롭게 접근하고, 심지어 그 속에 빠져들 수 있다는 것을 보여준다.

왜 어떤 유아들은 조절하지 못하는 부모와 상호작용할 때보다 그들이 혼자 있을 때 자신의 흥분을 훨씬 더 성공적으로 조절하는지 우리는 모른다. 우리가 억제된 환기된 동반자에 대해서 이야기하건 아니면 선택적인 일반화에 대해서 이야기하건, 어쨌든 혼자 있을 때 문제적 부모의 환기된 현존을 피하는 데 좀 더 성공하는 아동이 자신을 활용하는 데 더 큰 이점을 갖는 것처럼 보인다. 동시에 그들은 세상에서 좀 더 혼자 살아야 하는 불리함을 갖기도 한다.

몰리와 그녀의 엄마는 다른 형태의 견딜 수 없는 과도자극을 보여준다. 몰리의 엄마는 매우 통제적이다. 그녀는 모든 일들을 계획해야만 하고 시작하고 방향을 설정하고 종료한다. 어떤 장난감을 가지고 놀아야 할지, 어떻게 그것을 가지고 놀아야만 하는지("그것을 위아래로 흔들어. 바닥에 굴려서는 안 돼."), 몰리가 그것을 가지고 다 놀고 나면 그다음엔 무엇을 해야 할지 결정한다("여기에 드레시 베시 Dressy Bessy가 있네. 봐봐!"). 엄마가 그렇게 상호작용을 과도통제하기 때문에 몰리는 종종 자신의 관심과 흥분이 자연스럽게 오르고 내리는 것을 따라가기가 어렵다. 매우 빈번하게 관심사에서 이탈되고 방해되기 때문에 그 흐름을 쫓아갔다고 말하기가 거의 어렵다. 이것은 흥분의 조절실패의 극단적 형태이다. (몰리와 그녀의 엄마 사이에 일어나는 상호작용을 화면으로 본 대부분의 경험 있는 관찰자들은 자신들이 긴장되어 있는 느낌을 발견하게 되고, 서서히 자신들이 얼마나 화가 나고 있는지 깨닫게 된다. 이 아이의 자기 조절 능력은 몰리와 동일시했던 사람들을 무능력하게 느끼게 하고 분노하게 만들었다.)

몰리는 적응책을 찾았다. 그녀는 점차적으로 더욱 순응하게 되어 갔다. 이러한 침범에 적극적으로 회피하거나 맞서기보다는 허공을 알 수 없이 바라보는 사람이 되었다. 아이가 당신을 바라보기는 하지만 아이의 눈은 아득히 먼 어딘가를 향했고 얼굴표정은 불투명하여 해석할 수 없었다. 동시에 우연히 발생한 접촉에는 반응할 수 있었고 대체로 요청하는 일이나 하라고 한 것을 할 수 있었다. 몇 달 동안 그녀를 보았을 때, 흥분에 대한 그녀의 자기 조절이 점점 사라져 가는 것을 볼 수 있었다. 그녀는 엄마가 지시하는 흥분의 흐림의 멈춤과 시작의 진로를 따라 가는 것처럼 보였다. 사실 그녀 스스로 할 수 있는 자기 조절에 대한 생각은 포기한 듯 보였다. 혼자서 놀 때에도 그것을 회복하지는 않았고 여러 가지 것들과 재미있게 노는 것에 다소 냉담해졌다. 이러한 전반적인 정서의 둔화는 이 발단 단계 이후까지 계속되었고 3살 때에도 여전히 명백했다. 그녀는 흥분은 두 사람-자기와 자기를 조절해주는 타인-에 의해서 동등하게 조절되는 어떤 것은 아니고 모든 조절은 주로 자기를 조절해주는 타인에 의해서 되는 것이라고 배운 것처럼 보였다. (그녀의 발달의 어느 시점에 분노, 적대감, 반대의 경향성 등이 그녀를 구하기 위해 극도로 필요하게 될 듯하다.)

핵심 관련성 영역에서의 견딜 수 없는 과소 자극의 형태

수지의 엄마는 우울하고 최근의 이혼에 온통 정신이 팔려 있었다. 사실 그녀는 애초부터 수지를 원치 않았으나 결혼 유지를 위해 필요했었다. 그녀는 이미 첫 딸이 있었고 그녀를 가장 좋아했다. 수지는 평상시 열의에 찬 아이였고, 성의 있는 성인들로부터 사회적 행동을 이끌어내는 모든 역량을 갖추고 있었으며, 성공의 기미만 보이면 끈질기게 노력하는 편이었다. 그럼에도 불구하고, 수지는 대체적으로 엄마의 관심을 끄는 데 오랫동안 성공적이지 못했다. 좀 더 중요한 것은 수지는 엄마가 흥분을 상향 조절할 수 있도록 그녀를 충분히 고무시킬 수가 없었다. 엄마는 실제로 하향 조절된 흥분을 통제하려 하지 않았지만, 그녀의 책임감 부족이 상향 조절하려는 수지의 시도에 방해물로 작용했다.

이런 상황에서 어떤 일이 생기고 있을까? 엄마가 완전히 무반응이고 움직이지 않으며, 즉 본질적으로 거기에 없고, 수지는 자신의 흥분을 경험하고 조절하는 데 자기 자신의 방법을 사용한다고 가정해보자(기관에서 자라는 아기들에게 한때 편재했던 상황의 변주). 핵심 자기의 감각이 형성되는 기간 동안, 수지는 유쾌한 흥분은 좁은 영역 안에서만 경험할 수 있었다. 왜냐하면 유아들을 향한 성인들의 독특한 사회적 행동에 의해서 제공되는 자극만이 그 유아를 그다음 긍정적 흥분의 궤도로 들어갈 수 있도록 해주기 때문이다. 그 아이는 어떤 특정 범위의 경험을 가질 수 없게 되는 것이다. 자기를 조절해주는 타인과 같이 하는 실재적 또는 환상적 경험들은 정상적으로 기대되는 범위의 자기 경험을 하는 데 핵심적이며, 타인의 존재나 반응 행동이 없이는 전체 범위는 발달하지 않는다. 성숙의 실패와 '자기를 조절해주는 타인의 결핍 질병'이 된다. 흥분의 자기 경험의 전체 스펙트럼 중 단지 선택된 부분만이 이 기간 동안 연습되어지고, 이러한 민감한 기간 동안에 어떤 경험들이 핵심 자기의 감각의 부분이 되는지에 영구적인 영향을 주게 된다.

이것이 정확히 수지의 상황은 아니지만, 엄마와의 경험들이 특히나 황폐했을 때에 그녀가 얻게 되는 상황과 가까웠다. 하지만 수지는 끈질겼고 그래야 했는데, 그녀는 때때로 어느 정도는 성공적이었고 경우에 따라서는 매우 성공적이었기 때문이다. 성공적이었을 때, 그녀는 평소보다 더욱 높은 유쾌한 흥분을 경험했다. 이런 일을 경험한 수지는 엄마에게 불꽃이 일도록 열심히 노력했다. 수지의 자기의 흥분을 조절하는 타인과의 경험은 다른 아동의 것과는 매우 다른 RIG를 형성시켰다. 그녀는 에릭이 그랬던 것처럼 자기 흥분 조절 타인과 함께 있음의 경험들을 기대하거나 받아들이지 않았다. 스티브처럼 그런 경험을 무서워할 필요도, 몰리처럼 없앨 필요도 없었다.

수지는 적극적으로 엄마가 행동을 해서 그녀가 필요한 함께 있음의 경험을 창조해내려고 분투하고 노력했음이 분명하다. 특정한 RIG에 근거하고 있는 이러한 상호작용 패턴은 처음 3년간 수지의 특징이 되어 남아 있었다. 이러한 것이 계속되고 더욱 많은 대인관계의 세계의 측면들을 모으게 될 것임은 쉽게 상상할 수 있다. 그녀는 이미 '미스 생기발랄'이었고 조숙한 매력을 가진 아이가 되어버렸다.

그녀의 행동은 우리가 다루고 있는 미래를 결정하는 민감한 기간에 대한 생각을 지지했다.

수지는 단지 살아남기 위한 하나의 적응적 해결을 찾은 것이지만 완전한 과소자극은 아니었다. 어떤 유아들은 지속적이지 않고 약한 불꽃이 주어졌을 때, 행동을 하는 길을 택하기보다는 우울의 길을 따라 간다.[4]

지금까지 우리는 유쾌한 흥분의 조절과 그 조절에서 타인의 역할 만을 논의했다. 이러한 주제는 안전이나 호기심/탐험, 주의집중 등에서도 마찬가지로 적용될 것이다. 독자들은 자신의 임상경험으로부터 이러한 다양한 자기 조절 타인들과 RIG의 발달선을 추적할 수 있을 것이다.

핵심 자기의 감각의 형성에서의 잠재적 문제들을 흥분의 형세의 조절 실패들에서 볼 수 있는가? '자기 병리'가 될 가능성 있는 전조들이 어떤 모양인지 볼 수 있는가? 2~6개월이 핵심 자기의 감각의 형성에 있어서 민감한 시기인가?

이 질문들은 어떻게 핵심 자기 감각을 개념 짓는가의 견지에서 대답할 수 있다. 4개의 자기-불변요소들(집행자, 응집성, 정서감정, 연속성)의 합성물로써의 핵심 자기의 감각은 항상 유동적이다. 이것은 만들어지고, 유지되고, 서서히 약화되고, 다시 만들어지고, 해체되는데, 이러한 모든 것이 동시에 진행된다. 그렇다면, 자기의 감각은 언제 어느 때나 형성되고 해체되는 많은 역동적 과정들의 연결망이다. 이것은 균형 상태equilibrium의 경험이다.

한편에서, 자기의 감각들을 형성하거나 재구성하는 일을 계속 하는 두 가지 종류의 경험이 있다. 많은 사건들(앉기를 결정하고 그렇게 하는 등)이 오고 가며, 단계에 맞는 지각된 것들이 제공되는데, 이것들이 자기의 감각을 형성하고 재형성하는 데 기능한다. 그리고 거의 계속적으로 주의를 기울이지 않은 사건들(서 있는데, 계속적이지만 인식 밖에서 일어나는 반중력적 재적응과 서 있는 근육의 힘)은 근육의 힘에 대한 지각을 제공하는데, 자기의 감각을 유지하는 데 기능한다. 다른 편에는, 자기에 대한 조직화된 지각을 혼란시키는 영향들이 있다. 과도자극, 자기의 감을 유지하는 근육 힘에 대한 지각의 흐름을 혼란시키는 상황(허공에 너무 높이 던져지고 너무 오래 떨어지는); 자기/타인의 경계 단서를 혼동시키는 자기/타인의 비슷함의 경험; 특정한 근육 힘과 단계적 자기 경험을 감소시키는 엄마의 과소자극. 이후의 임상적 결과들에 대한 질문은 핵심적 자기 감각의 역동적인 균형 상태가 이후의 자기의 감각에 영향을 주는지였다.

핵심적 자기 감각은 그것이 역동적 균형 상태이기 때문에 항상 잠재적인 위험 속에 있다. 그리고 참으로, 핵심 자기의 감각에 일어나는 주된 동요들을 경험하거나 두려워하는 것은 일상적인 삶의 일이다. 위니캇은 자신이 '원초적인 고통' 혹은 '상상할 수 없는 불안'이라고 부른 것의 목록을 만들었는데, 아동들은 이러한 것을 물려받았다. '조각들로 되는', '몸과 관계가 없는', '어디가 어딘지 모르는', '영원히 추락하는', '존재가 계속된다는 느낌이 없는', '소통의 수단이 없기 때문에 생긴 철저한 고립' 등이 있다(위니캇 1958, 1960, 1965, 1971).

이러한 불안들은 나이든 아동들에게는 꽤 흔한 것처럼 보이다. 이것들은 어린이의 공포, 악몽, 좋아하는 이야기, 동화에 흔한 자료이다. 성인인 우리는 그러한 공포에서 완전히 자유로운가? 좀 더 심각한 형태에서 그것들은 분열의 정신이상의 병리적 경험(일관성의 균열), 행동과 의지의 마비(집행자의 균열), 멸절(연속성의 균열) 그리고 해리(정서의 소유권의 균열)를 구성한다.

유아는 다른 모든 사람들처럼 변동을 거듭하는 역동적 지위를 가짐으로써 핵심 자기의 감각을 경험한다. 이것이 존재의 정상적 상태이다. 하지만 나이를 먹게 되면서, 유지하려는 힘이 매우 커져서 심각한 불균형 상태는 정상적인 상황에서는 드물게 느끼게 되고, 그래서 그러한 경우 대개는 암시, 단서, 또는 '신호'로써 느끼게 된다.

이러한 그림은 각 개인이 경험하는 지배적인 역동적 균형 상태에서의 개인적 차이점들에 많은 여지가 있음을 보여준다. 그리고 이러한 초기 시기 동안에 특징적인 패턴으로써 만들어지는 것이 바로 이 지배적인 역동적 균형 상태이다. 그렇다면 '집행자, 일관성, 정서 상태, 연속성의 감각이 이 기간 동안에 한 번 형성되고 모든 것이 그렇게 되는가?'라는 질문이 생긴다, 이 질문은, 핵심 자기의 감각이 잘 형성되었는지 또는 좋지 않게 형성되었는지를 묻는 것이 아니다. 형성된 것으로 보이는 것은 핵심 자기의 감각을 결정하는 역동적 균형 상태의 내용물이다.

임상적 입장에서, 어떤 환자들은 상대적으로 잘 형성된 핵심 자기의 감각을 가지고 있다. 그것은 안정적이지만 유지하는 데 거대한 양의 노력이 요구된다. 이러한 것은 타인들로부터의 근육의 힘이나 단계적 기여들의 형태에 이루어진다. 이러한 노력이 실패했을 때, 자기의 감각은 허물어진다. 또 어떤 사람들은 조금 덜 잘 형성된 자기 감각을 가지고 있는데, 동등하게 안정적이지만 훨씬 적은 유지를 필요로 한다. 또 다른 사람들은 적응력이 좋은 자기의 감각을 가지고 있는데, 유지하는 노력의 변화들로는 완전히 설명할 수 없다.

핵심 자기의 감각의 이러한 측면들은 핵심 자기 감각이 형성되는 처음 시기 동안에 특유의 인상을 얻게 될 가능성이 많다. 즉, 형성시기가 이르면 이를수록 그 영향력이 더 오래 갈 가능성이 많다. 하지만 핵심 자기 감각은 만들어져가는 것을 멈추지 않기 때문에, 최초의 형성 단계 후에도 보완적 영향을 받을 수 있는 시간은 많다. 어째든 자기의 핵심 감각의 세 개의 매개변수(형성정도, 유지의 필요도, 유연성)는 자기의 감각의 본질에 대해 말하는 것이지, 어떤 잠재적 병리의 궁극적인 심각성에 대해서는 많은 것을 말하지 않는다.

유아의 주관적 경험에 대한 초점을 유지하고 있는데, 유아가 핵심 자기의 역동적 감각에서 불균형 상태를 어떻게 경험하는가에 대해서는 아직 아무것도 거론된 것이 없다. 유아들도 불안을 성인들이 일반적으로 그런 것처럼 핵심 자기의 감각의 (일시적이고 부분적인) 와해dissolution로 경험하는가?

핵심 관계성의 영역에서 유아들은 핵심 자기의 감각의 **잠재적** 붕괴에 대한 '생각할 수도 없는 불안'을 경험하지는 않지만, **실제적 붕괴** 상태에 대해 '원초적 고통'을 경험하는 것으로 보인다. 유아들은 몇 달 이후까지 이러한 것들에 대해서 불안을 경험하지 않는다고 가정하는 것이 합리적인데, 불안은 궁극적으로 두려움이며 두려움은 일반적으로 6개월 이후까지는 완전한 정서로 나타나지 않는다고 여겨지기 때문이다(루이스와 로젠블럼 1978). 두려움은 심지어 6개월 이후까지는 얼굴에 나타나지 않는다(시체티와 스루프 1978). 또한 불안의 형태에서의 두려움은 가까운 미래에 대한 인지적 평가로부터 오며, 가까운 미래를 예측할 수 있는 능력은 6개월 그 이후가 될 때까지는 충분하게 있는 것처럼 보이지 않는다.

그렇다면 유아는 적어도 이러한 감각이 처음 생겨나는 짧은 기간 동안에는 핵심 자기에 대한 불안에서 자유로울 것이다. 그러나 '원초적 괴로움'은 어떠한가? '원초적 괴로움'은 인지적 평가라기보다 상황에 대한 정서적 평가에 기대고 있는 지엽적으로 국한시킬 수 없는 고통의 어떤 형태라고 추정해보자.

정서적 평가("이것은 유쾌한 것인가 아니면 불쾌한 것인가?", "접근해야만 하나, 아니면 회피해야만 하나?")는 인지적 평가보다 좀 더 원초적이라고 생각한다. 다른 말로 하면, 그것은 인지적 평가 과정보다 잠재적으로 독립적이고 발달적으로 앞서 있다. 정서적 평가는 따라서 아마도 두려움과 불안보다 앞서서 작동한다. 그것은 현재를 평가한다. 정서적 평가는 대개 외적 자극에 대한 지각을 의미하며(달거나 쓴 맛, 갑작스런 큰 목소리 등등), 이러한 평가의 결과는 유쾌함, 불쾌함, 접근, 철수이다(슈나이얼라 1965를 보라). 다른 정서적 평가는 생리적 필요 상태들(배고픔, 목마름, 신체적 안락함, 산소)과 관련된 내적 자극에 대한 인식을 의미한다. 또한 세 번째 정서적 평가도 있는데, 이는 어린 인간이 성취하고 유지하도록 설계된 많은 대인관계의 목표 상태들, 즉 궁극적으로 종의 생존을 위해 필요하지만 생리적 필요는 관여되지 않는 것들이다. 이것들은 특정한 사회적 그리고 자기의 조직화를 위해서 필요한 것들이다(볼비 1969). 우리는 이러한 것들에 지각된 것들을 조직해야 하는 필요를 첨가할 수 있다. 이것들도 역시 사회적 세계에서의 생존을 위해 핵심적이다.

이러한 사회적 그리고 자기 조직화의 목표 상태들을 충족하기 위해서 요구되는 자기에 대해서 부정적 정서 평가가 있을 때, 어떻게 느껴질까? 이 느낌에는 어떤 이름을 붙이는 것이 좋을까? '원초적 괴로움'이 하나의 좋은 선택이다. 이것은 생리적 상태에 부착되어 있지 않고, 어떤 부위에 있다고 말할 수 없는 고통을 의미한다. (생리적 고통은 말리의 용어인 '유기체의 고통'으로 더 잘 표현되고 있으며 … 그것이 불안의 전조이다.) '원초적 괴로움'은 특별히 사회적인 혹은 대인관계의 필수적인 상태를 유지하는 데 필요한 지속적 기능의 실패를 포착해서 말하는 것이다. 우리는 이것을 위니캇에서 빌려와서 유아의 인생경험의 카테고리를 묘사하는 데 사용할 수 있다.

유아는 핵심 자기의 감이 일시적 그리고 부분적으로 해체될 때마다 '원초적 괴로움'을 경험한다. 게다가 이러한 괴로움은 같은 사건에 대한 인지적 평가가 이러한 괴로움의 경험에 불안을 첨가하기 훨씬 이전에 핵심 관계성의 기간 동안에 발생하는 것이 분명하다.

이러한 고려 사항들은 네 번째 요소를 지배적인 역동적 균형 상태에 첨가한다. 괴로움의 존재 또는 부재(또는 용량이라고 하는 것이 더 나은)는 핵심 자기의 감각을 특유하게 유지하는 것을 수반한다. 이것은 또한 경험의 특유의 특징으로써 저장된다.

핵심 관계성 동안에 정신병리의 이슈

핵심 관계성의 영역의 형성 단계에서, 어떤 유아는 이미 임상적 문제들을 보일 수 있다. 이와 같은 것들은 주로 먹고 자는 문제로 나타날 수 있지 유아 내부의 어떤 정신내적 갈등의 신호나 증상은 아니다. 그것들은 진행 중인 상호작용의 현실의 정확한 반영이고 문제적 대인관계의 교환의 나타남이지 정신 역동적 성질의 정신병리는 아니다.

사실, 이러한 이른 시기에는 유아들에게 정신적 장애가 있는 것이 아니라, 유아가 참여하고 있는 관계 안에만 있는 것이다. (정신지체, 다운증후군, 자폐는 부분적으로 예외를 보여준다.)

가장 흔한 문제가 수면문제이다. 대개 아기는 엄마가 올 때까지 자지 않고 계속 울고, 엄마가 재워주는 의식을 할 때까지 칭얼거린다. 우유나 물을 먹거나 또는 먹지 않거나 엄마가 떠나면 또 우는 것을 3~5차례 반복한다. 이러한 상황에서의 유아의 행동은 신호나 증상이 아니다. 엄마에 의한 불확실하고 불명확한 한계 설정, 혼자 어둠 속에 있는 것에 대한 자연스러운 두려움, 그 행동의 강화 등등을 고려해보면, 유아는 현재의 현실과 상응하는 방법으로 행동하고 있는 것이다. 이러한 평범한 사례들 다수에서 유아 자체에는 아무런 문제가 있는 것이 아니다. 그 행동은 단순히 특유하고 예측 가능한 패턴이며 가족의 문제이다.

상호주관적 관계성

상호주관적 관계성이 형성되는 동안의 주요한 임상 이슈들은 핵심 관계성이 형성되는 동안에 직면했던 것들과 같다. 하지만 이제 초점을 타인에 의한 행동적인 외적 자기 경험의 조절로부터 자기와 타인 사이에서의 주관적 경험의 공유와 주관적 경험에 서로 주는 영향으로 옮겨보자. 우선 공유를 살펴보자면, 당신은 당신의 내적 경험을 타인과 조금이라도 공유할 수 있는가? 타인들도 그들의 내적 경험을 당신과 공유할 수 있는가? 당신이 주관적 경험을 공유할 수 있다면, 공유할 수 있는 경험은 무엇이고 할 수 없는 것은 무엇인가? 공유할 수 없는 경험의 운명은 어떨까? 공유할 수 있는 경험의 운명은 어떨까? 그리고 끝으로 그리고 공유하게 되었을 때, 가능할 만한 대인관계의 결과는 무엇일까?

우리는 초점을 경험 조절에서 경험 공유로 옮겼다고 언급했다. 이것은 상호주관주적 공유가 이제 막 시작되어서 새로운 형태로 가고 있다는 정도에서만 사실이지 경험의 상호 조절이 멈추었다는 것을 말하는 것이 아니다. 지금 그것들은 함께 계속될 것이다. 임상적 관련성이 있는 다음의 패턴이 이 영역에서 묘사할 수 있다.

조절 없음: 주관적 경험의 공유할 수 없음

정서의 공유가 없는 상황을 상상하기란 어렵다. 그 극단의 형태
는 아마도 심각한 정신이상이나 평범한 사람들 가운데에서는 공상
과학 소설의 줄거리에서 주인공이 로봇들 중 또는 내적 경험을 헤아
릴 수 없는 외계종족 중 유일한 인간일 때일 것이다. 이 허구적인 상
황이 특별히 적절하다고 생각되는 것은, 인간과 외계인은 신체적 관
계성을 가질 수 있고(외계인이 충분히 매력적이라면), 외적 문제들에
대해 소통할 수도 있기 때문이다. 하지만 만약 정서적 주관성이 불가
능하다면 주인공에게는 우주적 외로움이 뒤따를 것이다. 좀 덜 극단
적인 형태는 신경증이나 성격장애에서 발생한다. 이러한 상태에는
가능한 상호주관적 공유에 대한 소망이나 환상 혹은 서투른 시도 등
이 있다. 정신이상이나 공상 과학 소설 상황에서 정서적 상호주관성
이 선험적으로 존재할 가능성은 없어 보인다.

상호정서적 공유의 결여의 가장 극단의 상태는 몇 십 년 전 기술
했던 보호시설의 유아들이나 극심한 우울이나 정신이상으로 육아가
적절치 않다고 판단되는 엄마에 적용될 수 있다. 다음은 방금 전에
언급한 상황을 서술한 것이고, 어떻게 내적 경험의 공유할 수 없음이
발생할 수 있는지 그리고 동시에 임상적 사실로써 주장할 수 없다는
것을 보여주려는 것이다.

29살의 이혼한 엄마는 정신병동에 입원하게 되었는데, 만성적 피
해망상 분열적 상태 때문이었다. 그녀는 이전에 두 번 입원했고 항
정신성 약을 복용하고 있었다. 그녀는 소아과 병동에 10개월 된 딸

있었다. 그 아이가 그곳에 계속 있었던 것은 돌봐줄 친척이 없었고 정신과 병동 의사 중 몇몇이 그 아이가 엄마와 함께 있는 것이 안전하지 않다고 생각했기 때문이다. 이에 반대하는 이들은 아이는 안전하고, 하루에 두 번 감독하에 방문하는 것 대신에 엄마와 병동에서 살아야 한다고 주장했다. 분리해야 한다는 이들은 유아의 안전에 대한 엄마의 과도한 염려와 누군가가 아이를 해칠 수도 있다는 두려움은 그녀 자신의 적대적 파괴 소망을 나타내는 불길한 투사라고 생각했다. 그 아이가 병동에서 살기를 원하는 사람들은 투사는 분리 때문에 엄마와 아이가 경험할 실제적 괴로움보다 덜 위협적이라고 느꼈다.

그 엄마는 꽤 안정감이 있었고 자신을 가다듬을 수 있었다. 그녀는 겉으로 보기에 정신이상은 아니었다. 그보다는 자신의 생각을 잘 드러내지 않고 비밀스러웠다. 입원 전 10개월 동안 그렇게 아기를 적절히 잘 돌보았고 이기는 긴강했다. 병동 의료진은 모두 엄마가 극단적으로 자신의 딸과 과도하게 동일시하고 경계를 상실하고 공생적이며, 엄마가 아이에게 녹아들어갔다고 느꼈다. 우리(린 호퍼, 왠디 하프트, 존 도어 그리고 나)는 이 병동에서의 교착 상태를 해결하는 것을 도와달라는 요청을 받았다.

우리는 아이가 오는 것을 처음으로 보았을 때 아이는 잠자고 있었다. 엄마는 잠자는 아기를 부드럽게 다루었고 아기를 침대 위에 눕혀서 아기가 계속 잘 수 있도록 해주었다. 엄마는 막대한 집중력으로 이것을 해서 우리는 안중에 없었다. 그녀가 아기의 머리를 매우 천천히 침대에 눕힌 후에, 아기의 팔 중에 불편하게 있는 팔을 두 손으로

잡고 마치 깃털이 땅에 내려오는 것처럼 조심스럽게 침대에 놓았는데, 마치 팔이 달걀껍질로 만들어져 있고 침대가 대리석으로 만들어져 있는 것처럼 조심스러웠다. 그녀는 이 행위를 할 때 그녀의 몸과 마음이 온전히 전적으로 참여했다. 일단 이 일이 끝나자, 그녀는 우리에게 고개를 돌려서 대화 중 중단되었던 주제를 평범한 태도로 다시 꺼냈다. 병원의 의료진이 그녀가 과도 동일시되어 있고, 경계가 없고, 자신 안의 유해한 충동에 대항하고 반응하고 있으며, 동시에 그녀가 유능한 양육자라고 느끼게 만들었던 것이 바로 이와 같은 일들이었다.

엄마도 또한 자신이 양육에 대해서 어떤 불특정한 불안전감을 가지고 있고 아이와 과도하게 동일시되어 있다는 것을 느꼈다. 우리는 그녀에게 이 영역에서 그녀를 도와줄 것이라고 약속하면서, 우리의 자료 수집과 7장에서 묘사한 것처럼 조율을 평가하는 기법을 기록하는 것에 우리와 함께 작업해보자고 요청했다.

이 과정에서 나타나게 된 것은 그동안 우리가 관찰했던 모든 엄마들이 보여주었던 것이었으며, 이 엄마는 가장 적게 조율할 수 있었다. 다른 날에 이루어진 두 번의 관찰의 과정에서 그녀는 우리가 가지고 있는 정서 조율의 기준을 충족시키는 행동을 하지 않았다. (그것은 대개 1분에 한 번 발생하고 엄격한 기준을 사용한다.) 하지만 동시에 아기에게 과도하게 집중했다. 그녀는 서성이면서 어떤 해로운 일이 아기에게 일어나지 않도록 했고, 아기의 모든 필요를 예측하려고 했으면 이러한 과제들에 완전히 몰두했다.

이러한 것이 분명하게 되었을 때, 우리는 그녀에게 그녀가 딸에게 있을 수 있는 잠재적 위험에 너무 신경 써서 딸의 경험을 공유하지 못하는 것 같다고 말했다. 우리는 그녀에게 분명한 외적인 이유가 없음에도 불구하고 그녀가 보호하려고 했었던 몇몇 경우들에 대해서 물었다. 그리고 아이가 했던 특정한 표현이나 행동에 대해서 그녀가 반응하지 않았던 몇몇 경우에 대해서 물었다. 점차적으로 우리의 4번의 방문 동안에 그녀는 우리에게 그녀가 전적으로 주의를 기울이는 것은 외적 환경이지 그녀의 딸이 아니라는 것을 말했다. 책상 모서리나 마룻바닥의 날카로운 물건들, 밖에서 들리는 소리를 염려하였다. 방금 전에 들은 경적소리가 또 한 번 울리면 그녀는 그때에 아기와 하던 것을 그만두었다. 만약 다시 '빵' 소리가 울리지 않으면 하던 일을 계속하면서 다른 외적 신호들을 기다렸는데, 그러한 신호는 그녀에게 특정하지 않았고 그녀의 해석에 따른 것이었다. 아기에게 영향을 주는 외부 세상을 읽고 통제하려는 몰두 때문에, 그녀는 아기의 경험으로 들어가서 공유할 수가 없었다. 이 엄마는 이것을 인식하고 있었다. 아기는 엄마의 이런 상호작용의 전환에 익숙해졌을 것이다. 수동적으로 적응해가며 엄마가 새롭게 제시하는 활동을 받아들이는 것처럼 보였다. 아기의 순응과 엄마의 완전히 몰입한 주위집중으로 이러한 상호작용들은 실제보다 훨씬 더 조화롭고 일치하는 것처럼 보였다.

이 엄마는 핵심 관계성 수준에서 부분적으로 아기와 접촉하였지만, 상호주관적 관계성 수준에서는 전체적으로 접촉할 수 없었다. 그녀는 아기에게 어떤 상호주관적 경험도 제공하지 못했다. 과도한 친밀성의 첫 인상은 부분적으로 환상이었다. 엄마는 자신의 망상과 소통하고 있었고 아기와 '함께 있기' 위해서 거기에서 벗어날 수 없었다.

　이 이야기는 몇 가지 점에서 중요한 것을 보여준다. 거의 전적인 조율의 결핍이 신체적·생리적 욕구가 충족 되었을 때조차도 가능하다는 것을 볼 수 있다. 이것이 대부분의 인간 행동의 관찰자들은 조율하는 행동이 다른 의사소통 행동이나 양육하는 행동에 깊숙이 들어 있을 것으로 기대한다는 것을 의미한다. 그래서 우리는 그것이 있다고 가정하고 그러한 것이 없을 때조차도 그것을 읽으려고 한다는 것이다. 마지막으로 이것은 유아가 상호주관적 관계성의 부재에 일시적으로 적응하는, 즉 핵심 관계성 수준에서 매우 순응적으로 되는 한 방식을 보여준다. 만약 엄마가 변할 수 없거나 다른 누구도 상호주관적 세계로 가는 문을 열어주지 않는다면, 이러한 적응의 미래는 유아에게 궁극적으로 재앙이 될 것이다. 우리는 외로움loneliness이 아니라 고립감aloneness이 만연해 있을 것이라고 예상할 수 있는데, 이 아이는 한 번도 주관적 공유를 경험해본 적이 없고 그래서 그것을 상실한 적도 없기 때문이다. 아마도 이런 아동은 나이가 들어도 다른 사람들 사이에 진행되는 것들에 대한 힌트를 갖기가 힘들 것인데, 그녀는 오직 희미한 느낌을 가질 수 있지 실제 경험은 알지 못한다. 그러면 자아 고립감을 진정으로 경험할 것이고 아마도 그런 형태의 친밀감의 가능성을 두려워할 것이다. 하지만 만약 그녀가 자신이 모른다는 것을 영원히 모른다면 그녀는 상호주관적 관계성의 수준에서

자아 동질적이고 수용할 수 있는 만성적 고립감을 경험할 것이다.[5]

선택적 조율

선택적 조율은 부모가 아동의 주관적이고 대인관계적 삶의 발달을 형성해줄 수 있는 가장 강력한 방법들 중 하나이다. 그것은 "유아가 자신의 특정한 엄마의 아이가 되는 것"을 설명해준다(리히텐스타인 1961). 조율은 또한 부모가 자신의 유아에 대한 환상을 가짐으로써 주게 되는 영향의 주요 수단이다. 본질적으로, 조율은 부모가 공유할 수 있는 것, 즉 어떤 주관적 경험들이 그 안에 있으며 어떤 것이 상호 간의 배려와 수용의 경계에 있는지를 아이에게 전달하는 것을 가능하게 해준다. 조율의 선택적 사용을 통해서 부모의 상호주관적 반응성은 아동에게 상응하는 정신내적 경험들을 형성하게 하고 창조하게 하는 본보기의 역할을 한다. 이런 방식으로 부모의 욕구, 공포, 금지, 환상은 아동의 정신적 경험의 형세를 만든다.

선택된 조율의 소통의 힘은 거의 모든 형태의 경험에 닿아 있다. 이것은 어떤 행동이 경계 안에 혹은 밖에 속하는지 결정한다(장난감을 세게 그리고 시끄럽게 치는 것은 — 상호주관적 경계 내에서 — "괜찮은가? 자위행위는 어떤가? 더러워지는 것은?"). 여기에는 사람들에 대한 선호도도 포함된다(로니 이모 집에서 재미있게 지내는 것은 괜찮은가? 루시 이모네서는 안 돼, 그러자 이모는 말한다. "내 조카는 나를 좋아하지 않아"). 그리고 이것은 타인과 함께 있을 때 발생할 수 있는 내적 상태들(기쁨, 슬픔, 즐거움)의 정도나 형태를 포함한다. 우리가 가장 초점을 맞추어야 할 것은 외적 행위 그 자체가 아닌 이러한 내적 상태들인데, 그것들이 일반적으로 이러한 정황에서 덜 강조되기 때문이다.

어떤 면에서, 부모는 유아가 거의 모든 종류의 감정 상태(넓은 영역의 정서, 활성화의 증감의 전체 스펙트럼, 그리고 많은 생동력 정서를 포함한)를 제공한다는 것을 고려하면서 어떤 것을 조율해야 하는지 대부분 인식하지 못하지만 선택을 해야만 한다. 세대 간의 견본을 창조하는 이 과정은 평범한 일상적 상호작용의 일부이다. 어떤 것은 받아들여지고 어떤 것은 놓치면서 발전하기 위한 거의 무한대의 기회가 있다. 이 과정이 세상을 흑과 백으로 선명하게 나눈다기보다는 많은 회색 색조들로 나누어놓는다. '열정'의 경험에서 온 예와 그 반대의 사례를 보자.

몰리의 엄마는 몰리의 '열정'에 많은 가치를 두고 때로는 과도하게 평가하는 듯 보였다. 몰리가 이것을 잘 받아들이는 것처럼 보이는 것은 다행이었다. 몰리가 한바탕 열정의 과도기에 있을 때, 그들은 가장 특징적인 조율을 함께 만들었다. 그것은 그렇게 어렵지는 않았는데, 그 순간들이 무척이나 매력적이었고 유아의 열정의 폭발적인 행동은 매우 큰 전염성을 갖고 있었기 때문이다. 엄마는 또한 몰리가 세상에 대한 관심과 흥분이 낮은 상태에 있을 때에도 조율을 했지만 그리 일관되지 않았다. 이러한 낮은 상태들은 선택되지 않았고 전적으로 조율되지 않은 채 방치되었다. 그것들은 그야말로 상대적으로 그리고 절대적으로 덜 조율되었다.[6]

열정의 상태들에 대한 부모의 조율은 오로지 좋은 일이라고 주장할 수 있다. 그렇지만 그것이 상대적으로 선택적일 때, 유아는 이러한 상태들이 부모에게 특별한 위상을 가지고 있다는 것뿐만 아니라 그것들이 상호주관적 연합을 성취하는 몇 안 되는 방법 중 하나라는 것을 정확히 감지한다. 우리는 몰리가 허위로 열광을 사용할 때도 있음을 알기 시작했다. 무게의 중심이 안에서 밖으로 이동하고 특별한 측면의 '거짓 자기' 형성의 시작을 감지할 수 있었다. 몰리의 타고난 자산들은 부모의 선택적 조율이 가진 힘과 결합했고 아마도 그녀에게 후에 불리하게 작용할 것이다.

애니의 경우는 매우 달랐다. 그녀도 열정을 가지고 있었지만 그녀의 엄마는 열정의 거품들이 막 터졌을 때, 특유의 조율을 좀 더 하였다. 엄마는 애니가 열정으로 가득 찰 때보다는 고갈되었을 때 상호주관적 동맹을 상대적으로 좀 더 맺었다("오, 괜찮아 아가야.", "어렵지, 그치?"). 엄마가 이것을 하는 것은 애니를 부분적으로 달래고 위로하기 위해서뿐만 아니라 다른 형태의 상호주관적 연합에서 애니를 북돋아주기 위해서였다. 우리는 그것을 '탈열정exthusiasm'이라고 부를 수 있다. 애니의 엄마는 열정enthusiasm에서보다는 탈열정에서 주관적인 동반자로서 더욱 편안해했다. 열정은 그녀에게 좀 더 위험해보였다.

유아가 열정에서만 주관적인 파트너가 된다는 것은 우울증과 같은 탈열정 상태를 공유할 수 있는 개인적 경험 바깥에 놓는 것이다. 그리고 다른 한편에서는 탈열정 상태에서만 파트너가 된다는 것은 긍정적인 흥분 상태의 열정을 공유할 수 있는 개인적 경험 바깥에 놓는 것이다.

　부모가 자기 자신으로 있었을 때 불가피하게 조율 행동에서 어느 정도의 선택적 편향을 보이게 되는데, 그렇게 하면서 그들은 유아의 공유할 수 있는 대인관계의 세계에서 견본이 된다. 이것은 모든 내적 상태에 적용되며, 열정과 탈열정은 단지 예일 뿐이다.

　그리고 이것이 어떻게 '거짓 자기'가 시작될 수 있는가에 대한 것이다. 즉, 타인의 내적 경험과의 상호주관적 수용을 성취할 수 있는 내적 경험을 일정 부분 활용하지만, 동등하게 가치 있는 나머지 부분의 내적 경험을 희생하는 것이 된다. '거짓 자기' 개념(위니캇 1960)은 또는 소외된 대인관계의 사건은 설리번(1953)의 '나 아닌' 경험을 만들거나 또는 혹은 자신의 경험을 부정 혹은 억압하는데(바쉬 1983), 이 모든 것은 앞으로 우리가 열심히 논의해야 할 주제들이다. 우리는 그 과정에서의 첫 번째 걸음인 상호주관적 공유하기로부터 제외된 어떤 경험들을 묘사하고 있다. 그다음에 발생하는 것은, 대인관계의 영역에서 제외된 경험이 '거짓 자기' 또는 '나 아닌' 현상의 부분이 되든, 그것이 단순히 이 방법 또는 저런 방법으로 의식 밖으로 밀려나든, 또는 그것이 사적으로 남아 있지만 접근할 수 있는 자기의 부분이 되든, 그 시작은 여기에 있다.

　마찬가지로, 선택적 조율의 사용은 아동기 내내 지속적으로 볼 수 있고, 발달적 변화의 목적을 위해서 묘사했던 것 외의 방식으로 기능한다. 예를 들면, 아동의 초기의 자위행위를 생각해보았을 때(갈렌슨과 로피 1974), 억제나 부인의 궁극적 필요나 억압이 어떻게 전달되는가? 선택적 조율의 잠재적인 임상적 영향을 논의함에 있어서 마이클 바쉬는 이 경우를 분명하게 설명한다.

> 프로이트의 용어를 사용하자면, 어떻게 부모의 초자아는 유
> 아나 어린아이에게 그렇게 정교하고 정확하게 전달될 수 있을까?
> 자위행위를 예로 들어보자 … 만약 부모가 심리학적으로 깨어 있
> 어서 그 행위에 대해서 아동에게 수치심을 주거나 죄책감을 느끼
> 게 않게 하기로 결정을 했다면, 아이는 이 행위가 수용의 경계 밖
> 에 있다는 생각을 갖게 될까? 비록 부모가 아동에게 비판적이거
> 나 질책하는 방식으로 말하지 않더라도, 그들은 2감각 통합적 조
> 율을 통해서 그 행위에 동의하지 않고 그 메시지는 크고 분명하
> 게 전달된다(바쉬, 개인적 대화에서, 1983년 9월 28일).

내가 지금 서술한 임상 과정은 보통 반영mirroring의 용어로 논의된
다. 반영은 세 개의 다른 대인관계의 과정이고, 각각이 특정 연령에
사용된다고 나는 주장한다. 즉, 적절한 반응성과 조절(핵심 관계성 기
간 동안), 조율(상호주관적 관계성 기간 동안) 그리고 강화의 형성과 합
의의 확인(언어 관계성 기간 동안)이다. 이들이 모인 것이 대개 반영이
의미하는 것이다.

선택적 조율의 주제에서 떠나기 전에 우리가 주목해야만 하는 것
은, 핵심 관계성에서 상호주관적 관계성으로 옮기면서, 우리는 분리
된 내적 상태들을 위한 분리된 계속적 발달선들을 보기 시작할 수
있다. 같은 현상(열정, 예를 들면)이 관계성의 각각의 영역에서 자기
조절 타인으로부터 그리고 주관적 상태를 공유하는 대상으로부터

오는 비슷한 발달적 압력 아래 있는 것으로 보인다. 자기 조절 타인은 그녀의 신체적 현존이 함께 작용하고, 상태를 공유하는 타인은 그녀의 정신적 현존과 함께 작용한다. 하지만 이 둘은 지속적으로 협력하여 작용하며 평생 동안 지속되는 특징적 패턴을 창조한다.

잘못된 조율misattunement과 조정tuning

잘못된 조율과 조정은 부모의 행동(그리고 그 행동 뒤에 있는 욕구, 환상, 소망)이 아이 안에 상응하는 정신내적 경험을 형성하고 만들어내는 견본으로써 작용하는 또 다른 방식이다. 잘못된 조율과 조정은 연구 목적으로 위해서 따로 떼어내 정의하기가 어렵지만 임상에서는 인식하기가 어렵지 않다. 잘못된 조율이 다루기 힘든 이유는 그것이 교감적(잘 맞춰진) 조율과 엄마의 의견(정서적으로 맞지 않은 반응), 그 사이 어딘가에 위치하기 때문이다. 그것은 조율에 좀 더 가까이 있다고 할 수 있는데, 사실 그것의 주요 특징은 그것이 진정한 조율 가까이에 있어서 조율로 들어갈 수 있다. 하지만 잘못된 조율은 좋은 일치에서 살짝 빗나갔을 뿐인데 강력한 영향을 준다.

샘의 엄마는 10개월 된 아들의 정서 행동에 살짝 덜 맞춰주는 것으로 관찰되었다. 예를 들어 샘이 밝은 얼굴로 엄마를 바라보며 정서를 드러내고 신이 나서 팔을 퍼덕거렸을 때, 엄마는 꽤 괜찮은 목소리로 "그래, 아가야." 하고 반응했는데, 이것은 활성화의 절대적 수준에서는 아이의 팔 움직임과 얼굴의 밝기에 약간 못 미치는 것이었다.

그러한 그녀의 행동은 그녀가 매우 생기 있고 명랑한 사람이었기 때문에 더욱 놀라웠다.

우리는 보통 하던 대로 그녀에게 그러한 각각의 교환에 대해 우리의 의례적인 질문들—그녀가 어떤 것을 했을 때, 그것을 왜 했는지, 언제 했는지, 무엇을 한 것인지—을 하였다. 첫 번째 질문들—왜, 무엇, 언제—에 대한 그녀의 대답은 기대했던 것이었고 그렇게 놀랄만한 것은 아니었다. 우리가 그녀에게 왜 그런 방식으로 했는지 물었을 때, 더 많은 것이 드러났다. 특별히, 그녀가 아이의 열정 수준에 맞추려고 의도했는지에 대해 물었을 때, 그녀는 "아니요."라고 대답했다. 그녀는 미미하게나마 자신이 종종 아이에게 덜 맞추고 있다는 것을 인식하고 있었다. 왜냐고 묻자, 그녀는 말로 표현하기 위해 애를 쓰면서 만약 샘에게 맞춰준다면—과도하게가 아니라 단지 맞춰주기—그는 자신의 행동이 아니라 그녀의 행동에 초점을 맞추려는 경향을 보일 것이고 그것은 주도권이 그에게서 그녀에게로 넘어오게 할 것이라고 하였다. 그녀는 자신이 충분히 그리고 동일하게 맞춰주고 공유하면 샘이 주도권을 상실하는 경향이 있다고 느꼈다. 만약 주도권이 가끔씩 그녀에게 넘어온다면 무엇이 잘못되느냐는 질문에 그녀는 잠시 멈춘 후에 마침내 말하기를 "샘은 좀 소극적인 편이고 주도권을 그녀에게 넘겨버리는 경향이 있다."고 말했다. 그녀는 덜 맞추는 것undermatching을 통해서 이것을 방지하려고 했던 것이다.

아이가 인생의 이 단계에서 상대적으로 엄마보다 좀 소극적이고 덜 주도적이면 어떻게 되느냐는 질문에 그녀는 샘이 너무 수동적이고 에너지가 낮은 아빠를 많이 닮았다고 생각하고 있음을 말하게 되었다. 그녀는 가정 내에서 주도권을 가진 사람이었고 생기를 불어넣는 사람이었다. 그녀는 결혼생활에 열정 불어넣는 사람이었는데, 무엇을 먹을지, 영화를 보러갈지, 부부관계를 언제 맺을지 등등을 결정했다. 아이가 자라서 아빠처럼 되기를 원하지 않았다.

이 엄마와 우리 모두가 목적이 있는 약간의 잘못된 조율이 그만큼의 무게를 전달하고 그녀의 가정교육 방식과 환상의 초석이 되었다는 사실을 알고 놀랐다. 사실 이것은 놀랄 만한 것이 되어서는 안 된다. 결국에는 어떠한 방법을 통해서든 태도, 계획, 환상이 그것들의 궁극적인 목표를 달성하기 위해서 감지할 수 있는 상호작용적 행동으로 변환된다. 조율과 잘못된 조율은 태도나 환상 그리고 행동 사이의 접점에 존재하고 그 중요성은 그 둘 사이를 변환하는 역량에 달려 있다.

그녀의 방식에 대해 매우 흥미로운 역설 중 하나는 이것은 그녀가 의도했던 바와 정확히 반대의 것을 한다는 것이다. 그녀의 덜 맞추는 조율은 에너지가 낮은 아이를 만드는 경향이 있다. 이 어머니는 무심코 아들을 아버지와 다르게 만들기보다는 아버지와 비슷하게 만드는 데 기여하고 있었다. '세대 간의 영향'의 선은 종종 직선적이지 않다.

분명히 잘못된 조율은 경험에 직접적으로 참여하는 교감을 하려는 시도는 아니다. 그것은 아이의 행동과 경험을 바꾸려는 은밀한 시도이다. 그렇다면 아이의 관점에서 엄마의 잘못된 조율에 대한 경험을 어떤 것과 같을까? 우리는 다음과 같이 추측했다. 때때로 유아는 그러한 사건들은 마치 조율의 부류에 들어 있지 않고 조율이 아닌 반응response인 것처럼 느낀다. 그러한 경우들에서 잘못된 조율은 그야말로 실패했고, 교감하는 조율에 들어갈 정도가 아니었다. '성공적인' 잘못된 조율은 마치 엄마가 어째든 아이 마음속에 들어간 것 같고 무엇인가 공유된 것 같은 환상을 주관적으로 갖게 되지만, 공유의 실제 감각은 아니다. 그녀는 유아의 경험에 들어가는 것처럼 보였지만 결국 다른 곳에, 조금은 많이 벗어나 있었다. 이 아이는 때때로 그 간격을 좁히고 좋은 일치를 위해서 엄마가 '있는' 곳으로 이동했다. 그렇게 잘못된 조율은 유아의 행동과 경험을 엄마가 원하는 방향으로 바꾸는 데 성공한다.

이는 평범하고 필요한 기술이나 특정 타입의 경험들 때문에 과도하게, 그리고 선택적으로 사용되면, 유아가 자신과 대상의 내적 상태를 평가하는 감각에 문제가 생길 수 있다. 선택적 조율과 잘못된 조율은 잠재적 위험을 안고 있고, 상호주관성과 조율은 다른 잠재적인 것들과 마찬가지로 뒤섞인 은총이 될 수도 있다.

잘못된 조율은 유아의 경험을 바꾸기도 하지만 그것을 훔치기도 하여 '정서적 절도'를 초래하기도 한다. 어린 나이에도 어떤 사람을 당신의 주관적 경험 내부로 들어오게 하는 것에는 위험성이 있다. 이 엄마는 아이의 상태에 조율했고, 공유된 경험을 만들고, 그리고 난 다음에 그 경험을 변경해서 아이는 그것을 상실하게 된다. 예를 들면, 아이가 인형을 잡고 그것의 신발을 맛있게 씹기 시작했다. 엄마는 그의 즐거움의 표현에 여러 가지 조율을 했는데, 그 경험을 상호적으로 인정하고 참여하는 일원처럼 보였다. 이러한 회원자격은 아기에게서 그 인형을 받을 허가증을 주었다. 그녀는 그 인형을 잡고 껴안았다. 그것은 이전에 설정되었던 씹는 경험을 깨뜨렸다. 아기는 멀뚱히 있게 되었다. 그녀의 행동은 실제로 아이가 입으로 하는 것을 멈추게 하는 금지를 위한, 또는 방지를 위한 행위가 되었고, 가르치는 행위도 되었다. 인형은 껴안아야 하는 것이지 씹는 것이 아니다. 금지 또는 가르치는 행위가 직접적으로 된 것은 아니다. 그녀는 단순히 금지하거나 가르친 것이 아니다. 그녀는 조율의 방법을 통해서 아이의 경험 내부를 들어갔고 아기로부터 그러한 정서적 경험을 훔쳤다.

이러한 유형의 교환은 많은 방법들로 발생할 수 있고, 그것은 항상 실제 대상과의 경험이지는 않다. 예를 들면, 엄마가 아이의 지속되는 상태에 조율을 하고, 그런 다음에 점차적으로 그녀의 행동을 상승시키거나 아이가 더 이상 따라올 수 없는 지점까지 그녀의 행동에 변화를 줄 수 있다. 아이의 처음의 경험은 쇠미해져간 채, 엄마가 자신의 원래의 경험을 다르게 변주한 것을 아이는 보고 있게 된다.

이러한 간단한 예들(드문 경우들이 아니다)은 흥미로운 점이 있는데, 이것의 주요한 특징 중 하나가 경험의 상호주관적 공유를 위험에 빠뜨리게 하기 때문이다. 다시 말해, 결국 상호주관적 공유를 상실하게 된다. 이는 이후에 좀 더 나이 든 아동이 자신의 주관적 경험을 손상하지 않고 지키기 위해서 하는 거짓말, 비밀, 회피 등의 기원이 될 가능성이 많다.

이렇게 보면 조율이 좋게 혹은 나쁘게 사용되던 위험은 도처에 있지만 이것이 다른 형태의 인간의 행위보다 더 나쁘다는 것은 아니다. 결국 부모는 최선의 경우에 다만 '그 정도면 충분한good enough' 것이다. 이는 여지를 남긴다. 유아는 조율의 필연적인 현실, 즉 이것이 사람들 사이에 상호주관적 문을 여는 열쇠가 된다는 것을 배운다. 그것은 타인과의 부분적 연합을 통해서 정신생활을 풍요롭게 해주기도 하고, 내적 경험의 일정 부분을 굽히거나 적절하게 조절하는 것으로 정신생활을 빈곤하게도 한다.

진정성 혹은 진심

상호주관적 관계성에서, 부모의 행동의 진정성은 커다란 무게가 있는 주제임이 어렴풋이 드러났다. 이것은 분명히 정신병리 형성에 중요한 사실이며, 정상적이 발달에도 또한 중요한 사실이다.

이 주제는 진정함 대 진정하지 않음의 문제가 아니다. 이것은 이거다 저거다가 아니라 스펙트럼을 가지고 있다. 얼마나 진정한가? 엄마와 아이의 지식, 기술, 계획 등등에 있는 자연스러운 불균형 때문에, 대부분의 경우에 엄마는 몇 가지의 자신의 안건들을 동시에 처리하는 반면, 유아는 오직 하나만을 처리하고 참여할 수 있다. 이러한 다수의 안건들 중 어떤 것은 이미 언급한 바 있다. 샘의 엄마가 샘과 놀이를 했을 때의 목표는 샘이 '수동적'이 되지 않게 하는 것이었다. 대상과 놀이하도록 격려할 수 있는데, 아이에게 어떻게 그것과 노는지, 어떻게 놀아서는 안 되는지를 제시한다. 아이의 관심을 상대적으로 위험한 것에서 좀 더 안전한 것으로 돌린다. 아기의 반응성이나 조숙함을 눈에 띄지 않게 나타나기를 원한다. 재미있는 게임은 진행하도록 하고 아이가 피곤함의 신호를 보이면 한 발로 브레이크를 밟는다. 이러한 모든 상황들은 필연적으로 진실함과 진실하지 않은 행동들이 어느 정도 섞여 있다.

이러한 주제가 여기저기에 스며 있음이 어떻게 엄마가 자기의 아이를 금지하는지를 관찰했을 때 분명해졌다. 이러한 연구 프로젝트 동안에 우리는 연구의 문제점과 실패들을 통해서 많은 것을 배웠다. 우리는 어떻게 엄마가 다양한 나이에 있는 아이를 금지시키는지를 측정하는 임무에 매우 적합하다고 생각되는 3명으로 팀을 만들었다. 존 도어는 언어 행동을 분석하는 데 전문가였고 엄마가 말하는 것의 화용론과 의미론 영역을 담당했다. 헬렌 마워은 음성 질감 분석에 전문가였고 엄마의 준언어적paralinguistic 메시지 영역을 담당했다. 나는 엄마의 얼굴, 자세, 몸짓 행동들을 분석하는 책임을 담당했다.

우리의 첫 번째 문제는 금지 행위를 정의하는 데 있었다. 도어는 적절한 언어적 그리고 말 행위 기준들을 펼쳐놓았지만 그것들은 효과가 없었다. 때때로 엄마는 "그거 하지 마."라고 말했다. 이것은 언어적 관점에서 보면 탁월한 금지의 예였지만, 그녀는 그것을 매우 부드럽고, 가장 명랑한 목소리로 미소와 함께 말하기도 했다. 이것이 금지인가? 다른 경우에는 단지 아이의 이름을 부르거나 물었다. "너 그것을 하기 원하니?" 우리 모두는 그녀의 목소리의 말투와 얼굴 표정으로 보건데 그것이 금지로써 기능한다고 동의했다. 하지만 이것은 언어적으로는 아니었다. 우리는 언어적인 개념으로는 우리가 연구하기 원했던 그 행위를 규명할 수 없다는 것을 알게 되었다.

그래서 우리는 방법을 바꾸기로 정했다. 우리는 아이가 어떤 것을 입에 가져오든지 빠는 것을 매우 싫어해서 예외 없이 그 행동을 금지하려고 하는 엄마를 골랐다. 그리고 아이가 어떤 것을 입으로 물든지 가져오려고 하는 것을 엄마가 보았을 때 이루어진 모든 교환들을 연구했다. 우리는 이제 더 이상 '금지하는 것들'을 연구하지 않았고, 그보다는 '금지가 될 수 있는'이라고 명시될 수 있는 유아의 행동들에 대한 엄마의 반응들을 연구했다. 연구의 주제는 '금지하는 것들'이 아니라 '금지가 될 수 있는'이 되었다.

우리는 그녀의 행동을 그것이 발생하는 각각 다른 경로에 따라 분류하면서 그 경로들이 함께 있는 메시지가 해법이 된다는 것을 깨달았다. 분석된 엄마의 소통 경로는 다음과 같다. 언어적(실용적 그리고 의미론적), 준 언어적(후두의 긴장감, 음조 형세, 절대 음조, 크기, 강조점, 코 속의 울림, 속삭임), 얼굴(카테고리 정서와 표현의 정도), 몸짓, 자세 그리고 전달 공간. 우리는 또한 그러한 각각의 행동에 그녀의 진지함 또는 진정성 그리고 목표가 얼마나 있는지 우리의 주관적인 평가를 매기었다.

우리는 전반적으로 엄마가 하나 또는 그 이상의 경로를 통해서 '진정한' 금지를 전달하고, 다른 경로를 사용하여 그 금지적인 메시지를 변경하고, 반박하고, 지지하거나 또는 경쟁적인 '진정한' 메시지를 보낸다는 인상을 갖게 되었다. 그 상황은 레보이와 판쉘(1977)이 묘사한 것과 매우 비슷했다. 이들은 심리치료 시간 동안에 각각 다른 경로들을 통해서 전달된 다수의 메시지를 분석했다. 우리는 성인들이 이러한 복잡성을 다룰 수 있다고 기대했었지만, 아동들도 거의 시작부터 이런 혼합된 메시지들을 해독하는 것을 배워야 한다는 것을 예측하지는 못했다. 이러한 상황을 더욱 강하게 하기 위해서, 유아의 커뮤니케이션 기술의 습득은 복합적 매개체에서 출현하고, 이러한 현실은 어떻게 신호 시스템을 배우는지에 영향을 주게 되는 것이 분명하다.

엄마가 최대로 진지하고 진실했을 때(예를 들면, 아이가 전기 플러그를 가지고 놀려고 할 때), 소통의 모든 경로에서 행해지는 그녀의 모든 행동은 금지에 대한 것이고, 거기에는 대립되고, 반대되고, 또는 수정하는 신호는 없다. 그녀는 긴장감, 단순한 음조, 대단한 강조, 전폭적 얼굴 표정과 함께 달려오면서 "안 돼."라고 소리친다.

어떻게 유아가 엄마의 다양한 동시적 행동의 진지함을 읽는가를 질문하면 주요한 점을 놓칠 수도 있다. 그것들을 읽는 방법이 있다고 추측한다. 아이는 그것들을 해독해야 하는 신호들로, 절대적 의미를 가진 신호들로 여긴다. 이러한 접근에서 놓치게 되는 것은 이러한 행동들에 있는 협상적인 과정의 부분을 밖으로 놓게 된다. 어떤 행동도 그 자체로는 인식할 수 있는 가치를 가지고 있지 않으며, 단지 모호성 안에 있는 대략의 가치를 지니고 있다. 좀 더 정확한 신호 가치는 그 전에 어떤 일이 있었는지, 협상은 어떤 방향으로 흘렀는지에 따라 결정된다. 각각의 움직임들은 그것 자체로는 제한된 의미를 가지고 있으며, 그것들은 전체 과정의 정황에서 특정한 의미를 가지게 된다.

이것은 대인관계의 신호 해석의 문제를 보는 또 다른 방법이며, 누군가의 행동의 진정성의 정도를 결정하는 문제이다. 이 상황은 언어 행위 이론에서 진실됨 또는 절묘하게 어울리는 상태라고 부르는 것과 유사하다. 그것의 본질은 말하는 사람이 얼마나 의도하고 있고 그 말이 얼마나 진지하게 받아들여지기를 기대하는가이다(오스틴 1962; 설 1969). 유아가 이러한 상황에서 배우는 것은 비언어적 행동들의 진정성 상태를 인식하는 것이다. **진심의 상태**sincerity condition라는 용어가 말하는 행위에 적용되기 때문에, 우리는 **진정성 상태**authenticity condition를 사용할 것이다. 이것은 유아가 인간관계 교류에서 진정성 상태를 구성하는 것을 배우는 데 결정적이다.

진정성 없는 조율

조율하는 행동은 당신의 마음이 그 안에 들어 있지 않을 때에도 꽤 괜찮을 수 있다. 모든 부모들이 아는 것처럼, 당신의 마음이 항상 거기에 있을 수는 없는데, 피곤함에서부터 매일 매일 벌어지는 외적인 일을 처리해야만 하는 이유들이 있다. 조율은 진정성과 일치의 정도에 따라 다양하다. 그리고 유아는 이러한 것을 잘 배우기 시작한다. 대인관계의 관례들이나 기준들의 커다란 이점 중 하나는 진정성의 정도에 따라 다양하게 되는 것으로 그것들이 더 많은 신호들을 무한정으로 갖게 될 수 있다(8장에서 거론한 거리에서 만나 두 정신과 의사의 "안녕하세요."를 상기해보라).

관찰자로서 우리는 주어진 조율이 얼마나 진정한가를 결정하는 데 많은 어려움이 있지는 않았다. 조율에서 좀 더 분명하게 진정하지 않은 시도들은 잘못된 조율로 끝났다. 하지만 대부분의 잘못된 조율과는 다르게, 그것들은 특유의 숨겨진 의도를 가지고 있지 않았다. 그것들은 체계적으로 유아의 행동을 바꾸는 데 성공적이라기보다는 교감에서의 비체계적인 실패처럼 보였다. 어떤 일관성 있는 패턴도 있지 않았고 엄마도 일관되지 않았다.

목적이 있는(은밀하건 또는 무의식적건) 잘못된 조율과 진정하지 않음은, 세계의 가장 위에 있는 것이 아니며 진북을 읽는 나침반을 조직적으로 왜곡하는 '자북magnetic north'과 나침반이 변덕스럽게 움직이고 온통 들쭉날쭉하도록 만드는 국부 자기적 방해local magnectic interference 사이의 차이점과 같다. 교감하는 조절이 정서적 상호주관성을 측정하는 궁극적인 기준(진북)이 되는 범위까지, 잘못된 조율은 체계적 왜곡(자북)이지만, 거슬리는 진정성 없음은 상호주관적 관계성을 위해 대인관계의 나침반이 작동하지 않는 것이다.

지금까지의 우리의 연구에서, 조율에서 더 미묘한 진정성 없음은 그것을 분석하는 우리의 능력을 빗겨갔다. 이것은 단순히 한 양식에서는 조율을 잘하고 다른 양식에서는 잘하지 못하는 그런 문제가 아니었고, 조율의 윤곽에 대한 기대를 약하게 침해하는 것과 좀 더 관계가 있다. 우리는 어느 정도까지 유아들이 이러한 미묘한 진정성 없음을 알아낼 수 있는지 알지 못한다. 그렇지만 아이들이 그것들을 식별할 수 있는 정도에서, 이것은 변하기 쉬운 대인관계의 나침반을 갖게 되는 것과 비슷하다. 상호주관성은 여전히 흔들리는 좌표에 의존하고 있는 것이며, 추측 항법의 확실성을 가지고 있지는 않다. 상호주관성의 위상에 대한 협상의 전체 영역과 진정성 상태를 측정하는 유아의 능력의 출현은 훨씬 더 많은 실제 관찰과 이론적 주목이 필요하다.

과다조율

종종 우리는 관계를 과하게 조율하는 엄마를 보곤 했었다. 이는 '정신적 맴돌기'의 형태인데, 대개 신체적 맴돌기를 수반한다. 이런 엄마들은 자신의 아기와 지나치게 동일시해서 마치 아기의 모든 경험 속으로 들어가보고 싶어 하는 것처럼 보인다. 만약 엄마가 변함없는 완벽한 조율자이고, 모든 것을 딱딱 정확하게 조율할 수 있다면(물론 불가능하지만), 아기는 엄마와 하나의 이중 심리 상태를 공유한다는 느낌을 가지게 될 것인데, '정상적 공생'을 통해서 제안했던 것과 비슷하다. 하지만 정상적 공생에서 거론되지 않은 개별적이고 분명한 핵심 경계를 여전히 가지고 있다. 또는 핵심 자기와 타인의 감각이 계속 존재하기 때문에 이러한 가상의 상황에서의 아이는 투명한 주관성과 전능한 엄마의 감각을 가지게 된다. 하지만 엄마들은(심지어 과다조율을 하는 엄마라 할지라도) 사실 아기의 경험 중 대부분을 조율하지 않으며 한다 해도 그리 큰 성공을 거두진 못한다. 아기는 자신의 주관성이 잠재적으로 투과성이지만 투명하지는 않다는 사실을 배우게 되며, 엄마가 그것에 도달할 수 있지만 자동적으로 그것을 추측할 수는 없다는 것을 배운다. 과다조율은 신체적 침범에 상응하는 심리적 침범이다. 하지만 그것은 결코 아기의 개인적인 주관적 경험을 빼앗아 가진 못한다. 다행히도 그것이 그렇게 효율적이지 못하다. 이는 주관적 레벨에서 타인으로부터 자기의 구별을 지속적으로 보장한다. 엄마의 정신적 맴돌기는 아기가 그 과정에 순응할 경우에 독립으로 나아가는 것을 늦출 수는 있지만 '개별화individuation'를 방해하지는 못한다.

상호주관성과 공감에 대한 임상적 입장

상호주관성은 자기 심리학의 관점에서 본 것처럼 최근 심리치료에서 중요한 이슈가 되었다. 환자-치료사 '시스템'은 암시적으로(코헛 1971, 1977, 1983) 또는 명백하게 "두 개의 주관성의 교차-환자의 것과 분석가의 것 … 정신분석은 상호주관성의 과학"으로써 보고 있다(스토러로, 브랜드호프트, 엣우드 1983). 이러한 관점에서 부모-유아 '시스템'과 치료사-환자 '시스템'은 유사점을 가진 것으로 보인다. 예를 들면, '부정적 치료 반응'은 환자에게 주어진 해석이 환자를 괜찮게 하기보다는 악화시키는 역설적인 임상 상황을 언급한다. 최근의 증거와 다른 증거들이 해석이 옳다는 것을 뒷받침하고 있는 사실에도 불구하고 말이다. 스토러로, 브랜드호프트와 엣우드(1983)는 이러한 반응들을 '상호주관적 괴리intersubjective disjunction'의 측면에서 설명했다. 이들에게 이것은 전통적인 설명인 가학성, 저항, 무의식적 시기심, 또는 다른 방어적 책략이나 또는 단순이 잘못된 시기 선택이

아닌 것이다. '상호주관적 괴리'는 잘못된 조율과 비슷한 것으로 보
인다. 더욱 광범위하게, '공감적 실패'('부정적 치료 반응'은 '상호주관
적 괴리'의 결과루 나타난 하나의 예일 뿐이다) 그리고 '공감적 성공'은
자기 심리학의 중요한 치료적 과정이다(코헛 1977; 온스타인 1979; 쉬베
버 1980a, 1980b, 1981). 이러한 것들은 비조율nonattunement, 잘못된 조율
misattunement, 선택적 조율, 교감적 조율의 스펙트럼과 유사한 것으로
보인다.

　나는 이러한 유사함을 너무 가깝게 만드는 것에 대해서는 주의를
하고 싶다. 공감의 치료적 사용이 의미하는 바는 매우 복잡하다. 우
리가 핵심 관계성, 상호주관적 관계성, 언어적 관계성이라고 부른 것
과 쉐이퍼(1968)가 '생성력 있는 공감'이라고 부른 것과 바쉬가 '성숙
한 공감'이라고 부른 것을 포함하는 특징들의 통합이 관여되어 있다.
언어적 관계성의 도래 이전에 있는 상호주관적 관계성의 단계에서
기능하는 조율은 따라서 치료적 공감의 요소 중 필요한 하나의 전조
이지만, 유사한 관계와 같지는 않다. 그 두 개는 기능상 중요한 유사
성이 있는데, 특별히 한 사람의 주관적 상태가 다른 사람의 상태에
주는 상호적 영향에서 그렇다. 하지만 엄마와 아이 사이의 조율과 치
료사와 환자 사이의 공감은 다른 레벨에서, 다른 영역에서, 그리고
궁극적으로 다른 목적을 가지고 작동한다.

　여기에 관련된 이슈가 있다. 자기 심리학은 인생의 시작에서 모
성적 공감의 실패들이 이후에 경계선 장애들로써 나타나게 되는 결
함들과 자아 응집력의 약함의 원인이라고 주장했다. 이러한 유사성

들을 기반으로, 상호주관적 관계성의 단계를 자기 발달에 있어서 공감이 관련된 실패들의 기원으로써 '중대하고', '민감한' 기간으로 지목하고자 하는 것이다. 그리고 그럴 가능성이 많다. 하지만 응집력 있는 자기 ― 또는 자기 개념, 자기 심리학에서 명시한 것 같이 ― 의 정상적 또는 비정상적 발달선이 상호주관적 관계성의 단계에서 귀중한 구조화를 얻게 되지만, 그것은 핵심 관계성에서도 그렇고, 언어적 단계에서도 또한 그렇다. 조율과 공감 사이의 유사성들과 밀접한 관계는, 자기 감각의 발달의 임상적 이슈에서 다른 단계들과 비교해서 상호주관적 관계성에 과도한 중요성을 부여하는 쪽으로 우리를 편향적이게 만들게 해서는 안 된다. 그것의 적절한 중요성은 충분한 만큼 분명하다.

사회적 참고과정과 유아의 정서적 경험에 영향주기

덴버의 연구자들은 정서 조율과 동시에 발생하는 한 현상을 발견하고 이것을 **사회적 참고과정**social referencing이라고 불렀다(엠드 외 1978; 클리너트 1978; 캠포스와 스텐버그 1980; 엠드 와 소스 1983; 클리너트 외 1983). 원형적 상황은 이미 6장에서 묘사한 바 있다. 1살의 아이가 매력적인 장난감과 미소 짓는 엄마에 의해서 분명한 시각적 절벽을 넘도록 유혹되었다. 더 이상 볼 수 없는 곳에 도달했을 때 아이는 멈추었고 넘는 것의 위험성과 욕구를 평가했다. 이러한 불확실한 입장에 처하게 되었을 때, 아이는 엄마의 얼굴을 읽어서 두 번째 평가를 얻으려고 예외 없이 엄마를 바라보았다. 만약 엄마가 웃으면 아이는 넘었고, 엄마가 무서워하는 것으로 보이면 아이는 뒤로 물러섰고 속상해했다. 엄마의 정서적 상태가 유아의 정서적 상태를 결정하거나 수정했다.

누군가는 이렇게 주장할 수 있다. 유아가 평가를 위해서 엄마를 바라본 것만이 아니라 자기 자신의 대립되는 느낌 상태들 중 어느 것이 엄마와 일치되었거나 조율되었는지를 보기 위해서 본 것이다. 어쨌든, 이러한 상황에서 유아의 입장은 단순히 인지적 불확실성만을 가지고 있는 것이 아니라, 탐험에서의 두려움(시각적으로 더 이상 볼 수 없는 곳에서)과 즐거움 사이의 정서적 양가감정도 가지고 있다. 유아는 엄마가 하나의 정서에 조율하고 다른 것은 하지 않는 것을 통해서, 그렇게 함으로써 범위에 대한 정보를 얻는 것을 통해서 이 양가감정을 해결하기 위해서 엄마를 보는 것이다. 이 두 가지 해석은 보완적이지 대립적이지 않다. 그들이 묘사한 과정은 대부분의 시간에 동시에 작동한다.

같은 연구자들은 엄마가 유아의 원래의 경험의 부분이 아닌 새로운 정서를 불어넣을 정도까지 유아의 정서 상태에 영향을 줄 수 있다는 것을 언급했다. 이것을 증명하기 위해서 시각적 절벽과는 다른, 정서적인 갈등을 유발하거나 또는 갈등에 의존되지 않은 다양한 상황들을 활용했다. 예를 들면, 성 무너뜨리기, 연출된 사고들. 이러한 상황들에서, 엄마들은 유아가 무엇을 느껴야 하는지 성공적으로 신호를 보낼 수 있었다. 하지만 정서적 일치를 위해서 엄마를 바라본 아이의 모습은 설명하지 않았다.

아이가 무엇을 느껴야 하는지에 대해 엄마가 영향을 주거나 결정하기도 하는 가장 평범한 예가 아이가 넘어지고 울기 시작할 때 발생한다. 만약 엄마가 빠르게 재미있는 놀람의 모습 "오, 방금 재미있는 일이 생겼네."로 이동하면, 그 아이는 신이 난 상태로 적합하게 바꾸게 된다. 이런 경우, 엄마가 아이를 완전히 다른 느낌 상태로 데리고 갔다고 결론 내릴 수 있다. 하지만 엄마의 책략은 만약 엄마가 보여준 흥분의 레벨이 아이의 최초의 부정적인 분위기의 흥분의 레벨과 일치되지 않았다면 결코 작동하지 않는다. 아마도 어느 정도의 조율은 성공적인 사회적 참고과정이 일어나기 위해서는 필수적일 것이다.

어떤 경우에서든, 정서 상태의 신호를 보내는 것은 조율에 다른 영역을 첨가하고 동등하게 중요한 임상적 의미들을 지닌다. 예를 들면, 어떻게 엄마는 체벌이나 설명을 사용하지 않고 중립적인 일에 대해서 유아가 어떤 나쁨을 느끼게 만드는가? 우리가 사회적 참고과정에 대한 연구의 측면에서의 금지 대한 탐구로 돌아가면 그 대답은 좀 더 간단하게 보인다. 입짓-9~12개월 동안에 대상물들을 씹는 것-은 유아에게 어느 정도의 쾌감과 어느 정도의 고통이 함께 있는 경험이고, 이것이 요즘 대부분의 엄마들에게 중립적이라고 가정해보자. 우리는 대상물을 씹는 것을 더럽게 여기는 엄마들을 관찰했는데, 청결함과 건강과 관계가 없는 심리 내적 이유 때문이었다. 그러한 엄마들은 아이들이 씹는 동안에 엄마를 보며 참고했을 때마다 혐오감의 신호를 아이에게 보냄으로써 혐오감의 느낌을 심어줄 수 있었다.

한 엄마는 지속적으로 역겨워하는 얼굴 표정을 비치면서 "에그 더러워, 에그!" 얼굴을 찡그리며 말했다. 그 엄마는 성공적으로 '나쁨'의 기운을 띤 느낌을 아이의 입질의 전체 정서적 경험에 넣을 수 있었다.

비슷한 방법으로, 한 엄마는 '우울의 신호들'을 다른 엄마가 '혐오감 신호들'을 사용한 것처럼 사용했다. 그녀의 아들이 어떤 것을 서투르게 해서(한 살 아이에게 예상할 수 있는) 넘어지던지 장난감이 부서질 때마다, 이 엄마는 여러 가지 표현 양식이 들어 있는 우울 신호를 보냈다. 이것은 긴 한숨, 떨어지는 억양, 약간 무너지는 몸짓, 이마 찌푸리기, 풀이 죽기 등으로 구성되어 있었으며, "오 조니."라고 말했는데, 이것은 "봐라, 너 때문에 엄마가 실망했어."라고 해석될 수 있는 것이었다.

점차적으로 조니의 활기 넘치는 탐험의 자유는 신중해졌다. 그의 엄마는 또한 낯선 정서적 경험을 중립적이거나 긍정적인 행위로 가지고 들어왔다. 그녀는 역시 그것이 그 행위 동안에 아이의 정서적 경험의 일부로 만드는 데 성공했을 것이다. 그렇게 되면 그것은 꽤 다른 종류의 산경험이 되고 다른 전형적 에피소드 기억으로 기록되어서 미래에 영향을 주게 될 것이다.

사회적 참고과정과 정서 조율은 깊숙이 서로를 보완하는 과정이다. 사회적 참고과정은 엄마가 아이가 실제로 경험한 것을 어느 정도는 결정하고 변경할 수 있도록 해준다. 하지만 이것의 한계점은 엄마는 오직 유아의 주관적 경험을 조정할 수 있고 그것 전체를 창조할 수는 없다는 것이다. 정서 조율은 아이가 경험한 것을 엄마와 공유할 수 있는지 그래서 공유할 수 있는 것의 범위로 들어갈 수 있는지를 알게 해준다. 선택적 조율은 유아의 주관적 경험의 한쪽 경험을 강조하고 다른 쪽을 희생하는 것을 통해서 유아의 경험을 조정할 수 있다.

상호주관적 관계성의 형성 시기 동안의 정신병리

세 가지 다른 형태의 잠재적 정신병리가 7~9개월에 시작에서 18개월에 끝나는 기간 동안에 눈에 보인다. 그 세 가지는 신경증 같은 징후들과 증상들, 성격적 병리 형태, 자기 병리이다.

잠재적 성격 병리 형태와 자기 병리 형태는 이미 시사한 바 있다. 이것들은 유아가 주 양육자에 의해서 만들어진 대인관계의 현실을 정확하게 지각하고 그 현실에 적응하는 대응 반응을 하는 것을 기반으로 쉽게 설명할 수 있다. 294~295페이지에서 언급한 여자아이가 그 예인데, 이 아이는 엄마가 그녀에게 반응하게 하기 위해서 '생기 넘쳐야만' 했다. 다른 여자아이 애니와 몰리의 경우에, 그들의 엄마는 열정보다는 탈열정을 사회적으로 승인된 주요한 자기의 경험으로 만드는 다른 조율 반응들을 했고 애니와 몰리는 그 영향을 강력하게 받을 수밖에 없었다. 이런 종류의 적응을 새로운 정황에서 새로운 사람들에게 사용하면 잘못된 적응이 될 수 있고 병리적이 될 수 있다. 그래서 이 유아의 패턴은 새로운 현실에 더 이상 즉각적인 반응을 할 수 없게 된다. 문제는 과도일반화와 자기를 경험하는 데 단순히 한 가지 형태의 적응을 사용하는 것뿐만 아니라 그것으로 정의하거나 그것에 제한시키는 것이다. 이것이 발달의 이 지점에서 보이는 가장 보편적인 '장애disorder'의 상황이다. 이것은 성격 특성, 성격 유형, 적응 스타일(즉, DSM-III에 있는 축 II 장애들)이 일반적으로 의미하는 그런 종류에서 상대적으로 고정된 개인적 차이점들의 발달적 정신병리학과 관계된 것처럼 보인다. 이것들은 또한 민감한 기간 동안에 처음으로 확립된 패턴들의 고정성을 가지게 될 것이다.

유아는 한 살쯤에 마치 신경증 같은 징후와 증상을 발달시키는 것처럼 보이는 그런 상황들이 있다. 그러한 징후들과 증상들은 특별히 흥미로운데, 과도일반화와는 다른 설명 모델을 필요로 하기 때문이다. 가장 흔한 예는 '한 살 공포증'인데, 다른 것에는 두려움이 없는데 진공청소기 같은 한 가지 특정한 것에 설명할 수 없을 정도로 강한 두려움을 가진다. 그러한 공포증은 그것에 한 가지 경우 또는 몇 가지 경우들에서 공포를 느끼게 된 것을 기반으로 설명될 수 있다(진공청소기는 일반적으로 예측하지 않았을 때 작동하게 되면 무서운데, 그 소리가 빠르게 커지기 때문이다). 그 광경과 두려운 경험 사이에 연상이 만들어졌고, 또는 에피소드 기억이 시각적 광경만으로 소환되었다. 그 두려움이 사라질 수 있는 많은 기회에도 불구하고, 또한 진공청소기를 두렵지 않게 경험한 에피소드를 형성할 많은 기회에도 불구하고 그 두려움이 왜 지속되는지는 분명하지 않다. 이런 공포증은 신경증이 아니다. 왜냐하면 유아의 징후들이나 증상들은 원래의 공포 반응과 비교했을 때 정교화되지 않았기 때문이다. 어떤 응축, 치환, 또는 다른 정교화된 것들이 이 '증상'에 연루되어 있지 않다.

그에 반하여, 12개월 이전의 유아가 신경증 증상의 특징들을 가지고 있고 증상이나 징후를 발달시키는 것을 보는 것은 가능하다. 특별히 여기에는 다양한 경험들이 한 가지 특정한 대상에 응축되고 치환되어 들어간다. 예를 들어, 버트랜드 크레머와 그의 동료들은 제네바에서 다음과 같은 사례를 발표하였다(생애 첫 몇 년 동안의 유아와 가족의 문제를 다루는 클리닉에서 꽤 흔한 사례). 제네바에 살고 있는 젊은 이태리 커플이 상담을 위해서 왔는데, 9개월 된 딸이 대체적인 수유 문제가 있었고 임상적 어려움이 될 수 있는 약간의 성장장애(몸무게가 25번째 백분위수에 있었다)가 있었기 때문이다. 이 아이의 행동 중 가장 주목할 만한 특징은 젖병에 대해 격렬한 부정적 반응을 보이는 것이었다. 하지만 그 외에는 괜찮았다. 그러한 반응을 유발하기 위해서 젖병으로 아이를 먹이려고 할 필요가 없었다. 젖병을 그녀에게 건네주거나, 단순히 보이는 곳에 놓기만 해도 아이는 반응을 일으켰다. 그녀의 반응은 다른 행동들의 혼합이었다. 그녀는 짜증을 냈고, 동시에 두려움(움츠러들었다)과 분노(병을 던졌다)를 보였다. 가장 분명했던 것은 젖병이 마치 그녀를 두렵게 하고, 불안하게 하고, 화나게 만드는 어떤 것을 담고 있는 것처럼 행동한다는 것이었다. 그 젖병이 불쾌한 경험들을 환기시키거나 회상케 하는 것이 아니라 그 젖병이 그러한 것들을 표상한다는 것이 우리에게 강력한 인상을 주었다.

다음의 것들이 이 증상과 관련된 주요한 사실들이었다.

1. 이 커플은 몇 년 동안 같이 살았지만 결혼하지 않는 것을 선택했고 그럴 계획도 없다. 첫 인터뷰를 관찰했던(비디오테이프를 통해서) 우리 모두는 결혼 관계의 미래가 이슈라는 것을 느낄

수 있었다. 이 아이는 그 부모를 커플로 만드는 데 가장 구속력 있는 현실을 표상했다. 이 아버지와 어머니에게 묻고 싶은 주요한 임상적 질문은: 당신의 관계가 어떻게 계속 성장할 수 있는가? 어떻게 이 관계는 자양분을 공급받을 수 있는가? 어떤 종류의 자양분이 이 관계에 최선인가? 각자는 어떤 부분을 제공할 수 있는가? 이 부모는 암암리에 둘 중 누가 아기에게 무엇을 언제 먹여야 하는지 어려워하고 있었다. 임상적 관점에서 보면 이 아이의 수유문제는 전반적인 가족 문제를 반영하고 거기에 집중되어 있다고 추론하는 것이 합리적으로 보였다.

2. 이 엄마는 차갑고 주지 않는 엄마에게서 양육받았다. 그녀가 이탈리아를 떠날 때 자신의 엄마를 단념했다. 그녀는 자신의 양육 능력에 대해서 확신이 없는 것처럼 보였고 아이를 적절하게 잘 먹일 능력에 대해서 불안해했다.

3. 이 아버지의 엄마는 그의 가족에서 가장 강력한 인물이었다. 그는 엄마의 힘을 감탄해 하며 경외까지 하였지만, 그것을 항상 좋은 것으로 경험하지는 않았다. 그래서 여성들에 대해서, 수유하는 역할의 '아내'에 대해서, 그리고 그가 아기를 먹일 때 자기 자신의 강력한 엄마와의 동일시에 대해서 양가감정을 가지는 역동적인 이유들이 있었다.

모든 것이 함께 수유 문제를 증폭하는 결혼과 관련된 역동적인 이슈가 되었던 것이다. 각 부모는 현재 상황에 기여하는 과거 갈등의 역사를 가지고 왔다. 어떻게 이런 일이 발생할 수 있는지는 역동적 에피소드 기억 모델의 측면에서 가장 잘 이해될 수 있다. 젖병의 하나의 속성이 되는 어떤 전형적인 에피소드(RIG)는 엄마에게만 있는 분노와 망설임을 불러일으킨다. 다른 것들은 아빠에게만 있는 분노와 망설임을 관여시킨다. 또 다른 것들은 이 아이가 느끼는 부모 사이에 긴장감을 포함시킨다. 다른 것들은 침범적인 과도한 수유를 포함시키고 이에 대해 아이는 분노를 느낀다. 여전히 다른 것들은 부모 어느 한쪽으로부터 우울감의 신호를 가지고 있고 아이는 이에 상응하는 느낌들을 가진다. 어떤 것은 일상적인 양육의 부드러운 흐름을 방해한다. 만약 이 아이가 이러한 다양한 문제가 있는 원형적 상호작용 에피소드들(RIG)에 다시 색인을 달 수 있으면, 이 젖병은 괴로움에 대한 그녀의 다양한 원천들과 형태들을 표상하는 것이 될 수 있다. 젖병은 더 이상 단 한 가지 형태의 경험을 나타내는 것이 아니며, 다양한 형태의 산 경험을 함께 모우고 응축하는 기능을 할 것이다. 그러한 면에서, 그것은 어떤 한 가지 경험된 현실을 초월하는 '신경증적 신호'로써 기능하게 된다. 이러한 방법으로 신경증적 증상은 상징화의 진정한 능력 이전에 형성될 수 있다.

언어적 관계성

역설적으로 언어가 현실에 대한 우리의 이해를 거대하게 확정시켜주지만, 이것은 또한 경험한 대로의 현실의 왜곡을 위한 메커니즘도 제공할 수 있다. 우리가 본 것처럼, 언어는 대인관계의 자기 경험을 산 것으로써 그리고 언어적으로 표상하는 것으로써 갈라지게 할 수 있다. 직접적 경험의 부인과 분열의 정도인 '거짓 자기', '나 아닌 경험'과, 항상 비밀로 해두려는 그러한 경험들은 산 경험과 언어로 표상되는 경험 사이의 구분이 창조되고 정정되는 방식에 의해서 더욱 확정될 것이다. 이러한 이유 때문에 언어가 나타났을 때 임상적으로 중요한 것의 대부분은 볼 수가 없고 침묵하고 있다. 이것이 언어적으로 표현할 수 없는 모든 것을 포함하고, 여기에는 말하는 것뿐만 아니라 입 밖에 내지 않는 것에 대한 선택이 관여되어 있다.

어떻게 산 경험 형태(에피소드 기억)와 언어로 표상되는 형태(언어적 기억)가 있는 상황에 대해서 최선으로 생각할 수 있을까? 바쉬(1983)는 도움이 되는 설명을 제공하였다. 그는 **억압**repression은 산 경험으로부터 그것의 언어적 표상으로의 길이 막혀 있는 상태라고 언급했다. (부모의 죽음에 대한 경험의 느낌은 언어적 형태로 번역될 수가 없다.) 다른 한편, **부인**disavowal에서는 언어 표상으로부터 산 그리고 느꼈던 경험으로의 길이 막혀 있다. (부모가 실제로 죽었다는 언어적 형태의 현실은 인식하지만 이러한 인식은 그 사실에 붙어 있는 느꼈던 정서적 경험으로까지 데려가주지는 않는다.) **부정**denial에서는 지각 자체에 왜곡이 있다("나의 부모는 죽지 않았다."). 부인에서, 지각된 것에 대한 정서적-개인적 중요성은 거부된다. 여기에는 경험의 분열이 있는데, 두 가지 다른 현실의 형태가 떨어져 있다.

이러한 용어를 사용하면서, 우리는 두 가지 다른 형태의 현실 사이의 다양한 관계에 접근할 수 있다. '거짓 자기'와 '참 자기'의 창조에서, 자기의 개인적 경험은 두 가지 형태로 나누어진다. 어떤 자기 경험들이 선택되고 강화되는데, 다른 어떤 사람의 필요와 소망을 충족시키기 때문이다(거짓 자기). 그것들이 '내부의 설계'(참 자기)에 의해서 좀 더 면밀하게 결정되는 자기의 경험들로부터 나뉘어져 나왔다는 사실에 상관없이 그렇게 된다. 우리는 어떻게 이러한 분열의 과정이 부모의 선택적 조율, 잘못된 조율, 비조율을 통해서 핵심 관계성 동안에 시작되고, 상호주관적 관계성 동안에 발전되는지 보았다. 언어적 관계성의 레벨에서 발생하는 것은 언어가 이러한 분열을 인준하고 거짓 자기에게 언어적 표상의 특별한 지위 수여하는 것이다. ("그 곰 인형과 얌전히 놀아야지! 샐리는 항상 얌전하잖아." 또는 "이거 무지 재밌지! 우리는 지금 정말 좋은 시간을 갖고 있는 거야." 또는 "그거 재미없지, 그렇지 않니? 이것 봐봐.")

점차적으로, 부모와 아동의 협력 작용으로 거짓 자기는 언어적 체계로써 확립되는데, 내가 누구이고 내가 무엇을 하고 경험하는지에 대한 언어적 명제들로 만들어진다. 참 자기는 언어적으로 코드화될 수 없는 부인된 자기의 경험들의 덩어리가 된다. 부인은 유아가 상징적 단계에서 자기와 타인 사이의 핵심 차이점들을 다룰 수 있을 때에만 발생한다. 이것은 자기의 개념을 필요로 하는데, 숙고하기 위해서 즉각적인 경험 밖에 있을 수 있어야 하고, 어떤 경험들과 속성들에게 개인적 의미와 정서적 중요도를 부여할 수 있어야 한다. 즉, 부인은 진실된 개인적·정서적 의미를 현실에 대한 언어적인 서술로부터 분리시킨다. 언어가 자기에 대한 지식을 자기와 관계시키는 데 주요한 수단을 제공하기 때문에, 부인의 경험들은 다른 경험들보다 자기 지식을 알려줄 수 없고, 덜 통합된 채로 남아 있다. 왜냐하면 그것들이 언어 안에 있는 조직화하는 힘으로부터 단절돼 있기 때문이다.

처음으로 우리는 유아의 자기기만과 현실의 왜곡에 대해서 이야기했다. 하지만 현실에 대한 편차들은 위임commisison의 행위라기보다는 누락omission의 행위와 가깝다. 그렇지만 아직 소망의 영향권 아래서 지각이나 의미의 적극적인 왜곡은 있지 않다. ("저 어린 여자아이에게 고추가 있네. 아직 많이 작네-또는 예전에는 거기에 있었어.") 두 개의 동등하게 '실제' 경험들의 분열되기보다는 그중 하나에게 전체 힘이 실린다.

참 자기와 거짓 자기를 분리시켜 놓는 부인을 활성화하는 압박 또는 동기는 무엇일까? 주로, 그것은 타인과 함께 있는 경험의 필요이다. 오직 거짓 자기의 영역에서만 이 유아는 주관적으로 공유하는 교감과 개인적 지식에 대한 합의된 타당성을 경험할 수 있다. 참 자기의 영역에서, 이 엄마는 자신이 아이에게 관심이 없는 것처럼 했는데, 마치 거기에 없는 것처럼 행동했다.

'사적인 영역'(다른 사람과 공유하지 않는)의 발달은 거짓 자기의 발달과 관계되어 있다. 사적인 영역은 진정으로 부인된 자기와 거짓 자기 또는 사회적 자기 사이 어딘가에 있지만 사적인 자기는 결코 부인되지 않는다. 이것은 조율되지 않고, 공유되지도 강화되지도 않은 자기 경험들로 구성되어 있고, 나타날 때 부모의 철회를 유발하지도 않을 것이다. 이러한 사적인 자기 경험들은 대인관계의 이탈을 유발하지 않으며 함께 있음의 경험으로 가는 길을 제공하지도 않는다. 유아는 단지 그것들이 공유할 부분이 아니며 부인될 필요도 없다는 것을 배우게 된다. 이러한 사적인 경험들은 언어적으로 표현될 수 있고 자기가 잘 알고 있을 수 있으며 부인된 자기 경험들보다 좀 더 많은 통합을 거칠 수 있다.

참되지만 부인된 자기와 구별되는 것으로써의 사적인 자기의 개념은 필수적인데, 공유해야 되는 자기 경험과 공유해서는 안 되는 자기 경험을 구성하는 거대한 개인적·사회적 가변성이 있기 때문이다. 이러한 차이점들 중 어떤 것들은 부인에 대한 다른 사회적 압력의 결과이고 다른 것은 그렇지 않다. 그것들은 강요 없이 지켜온 관습들이다.

사적인 영역이 그것의 입장을 유지하기 위한 부인의 메커니즘이 부족하기 때문에 이 영역은 경험을 통해서 변하기 쉽다. 자라고, 사랑하는 것을 배우고, 자기 자신을 현실적으로 보호하는 것을 배우는 것이 사적인 영역의 경계선을 변화하는 것을 포함하고 있다.

현재의 성격 병리가 가지고 있는 의미들은 '참 자기'와 '거짓 자기'의 개념에 붙어 있다. 위니캇은 원래 이것을 의도하지 않았다. 내가 생각하기에 그가 말하고자 했던 것은, 우리의 대인관계의 파트너의 불완전한 본질을 고려해볼 때 참 자기와 거짓 자기로 분열되는 것을 피할 수 없다는 것이다. 아마도 우리는 각각 다른 용어를 채용해서 자기의 경험을 세 가지 카테고리로 나누어야만 한다. '사회적 자기', '사적인 자기' 그리고 '부인된 자기'. 자기가 얼마나 '참'되고 '거짓'되는지 또는 그것들이 얼마나 많이 고통을 겪고 있는지의 이슈는 매우 복합적 임상적 이슈이다. 하지만 그것은 임상적 이슈이지 발달 그 자체의 이슈는 아니다. 이러한 자기들 '내적 디자인'의 항정선 rhumb line에 얼마나 가깝게 발달하는지 그 정도는 전체 삶의 방향을 본 다음에 논의될 수 있는 이슈이다(코헛 1977). 아마도 이것은 겸쿠 알 수 없을 것이다.

언어가 자기에게 자기를 정의하는데, 강력하고 부모가 이 정의에 커다란 역할을 한다는 사실이, 유아가 그러한 힘들에 의해서 쉽게 '제 모양이 아니게 휘어지고' 전적으로 다른 사람의 소망과 계획의 창조물이 될 수 있다는 것을 의미하지는 않는다. 사회화 과정은 좋든 나쁘든 유아의 생명 활동에 의해서 부과된 한계들을 가지고 있다. 유아가 부인된 자기의 출현 없이 휘어질 수 없는 방향과 정도가 있다.

우리는 지금까지 자기 경험의 세 가지 영역, 즉 사회적 영역, 사적인 영역, 부인된 영역을 기술했다. 네 번째 '나 아닌' 경험의 영역이 있다. 설리번은 자위행위와 같은 어떤 자기 경험들은 공명하는 불안이 깃들여 있으며, 이러한 것은 아이에게 심어졌지만 부모에게서 시작되었다고 추측했다. 그래서 이러한 경험은 나머지 자기 경험으로 동화될 수도 통합될 수도 없다는 것이다. 그 대신에, 만약 그 경험이 이미 부분적으로 통합되어 있다면, 불안의 힘은 자기의 조직된 경험 안에서의 그 경험 위치로부터 그 경험을 떨어져 나가게dis-integrate, 이를테면 그것을 몰아낼 것이다. 이러한 묘사와 맞는 임상적 현상은 나이가 좀 더 많은 사람들에게 잘 알려져 있다. 이것이 유아기에 발생하거나 시작되는가? 이 모든 것은 불안의 해체시키는 또는 통합을 금지시키는 영향에 달려 있거나 또는 다른 극단적인 교란시키는 느낌 상태들에 달려 있다.

원래의 해체disintegration 또는 비통합nonintegration이 핵심 관계성 단계에서 발생했을 가능성이 많으며 그래서 '나 아닌' 경험이 핵심 자기의 감각에 통합되지 않았던지, 아니면 그곳으로부터 축출당한 것이다. 이러한 상황이 언어적 관계성 단계에서 재현되었을 때, 우리는 진정으로 억압된 자기의 부분을 가지게 된다. 이것은 언어로 표현할 수 없으면 따라서 사적인 또는 사회적 자기, 또는 부인된 자기와도 접촉될 수 없다.

우리는 언어 습득이 가지는 임상적 의미들을 이제 막 다루기 시작했다. 아동의 발달에서 다루어야 하는 것은, 방어를 통해서 지각과 의미를 왜곡하는 능동적인 능력과 언어와 같은 진정한 상징적 수단에 의해서 가능하게 된 현실의 다른 모든 변형들이다. 하지만 이러한 것들은 2살 이후까지 거의 관찰되지 않아서 이 책의 범위 너머에 있다. 우리는 언어 발달의 초기 단계에서 우리의 이야기를 멈출 것이다. 이 단계에서 유아는 상대적으로 충실한 현실의 기록자이고, 정상적인 것으로부터 벗어난 모든 것들은 대인관계 현실의 인상에 대한 정확한 반영에 가깝다.

1 이러한 연속성의 감각은 사람들이 각 지점마다 신체적으로 같게 보인다는 사실에 의해서 강화되었다. 하지만 우리는 아이의 출생 후 1년 동안 많은 수의 엄마들이 새로운 정체성을 찾으면서 머리 스타일에 급격한 변화를 겪고, 그들은 사실 방문 때마다 매우 다르게 보인다는 것을 발견했다.

2 12개월에 보인 애착 유형은 다음의 것을 예측했다. 1) 18개월 때의 애착 유형(워터스 1978; 메인과 웨스틴 1981); 2) 24개월 때의 좌절하는 정도, 참을성, 협동, 과업적 열정(메인 1977; 마타스, 아렌드, 스루프 1978); 미취학 아동들의 사회적 능력(리버맨 1977; 이스터브룩과 램 1979; 워터스, 웝맨, 스루프 1979); 4) 자존감, 공감, 학급 행실(스루프 1983).

3 어떤 아이든 단일한 하나의 곡선을 가지지 않는다. 그것보다는 여러 가지 곡선을 가지게 된다. 예를 들면, 만약 엄마가 하루 종일 집에 있고 아빠가 일이 끝나고 집에 빨리 와서 아이와 상호작용을 한다면, 아빠는 대개 엄마와 아이가 하루 종일 한 것보다 좀 더 높은 자극 강도에서 상호작용을 할 것이다. 그의 게임들은 좀 더 격정적이고, 아이를 공중으로 들어 올리고, 활기찬 접촉과 운동감각적 자극들이 있을 것이다. 흥미로운 것은 유아는 더 높은 레벨의 자극을 기대하고 원하는 것처럼 보인다. 아기는 아빠가 집에 오는 상황에서 더 높은 흥분 레벨과 자극의 강도를 참을 수 있고 원하기조차 한다(요그맨 1982). 만약 아빠가 집에 있고 엄마가 일하러 나간다면 부모들은 역할을 바꾸어서 이런 패턴들을 하는 경향이 있다. 각자는 성격적인 제한점이 있다.

4 우리는 지금까지 묘사된 RIG들의 발달적 운명을 추적하지는 않았다. 두 가지 이유가 있다. 우리는 필요한 종적인 관찰을 시행할 수 있는 기회가 없었다. 최근까지도 우리는 관계성의 그다음 단계에서의 연속성을 보기 위해서 어떤 형태들을 관찰해야 하는지 알지 못한다.

5 이러한 사례 자료를 더욱 자세히 보기 원하는 독자들을 위해서, 이 엄마는 우리와 이런 방식으로 두 주 동안 작업하면서 약간의 통찰을 얻었고 그녀의 망상이나 환상에 집중하거나 완전히 잡히지 않게 되는 능력을 보여주었다. 아이의 주관적 세계로 좀 더 들어갈 수는 있었지만 여전히 전적으로 그렇게 할 수는 없었다. 그녀가 퇴원한 후에 이러한 새로운 능력들을 좀 더 평가할 수 있지는 않았다.

6 열정의 상태에 대한 조율은 무엇을 바래야만 하는지 그리고 전능감과 당당함의 건강한 느낌을 증진시키는 것이 분명하다. 이러한 측면에서 보면, 단어 '열정'의 언어적 뿌리가 흥미롭다. 그것은 문자적으로 한 사람에게 들어와서 그 사람의 영혼이나 존재감에 깃들게 된 신을 가지고 있음을 의미한다. 이 생각은 열정이 실제로 다른 사람의 사실적 또는 환상적 영혼—타인의 주관적 경험—이 그 사람의 느낌 상태에 들어옴 없이 가능한지에 대한 질문을 불러일으킨다. 이것은 이전에 말했던 환기된 동반자와 얼마나 다른가?

CHAPTER 10

치료적 재구성 뒤에 있는
이론들의 의미

이 장에서 논의하고자 하는 것은 치료사의 마음에서 작동하는 발달에 대한 이론들과 그것들이 재구성된 '임상적 유아'의 창조에 어떻게 영향을 주는가이다. 이러한 이론들을 '관찰된 유아'와 자기의 감각의 영역들의 발달에 대한 새로운 지식을 고려하여 검토할 것이다.

직접적 유아 관찰의 관점에서 본 임상적 이론들에 대한 평가는 치료적 구축물construct로서의 임상적 이론에 대한 타당성에 대해서는 아무것도 말하지 않는다는 것을 기억하는 것은 중요하다. 또한 좀 더 많은 상징적 기능을 가지게 된 아동들에게 적용할 때에도 그렇게 많은 것을 설명해주지는 않는다. (우리는 이전에 정신분석적 발달 이론이 유아기 동안의 관찰보다는 아동기 동안의 직접 관찰과 좀 더 잘 맞을 거라고 제시한 바 있다.) 그러한 평가가 할 수 있는 것은 이러한 두 가지 견해 사이의 거리를 측량하고 묘사하는 것이다. 그래서 둘 사이의 긴장이 양쪽을 바로잡는 것으로써 작동할 수 있다.

관찰된 유아에 대한 지식은 메타심리학에서의 많은 이론적 쟁점에 매우 큰 파장을 줄 것처럼 보인다. 그러한 쟁점들은 학파의 생각에 의해서가 아니라 연대기적인 순서로 언급할 것이다.

자극 장벽, 자극과 흥분에 대한 초기의 생각과 정상적 자폐 단계의 개념

생애의 처음 몇 달 동안, 유아는 자극 장벽, '자극에 대한 보호막'(프로이트 1920)에 의해서 보호된다는 것이 전통적인 정신분석적 개념이다. 프로이트가 묘사한 것처럼, 이 장벽은 내재된 생명활동이 그 출처이고, 내적 자극을 제외하고는 고조된 감각적 문턱의 형태를 가지고 있다. 유아는 이 문턱을 뚫고 들어오는 자극을 처리할 수 없다고 가정했다. 이 자극 장벽이 적절한 시기에 자아 방어적 활동을 통해서 유아의 어떤 통제 아래 들어가는지, 아니면 그것은 본질적으로 수동적인 메커니즘으로 남아 있는지에 대한 활발한 대화가 오고 갔다(벤자민 1965; 게디만 1971; 에스만 1983). 유아가 그 장벽에 대해 좀 더 능동적으로 통제할 수 있다고 생각하면 이 개념에 대한 견해는 바뀌게 된다.

자극 장벽 개념에 대한 우리의 견해의 돌이킬 수 없는 변화는 신생아부터 시작해서 유아가 경험하는 의식의 되풀이하는 상태들에 대한 울프(1966)의 묘사와 함께 일어났다. 이 쟁점에서 가장 중요한 상태는 경계하고 있는 무활동alert inactivity이다. 이것은 우리가 3장에서 본 것처럼 유아들에게 질문이 주어지고 대답을 얻는 동안 '창문'으로 기능한다. 이 상태에서 유아는 조용하고 움직이지 않지만 외부 세계에 연마된 눈과 귀가 있다. 이것은 단순히 수동적으로 수용하는 상태가 아니다. 유아는 사실 게걸스럽게 이 모든 것을 활발하게 받아들이고 있다. 자극 장벽이 존재하지만 그것의 문턱은 때때로 영으로 내려가기도 하고, 유아는 주기적으로 그것을 뚫고 밖으로 향하기도 한다.

1981년에 열린 '유아 정신의학의 첫 번째 국제 컨퍼런스'에서, 에릭슨이 초대되어 특별 연설을 하였다. 그는 자신의 강연을 준비하면서, 가서 신생아를 면밀히 보는 것이 낫겠다고 생각했다는데, 아이를 관찰한 지가 한참 되었기 때문이었다고 청중에게 말했다. 그래서 그는 신생아실에 갔고, 관찰을 하면서 유아의 눈에서 강력한 인상을 받았다. 그는 세상을 받아드리고자 하는 갈망이 있는 유아들의 응시를 '맹렬한' 것으로써 묘사했다. 이러한 맹렬한 응시를 받는 다른 쪽의 부모에게 이것은 주목하지 않을 수 없는 경험이다.

자극에 대한 어린 유아의 내성은 첫 번째 주나 첫 달에는 몇 달 후나 몇 년 후보다 훨씬 작은 것이 사실이다. 하지만 이 어린 유아는 다른 사람과 마찬가지로 자극의 적절한 레벨을 가지고 있다. 낮으면 자극을 찾고 그 이상이면 피한다. 우리가 4장에서 본 것처럼 이것이 자극과의 상호작용의 일반적인 원칙이며(케센 외 1970), 사회적 상호작용 상황에서 충분히 묘사되었다(스테클러와 카펜터 1967; 브래젤튼 외 1974; 스턴 1974b, 1977). '자극 장벽' 기간에 대해서 다른 점은 오직 자극의 레벨과 수용할 수 있거나 견딜 수 있는 외적 자극에 참여하는 지속기간이다. 유아가 외부 환경과 만드는 능동적인 조절하는 관계에서의 기본적 차이점은 없다. 이것은 중요한 무엇인가를 말하고 있다.

유아는 각 나이대의 다른 모든 사람들이 하는 것처럼 외적 세계와 같은 종류의 능동적인 조절적 상호작용에 참여하고 있다. 각각 다른 사람들이나 각각 다른 정신적 병들은 각기 다른 문턱들을 가지고 있는 것으로 묘사할 수 있다. 자극의 견딜 수 있는 양과 견딜 수 있는 노출 기간에 대한 높거나 낮은 정도가 개인마다 특유하게 정해져 있다는 것이다. 외적 자극에 대한 유아의 관계는 인생 전체에 걸쳐서 **질적으로** 같다.

자극 장벽이 중추적 개념인 것은 이것이 유아기에 대한 프로이트의 쾌감 원칙과 항상성 원칙의 예이기 때문이다(1920). 이 견해에서, 외적 자극이 쌓이는 것은 불쾌로 경험되고 전체 정신적 장치들의 주요한 역할 중 하나는 에너지나 자극을 방출하는 것이며 그래서 정신 시스템 안에서의 자극의 정도가 항상 최소화되는 것이다. 고전적인 정신분석의 눈에는 유아는 외부 세계가 많은 양으로 부과하는 자극을 방출할 충분한 정신적 장치를 가지고 있지 않기 때문에, 자극 장벽이 곤경을 면하기 위해서 필요한 것이다. 실제로, 자극 장벽에 대한 고전적 견해가 가지는 결점은 그 생각 자체에 있는 것은 아니다. 결국 유아들의 내성 정도는 제한되어 있고 그것들은 아마도 비약적으로 변한다. 문제는 애초에 그러한 장벽의 존재를 필요로 하는 기본 가정에 있다. 우리가 3장과 4장에서 본 것처럼 유아는 외적 자극의 세계를 엄마의 도움과 함께 다룰 역량이 있다. 분명하게도 자극 장벽의 개념을 낳게 한 사고 체계와 그 개념은 그야말로 버려야만 한다. 에스만(1983)과 리히텐베르크(1981, 1983), 그리고 다른 이들 모두가 비슷한 결론에 도달하게 되었고 중대한 수정을 주장했다.

자극 장벽을 생각하도록 한 기본적인 추론은 탄생부터 두 번째 달까지 유아의 사회적 상호작용을 묘사하기 위한 '정상적 자폐' 단계에 대한 개념의 기반이 되기도 했다(말러 1969; 말러, 버그만, 파인 1975). 예상할 수 있는 삶의 단계로서 정상적 자폐에 대한 생각은 좀 더 당면한 임상의 의미들을 가지고 있는데, 고착이 발생하고 퇴행이 돌아갈 수 있는 발달적 지점으로써 생각했기 때문이다. 새로운 정보를 참고로 하여 보면, 그러한 단계의 위치는 임상적 이론에서는 결코 작은 문제가 아니다.

만약 자폐라는 것이 외적 자극, 특별히 인간의 자극에 대한 관심과 기재의 부족을 의미한다면, 최근의 정보는 유아가 결코 '자폐적'이지 않다는 것을 말해준다. 유아들은 사회적 자극에 깊숙이 참여하고 관계되어 있다. 그들이 사람이 아닌 것에서 오는 자극과 사람의 자극을 구별하여 말할 수는 없다고 하더라도, 그들은 두 종류의 자극에 열심히 관여하고 있다. 자폐에서는 인간 자극에 대해서 일반적인 선택적 관심의 부족, 또는 회피가 있다. 정상적 유아들에게는 결코 이런 일이 없다. 유아는 좀 더 사회적인 것은 사실이지만, 이것이 덜 자폐적이 된다는 것과 같은 것은 아니다. 유아는 결코 자폐적이지 않고 적게 자폐적이 될 수도 없다. 오히려 그 과정은 고유하게 결정된 사회적 본성이 계속해서 펼쳐진다고 말할 수 있다.

'정상적 자폐' 단계가 가지는 또 다른 문제점은 이것이 이름에 의해서 그리고 부분적으로 개념에 의해서 병리적인 상태와 단단히 묶여 있는데, 이러한 것은 이후의 발달 단계까지 발생하지 않는 것이다. 이러한 정상적 단계는 병리형태학적으로 그리고 과거로 거슬러 올라가면서 생각해서 만들어진 것이다. 이러한 문제점이 다른 사람들에 의해서도 적절하게 언급되었다(피터프렌드 1978; 밀튼 클라인 1980). (말러 박사도 병리형태적 정의가 갖는 일반적인 문제점을 잘 인식하고 있고 '정상적 자폐'에 대해서 말할 때 그러한 것을 피하기를 바랐다. 그녀는 또한 최근의 유아기 연구의 발견들 중 많은 것을 알고 있었고, 이러한 발견들을 수용하기 위해서 정상적 자폐 단계에 대한 자신의 개념을 어느 정도 수정했다. 최근의 논의에서, 그녀는 이러한 초기 단계를 '깨어남 awakening'이라고 불리면 좋겠다고 제안했는데, 이곳에서 불렀던 '출현 emergence'과 매우 가까웠다. [말러와의 개인적 대화, 1983]) 정상적 자폐의 개념과는 대조적으로, 출현하는 관계성의 개념은, 유아는 다른 인간들과의 중요한 상호작용에 참여하고 그것을 자신만의 방식으로 발견하도록 설계되었다는 의미에서 출생의 순간부터 깊이 사회적이라고 가정한다.

구강적 경향성

임상적 이론가가 유아기에 대한 책을 여기까지 읽으면서 관계성에서의 특별한 입의 중요성에 대해서 또는 발달 단계의 조직화하는 초점으로써의 입에 대해서 단 한 단어도 보지 못했다는 것을 발견하는 것은 아마도 놀랄 만한 일일 것이다. 이 생략에는 몇 가지 이유가 있다. 유아기 연구의 최근의 방법들은 시각과 청각에 가장 잘 맞추어져 있다. 특별히 성감대로써 입의 개념(프로이트와 후에 에릭슨이 의미했던)은 일반적 관찰에서는 또는 성감대의 개념을 발달적 현실로써 운용할 수 있는 시도에서는 그 의미가 지속되지 못했다. 일반적인 역사적 경향은 초기의 관계성 그 자체를 주요한 목표로써 보려고 한다. 이것은 생리적인 필요에 의지하거나 거기에서 발전해 나올 필요가 없고, 그래서 배고픔과 같은 더욱 주요한 생리적인 목표보다 부차적이지 않다(볼비 1958).

구강적 경향성을 에너지가 잔뜩 들어 있는 행위의 해부학적인 장소로써가 아니라 상호작용의 양식으로써 이야기하려고 할지라도(에릭슨 1950), 입의 특별한 지위에 대한 같은 질문이 생긴다. 에릭슨은 '통합incorporation'의 상호작용적 양식에 초점을 맞추었는데, 이것은 입을 통해서 이루어지는 내제화의 원초적 형태였다. 성감대에 대한 프로이트의 시간표를 고수하면서, 에릭슨은 입을 초기 내재화의 중대한 일을 수행하기 위한 주요한 기관으로 만들었다. 초기의 내재화는 역동적 중심의 생각하기에서 입의 행위와 환상과 밀접하게 관련이 되었다. 최근의 자료는 유아가 적어도 시각적 그리고 청각적 '통합

incorporation'에 동등하게 참여하고 있다는 것을 보여준다. 에릭슨이 1981년에 신생아들을 다시 방문했을 때, 아기들이 세상을 시각으로 받아들이는 것이 가장 큰 인상을 주었다는 것은 놀랄 만하다. 만약 그것이 30년 전에 발생했다면 초기 내재화는 아마도 시각적 행위와 더욱 가깝게 연관되었을 것이다. 그것 또한 실수가 되었을 것이다. 에릭슨의 내재화는 피아제의 동화/수용과는 조금 다른데, 이것은 모든 양식과 감각 있는 모든 몸의 부분의 영역이다. 어떤 기관이나 양식도 그것과 관련하여 특별한 지위를 가지고 있는 것처럼 보이지 않다.

정보(무형적 지각)의 2감각 통합의 협력 작용에 대한 최근의 증거는 이러한 점을 강조한다. 세상과 관여하는 데 눈과 귀에 비교해서 입을 강조하지 않는 것은 또 다시 이전의 강조의 불균형을 말하게 되는 것이다. 입의 기여를 경감할 필요는 없다.

수유(성취 행위와 만족감이 수반하는 느낌들)의 역할은 어떠한가? 그것은 출현하는 관계성의 기간 동안에 어떻게 개념화되어야만 하는가? 한 사람 또는 한 사람의 부분에 대한 지각과 관련해서 만족의 느낌은 의심할 나위 없이 중요하고 우리는 그것을 부분적으로 이미 다루었다.

수유는 출현하는 관계성을 위해 많은 이유로 필수적인 행위이다. 이것은 반복적으로 엄마와 아이를 친밀한 얼굴 대 얼굴 접촉으로 데리고 오는 첫 번째로 주요한 되풀이되는 사회적 행위이다. 이 기간 동안 유아는 경계하고 있는 무활동을 포함한 다양한 상태들을 순환한다. (신생아는 약 25센티미터의 거리에 있는 것을 가장 잘 본다. 대체적으로 이것은 아이가 젖을 먹을 때 아이의 눈과 엄마의 눈과의 거리이다.) 따라서 수유 행위는 유아가 적절한 거리에서 완전히 갖춘 인간의 자극과 상호작용할 수 있는 기회를 제공한다. 일반적으로 수유 행위와 부모의 사회적 행동은 같이 이루어진다.

이것이 사회적 관계가 존재하도록 하는 것일지라도, 이것들 중 어떤 것도 먹는 행위나 섭취 행위와 직접적으로 관련된 것은 아니다. 그렇다면 배고픔과 포만감의 사실과 느낌은 어떠한가? 배고픔과 포만감의 경험의 역할과 위치는 많은 이론 세우기를 위한 비유로써 매우 크게 나타났다. 그것의 중요성은 일반적인 관찰과 많은 임상적 상황에서의 구강적 증상학과 구강적 환상의 성행 둘 모두의 측면에서 의문의 여지가 없다. 하지만 상대주의적 관점이 가르쳐주는 바가 있다. 지금 존재하고 있는 원시적 사회들의 수유 패턴에 대한 대부분의 증기외 산업혁명 이전의 사회들에서의 패턴의 역사적 증거는 인간 역사 대부분 동안 유아들은 매우 빈번하게 한 시간에 두 번 정도로 자주 젖을 먹었다. 대부분의 유아들은 엄마가 몸에 기대어 데리고 다녔기 때문에 그녀는 아이가 약간만 차분하지 못하게 돼도 그것을 느끼고 짧고 자주, 아마도 활성화 정도를 낮추기 위해서 단 몇 모금 정도 수유를 했다(디보르와 코너 1974).[1]

이러한 관점이 말해주는 것은, 오늘날 수유의 드라마는 부분적으로는 배고픔이 쌓이고 뒤이어 활성화가 가파르게 떨어지는 형태에서 많은 양의 자극과 활성화를 만들어내는 우리의 시스템의 산물이라는 것이다. 포만감은 하나의 강력함의 현상이 되었고 배고픔과 반대 방향에서 동등한 드라마가 되었다. 동기부여적인 그리고 정서적인 강력함의 과장된 최고점과 최저점의 계속적인 경험은 좀 더 빠르고 자극적인 현대 세계에 들어가야 하는 유아에게 적응적인 이점이 될 것이다. 하지만 그 문제는 이 책의 범위 밖에 있다. 우리의 당면한 범위 안에 있는 것은 어떻게 인간 자극에 대한 지각이 배고픔과 포만감의 경험에 의해 영향을 받는 가에 대한 질문이다. 우리는 외적 자극을 받아들이는 아이의 역량에 대해서, 그리고 괴로운 배고픔의 높은 활성화나 졸음이 오는 포만감의 매우 낮은 활성화 상태 동안에 지각적 과정에 참여하는 역량에 대해서 거의 아무런 증거도 가지고 있지 않다. 지금의 실험 방법들로는 이러한 상태들에 접근할 수 없다. 유아의 민감성에 대한 논의, 특별히 매우 높고 낮은 흥분 상태에서의 사건을 기록하는 능력에 대한 논의는 후에 이 장에서 거론될 것이다.

본능: 이드와 자아

유아들의 실제석인 관찰은 흥미로운 반전을 일으킨다. 프로이트가 처음에 가정한 것처럼, 어떤 이는 아주 어린 인간들에게 이드는 여기저기에 분명하고 자아는 거의 보이지 않을 거라고 기대할 수 있다. 또한 쾌감 원칙(이드를 인도하는)이 생애 처음 몇 달 동안 현실 원칙(자아의 형성을 인도하는)에 선행할 거라고 생각할 수 있다.

하지만 관찰된 유아는 다른 그림을 보여준다. 배고픔과 잠의 조절 외에, 과거에 '자아－본능'이라고 불릴 수 있는 기능으로 인해 우리는 매우 놀라게 된다. 즉, 탐구, 호기심, 지각적 선호, 인지적 새로움을 추구, 숙달의 기쁨, 애착 등의 우선적이고 전형적인 패턴들이 발달적으로 펼쳐진다.

초기에 작동하고, 분리될 수 있게 보이고, 꼭 해야 하는 어떤 것에 의해 지지를 받는 동기부여 시스템의 과잉이 우리에게 제시되었을 때, 유아는 새로운 방식으로 이드 본능과 자아 본능의 차이점에 대한 오랜 논쟁을 우리에게 가지고 온다. 여기에는 세 가지 관련된 이슈가 있다. 첫 번째는 이드 본능과 관계가 있다. 고전적인 리비도 이론이 실제 유아를 보는 데 도움이 되는가? 이 이론은 하나 또는 두 개의 추동들drives이 발달적으로 하나의 성감대에서 다른 성감대로 이동했고, 발달 동안에 다양한 변화를 가지게 된다고 가정했다. 합의는 없다. 본능에 대한 고전적 견해는 관찰된 유아에게는 운용할 수 없는 것으로 증명이 되었고 발견적인 가치를 그렇게 가지고 있지 않았다. 또한 우리가 동기의 개념이 필요한 것에는 질문의 여지가 없지만, 애착, 유능감－숙달, 호기심 등등이 구별되지만 서로 연관이 되어 있는 동기부여 시스템의 측면에서 재개념화되어야만 하는 것은 분명하다. 이런 모든 것이 단 하나의 동기부여 시스템의 파생물이라고 상상하는 것은 도움이 되지 않는다. 사실 지금 가장 필요한 것은 어떻게 이러한 동기부여 시스템들이 나타나고 서로 관련되고 그리고 어떤 것이 어떤 나이에 어떤 상태 동안에 높은 위치 또는 낮은 위치를 가지는지를 이해하는 것이다. 동기부여 시스템들이 하나 또

는 두 개의 기본적이며 정의하기 어려운 본능의 파생물이라고 가정
한다면, 그러한 질문들의 추구는 어렵게 될 것이다.

두 번째 이슈는 '자아 본능'과 연관되어 있다. 유아들은 즉각적으
로 사용할 수 있는 또는 신생의 정신 기능들, 즉 기억, 지각, 무형의
표상, 불변요소들의 구체성 등등의 풍요로운 레퍼토리를 보여줌으로
써 우리를 놀라게 했다. 1950년대에 주체적인 자아 기능의 개념은
'자아 본능'을 어떻게 할 것인지의 오랫동안 지속된 문제를 해결하는
데 도움이 어느 정도 되었다. 하지만 이것은 우리가 1980년대에 알게
된 모든 것을 담기에는 전혀 포괄적이지 않았다. 에로스와 타나토스
의 추동drive의 측면에서 생각하는 것이 더 이상 합리적이지 않았기
때문에(적어도 관찰된 유아를 만나게 되었을 때에는), 주체적 자아 기능
에서 '주체적'이 그 의미의 대부분을 상실했다. 성인 환자는 역동적
갈등으로 물들지 않은 지각을 분명하게 사용하였다. 하지만 유아에
게 지각의 행위는 그것 자체의 동기의 힘이 있었고, 항상 쾌감과 불
쾌를 만들어냈다. 우리가 분리된 동기부여 시스템들에 대한 좀 더 분
명한 그림을 형성할 때까지, 관찰된 유아의 '주체적인 기능'의 개념
은 이 이슈를 혼란스럽게만 할 뿐이다.

세 번째 관련된 이슈는 이드와 쾌감 원칙이 자아와 현실 원칙에
선행한다는 전통적인 발달상의 추론이다. 좀 더 최근의 증거는 이러
한 발달적 순서는 이론적이고 제 멋대로임을 제시한다. 그 증거는 쾌
감 원칙과 현실 원칙, 이드와 자아 사이의 동시적인 변증법적 방식의
면에 훨씬 큰 무게를 실어주었고, 이런 모든 것은 생애의 시작부터

작동된다. 자아 심리학자들은 처음부터 쾌감 원칙이 현실 원칙의 정황 안에서 작동되고 그 역으로 작동된다는 것을 받아들이게 되었다. 자아 핵심이 출발부터 있다는 글로버(1945)의 제안과 자아와 이드의 구별되지 않은 매트릭스에 대한 하트만(1958)의 묘사는 자아 심리학에서 이러한 변화를 입증하는데, 어린 유아의 자아 기능의 존재에 대해 더욱 인정하는 방향으로 가고 있다.

지난 10년간의 관찰을 통한 발견들은 자아의 기능들이 이제는 구별되고 고도로 발전된 기능으로써 보게 되는 쪽으로 생각의 전환을 가져다주었고 이런 방향으로 더 나아가게 했다. 현실을 다루는 유아의 능력은 쾌감을 다루는 능력과 동등하게 고려되어야만 하고 자아 형성도 구별하는 것이 더 괜찮은 것 같아 보인다. 더욱이 이드가 자아 이전이라는 기본적 가정으로부터 나오게 된 당연한 귀결들 중 많은 것들도 또한 임의적이다. 예를 들면, 1차 과정(자폐) 사고가 2차 과정(현실 또는 사회화된) 사고를 선행한다는 생각이다. 비고스키(1962)는 2차 과정 사고가 먼저 발전하는 가능성 있는 발달적 경우를 주장했다. 그는 피아제가 같은 가정을 빌려왔고 프로이트도 그렇게 해서 그의 인지적 순서에 도달하게 되었다고 지적했다.

추동drive, 추동들의 수, 그것들의 이드 또는 자아를 향한 충절, 그것들의 발달 순서에 대한 많은 기본적 정신분석적 개념들 모두는 관찰된 유아를 만나게 되었을 때 재개념화될 필요가 있다.

미분화와 이것이 초래하게 된 생각들: '정상적 공생', 중간^{transition} 현상, 자기/대상들

유아가 엄마와의 융합과 이중 단일체의 형태로써 주관적으로 경험하는 미분화의 기간에 대한 생각은 문제가 매우 많다. 하지만 동시에 설득시키는 힘이 있다. 특정한 지점에 다른 사람과의 연합에서의 행복감에 대한 강력한 인간의 느낌을 명시하는 것은, 그러한 느낌이 유래된, 그리고 우리가 돌아갈 수도 있는 실제적인 심리생물학적 원천을 위한 소망을 만족시킨다. 웨일(1970)은 '기본적 핵심'이란 개념으로 같은 것을 말하였다.

궁극적은 이러한 종류의 개념은 인간 존재의 본질적인 상태가 외로움인지 아니면 함께 있음인지에 대한 신념을 말한 것이다(해밀튼 1982). 이 개념은 함께 있음을 선택했고, 그렇게 함으로써 연결됨, 제휴, 애착, 안정감의 가장 기본적인 감각이 정해진 것으로써 설정하였다. 유아가 이러한 기본적인 감각을 향해서 발달하거나 그것을 획득하는 데 어떤 적극적인 과정이 필요하지 않다. 기본적인 애착 이론도 마찬가지다. 오직 분리와 개별화의 이론만이 유아를 발달적으로 움직이게 하는 것이 된다. 말러가 이것을 이야기했던 것이다.[2]

애착 이론은 그 반대를 한다. 인간의 연결됨의 기본적 감각의 성취는 선 설계된 행동과 획득된 행동의 상호작용이 관여되어 있는 길고 활동적인 발달 과정의 최종 지점이지 시작 지점이 아니다.

핵심 관계성의 관점으로 보면, 유대감과 대인관계의 행복의 느낌들은 2~7개월에 실제로 발생한다고 가정할 수 있다. 또한 이러한 느낌들은 인간의 유대감의 정서적 저장소로써 기능한다고 가정한다. 이 과정은 수동적인 것이 아니고 또한 선험적으로 주어진 것도 아니다. 이것은 유아가 적극적으로 자기 조절 타인들과의 상호작용의 표상을 건축한 결과이다(RIGs). 이 RIG들과 그것들이 활성화시킨 환기된 동반자들의 형태가 느낌들의 창고가 된다. 말러가 이것을 잘 묘사했지만 이중 단일체에 의존했다. 자기 조절 타인은 주어진 것이 아니다. 이것은 능동적으로 건축한 것이고 자기의 감각과 타인의 감각의 형성과 나란히 형성된다. 우리의 견해에 의하면 말러의 정상적 공생 단계의 발달적 과제는 핵심 관계성의 기간 동안에 동시에 진행된다. 말러에게 유대감은 개별화의 실패의 결과이다. 우리에게 그것은 정신 기능의 성공이다.

말러의 것과 어느 정도 비슷하게, 영국의 대상관계 학파도 또한 초기 미분화된 단계를 가정했지만, 초기의 관계성을 강조했다. 그들은 유아는 "그의 엄마와의 완전한 정서적 동일시의 상태로 인생을 출발"하고 점차적으로 관계성의 경험을 상실하지 않고 분리를 경험한다고 가정했다(건트립 1971). 비슷한 느낌으로, 위니캇(1958)은 처음에 유아는 아직 '나'로부터 특정한 대상을 분리하지 않았다고 가정했다. "대상과 관계를 지으면서, 주체는 자기 안에서 어떤 변화가 일어나도록 허용한다. 이것이 우리가 리비도투자cathexis란 용어를 만들게 했다. 그 대상은 의미가 있게 되었다."

대상관계 이론가들은 자아 심리학자들이 미분화의 중요한 처음 기간을 가정하는 같은 실수를 했다. 그들은 이것을 구체화했고, 안정감과 소속감의 주관적인 느낌을 말러가 그녀의 공생 단계에서 한 것만큼이나 가득 채웠다. 말하자면, 그들은 공생 비슷한 단계를 생애의 처음 지점까지 밀어 확장했는데, 그곳은 말러가 자폐를 놓았던 곳이다. 하지만 말러와는 다르게 대상관계 이론가들은 관계성의 원초적 상태를 유아가 분리/개별화 같은 단계 동안에 벗어나야 하는 것으로 보지 않았다. 그들은 분리됨과 연결됨을 공존하고 동등한 발달선으로써 보았다. 따라서 이것 또는 저것(연결됨 또는 분리됨)이 우세하게 되는 왔다 갔다 하는 순차적 단계들을 피했다.

자기 심리학이 제안한 내재화된 대상의 발달적 견해는 전통적인 정신분석이나 자아 심리학에서 묘사한 것과 꽤 달랐다. 그럼에도 불구하고 자기 심리학자들은 첫 6개월 동안에 개인/타인 미분화의 중요한 단계가 존재한다고 제안했다. 이러한 견해 때문에, 그들은 오직 '자기-자기대상 매트릭스'로부터, 또는 '자기-자기 타인 구성단위'로부터 나타나게 된 자기만을 말할 수 있다고(톨핀 1980), 또는 '자기 대상 매트릭스 안에 존재하는 응집력 있는 유아적 자기의 출현'만을 말할 수 있다고(울프 1980) 가정했다. 이것이 정상적 자폐와 정상적 공생의 그림과 얼마나 다른가? 둘 모두가 문제가 많고 관찰 자료로부터 지지를 받지 못한다.

왜 자기 심리학이 유아의 6개월까지의 삶에 대해서 전통적인 정신분석 발달 이론의 중심 생각들 또는 시간표를 고수할 필요가 있는지 분명하지 않다. 그들의 이론은 그 지점 이후에는 전통적인 이론으로부터 분명히 갈라진다. (사실 핵심 자기의 개념과 정상적 자기를 자율하는 타인들의 개념은 자기 심리학의 이론의 전반적인 개요와 좀 더 긴밀하게 연관되어 있는 것처럼 보인다.)

자기를 조율하는 타인의 발달적 운명

자기 심리학과 전통적 정신분석 이론 사이의 논쟁의 중심 포인트는 "자기-대상들self-objects"이 인생 전체에 걸쳐 필요하다는 견해에 있다. 코헛은 한 사람이 다른 사람의 어떤 면을 사용하는 임상적 현실을 강조했다. 그 사람은 자극과 정서의 파편화하는 잠재성에 반하여 안정화하는 구조를 제공하는 자기의 기능적 부분으로써 다른 사람의 어떤 면을 사용한다는 것이다. 이것이 자기대상이 무엇인지를 말해준다(1977). 이것은 포괄적인 용어인데, 자기 응집성을 유지하고 향상시키는 조절하는 구조를 제공하는 타인들과의 여러 가지 계속되는 기능적 관계들을 담을 수 있다. 코헛과 다른 사람들은 그들의 치료의 과정에서 '자기-대상들'의 사용과 필요가 경계선 장애에만 제한 된 것이 아니라는 것을 깨닫기 시작했다. '자기-대상들'의 사용자는 모든 사람을 포함하며 이것의 필요는 정당하고, 건강하고, 정상적인 삶의 모든 단계에서 기대할 만한 것으로 보게 되었다.

이것이 자기 심리학을 발달에 대한 전통적인 분석적 설명의 반대쪽에 위치 짓게 한 개념이다. 전통적인 의견은 대상으로부터 어느 정도의 독립성과 자율성을 분리/개별화와 내재화의 과정을 통해서 성취하는 것을 성숙의 목표로(부분적으로) 만들었다. '자기-대상'의 발달은 자기 심리학에 의하면 정상적 공생의 어떤 단계의 특정한 산물이 아니고, 인생 전체의 발달선에 있는 것이다(콜드버그 1980). 이 두 이론적 체계는 자율적인 자기 기능들이 되기 위해서 처음에는 다른 사람에게 의존하는 어떤 기능들과 조절하는 구조들의 필요에 동의한다. (자기 심리학에서, '변화하는 내재화'는 '내재화'가 목표가 되는 과제를 성취한다. 톨핀 1980) 초자아의 구성을 금지들과 도덕적 기준들의 저장소로 보는 것은 '구조화'의 극단적 예이다. 이 두 개의 이론의 차이점은 단순히 강조점에 있는 것은 아니다. 자기 심리학이 지속되고 성장하기도 하는 자기-대상들의 발달을 강조하고, 분리/개별화는 이런 것을 해결하고 자율적인 자기 기능과 구조가 되는 것을 강조한다. 차이점은 지각된 자기의 본질 또는 인류의 본질에 있다고 할 수 있다.

최근의 연구로 인해 발전된 이론은 타인과 함께 있는 경험들의 기억과 이러한 기억들이 어떻게 기억되고 사용되는지의 측면에서 이러한 현상들을 보려고 한다. 처음에 타인이 우리 '안에' 존재하는 것은 자기가 타인과 함께했던 경험에 대한 의식적 또는 무의식적 기억과 상상의 형태에서만이다(RIG). 그렇다면 기억으로부터 그들의 현존을 회상하기 위해서는 무엇이 필요한가? 그리고 회상의 단서는 얼마나 추상적이고 자동적이 될 수 있는가? 유아기 동안에 적절한 상징화 기능이 생기기 전에 회상 단서는 지나치게 추상적일 수 없고 함께 있음의 경험이 자동적일 수 없다. 그것은 적어도 그 경험을 어느 정도 다시 사는 것을 포함하고 있다. 우리는 필연적으로 자기를 조절하는 타인 또는 자기 심리학의 용어로 '자기 – 대상'의 기억의 발달에 대해서 생각할 수밖에 없다. 초자아 기능이 나타내는 유형의 내재화는 아직 중요한 상황이 아니다.

목적론적으로, 자연은 다른 사람과 함께 있음의 기억과 그것을 회상할 수 있는 역량을 가진 아이를 창조한다. 이러한 역량으로 이후에 삶에서 다양한 문화의 요구에 적응할 수 있는 것이다. 수렵채집 그룹처럼 한 사회의 구성원은 몇 분 또는 몇 시간 이상은 가까운 그룹 구성원의 시각 밖에 벗어나던지, 부르면 들리는 거리를 벗어나서는 안 된다. 또 다른 사회에서는, 경계 지역에서 혼자 있는 사람이 이상적이 될 수 있다. 비슷하게 다양한 역할, 기능, 느낌 상태의 정도에 대한 문화적 범위가 어떤 사회에서는 분명하게 거론되고, 또는 개인의 내적 상태와 외적 행태에 따라 개인에게 좀 더 맡겨지기도 한다. 이것의 정도는 회상 단서가 얼마나 명백할 수 있는지 또는 추상적일 수 있는지를 결정한다.

다른 접근을 다르면, 한 그룹의 전반적인 재생산 패턴은 사랑에 빠지는 경험과 많은 관계가 있거나, 또는 그것과 실제적으로 전혀 관계가 없다. 사랑에 빠지는 역량은 다른 사람과 함께 있음을 기억하고 상상하는 역량을 적극적으로 발휘하는 것이다. 일관된 로맨틱한 사랑에 관계하기 위해서는 삶의 경험들을 통해서 부재한 사람의 현존을 느낄 수 있는 능력을 발달시키는 기회가 개인에게 주어져야만 한다.

여러모로, 어떤 사람을 현재로 불러오는 회상 단서들의 필요와 사용은 개인마다 매우 다양하다. 그러므로 유아는 인생 경험에 적응

하기 위해서 매우 유연한 타인과 함께 있음의 기억 시스템을 필요로
한다. 정신적 구조보다는 그 과정이 필요하다. 성숙의 목표로써 성숙
하여 다른 사람으로부터 독립적이 된다는 개념과 '자기−타인'의 좀
더 넓은 작업관계를 계속적으로 세우고 다시 세우는 개념은 같은 스
펙트럼의 다른 쪽 끝에 있다. 유아는 경험을 하면서 이 둘을 할 수
있는, 또는 그중 하나를 할 수 있는 기억 역량을 갖추고 있음이 분명
하다.

정서 상태 의존적 경험

정신분석적 이론은 암묵적으로 매우 강력한 정서 상태에 조직화
하는 특별한 역할을 부여했다. 정서는 경험의 특징으로써 특별한 위
치를 가지고 있고, 높은 강도의 정서들은 특별히 중요한 지위를 부여
받았다. 이렇게 된 것이 놀랄 일은 아닌데, 프로이트의 초기 이론이
외상 상태를 주요한 병인으로 여겼기 때문이다. 외상 경험의 강력함
은 정보를 다루고 소화하는 능력을 혼란시킨다고 생각했다. 많은 이
론가들을 안내했던 것이 바로 이 (종종 숨겨진) 가정이다. 멜라니 클
라인(1952)의 '좋은' 그리고 '나쁜' 젖가슴에 대한 생각, 그리고 컨버그
(1975, 1976)의 '좋은' 그리고 '나쁜'으로의 자기 경험의 분열은 직접적
인 결과이다. "강렬한 순간들"의 역할에 대한 파인의 제안도 같은 것
이다. 비슷한 맥락에서, 코헛은 만약 부모의 공감적 실패가 너무 크
면, 응집성 있는 자기의 감각은 균형을 너무 많이 잃어버리게 되고

유아는 평형을 회복하기 위해 필요한 내재화를 할 수 없게 될 것이라고 추측했다(톨핀 1980). 이런 방식의 정신분석적 생각 뒤에 있는 가정은, 임상적으로 가장 중요한 경험들(그리고 그것들의 기억과 표상)은 정서 상태와 관련되어 있다는 것이다. 다른 말로하면, 정서 상태는 경험을 조직화하는 요소로 작용하고, 매우 강력한 정서 상태는 임상에서 그것과 관련된 경험을 촉발하는 역할을 한다. 예를 들면, 극단의 행복 또는 극단의 좌절은 가벼운 또는 중간 정도의 만족과 좌절에 비해 더욱 강력한 조직화하는 경험이다.

기억 연구의 최근 발견들은 이러한 견해를 부분적으로 지지하는 것으로 보인다. 보워(1981)는 기분mood이 기억을 코드화하고 기억을 회복하는 데 영향을 준다는 것을 입증했다. 즉, 기억하고 또는 회상하는 것은 정서 상태에 달려 있다는 것이다. 조증 환자들에게 물품 목록을 익히게 한 다음, 한참 뒤 그것을 기억하는 검사를 실시했다. 이 회상 검사 기간에 환자들 중 일부는 여전히 조증 상태였으나, 나머지 일부는 우울한 상태로 전환되었다. 익히는 단계에서 우울했던 환자들에게도 같은 절차가 주어졌는데, 회상 검사 기간에 일부는 여전히 우울한 상태였으나 나머지 일부는 조증 상태로 전환되었다. 조증 상태에서 익힌 자료들은 같은 정서 상태에 있을 때 더 쉽게 회상되었다. 비슷한 결과가 우울한 환자들에게도 나타났다. 두 그룹 모두에서, 기억은 상당히 기분 의존적mood-dependent이었다. 이 실험의 다른 단계에서, 보워는 정서 상태를 최면을 통해서 바꾸었는데, 본질적으로 같은 것을 발견했다. 기억은 부분적으로 정서 상태 의존적affect state-dependent이었다.

위의 실험은 경험이 얼마나 강렬해야만 중대한 "상태 의존적state-dependent" 영향을 발휘할 수 있는지에 대해서는 말하지 않는다는 점을 고려해야만 한다. 정신분석적 이론들도 이것에 대해서 말하지 않는다. 정신분석 이론은 대체적으로 다음과 같은 구별을 하였다. 약한에서 중간 정도까지의 정서 경험, 강렬한 정서 경험, 외상적 정서 경험. 이러한 것을 그림 10.1에서 그림으로 보여준다.

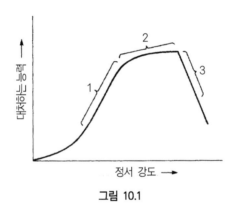

그림 10.1

약한 그리고 중간 정도의 강력한 경험(1부분)은 기억을 조직화하는 데 중요한 역할을 하지 않는다고 생각되었다. 그에 반해 강렬한 경험(2부분)은 중요한 역할을 한다고 생각했다(파인의 '강렬한 순간'과 비교해보라). 그리고 경험들이 너무 강력해서 그것들을 다루는 대응역량을 실패하게 만드는 것이 3번째 부분의 외상 경험에 들어간다. 만약 그것들이 단일 시행 학습을 가져온다면 이것들이 아마도 조직화하는 것으로써의 특별한 잠재성의 가지고 있을 것이다. (클라인과 컨버그가 2부분 또는 3부분에서 그들의 형성 발달에 중요한 경험들을 보았는지는 항상 분명하지는 않다.)

이러한 개념화에는 세 가지 주요 이슈와 문제가 있다. 첫째, 각 부분의 경계를 어디로 해야 하는가? 무엇이 분리된 구조들을 생산할 수 있는 각각의 '상태들'의 경계의 기준을 구성하는가? 왜 이 도표는 3개 대신에 6개의 구별되고 독특한 부분들을 보여줄 수는 없는가? 어떤 이는 6개의 분리된 상태에 따른 경험의 조직화를 말할 수도 있다. 어떤 기반에서 우리는 이 곡선을 구별된 부분으로 나눌 수 있는가? 부분 2와 부분 3 사이에 자연발생적 간격이 있을 수도 있지만 그것조차도 제안이다. 정신분석 이론들은 일반적으로 1부분과 2부분 사이에 경험의 불연속성을 제안한다. 이 이슈는 경험적인 것이다. 하지만 분리된 상태들 그렇게 구별되지 않을 수 있고 이것은 두 번째 이슈로 이어진다.

각각의 상태 의존적 경험들은 한 경험이 다른 경험에게 '말할' 수 있는가? 외상 상태에 대한 전통적인 개념들 중 하나는, 이 외상 경험은 지나치게 상태 의존적이어서 정상적인 상황에서는 전혀 접근할 수 없고, 그 사람이 외상 상태 또는 그것과 가까운 상태로 돌아갔을 때 재경험할 수 있다고 말하다. 프로이트가 처음에 최면을 사용했던 것은 부분적으로 환자가 외상의 경험을 '다시 방문'할 수 있도록 하기 위해서였는데, 그 상태가 아니면 접근할 수 없었기 때문이다.

정신분식 이론은 어느 성도의 '강렬한 순간'-의존적 경험들이 접근 가능한지 분명하게 말하지 않는다. 다른 말로 하면, 그러한 경험들은 다른 강도의 정서 상태들에서의 경험에 유용할 수 있는가? 분명하게, 사람들은 분리되어 있고 불투과적인 경험의 상태를 만들지 않는다. 강도의 연속성을 진주 목걸이처럼 완전히 불연속한, 불소통하는 구획들로 구분하지 않는다는 것이다. 조증과 우울증을 통한 보워의 실험은 이러한 꽤 강력한 기분 상태들이 서로에게 투과하지 않는 것이 아니라 부분적으로 투과할 수 있다는 것을 보여준다. 어떤 정보들은 한 상태에서 배웠지만 다른 상태에서도 회상할 수 있었다. 이 이슈도 또한 실험에 의거한 것이다.

세 번째 이슈는, 좀 더 강렬한 상태들은 좀 더 상태에 달려 있는 조직화하는 힘을 가지고 있다고 생각했던 것이다. 이 생각은 직관적인 호소력이 있지만 상황이 그렇게 간단한 것은 아니다. 만약 강도가 적응적인 역량을 해체시키는 정도에 이르게 된다면 경험을 조직화하는 힘은 소멸된다. (극도의 불안의 영향에 대한 설리번의 개념을 비교해보라.) 강도가 외상 레벨보다는 가장 가능성 있는 조직자인 것으로 보인다. 다른 한편, 정보가 조직화되도록 받아들이는 역량은 강도의 정도가 높은 것보다는 중간 정도가 최상일 수 있다. 이러한 경우에 중간 정도의 강도가 가장 가능성 있는 조직자일 것이다. 이 견해는 데모스의 견해와 일치한다.

정신 구조의 대부분은 유아에게 '나'와 '우리' 경험이 잘 진행될 때 형성된다. 예를 들면 발달 문헌에는 어떻게 유아의 행동이 양육자와의 부드러운 상호작용에서 강화되는지에 대한 묘사로 가득하다. 관심이 오래 지속되고, 한 주제에 대한 변형들과 새로운 행동의 모방이 발생하고, 유아의 레퍼토리는 확장되고 …. 약간 이후의 나이에, 에인스어스는 어떻게 안정적으로 애착된 유아가 그 애착 인물의 있을 때 탐구하고 더욱 자유롭게 노는지 묘사했다. 따라서 구조가 세워지는 것은 좋고 공감적 '우리' 경험 동안에도 계속된다. 그렇다면 공감이 없을 동안에는 무슨 일이 발생하는가? 공감이 없는 동안은 좀 더 최적의 상황에서 발달한 유아의 적응적 역량에 도전을 가져온다고 나는 주장한다(데모스 1980).

비슷한 맥락에서, 우리는 좀 더 일상적이고 매우 부드러운 정서적 경험들이 일주일 후에 잘 기억된 것을 관찰하게 되었다(맥케인 외 1985).

샌더(1983a)는 유아들이 압력을 가하는 생리적인 내적 필요나 외적 사회적 필요가 없을 때에도, 즉 유아들이 혼사 있을 때, 그리고 균형 상태일 때에도 자신들에 대해서 많은 것을 배운다고 추측했다. 그때 아이들은 자기의 면들을 발견하기 시작할 수 있다. 샌더(1983b)는 정서의 낮은 그리고 높은 정도 둘 모두에서 정상적 상호작용은 표상이 된다고 주장했다.

하지만 치료에서의 상황은 다르게 보일 수도 있다. 치료적 경험은 높은 강도의 정서적 경험들의 기억에 관심을 더 갖게 된다(이론의 기반으로 한 자료의 선택에 있는 편견 이외의 많은 이유들 때문에). 임상적 유아에게 그러한 경험의 특별한 역할은 도전받지 않은 채 남아 있지만, 관찰된 유아에게는 이러한 질문은 여전히 열려 있고 결정되지 않았다.

분열하기|Splitting: '좋은'과 '나쁜' 경험

정신분석 이론가들은 정서 경험의 강렬한 순간들 동안에 생기는 세상에 대한 유아의 관점이 대상관계를 구축하는 데 가장 중요한 요소라고 가정했다. 이러한 견해가 초기의 쾌감과 불쾌의 경험이 가장 관련이 있다는 가정과 결합했을 때, 그 결과로 나오게 된 개념이 유아가 만들게 되는 세상에 대한 첫 번째 이분법이 유쾌한('좋은') 경험과 불쾌('나쁜') 경험들 사이에 있다는 것이다. 이러한 쾌감을 기반으로 한 분열은 자기/타인 이분법을 성취하기에 앞서 일어난다고 생각했다. 컨버그(1968, 1975, 1976, 1982)를 포함한 많은 정신분석 이론가들 초기 발달 순서를 그림 10.2에서처럼 도식화할 수 있을 것이다.

이런 방식의 추론이 가진 가정은 다음과 같다. 1) 유쾌한 경험들은 모든 다른 경험들보다 우선하고 특권을 가진 조직화하는 대인관계의 일들로 기능한다. 2) 유아의 경험은 쾌감의 분위기에 달려 있어서 유쾌한 성험과 불쾌한 경험은 서로 말할 수도, 교차적으로 침고할 수도 통합할 수도 없다. 3) 그에 맞춰, 유아는 경험과 그것의 기억에 관해서 두 개의 장부를 써야 된다. 그래서 유쾌한 느낌의 지지 아래서 발생하거나 다시 환기되는 대인관계의 '세계'가 있고, 불쾌한 느낌의 지지 아래서의 또 다른 '세계'가 있다. 또한 자연스럽고 쾌감의 기조가 정점에 있지 않은 상태 아래에 만연한 인지적 대인관계 '세

계'도 있다. 그래서 유아는 2개의 정서적인 장부와 1개의 인지적인
장부, 즉 3중 장부를 가지고 있어야만 한다. 이 세 가지 세계들은 섞
이거나 통합될 수 없는데, 상태−의존 경험의 불투과성 때문이다. 4)
유쾌한 그리고 불쾌한 것으로의 이러한 분열은 말러의 시간표에서
보여준 자기/타인 분화의 형성 이전에 발생한다. 그래서 자기와 타인
이 나타나게 되었을 때, 그것들은 이미 존재하고 있는 좋은/나쁜 이
분법의 퍼져 있는 분열하는 영향 아래서 그렇게 되는 것이다. 5) '좋
은'은 쾌감과 '나쁜'은 불쾌와 동등할 수 있다.

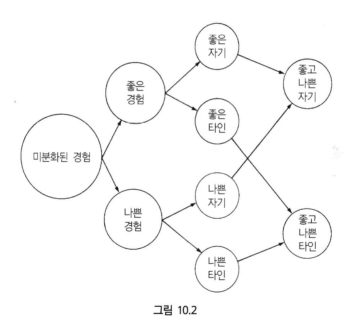

그림 10.2

　　주관적 발달에 대한 이러한 설명은 어떤 성인 환자들에게서 희미
하게 볼 수 있는 임상적 유아의 필요에 잘 맞추어져 있다. 분열의 현

상(대개 '좋은' 것의 내재화와 '나쁜' 것의 외부화 또는 투사와 연관된)을 경계선 장애를 가진 성인 환자들의 중요한 실재로써 보는 것에는 이의가 없다. 질문은, '어떻게 임상적 유아의 발달의 이러한 특정한 병리형태의 복원이 관찰된 유아의 지식과 일치하는가?'이다. 이 경우는 중요한데, 클라인의 견해(1952)와 컨버그가 설명한 견해는 매우 널리 사용되는 개념들이기 때문이다.

이러한 '분열된' 임상적 유아를 관찰 가능한 현실로써 보는 것에는 몇 가지 문제점이 있다. 경험의 쾌감 기조는 분명하게 가능성 있는 속성이다. 하지만 이것은 분명하게 유일한 것이 아니며 더 중요한 가능성도 아니다. 아마도 더욱 중요한 것은, 그것이 상대적으로 압축된 쾌감 분위기에 달려 있는 경험들과 기억들을 만들어내지는 않는다. 쾌감 분위기에 바탕을 둔 경험들은 비투과성이 아니다. (조증에 있을 때 한 사람이 만나게 되는 경험들의 대부분은 그 사람이 조증 상태에 있지 않고 우울한 상태에 있을 때에도 회상할 수 있다.)

또 다른 문제는 시사하는 바가 더욱 크다. 만약 유아가 젖가슴과 오직 두 가지 경험, 즉 유쾌한 것과 불쾌한 것만 가지고 있다면, 컨버그의 분열 경험에 대한 입장은 좀 더 쉽게 옹호할 수 있다. 하지만 유아는 매일 하루에 4~6번 정도 젖가슴을 가진다. 각각이 유쾌함과 관련해서 각각 조금씩 다르다. 이러한 조건에서, 유쾌함과 불쾌함의 다양한 모양을 가로지르며 유아에게 다가오는 젖가슴 또는 얼굴이 어떻게 보이고 느껴지는지의 불변요소들을 발견하는 것은 그렇게 어려운 과제는 아닐 것이다. 현재 경험의 쾌감 분위기(유쾌한 수유)는 그 경험의 다른 모든 속성들(젖가슴이 어떻게 보이고, 느끼고, 엄마의 얼굴이 어떻게 보일지 등등)을 어떤 느낌들로 가득 채울 것이다. 불쾌한 경험은 그러한 속성들을 다른 느낌들로 가득 채울 것이다. 이것은 지금의 개념들과 일치한다. 문제는 경험을 2개의 유형으로 나누는 이분법과 두 유형이 서로에게 경험적으로 고립되어 있다는 데 놓여 있다.[3]

컨버그의 입장이 가지고 있는 또 다른 문제는 시기 선택에 있다. 그는 자기/타인의 분화의 전통적인 시간표를 물려받았다. 이 견해는 정서적 경험들이 **자기 불변요소**의 주요한 원천들 중 하나라는 것을 설명하지 못하는 것 같다. 즉, 그것들은 젖가슴으로부터 자기를 구별하는 것을 촉진한다. ("나는 이 정서 상태를 다른 상황들에서 경험하기 이전에 내 안에서 많이 경험했다. 이것은 내가 어떻게 있을 수 있는지, 느낄 수 있는지의 부분이고 젖가슴이 있음과는 별개이다.") 다른 말로 하면, 정서 분위기는 좋은/나쁜 이분법만큼이나 자기/타인 이분법을 유발한다.

컨버그가 주장한 순서에 의하면, 분리된 실재로써 자기와 타인은 인지적 유아가 분리된 좋고 바쁜 자기들을 포함할 수 있을 때까지 함께 모여 일관성 있게 될 수 없다. 다른 말로 하자면 중립적인 지각적 불변요소들이 정서적인 것들만큼 강하든지 또는 더 강하게 될 때까지 함께 모일 수 없다는 것이다. 그것이 발생했을 때, 유아는 자기의 타인 사이에 있는 두 번째 이분법을 공고히 할 수 있다. 이것이 되었을 때, 좋은 자기와 나쁜 자기가 교대로 생기게 되는 양가감정

안에 그리고 후에 동시적으로 생기는 양가감정 안에 '거할 수 있는' 자기와 타인의 '공간'이 생긴다.

　이러한 순서는 다른 종류의 질문들을 불러일으킨다. 어떻게 '자기'가 있기 전에 '좋은 자기'와 '나쁜 자기'를 가정할 수 있는가? '자기'란 무엇을 의미하는가? 무엇이 '좋은 경험'과 '좋은 자기' 사이의 구별을 하게 하는가? 또는 어떻게 '좋은' 자기와 '나쁜' 자기는 비정서적 자기, 즉 인지적 자기를 통해서 상호작용하는가? 인지적 자기도 '좋은' 자기와 '나쁜' 자기를 포괄하기에 충분한 자기 일관성과 연속성을 가지고 있다.

　이러한 견해에서, 정서적 이분법(좋은/나쁜)은 자기/타인 이분법을 선행한다. 관찰된 유아를 통한 발견들은 그러한 이분법의 순서에 대한 가정이 가능하거나 또는 정서가 인지를 넘어선 특별한 지위를 가지고 있다고 말하지 않는다. 그보다는 둘이 동시적으로 진행되고 서로에게 영향을 주고받는다.

　'좋은'과 '나쁜' 정신적 실재에 대한 개념이 지닌 마지막 문제점이 있다. '나쁜'은 '불쾌함'에서 나오고 '좋은'은 '유쾌함'에서 오는 것은 피할 수 없는 것처럼 보인다. 질문은, 언제 유아는 이 도약을 하게 되는가? '좋은'과 '나쁜'은 기준, 의도 또는 도덕성을 의미한다. 유아가 핵심 관계성 단계에서 '유쾌한'과 '좋은' 또는 '불쾌한'과 '나쁜' 사이에 연결을 만드는 것은 어떻게든 불가능하다. 유아들이 악의적 의도는 고사하고 다른 사람이 그들을 향해서 의도를 가지고 있다는 것을 마음속에 품기 시작하는 것은 겨우 상호주관적 관계성 단계에서

이다. 이에 맞게, 유아가 '좋은'과 '나쁜'을 유쾌한 그리고 불쾌한 것과 자유스럽게 대체하면서 사용할 수 있다는 것은 경험의 왜곡이다. 쾌감에서 좋음으로의 개체발생의 선은 매우 중요한 것이지만, 이것은 우리가 생각하는 것보다 이후의 발달 기간의 이슈이다. 한 번 더 유아에게서 성인의 경험의 부분이 되는 사건들을 발견하고자 하는 필요가 오해를 낳는 것이다. 경계선 환자들의 분열에서 직면하게 되는 '좋은'과 '나쁜'은 유아의 역량을 넘어서 상징화의 단계를 필요로 한다. 기억을 재목록화하는 복잡한 과정과 경험의 재조직화는 대인관계의 경험을 정서적으로 좋은 것과 나쁜 것으로 나누어야 할 뿐만 아니라 개념화를 해야 할 필요가 있다. '안전한'과 '무서운'도 마찬가지이다(샌들러 1960). 하지만 분열은 상당히 보편적인 경험이다. 이것은 컨버그와 다른 사람들이 지적한 것처럼 환자들의 병리적인 형태들에서뿐만 아니라 아마도 우리 모두에게서 좀 더 약한 형태로 발생한다. 이 비판의 논점은 분열이 만연한 인간 현상이 아니라고 제안하는 것이 아니다. 이것은 여기저기 스며 있는 현상이고 병리로 발전할 수 있지만, 쾌감의 주제에 대한 많은 상징적 변형과 응축이 가능하게 되는 유아기 이후의 마음의 산물이다. 이것은 관찰된 유아의 경험이 아닐 가능성이 많다.

이러한 비판에도 불구하고, 나는 유아들이 대인관계의 경험들을 다양한 유쾌한 그리고 불쾌한 카테고리로 묶을 것이라고 믿는다. 하지만 쾌감을 기반으로 한 경험의 집단들의 형성은 모든 대인관계의 경험을 쾌감의 선을 따라 분열하거나 이분하는 것과는 다르다. 예를 들어, 우리가 엄마와의 상호작용 경험들의 불쾌한 집단을 '엄마의 작업 모델'의 특정한 유형과 유사한 실재로서 생각한다면, 이 집단은 또한 RIG의 집합으로도 생각할 수 있다. 보편적 주제는 경험의 속성이다. 즉, 불쾌의 정도와 질이다. 그렇다면 우리는 부정적 색조를 띤 엄마에 대해서 말할 수 있다. 부정적 색조를 띤 엄마와 회피적으로 밀착된avoidantly attached 엄마의 작업 모델 사이의 차이점은, 두 개의 다른 구성을 형성하는 다양한 RIG들을 함께 묶는 보편적 테마로써 기능하는 또 다른 속성이다. 부정적 색조를 띤 엄마를 창조하기 위해서 모이게 된 RIG들은 보편적인 속성으로써 유쾌함의 색조와 질을 공유한다. 회피적으로 밀착된 엄마의 작업 모델을 창조하기 위해서 모이게 된 RIG는 속성들을 활성화하고 탈활성화하는 맥락과 밀착을 공유한다. 이 둘 모두를 다른 종류의 작업 모델이라고 부르자. 유아는 많은 작업 모델들을 형성하게 되어 있다. 이후에 언어적 관계성이 잘 확립될 때, 아동 또는 성인은 상징의 도움으로 RIG들과 다양한 작업 모델을 다시 목록화해서 두 개의 상위 개념의 카테고리를 형성하게 된다. 그 카테고리는 '좋은'과 '나쁜'의 전체 의미들을 가지고 있다. 이러한 방식으로, 좀 더 나이가 든 아동과 성인들은 진정으로 그들의 대인관계 경험을 '분열'할 수 있다. 하지만 이것은 사실 분열이 아니라 그것보다는 좀 더 고차원적 정돈의 카테고리로 통합하는 것이다.

환상 대 현실, 개체 발생 이론들에서 핵심 이슈로써

프로이트가 그의 환자들이 실제가 아니라 환상에서 그들의 부모로부터 성적으로 유혹받았거나 접촉받았다는 것을 깨달았을 때, 그와 정신분석의 운명은 환상과 같이 하게 되었다. 환상-소망과 방어에 의해서 왜곡된 것으로써의 경험-은 견고하게 탐구의 영역이 되었다. 현실-실제로 발생했고 제3자에 의해서 결정될 수 있는 것-은 배경 위치로 밀려나게 되었고, 많은 사람들은 임상적으로 관계가 없다고 생각하기에 이르렀다. 프로이트의 임상적 관심이 객관적으로 발생한 것으로써가 아니라 주관적으로 경험한 환자의 삶에 있었기 때문에, 그의 결정은 쉽게 이해할 만하다. 발달에서 쾌감 원칙이 현실 원칙에 선행하고 또는 적어도 현실 원칙을 지배한다는 가정과 짝을 이루게 되면서, 이러한 이론적 임상적 입장은 현실에서 경험으로써가 아니라 환상으로써의 경험에 대한 개체 발생적 이론을 낳게 했다. 발달 이론의 단계를 만들게 된 구성단위는 소망, 왜곡, 망상, 방어적 해결책과 같은 현상들이 되었다.

말러와 클라인은 작업했던 것이 바로 이러한 전통 속에서이다. '정상적 공생'의 개념에 대한 기본적 가정은, 유아가 자기를 타인으로부터 구별할 수 있을지라도 그들의 방어는 불안이나 스트레스를 물리치기 위해서 그렇게 하는 것을 막을 것이다. 말러는 출생부터 2개월까지 유아의 자아는 자극 장벽에 의해서 보호받는다고 가정했다. 그 장벽이 사라진 후에, 유아는 분리와 혼자 있음의 현실을 엄마와 융합되었다는 그래서 보호받는 상태에 있다는 '망상'으로 대체하지 않는다면 모든 스트레스와 위험을 자기 스스로 처리해야만 한다. "공생적 영향권에 부여된 리비도의 투자는 아직 태어나지 않은 본능 자극 장벽을 대체하고, 가장 기초적인 자아를 불특정한 압박으로부 터, 스트레스로부터 보호하고, 그렇게 함으로써 일반적인 경계의 **망 상**을 창조한다."(말러 외 1975) 따라서 정상적 공생 이론은 현실 지각 에 대한 신념보다는 유아적 환상 또는 왜곡에 대한 신념에 기반을 두고 있다. 비슷한 맥락에서, 클라인은 유아의 기본적 주관적 경험이 피해 망상적, 분열적 그리고 우울적 자리로 구성되었다고 가정했다. 이렇게 가정된 유아적 경험들은 계속되는 현실 지각의 밖에서 작동 한다. 여기에서도 역시, 발생 이론의 구성단위는 환상에 기반을 두고 있다. (이 개념은 이러한 이론가들이 관찰의 발견들을 선택적으로 무시 하게 했다.)

발생 이론에 대한 적절한 구성단위가 환상이라는 기본적 가정은 심각한 질문에 대답해야만 한다. 주관적 경험이 발생 이론의 적절한 것이라는 데에는 동의하지 않을 수 없다. 하지만 유아의 가장 관련 있는 주관적 경험이 현실을 왜곡하는 환상이라는 가정은 얼마나 확 고한가? 여기에서 우리는 이전에 말했던 것을 다시 말하고자 한다. 만약 최근의 유아기 연구에서의 발견들이 쾌감 원칙이 발달적으로 현실 원칙에 선행한다는 개념에 반하여 날아간다면, 왜 현실에 반한 소망들과 방어들에게 특권적인 발달적 위치가 부여되어야만 하는 가? 왜 현실 감각은 환상과 방어의 필요가 없어지면서 나오게 되는, 시간적으로 2차적이고 파생물로써 여겨져야만 하는가?

여기에서 취해진 입장은 반대의 가정에 기반을 두고 있다. 즉, 시작부터 유아들은 주로 현실을 경험한다. 그들의 주관적 경험들은 소망이나 방어로 인한 왜곡을 겪지 않는다. 지각의 또는 인지의 미성숙 또는 과도한 일반화에 의해서 필연적으로 만들어지는 것들이 왜곡을 겪는 것이다. 게다가 나는 여기에서 현실에 대한 방어적(즉, 정신역동적) 역량은 좀 더 후에 발전되는 역량이라고 가정한다.[4] 여기에서 제시한 견해들은 보통의 발생적 순서는 역으로 되어야만 하고 발달에서 현실 경험이 환상의 왜곡에 선행한다는 것을 제안한다. 이러한 입장이 옳다면, 유아는 초기에 대한 정신역동적 생각들로는 접근할 수 없고, 유아의 경험이 갈등 해결을 바꾸는 현실의 산물이 아니라는 의미에서 비정신역동적 삶의 시작을 낳게 된다. 이 입장은 전-오이디푸스적 병리가 정신역동적 감각에서의 갈등보다는 결핍이나 현실을 기반으로 한 사건들 때문이라는 코헛과 볼비의 주장과 더 가깝다.

하지만 결핍은 이러한 현실 기반의 사건들을 말하기에는 잘못된 개념이다. 기준을 세우고 전망하는데, 유리한 입장에서 보면 유아는 대인관계의 현실만을 경험하지, 결핍(훨씬 이후 때까지 경험할 수 없다)과 갈등을 해결하는 왜곡을 경험하는 것이 아니다. 이것이 대인관계 현실의 실제 모습이다. 대인관계 불변요소들은 진짜로 존재하고 발달 과정을 결정하게 한다. 현실을 왜곡하는 유형의 방어적 활동은 상징적으로 생각하는 것이 가능한 후에야 발생한다. 이러한 입장에서 보면, 우리는 이제 안나 프로이트가 거론한 모든 중요한 과제들을 다시 받아들일 수 있는데, 그것들은 유아의 대인관계 현실의 꽤 정확한 초기 경험의 2차적 재작업으로써 위치를 갖게 되었다.

---

1   포유류들 가운데, 우리는 우유 안에 들어 있는 지방, 단백질, 탄수화물의 비율을 보고 수유의 회수를 예측할 수 있다. 인간의 유유의 구성을 기반으로 하면 인간 신생아는 매 20~30분마다 수유해야 한다. 한때는 그러한 것이 관습이었지만, 매 3시간 또는 4시간이 현재 행해지고 있다(클라우스와 켄넬 1976).

2   '정상적 공생'이 발달적으로 위치를 가지게 되면서, 말하자면 믿음의 행위로써 그다음 발달 단계의 스케줄로 이미 암시되었다. 분리/개별화 또는 그와 비슷한 어떤 것이 이러한 공생적 단계를 풀든지 또는 적어도 균형을 맞추기 위해서 따라올 것이 분명하다.

3   유아들은 자신들에게서 경험되고 다른 사람들에게서 보이는 주관성으로써의 정서의 세계를 반드시 배워야만 한다. 이것을 하기 위해서 그들은 정서가 강도의 영역에서 다양하다는 것을 알게 되는 것이 분명하다(쾌감적 가치와 활성화의 측면에서). 유아들이 주관적이고 객관적인 정서 경험에 대한 통합된 견해를 얻기 위해서 그들은 계속적인 증감으로써의 정서 영역의 스펙드럼에 대한 지각적이고 경험적인 견해를 가지고 있음이 분명하다(스턴 외 1980; 리히텐베르크 1983). 정신분석 이론가들은 정서의 세계에 대한 유아의 경험을 파손시킨다.

4   안나 프로이트(1965)의 방어적 운용의 개체발생에 대한 견해의 해석이 이 주장과 양립할 수 있다.

CHAPTER 11

과거의 발달을 재구성하는 치료적 과정이 가지는 의미들

여 기에 제시된 발달의 견해들은 임상 실제에 어떻게 영향을 줄 수 있을까? 특히 치료사와 환자는 과거에 대한 치료에 효과적인 내러티브를 재구성reconstruct할 수 있을까? 이 관점의 두 가지 주요한 특성은 넓은 임상적 의미들을 가지고 있다. 첫째, 구강적 경향성, 의존성, 자율성, 신뢰와 같은 전통적인 임상적 발달 이슈들이 발달 시간에서 어떤 하나의 특정한 기원의 지점이나 단계로부터 풀려나게 되었다. 이러한 이슈들을 여기에서는 발달의 선들, 즉 인생의 단계들이 아니라 인생의 이슈들로 보았다. 그것들은 민감한 기간, 즉 우세와 우위가 있는 가정된 단계를 거치지 않는데, 이 기간에 상대적으로 되돌릴 수 없는 '고착'이 발생할 수 있다고 생각했었다. 따라서 어떤 인생의 시점에 특정한 전통적인 임상적-발달적 이슈가 그것의 병리발생의 기원을 가지게 되는지는 이론을 기초로 해서 미리 알 수가 없다.

전통적인 이론들은 연령별 특정한 민감한 단계를 이러한 이슈들의 최초의 날인에 할당했다. 따라서 이론이 지시한 시간상 실제 순간을 향해서 우리는 재구성의 탐구를 진행해야만 한다. 사실, 민감한 단계 동안의 최초의 병리발생적 사건들에 대한 이해는 실질적으로 바람직할 뿐만 아니라, 이론적으로도 병리의 충분한 이해를 위하여 필수적이었다. 이 책의 관점에서 보면, 이러한 조건은 더 이상 지속되기 어렵다. 이러한 전통적인 임상적－발달적 이슈들의 기원의 실제 지점은 그것들의 지속적인 발달선 어디에든 존재할 수 있다. 그 기원은 더 이상 이론으로 정확히 말할 수 있는 것이 아니며 미스터리와 도전을 가져온다. 치료사는 지나치게 제한적인 이론적 처방전에 의해서 방해받지 않으면서 환자와 함께 나이를 가로지르며 자기의 감각의 영역들을 통해 좀 더 자유롭게 배회하고, 재구성의 행위가 가장 강렬한 곳을 발견할 수 있다. 이 자유는 치료사가 좀 더 균형있게 듣도록 해주고(프로이트가 처음 제안했던 것 같이), 재구성의 과제를 환자와 치료사 모두에게 진정한 모험이 되게 한다. 그들이 도착하게 될 곳은 이론적 제약이 많이 없는 곳이 될 것이다. 다른 말로 하면 재구성한 임상적 유아가 어떤 모습을 가지게 될 것 같은지에 대한 선입견이 좀 더 적을 것이다.

사실 경험이 많은 임상가들은 치료에 임하는 동안에 자신들의 발달 이론을 표면에 나타나지 않게 한다. 그들은 환자와 함께 기억된 역사를 통해 가능할 만한 삶의 경험을 찾고자 모색한다. 그 삶의 경험은 환자의 인생을 이해하고 바꿀 수 있는 핵심적인 치료적 비유를 제공해준다. 이러한 경험을 병리의 **기원의 내러티브 요소**라고 부를 수 있는데, 그것이 실제 발달선에서 언제 발생했는지는 상관이 없다. 일단 그 비유가 발견되면 치료는 그 기원의 지점으로부터 앞으로 그리고 때때로 뒤로 진행한다. 효과적인 치료적 재구성을 위해서 치료가 가정하고 있는 병리의 **기원의 실제 지점**에 도달하게 되는 것은 거의 드물다. 대부분의 치료사들은 재구성의 비유가 제공해주는 환자의 삶에 대한 강력한 영향력과 설명의 힘을 가지고, 그 비유의 '원래의 이야기'에 도달할 수 없을지라도 그것으로 작업한다는 것에 동의한다. 발달 이론이 말뿐인 인정을 받고 있는 동안, 임상은 진행된다. 발달 이론들을 환자에게 적용할 때, 이 이론들이 전통적인 임상적-발달적 이슈들의 기원에 대한 어떠한 신뢰할 수 있는 실제 지점을 제공하지 않는다는 것은 널리 알려져 있다. 그런 병리의 기원의 실제 지점은 이론적 유아들에게만 적용되는데, 그 유아들은 존재하지 않는다.

넓은 임상적 의미들이 가지는 두 번째 중요한 점은, 각각의 자기 감각의 출현 시기는 9장에 언급한 이유들 때문에 민감한 시기일 가능성이 높다는 것이다. 특정한 그리고 구체적으로 명시할 수 있는 발달 시기 동안에 강력한 형성의 각인을 주는 것은 전통적인 임상적 발달적 이슈들이라기보다는 자기 경험의 각각의 영역들이다. 이것이 의미하는 바는 검사 가능한 임상적 예측들을 설정한다.

우리는 특정한 연령의 민감한 기간들로부터 전통적인 임상적-발달적 이슈들을 풀어줌으로써 생기는 가능할 만한 결과들과 함께 시작하고, 그런 다음 자기의 감각의 영역들을 발달적 위치에 놓는 데에서 오는 결과들 중 일부를 언급할 것이다.

전통적인 임상적－발달적 쟁점을 인생의 이슈로서 보는 것이 내포한 의미

문제의 내러티브 기원을 발견하기 위한 전략들

계속되는 경험의 다른 형태로의 각각의 자기의 감각의 층에 대한 개념은 조직화하는 치료적 비유의 위치를 정하는 데 잠재적으로 도움이 된다. 예를 들어 주된 관심사가 통제와 자율성에 맞추어져 있는 환자를 선택해보자. 핵심 비유를 찾으면서, 치료사는 문제에 대한 임상적 '느낌'을 탐구한다. 그 느낌을 식별하는 첫 번째 질문은, 어떤 관계성 영역이 가장 두드러지고 활동적인가? 환자의 현재 삶과 전이 반응들이 단서들을 제공한다. 환자들은 통제의 이슈에서 어떤 자기 감각이 가장 중요한가를 기꺼이 보여준다.

자율성과 관련하여 세 가지 다른 종류의 엄마－아이의 관계들을 상상해보자. 첫 번째 엄마는 조니의 말이나 느낌 상태가 아니라 몸, 즉 그의 신체적 행위를 통제하는 것이 필요하고 바람직하다는 가정 하에서 작동한다. 말이나 느낌 상태는 조니 스스로 해결할 문제이다. 두 번째 엄마는 제니의 느낌 상태와 의도만을 문제 삼는다. 통제에 대해서 세 번째 엄마의 중요한 개인적 영역은 지미가 하는 것도 느끼는 것도 아니고 오직 그가 무엇을 말하는가이다. 이것이 그녀가 해결할 일이 된다. 각각의 상황은 자율성의 문제가 무엇을 의미하는지,

또는 어떤 자기의 감각이 어렵게 고투하고 있는지에 대해 다른 임상적 느낌을 불러일으킬 것이다.

　　다음 사례는 내러티브 기원과 열쇠가 되는 비유를 찾기 위해서 어디를 보아야 하는지를 잘 보여준다. 30대의 한 전문직 여성은 자신의 소원과 목표를 착수하는 것을 자기 혼자서는 할 수 없을 것 같은 느낌에 대해서 호소하였다. 그녀는 삶을 살아갈 때 수동적인 역할을 취하였고, (그녀의 가족 배경, 정신적 자원을 고려해보면) 반대가 최소한 있는 길 그리고 다른 사람이 충고하고 하라고 했던 길을 따라갔다. 이런 식으로 그녀는 변호사가 되었고 결혼을 했다. 최근 겪고 있는 가장 첨예한 고통의 원천은 변호사로서의 그녀의 일에서 마비되는 감각이었다. 그녀는 자신의 현재 상황이나 미래에 대해서 통제력이 없다고 느꼈고, 그녀의 삶이 다른 사람들의 수중에 있다고 느꼈다. 그녀는 무력하다고 느꼈고 때론 격노했다. 자주 과잉 반응했고, 그리고 그 과잉 반응은 어떤 면에서 그녀의 일을 위험에 빠지게 했다. 직장에서의 그녀의 상황에 대해서 이야기할 때, 그녀의 신체적 집행자, 특히 **신체적** 행위의 주도성과 자유와 관련된 세부 내용에 대해서 계속 이야기했다. 그녀는 자신의 사무실을 다시 배치하기를 원했는데, 화분들, 일부 책들, 커피 테이블 등 그녀가 움직일 수 있는 모든 것들을 재배치하기를 원했고 실행할 것을 계획했지만 어쨌든 그녀 자신이 그것을 할 수는 없었다는 그런 이야기였다. 선임들 중한 사람이 휴게실을 특별 회의실로 바꾸고 선임들을 제외한 모든 사람들에게 출입금지를 한 것에 대해서 분노했다. 그녀가 주로 화가 났던 것은 그곳에서 이전처럼 도시의 풍경을 보면서 시간을 보낼 수 없었기 때문이었지, 그녀의 일에 실제적인 불편함을 주었거나 또는 그녀가 그것이 그녀의 낮은 지위에 대한 비하하는 표현으로 보았기 때문이 아니었다. 그녀는 자신이 해왔던 걷기와 경치를 박탈당한 것에 대해 가장 분개했다.

몸이 자유롭게 움직이는 것에 대한 그녀의 우려는 핵심 관계성의 영역과 특별히 집행자의 감각이 많이 연루되어 있는 것처럼 보였다. 이러한 인상이 더 강렬하게 된 것은, 그녀가 상호주관적 관계성과 언어적 관계성 영역에서 자신의 삶을 시작하고 통제하는 것에 아무런 어려움이 없다고 느꼈다는 사실이었다. 그녀는 오해들과 공감의 단절을 말하는 데에는 매우 효율적이었다. 이것을 염두에 두면서, 우리는 그녀의 핵심 자기의 감각과 특히 그녀의 신체 집행자가 절충했다고 느끼는 때를 찾았다. 그녀의 치료를 위해 기원의 내러티브 지점을 만드는 그 인생의 '순간'이 8세에서 10세까지의 기간에서 발견되었다. 그때 그녀는 류머티즘 열병과 급성 세균성 심내막염으로 그 시기의 대부분을 침대에 누워서 지냈다. 이 삶의 기간은 치료 초기에 광범위하게 탐색되었는데, 그녀는 그 병으로 인해 주로 우울하고 박탈감에 살았었다. 하지만 우리는 그녀의 핵심 자기의 감각과 관련된 느낌들에 가까이 가는 치료적 탐색을 계속했다. 그렇게 하자 그녀는 그녀가 움직여서는 안 된다고 지시를 받았는데, 창문까지 걸어가는 것조차도 금지당했던 것을 기억할 수 있었다. 그녀는 무엇을 하려고 시도하거나 어디를 가려고 할 때 신체적으로 너무 피곤했었다. 층계를 오르거나 내려오거나, 원하는 책을 가져오는 것, 창문을 여는 것을 하기 위해서는 엄마나 아빠가 다시 나타나서 그것을 해줄 때까지 기다려야만 했다. 그녀는 마치 누군가의 힘으로 '세상이 활성화되고 시작될 때'까지 기다리면서 평생만큼 긴 시기를 보낸 것처럼 느꼈다.

이렇게 신체적으로 병든 자기가 소망했던 행동들을 시작할 역량도 집행자도 없었고 '세상을 시작하게' 만들 수 없었던 것이 기원에 대한 그녀의 내러티브 지점이 되었다. 그것은 그녀가 지금 있는 것이 바로 이런 자기의 감각이었고, 이것은 복원된 '임상적 유아'를 위한 중심 비유가 되었다. 일단 그 비유가 생기게 되자, 그녀는 이 역사적 사건에 대한 다른 징후들을 상대적으로 쉽게 탐색할 수 있었고 그것이 가지고 온 경향도 탐색할 수 있게 되었다. 점차적으로 이것은 그녀가 직장에서 어려워하는 첨예한 고통을 이해하고 다루게 해주었다. 이 비유는 그녀의 문제들 중 이런 면을 위해 근본적인 참고 자료로써 기능했고, 치료에서 그녀는 마치 북극성이 그런 것처럼 이것으로 돌아가서 자신을 이해하려고 했다. 이 이야기는 우리가 말하려고 하는 몇 가지 분명한 논점들을 잘 보여준다. 첫째, 내러티브를 위한 기원의 지점으로 기능하는 역사적 사건들('외상' 사건들)은 잠재기 시기 동안에 발생했다. 그녀의 나이에 상관없이 주요한 영향이 그녀의 핵심 자기의 감각의 영역에 있었다. 모든 자기의 감각들은 일단 형성이 되면 생애 전반에 걸쳐서 활동적인, 성장하는, 주관적인 과정으로 계속되기 때문에 그 감각들 중 하나는 인생의 어느 지점에서 발생하는 변형detormation에 취약하다. 이와 같이 자율성 또는 통제와 같은 삶의 이슈들도 인생 전체에 걸친 이슈들이기 때문에 그것들도 인생의 어느 시점에 취약하게 될 수 있다.

기원에 대한 내러티브 지점은 기원의 실제 지점과 일치할 수 있다. 심리적 문제들의 발생은 꼭 그럴 필요는 없지만 유아기로까지 이르는 발달 역사를 가지고 있을 수 있다. 자기의 감각들의 발달은 모든 '원초적'인 레벨들에서 항상 계속되고 있다. 발달은 역사 뒤안길에 남겨진 일련의 사건들이 아니다. 그것은 계속적인 과정이고 끊임없이 업데이트된다.

주목해야 할 두 번째 사항은 그 환자가 8세에서 10세 동안에 일어났던 형성 사건들이 그 문제의 '첫 번째 판first edition'이었다는 것이다. 그것들이 반드시 더 이른 시기의 아동기의 사건들의 '재-판re- edition'일 필요는 없다. 우리는 이론적 실제 기원의 지점을 찾을 필요가 없다. 그녀가 역사적 사건, 또는 외상을 극복할 수 없었던 이유를 질문할 수 있다. 그녀를 외상에 좀 더 취약하게 만든 이전의 이유들을 찾을 필요가 없을까? 물론 취약성의 성향에 대해서 아는 것은 도움이 될 것이다. 하지만 그것은 더 어린 시기에 '원래의 판original edition'을 찾는 것과 같은 것은 아니다.

정신병리는 하나의 발달적 관점으로 보았을 때 아마도 패턴 축적의 연속체로 보일 수 있다. 하나의 극단적인 예가 실제 신경증actual neurosis인데, 이는 하나의 사건(예측 가능하고 기질적인 것에서 벗어난)이 개인을 침해해서 병리 발생적 결과를 초래한 것이다. 이런 종류의 병리는 발달의 어떤 지점에서 발생할 수 있는 기원의 실제 지점을 가지고 있다. 필연적으로, 기원의 내러티브 지점과 기원의 실제 지점이 동일하다. 이 병리에서는 축적된 것은 없다.

다른 극단에는 유아기의 매우 초기에 그 시작을 볼 수 있는 축적되는 상호작용 패턴들이 있고, 이 패턴들은 확실하게 발달이 진행되면서 계속된다. 이러한 특징적인 축적된 패턴들은 인격과 성격 유형들로 이어지고, 극단적인 경우에 DSM-III의 축 II 유형의 인격 장애들을 발생시킨다. 이러한 것들은 어떤 중요한 의미에서 기원의 실제 발달 지점을 가지고 있지 않다. 모욕(또는 패턴)은 모든 발달 지점들에서 영향력 있게 존재하고 활동한다. 이것은 확실히 축적이 된다. 당연히, 패턴들은 하나의 지점, 가장 처음의 지점에서 시작된다. 하지만 이 첫 번째 지점의 기여가 양적으로, 그리고 질적으로도 그 후의 지점들에서의 기여들보다 더 중요하다고 확증할 수는 없다.

연속체이 준간 어딘가에는 특징적인 축적된 발달 패턴이 필연적이지만 실제 모욕이 가지는 병리 발생적 충격을 주기에는 충분하지 않다. 이 경우, 기원의 실제 발달 지점은 쉽게 가늠할 수 없고 하나의 추측이다.

이러한 불확정성은 치료에 혼란을 일으킬 수 있다. 대부분의 정신분석가들은 초기 형태가 있지만 억압 때문에 기억을 소환할 수 없거나 또는 주요한 형태와 이후 형태 사이의 왜곡과 변형 때문에 인식할 수 없다고 주장할 것이다. 이러한 추론은 임상에 기반을 두고 있기보다는 좀 더 이론적인 것 같다. 그렇지만 항상 그런 경우는 아니며 그랬을 때조차도, 정체를 드러낸 가장 초기의 형태가 이론이 기원의 지점이 있다고 예측한 그곳에 있는 경우는 드물다. 이런 상황을 구제하기 위해서, 이론가들은 좀 더 이른 초기의 형태를 가정하고 억압과 왜곡에 의해 과거에 좀 더 깊이 숨겨졌다고 말한다. 이러한 추격에는 끝이 없다.[1]

정신병리를 임상적인 관점에서 볼 때 주요 과제는 기원의 내러티브 지점, 즉 변함없이 열쇠가 되는 비유(들)를 찾는 것이다. 기원의 실제 지점에 대한 우리의 이론은 우리에게 어떻게 기원의 내러티브 지점에 대한 치료적 탐색을 해야 하는지를 말해줄 뿐이다. 성격 병리의 경우에도 그 치료가 기원에 대한 하나의 내러티브 지점을 찾아낼 때까지 (그것이 수백 개의 다른 가능한 개입 시점과 비교해 그다지 차이가 나지 않더라도) 치료는 느리게 진행될 것이다. 치료사의 주요 과제 중 하나는 환자가 기원의 내러티브 지점을 찾을 수 있도록 돕는 것이다.

우리와 관련된 세 번째 요점은 어떻게 자기의 감각의 영역들이 기원의 내러티브 지점을 식별하도록 촉진하는가이다. 이 환자가 현재 느끼고 행동하는 방식과 8~10세에 그녀가 아팠을 동안에 느꼈을 방식 사이의 연결은 너무나 분명해서 이해력 있는 임상가는 비교를 했을 것이다. "당신이 지금 직장에서 느끼고 있는 방식이 당신이 어릴 적 아팠을 때 그 병들었다는 것과 당신이 할 수 있는 것이 제한되었다고 느꼈던 것과 비슷한가요?" 그렇다면 환자의 말을 들을 때 자기의 감각의 발달에 대한 견해를 마음에 가지고 있는 것의 이점은 무엇일까? 치료적 탐색 과정에서의 속도와 확신이 하나의 대답이다.

이 환자와 함께 만들어진 그 연결은 이미 일이 벌어지고 난 후에야 비로소 분명하게 되었는데, 그녀가 구체적으로 신체 어디가 아팠는지 스스로 기억한 적이 없었고 심리적인 특징들만을 매우 상세하게 계속 말했었다. 자기의 감각의 영역의 개념을 통해서 기원에 대한 이 내러티브 지점을 좀 더 쉽게 그리고 빠르게 발견할 수 있었다.

이 변호사와 관련된 이야기에서 주목해야 할 마지막 요점이 있다. 때때로 기원의 내러티브 지점을 구성하는 사건은 치료사와 환자 둘 모두에게 분명하지만, 환자가 그것과 접촉할 수 없을 수도 있는데, 그 열쇠가 되는 경험이 정서적으로 접근하기 어렵기 때문이다. 각각 다르고 함께 존재하는 자기 감각의 레벨들의 개념은 기억하게 되면 기원에 대한 내러티브 지점으로 기능할 수 있는 정서적으로 채워져 있는 경험들을 탐색할 수 있게 해준다.

열쇠가 되는 경험의 정서적인 요소는 주로 한 영역의 관계성 안에 있고, 그 영역의 한 가지 특징 안에 있다-그 변호사의 경우에는 신체적 집행자와 자유였다. 그러면 임상적 질문은 다음과 같다. 어떤 자기의 감각이 그 정서를 가지고 가는가? 그리고 일단 이런 방식으로 질문이 주어지면, 자기 경험의 영역에 대한 익숙함에 도움이 되는 안내자로 기능할 수 있다. 이 절차는 환자가 '거기에' 그 경험으로 갈 수 있도록 돕는 것과 다르지 않다. 그래서 회고된 사건의 어떤 부분이 정서적 부분의 회상을 촉발할 수 있다. 하지만 이것은 특정한 자기의 감각을 회상 단서로 사용하기 위해서 경험된 요소들의 목록에 첨가한다.

또 다른 예가 이 과정이 어떻게 작동하는지 보여준다. 19살의 한 청년은 3개월 전에 여자 친구가 그를 떠난 것이 원인이 되어 정신 이상이 생겼다. 이것이 핵심적인 사건임을 그는 인정했다. 그는 실망과 상실감에 대해서 말할 수 있었지만 다소 지적으로 말했다. 그는 이 상실을 여전히 애도하고 있었지만 울거나 그녀와의 관계의 고통이나 즐거움을 다시 상기하려고 하지 않았다. 그는 그 일에 대한 아무런 느낌을 보이지 않았다. 그녀가 그에게 관계가 끝났다는 마지막 편지를 보내기 전, 마지막으로 그녀를 보았던 밤에 대한 이야기를 했다. 그들은 차 뒷자리에서 목을 껴안고 애무했으며 그녀는 그의 무릎 위에 앉았다. 그녀에 대한 그의 느낌을 이끌어내기 위하여 그에게 많은 질문이 주어졌다. "마지막 밤에 무슨 일이 있었나요?", "화해하려고 했나요, 아니면 이야기만 했나요?"(일반적인 질문들); "그녀에게서 어떤 변화를 감지했어요?", "그녀는 진정으로 키스를 했나요?"(상호주관적 영역에 대한 질문들) 아무것도 그의 감정을 열게 하지는 못했다. 하지만 다음 질문이 핵심 자기의 감각의 좀 더 깊은 곳으로 향했다. "그녀의 몸 전체가 당신의 무릎 위에 있을 때 어땠나요?" 이 질문이 감정을 올라오게 했고 3달 만에 처음으로 그는 울기 시작했다. 다른 환자에게는 그 상실에서 충격과 상처보다는 속았다는, 취약했다는, 신호를 파악하지 못했다는, 그리고 그것에 대해서 화가 났다는 감각이 중요하다. 그때에는 "그녀는 진정으로 키스를 했나요?"와 같은 상호주관성에서의 실패를 거론하는 질문은 분노와 굴욕의 느낌이 나올 수 있게 할 수 있을 것이다.[2]

진단을 이미 알고 있을 때의 탐색 방법들

진단 카테고리에 대한 다른 이론들이 그 병에 대한 핵심적 주관적 경험과 그 병이 어떻게 일어나게 되었는지에 대한 다른 설명들을 가지고 있다. 너무나도 다른 견해들에 대한 예로, 몇몇 저자들이 아들러와 부이가 경계선 환자들에게 보편적인 '몹시 고통스러운 외로움의 상태'라고 묘사한 상태(아들러와 부이 1979)에 대해서 말한 것을 살펴보자. 각 이론은 고독의 느낌에 대해서 다르게 설명한다.

어떤 저자들은 버려짐의 경험이 경계선 환자에게 가장 결정적이라고 제안했다. 그것이 외로움을 불러일으키는데, 이러한 외로움은 안겨지는 또는 먹여지는 또는 만져지는 또는 융합되는 것을 통해서만 완화될 수 있다고 주장했다. 버려짐의 부차적인 외로움은 다양한 방어들을 시행하게 하는 주요한 경험이다(아들러와 부이 1979). 우리의 견해에 따르면 이것은 핵심 관계성의 레벨에서의 외로움의 경험이다.

다른 저자들(코헛, 1971, 1977)은 경계선 환자의 외로움의 근본적인 결정요소는 공감적 경험의 부재 또는 심리적 생존을 유지시켜주는 '지탱하는 대상'의 실패라고 주장한다. 아들러와 부이는 이런 종류의 외로움을 묘사하면서 한 환자에 대해서 말했는데, 그녀의 '가장 견딜 수 없는 외로움'을 탐색해서 그녀의 어머니의 공감적 부재에 도달하게 되었다. 우리의 견해에 의하면 이것은 상호주관적 관계성의 수준에서의 외로움의 경험이다. (아들러와 부이는 환기되는 기억의 실패를 근본적인 메커니즘으로 보았다.)

또 다른 저자들은 버려짐이나 만족의 실패에 대한 방어들이 외로움의 경험에 대한 주요 설명을 제공한다고 강조했다. 마이스너(1971)는 대상을 합병하려는 욕구가 그 대상을 말살시킬 수도 있다는 두려움을 낳는다고 제안했다. 보호를 위한 거리가 파괴로부터 대상을 보호하기 위해서 만들어지고, 이것이 외로운 느낌의 2차적 원인이 된다. 컨버그(1968, 1975, 1982, 1984)는 만족의 실패는 격노로 이어지고, 그것이 분열의 기제를 가동시켜 '좋은' 그리고 '나쁜' 대상 양쪽을 유지시킨다고 제시한다. 분열은 그 후 고통스러운 외로움을 낳게 된다. 우리의 견해에 따르면, 이러한 방어를 기반으로 한 외로움의 경험에 대한 설명들은 언어적 관계성 수준에 속한다. 마찬가지로, 당신 자신의 분노로부터 대상을 보호하는 것은 재조직된, 언어로 표상된 경험의 영역에 들어간다.

아마 이 세 가지 관점 모두가 옳지만 어떤 것도 모든 항목을 포함하지 않는다. 외로움의 이러한 경험 각각은 경험했던 같은 감정 상태이고, 그것을 자기 경험의 다른 영역들에서 상세히 설명한 것이다. 모든 것이 일어날 가능성이 있고, 감정의 세 가지 다른 질감들은 각각 다르고, 상호 배타적이고, 역동적인 세 가지 병인들을 필요로 하지 않는다. 적용할 수 없는 역동과 잘못된 관계성의 영역에서 환자를 치료하지 않기 위해서, 느낌 상태에 대한 임상적 선호를 경계할 필요가 있다. 그러면 병인 이론보다는 그 환자가 가장 큰 고통 속에 있는 자기의 감각으로 치료를 인도하게 될 것이다.

관계성의 모든 영역은 병에 연루되어 있지만, 대개 어느 시기에 어떤 하나를 더 고통스럽게 경험한다. 치료사는 처음에는 그 영역이 가장 영향을 받고 있는지 또는 최소한 영향을 받는지 그리고 따라서 최소한 방어되는지를 알 수 없다. 공감적 접근(자기 심리학에서 적용되는 것처럼) 또는 해석적인 접근(전통적인 정신분석에 적용되는 것처럼)이 경계선 환자들의 치료에서 좀 더 효과적인지를 둘러싼 논쟁의 일부가 여기에 취해진 관점에 의하여 완화된다. 공감적 접근은 첫 번째로 상호주관적 관계성의 영역에서의 실패를 필연적으로 만나게 되고 언급하게 될 것이다. 환자는 보통 충격을 경험하고, 자신이 어떤 경험을 했을지에 대해서 알려고 하고 알 수 있는 누군가가 옆에 있다는 것을 발견하고 결국에는 안도감을 느낀다. 그 안도감과 대인관계의 가능성을 여는 것은 어마어마하고 어떤 주제 못지않게 중요하다. (문헌에는 코헛 이외에도 많은 예들로 가득하다. 예로 슈베버 [1980b]를 보라.) 격노로 이어지고, 분열로 이어지고, 외로움을 낳게 되는 만족의 실패와 같은 내용은 언어적 관계성 영역에 있으며 2차적으로 거론될 수 있는데, 공감적 이해를 성취한 이후에 가능할 수 있다.

다른 한편에서, 해석적 접근은 필연적으로 언어적 관계성의 영역에 있는 내용과 첫 번째로 만나게 된다. 환자와 치료사 사이의 공감적 이해는 배경으로 들어가고, 해석적 작업의 과정에서 거의 2차적으로, 그리고 대개는 좀 더 이후에 전이와 역전이의 형태에서 작업하게 될 것이다.

실제로, 치료적 접근의 본질은 어떤 경험의 영역이 주로 괴롭게 보이는지를 결정한다. 모든 자기의 감각들에서 그리고 모든 관계성의 영역들에서 문제들이 있을 수 있기 때문에, 치료사는 자신이 선택한 접근법에 의해서 병인학 이론에서 예측한 병리를 발견할 것이다. 문제는 관계성의 모든 영역들이 영향을 받을 것이지만 한 곳이 더 심각하게 손상되어 있을 가능성이 있고, 좀 더 많은 치료적 관심뿐만 아니라 치료가 진행될 수 있도록 초기의 관심도 요구될 가능성이 많다는 것이다. 이러한 사실은 치료사가 접근 방식에 있어 유연할 것을 요청한다. 대부분의 임상가들은 두 개의 접근을 배타적으로 사용하지 않고, 임상에서는 자신들의 이론적 신념이 제안하는 것보다 더욱 유연하다. 이 모든 것이 제안하는 것은, 안내하는 이론과 모순되게 임상을 계속하는 대신에, 좀 더 효율적으로 환자를 대하기 위해서는 안내하는 이론들이 좀 더 포괄적일 필요가 있다는 것이다. 여기에 제시된 발달의 선들은 하나의 길을 제안한다.

알고 있는 외상의 시기에 대한 탐색 방법

외상이 발생한 시기가 확인된 상황이 우리의 발달 이론이 치료에 가장 도움이 될 수도 또는 해로울 수도 있는 그런 때이다. 어느 정도까지 우리의 임상적 귀와 마음은 어떤 자료만을 선택하고 다른 자료는 지나치게 하는 특정한 발달 이론에 의해서 미리 조정될까?

한 사례가 그것을 잘 보여준다. 한 환자는 자신이 12개월부터 30개월까지 자신의 어머니가 매우 우울했고, 친척들이 말하기를 그때쯤에 외아들인 그가 더욱 침울하고 불안한 아이로 변했고, 궁핍했지만 항상 도움을 요청하지는 않았다는 것을 언급했다.

그의 가족은 그가 때때로 '조용한 짜증'을 부렸는데, 그 촉발 이슈가 그의 갑작스럽고 짧게 지속된 언어 사용의 거부였다고 회상했다. 언어 발달은 정상이었다. 어머니는 이 기간 동안 그와 함께 집에 있었으며 가정주부로 지냈다. 그녀는 병원에 입원하진 않았지만 일주일에 5일 치료를 받았고 자신의 문제에 꽤 몰두하고 있었다. 그럼에도 불구하고, 그녀가 아이의 옆에 충분히 있어주어서 아이는 그녀에게 지나치게 붙어 있으려고 하지도, 거부하지도 않아 보였다. 그리고 그의 탐험 행동은 기억하고 있는 것처럼 정상으로 보였다. 그는 다소 모험을 좋아하는 것으로 보였다.

서른넷에 처음 치료에 왔을 때, 그는 결혼을 했고 두 살 된 아이가 있었다. 그는 대기업에서 그의 위치에 맞게 충분히 기능을 잘 하고 있었고, 그의 아내는 인문학을 공부하는 대학원생이었고 좀 더 '지적'이었다. 그의 주 호소 문제는 일반적인 불안이었는데, 불안정 insecurity의 느낌과 이해받지 못한다는 느낌 그리고 아내에게 분노를 폭발한 일들을 말했다. 불안정한 느낌은 직장과 집 모두에서 경험했다. 그는 삶의 대부분을 그 스스로가 위험을 감수하는 사람이라고 생각했으나, 현재는 직장에서 위험을 무릅쓰는 것은 하지 않고 있었다. 그는 주기적으로 좀 더 안정적인 직업을 갈망했는데, 그 직업에서는 승진이 그의 자율성에 달려 있지 않았으면 했다. 또는 상사 중 한 명이 그를 그의 날개 밑에 두고 무조건적인 후원자로 있어주기를 원했다. 그는 이러한 소망을 간직하면서 자신에 대한 존중을 상실하게 되었다. 그는 아내에게 의존하고 있다고 느꼈고 적어도 하루에 한 번은 직장에서 그녀에게 전화했는데, 아내는 이러한 전화를 성가시게 여겼다. 때때로 그녀는 그가 부부관계를 맺기보다는 그저 그녀를 안아주었으면 하고 불평했다.

그가 이해받지 못한다고 느끼는 것은 주로 그의 아내로부터였다. 단지 그의 말을 듣는 대신에 그녀가 항상 방어적이라고 그는 느꼈고, 그래서 아군이라기보다는 오히려 적군과 맞서고 있다고 느꼈다. 심지어 어떤 비난도 포함하지 않은 이슈들에서도, 그는 그가 단순히 어떤 것에 대해 어떻게 느꼈는지를 설명하기를 원했을 때 그녀는 무엇을 해야 할지 또는 어떻게 문제를 해결할지에 대해 요구하지도 않은 제안들을 하기에 바빴다. 이해받기 원했을 때, 충고를 받은 것이다.

그의 성미가 폭발했을 때는 대체로 이해받지 못한다고 느끼는 정황에서 종종 발생했다. 이런 폭발은 특징적인 언쟁의 형태를 띠었는데, 결국 다음과 같이 소리를 지르게 되었다. "당신은 모든 것에 대해 말과 꼬리표와 설명을 가지고 있다. 그것들이 이치에 맞는 것 같지만, 나에게 아무 의미가 없어. 그것은 나의 삶이 나에게 어떻게 느껴지느냐, 그런 게 아냐." 그가 열변을 토하는 동안, 그의 아내는 방을 나가며 고개를 흔들면서 그가 말이 안 통한다고 차갑게 말한다. 그러면 그는 분노와 두려움을 가지고 그녀를 쫓아간다. 그는 자신이 아내를 때릴지도 모르고 그러면 그녀가 떠날 것이라는 두려움이 생겼다. 그 두려움이 너무 커서 그는 뒤로 물러섰고 그녀와 이전의 관계 수준을 회복하기 위해 사과했다. 이렇게 되었을 때, 그는 두려움이 많이 사라지고 안정감을 좀 더 느꼈지만 더 슬퍼졌고 더 외로워졌다.

그러한 순간들에서 그는 흐느꼈다.

금요일 밤, 또 한 번의 폭발을 한 후, 월요일에 상담실에 왔다. 그는 주말 내내 한 노래가 떠올랐고 여전히 그 노래에서 벗어날 수가 없다고 말했다. 그 노래는 스틸리 댄의 앨범, 'Can't buy a thrill'에 수록된 'Reelin' in the Years'이었다. 그는 노래의 일부를 기억하고 있었다.

> 당신은 다이아몬드를 모를 것이다
> 당신이 그것을 당신의 손에 가지고 있을지라도
> 당신이 생각하기에 귀중하다고 하는 것들
> 나는 이해할 수 없다 …

> 당신은 눈물을 모으고 있나
> 나의 것은 충분히 모으지 않았나 …

> 지식이라고 전달하는 것들
> 나는 이해할 수 없다

이와 같은 사례에서 알고 있는 초기 역사의 치료적 사용은 가장 분명하게 보이는 나이의 특징들에 의해서 결정된다. 그리고 그것은 발달 이론이 설명하고 있는 것에 의해 결정된다.

이 환자의 특정한 문제들－안전, 버려짐의 공포, 후원자에 대한 소망, 그리고 주도성의 억제－은 발달을 가로지르며 변형된 패턴으로 애삭 이론 또는 문리개별화 이론의 용어로 쉽게 설명할 수 있다. 12개월에서 30개월에 엄마에게 오고 가는 것은 말러의 분리/개별화를 연습하는 하위단계의 부분을 구성하고 있다. 그것은 애착 목표의 활성화 및 비활성화를 예시한다. 말러에게, 유아는 '재충전refuel'하기 위해서 오거나 뭔가를 얻기 위해서 오는데, 이것은 유아가 다시 나가서 재탐험할 수 있게 해준다. 그 '뭔가'는 무엇인가? 말러는 항상 명확하지는 않다. 왜냐하면 이 용어 '재충전'은 활기찬 이슈들과 함께 혼란도 초래하기 때문이다. 하지만 이 비유는 (융합을 통한) 일종의 자아 충족을 의미하는데 이것은 유아가 분리하고 다시 탐구할 수 있도록 해준다. 애착 이론가들에게 이러한 오고 가는 것은 유아가 엄마의 내적 작업 모델을 세울 수 있도록 해주는데, 이것은 유아가 엄마로부터 떠나고 엄마에게 돌아오기 위한 안전한 기지로 기능한다. 이 책에서 사용하는 개념으로 말하자면 이것들은 일반화되고 재연되고 활성화되는 자기를 조절하는 타인과의 상호작용이다. 어머니의 우울증이 어떻게 이러한 행동 패턴들과 그것들의 표상에 어떻게 영향을 미치는가를 상상하는 것은 어렵지 않다. 어떻게 이러한 초기의 패턴들이 발달의 변형들에도 불구하고 특정한 그리고 인식할 만한 형태로 계속 존재하게 되는지를 추적하는 것이 남아 있다.

말러는 두 번째 해의 중간쯤에 나타나는 특정한 종류의 진지함, 맑은 정신, 또는 심사숙고를 묘사한다. 유아의 정서적 그리고 태도의 분위기 변화가 이전에 풍겼던 "난 세상에서 무엇이든 할 수 있어."의 좀 더 자유분방한 느낌으로부터 발생한다. 말러와 그녀의 동료들(말러, 파인, 그리고 버그만)은 이것을 '재접근rapprochement 위기'라고 불렀는데, 이것으로 분리/개별화의 '재접근 단계'가 시작된다. 이 지점에

서 유아들은 자신들이 사실 전능하지 않고 여전히 의존적이라는 것
을 깨달을 만큼 충분하게 엄마로부터의 분리/개별화를 성취했다고
이 이론가들은 가정한다. 이러한 깨달음은 정서적 변화, 태도의 변화
를 가져오고 탐험보다는 좀 더 애착을 향한 애착 균형의 일시적 재
정립이 일어난다. 유아는 부분적으로 자신들의 전능감을 상실했다.

엄마의 우울증이 아들의 '재접근 위기'에 주는 충격은 정확하게
예측할 수 없다. 한편으로는, 그의 전능감이 좀 더 길게 지속되지만
덜 안정적인 기반 위에서 지속되었다고 생각할 수 있다. 다른 한편에
서 그는 적절한 전능함의 감각을 발전시킬 기회를 많이 갖지 못해서
좀 더 일찍 그것을 포기해야만 했다고 가정할 수 있다. 어떤 경우든,
어떻게 이런 초기의 패턴이 그 다음 32년 동안 변형되었는지는 분명
하지 않다. 이유가 무엇이든, 34살에 자신의 능력에 대한 그의 신념
이 약간은 손상이 되어 있었다.

지금 시점까지 애착 또는 분리/개별화 이론, 또는 자아를 조절하
는 타인과 그것의 표상에 대한 개념이 초기의 모욕과 현재 행동 사
이의 그럴듯한 다리를 제공한다. 이것들은 주로 핵심 타인과 함께 있
는 핵심 자기의 감각의 영역에서 발생한다. 하지만 그것들은 현재 임
상의 상황의 다른 두 가지 특징, 즉 이해받지 못한다는 감각과 고통
그리고 환자의 분노 폭발의 특정 형태를 설명하기에는 부족하다. 상
호주관적 관계성의 영역에 대한 고려가 필요하다.

분리/개별화의 하위단계와 애착 행동을 실습하는 것 그리고 자기
를 소설해수는 타인의 사용이 눈에 많이 띄게 되었을 때, 동시에 주

관적 자기의 감각과 상호주관적 관계성의 영역이 형성되기 시작한다. 이것은 두 번째 해의 전반기에 발생하는 아이가 오고 가는 것을 다른 측면에서 볼 수 있도록 해준다. 유아가 엄마에게 돌아왔을 때, 이것은 단순히 '재충전'을 받거나 또는 애착체계를 비활성화하기 위한 것이 아니다. 이것은 유아와 어머니(분리된 실체로서)가 유아가 경험한 것을 공유한다는 것의 재확인이다. 예를 들어, 너무 멀리 돌아다닌 후에 두려움을 경험한 유아는 자신의 두려움의 상태를 엄마가 알고 있다는 것을 아는 것이 필요하다. 이것은 안겨지고 진정될 필요그 이상이며, 또한 이해받아야 할 상호주관적 필요이다. 좀 더 긍정적인 의미에서, 아이가 상자를 가지고 놀고 나서 엄마에게 돌아왔을 때 엄마를 쳐다볼 텐데, 마치 "이 상자가 놀랍고 멋진 것을 내가 경험한 것처럼 엄마도 경험해요?"라고 말하는 것 같다. 엄마는 대체로 조율을 통해서 "그래"라고 어떻게든 보여준다. 그리고 아이는 다시 간다. 또는 엄마에게로의 유아의 회귀는 상호주관성의 현실과 환상이 활발하게 유지되고 있다는 것의 확증으로 기능할 수 있다. ("이 블록 성을 만지는 것은 아직도 무섭고 신나요. 그렇죠, 엄마?") 상호주관적 공유를 창조해내는 것은 탐험할 수 있게 해주고 호기심을 추구할 수 있게 해준다. 그 상황에서의 유아의 두려움과 괴로움의 레벨조차도 사회적 참고 신호들에 의해서 협상될 수 있다. 그 사회적 참고 신호들은 상호주관성 영역에서 발생하는데, 엄마의 느낌 상태를 유아의 상태의 조율기로 사용하기 때문이다. (이 블록 성은 놀랍기보다는 좀 더 무서워요. 그렇지 않을 수도 있어요?)

그 상황에서 아이의 두려움과 괴로움의 정도조차도 상호주관성의 영역에서 발생한 사회적 참고 신호에 의해 부분적으로 협의된다. 왜냐하면 그 신호가 그 아이의 느낌 상태의 조율사로서 엄마의 느낌 상태를 사용하기 때문이다. ("이 블록 성은 멋지기보다는 무서워요. 다르게 볼 수는 없을까요?")

아장 아장 걷기 시작한 유아의 운동 행위에서 일어나는 것 같은 것이 이것이다. 아이가 너무 멀리 걸어 나갔다가 예상치 못한 어떤 것에 두려움을 느낄 때, 또는 지치게 되었을 때 엄마에게 돌아온 경험은 거의 단독으로 핵심 관계성 레벨과 관련되어 있다. 이것은 다른 분석 이론들이 퇴행 또는 재충전으로 부르는 것에 대한 애착 이론의 설명이다. 조금 덜 극단적인 조건에서, 우리는 엄마에게로의 회귀의 대부분이 주관적 공유하기와 관계가 있다고 본다. 이것은 상호주관적 상태를 다시 확립하는 것인데, 당연한 경험으로서가 아니라 능동적으로 유지해야만 하는 상태인 것이다. 대부분의 시간에 엄마에게로의 회귀는 두 영역에서 동시에 발생한다. 사실, 우리가 유아들에게서 종종 보는 것은, 두려움의 벼랑 가까이에 있는 아이들이 상호주관적 시험을 위한 유용한 경험을 만들거나 잡으려고 하고, 그리고 다양한 안건들, 즉 핵심 안건과 상호주관적인 안건을 가지고 엄마에게 돌아오는 것이다.

유아가 많은 안건들과 함께 회귀하는 것은 임상적으로 중요한 면을 가지고 있을 수 있는데, 일부의 엄마들에게 어떤 안건은 다른 것보다 좀 더 수용하기 쉽기 때문이다. 만약 한 엄마가 두려움을 달래주는 것에 준비가 덜 되어 있다면, 유아는 회귀해야 하는 놀랄 만큼 많은 상호주관적 '핑계들'을 찾게 될 것이다. 신체적 안정을 위해서 상호주관적 관계성을 사용하는 것을 임상가들과 부모들이 모르지 않는다. 또한, 그 반대도 발생한다. 어떤 엄마들은 상호주관적 공유에는 그렇게 준비가 되어 있지 않지만 두려움을 진정시키는 그들의 신체적 역량은 쉽게 받아들인다. 신체적 관계성을 환상 속의 상호주관성을 위해서 사용하는 것 또한 임상가들과 부모들인 우리에게 잘 알려져 있다.

이러한 일들이 벌어지는 동안 엄마의 우울한 행동이 어떻게 추후 삶에 영향을 끼칠 수 있는지의 문제로 돌아가 보면, 이 사람이 이해받지 못한다는 것에 대한 매우 예민한 감각을 가지고 있는 것은 놀라운 일이 아니다. 그의 아내가 그의 주관적 경험에 들어가지도 또는 공유할 수도 없을 때 그는 상호주관적 관계성에 고통스런 균열을 경험하였다. 고조된 민감성이 이런 형태의 대인관계의 괴리로 형성된 것은 그가 두 살 반쯤이었을 것이다. 우울의 '사로잡힘' 때문에, 그의 엄마는 안전한 기지로서 신체적으로 기능하는 것은 어느 정도 가능했을지라도 상호주관적 관계성을 위해서는 상대적으로 준비가 덜 되었을 가능성이 높다. 이해받지 못한다는 환자의 고통스러운 느낌은 상호주관적 관계성 측면에서 볼 때 가장 타당하고 생산적인 것 같다.

이 환자의 분노 폭발의 특정한 형태는 어떠한가? 18~30개월의 기간 동안, 환자는 언어적 관계성이 형성되는 단계에 있었다. 언어적 관계성의 출현은 유아가 각각 다른 관계성의 영역들에서 경험을 통합할 수 있게 해준다. 예를 들어, 유아는 지금 다음과 같은 핵심적인 경험을 이에 상응하는 언어로 말할 수 있다. "나는 엄마를 보고 싶지 않다.", "엄마가 날 보는 것을 원하지 않는다." 그리고 "나는 엄마 가까이에 있고 싶지 않다." (이때쯤 부정성이 시작된다.) 유아는 다음과 같은 상호주관적 경험들도 이에 상응하는 언어로 말할 수 있다. "이 장난감과 너무 재밌게 놀고 있는데, 그냥 내버려 둬." 그리고 "나의 유쾌함을 공유하고 싶지 않아." 이 언어적 표현은 처음에는 "**아니야.**"와 같은 궁색한 어떤 것이었을 것이다. 또는 몇 달 후에는 "**저리가.**" 또는 몇 달 후에는 "**엄마, 미워.**"이었을 것이다. "**아니야.**"라고 말하는 언어적 행위는 자율성, 분리됨 그리고 독립의 선언이다(스피츠 1957). 유아가 핵심 영역 안에 있는 개인적 지식을 나타내기 위한 가장 근접한 말이 "**아니야.**" 또는 "**저리가.**"였을지라도, 이것은 또한 핵심 관계성의 영역에서의 "나는 엄마를 안 볼 거야." 같은 날 것의 신체적 행위를 말한다.

　이러한 상황은 유아의 경험을 통합하기도 하고 균열시키기도 하고 유아를 자기 이해의 위기에 빠지게 하기도 한다. 자기self는 미스터리가 된다. 유아는 자기의 경험이 언어에 의해 승인된 공식적인 경험으로부터 어느 정도는 떨어진 자기 경험의 층과 단계가 있다는 것을 안다. 이전의 조화가 깨어진 것이다.

　이러한 자기 이해의 위기가 이 기간에 보이는 맑은 정신의 원인이 된다고 나는 주장한다. 이러한 변화는 경험의 언어적 표상에서의 시도(부분적으로 실패하게 되어 있는)에 의해서 초래된 자기 이해와 자기 경험에서의 보편적 위기의 불특정한 결과이다. 이것은 모든 삶의 이슈들에 영향을 주는데, 분리 또는 개별화에서 그랬던 것처럼 친밀감, 신뢰, 애착, 의존성, 숙달의 많은 결과물들을 낳게 된다.

이러한 자기 이해의 위기가 발생하는 것은 처음으로 유아는 자기가 나뉘어 있고 누구도 그러한 분리를 다시 묶을 수 없다고 감지하기 때문이다. 유아는 전능감을 상실하지는 않지만 경험의 전체성을 상실했다.

무슨 일이 일어나고 있는지에 대한 이러한 설명은 말러의 것과는 매우 다르다. 그렇지만 이 설명은 아내가 그의 주관적 경험들을 말로 하라고 주장을 할 때 이 환자가 아내에게 왜 폭발했는지 좀 더 이해할 수 있게 해준다. 그에게 자신의 경험은 여하튼 그녀의 말로는 잘 표현할 수 없었다. 그는 혼란스럽고 무력해졌으며 극도로 분노하게 되었다. 이것은 유아기 위기의 현재 형태인데, 언어 습득 이전의 경험을 언어화할 필요가 균열을 낳게 된 것이다. 부모는 그 완충 효과를 매우 필요로 하는데, 우울증에 있었던 이 환자의 어머니는 이 변화를 더 쉽도록 도울 수 있는 상태에 있지 않았다.

요컨대 여기에서 제시된 견해들의 가장 큰 임상적 가치는 이것이 치료적으로 효과적인 삶의 내러티브를 건설할 수 있는 탐구 방법을 제시하는 데 있다. 제시된 시스템은 병리의 발달적 기원에 대해서 이론의 유연성을 촉구한다. 이 시스템은 잘 알려진 사건들에 대한 몇 가지 대안적인 설명을 제공하고, 그리하여 좀 더 넓은 가능성들의 폭을 제시하고, 임상 기원의 시기에 대한 해답보다는 탐색 전략에 초점을 맞추는 발달적 견해를 강조하는 것을 통해서 유연성을 제공한다.

각각의 자기 감각들을 특정한 연령별 민감한 기간에 대한 주제로서 보는 것의 의미

자기의 각각의 감각에게 이것이 처음으로 존재하게 되는 때 그 형성 기간이 할당되는데, 신생의 자기의 감각은 출생부터 2개월, 핵심 자기의 감각은 2~6개월, 상호주관적 자기의 감각은 7~15개월, 언어적 자기의 감각은 18~30개월이다. 이러한 형성 단계들을 네 가지 자기의 감각들을 위한 '민감한 시기들'로 생각하는 것이 생산적일 수 있고, 9장에서 그러한 이유로 인해 논의했던 것이다.

이 장 앞부분에서 인용한 변호사의 경우에, 이론을 근거로 해서 그녀의 문제 소인을 예측할 수도 있을 것이다. 하지만 자율성과 통제의 이슈가 핵심 자기의 감각, 특별히 집행자agency 영역에서 2~6개월쯤에 발생한 것이지, 12~30개월쯤에 발생한 것이 아니다. 이 투쟁은 핵심 자기-경험의 감각에 관한 것이다. 그 보답은 자기-집행자이다. 자율과 통제는 단지 지역적인 싸움터이다. 하지만 이러한 임상적 예측의 사용은 다음과 같은 이유 때문에 재구성에 있어 제한된 가치가 있다. 자기 경험의 각각 다른 영역들이 전통적인 임상적-발달적 이슈를 민감한 시기에 대한 주제로 대체했을지라도, 그것들은 되돌릴 수 없는 초기의 각인들을 좀 덜 중요하게 여기는데, 왜냐하면 자기의 감각의 모든 영역은 전 인생에 걸쳐 활동적이고 여전히 형성되고 있는 것으로 보기 때문이다. 그것들을 전통적인 임상적-발달적 이슈들이 그랬던 것처럼 과거의 유물이나 이미 완결된 발달 단계로 보지 않는다. 그 시스템은 만성적인 또는 급성적인 병인적 모욕에 영향을 받을 수 있는 상태로 있다. 그러므로 자기 경험의 각각 다른 영역에서의 임상적 문제들을 고려할 때에도 민감한 시기를 넘어선 발병의 가능할 만한 실제 지점들이 많이 있다. 다시 말하자면 이 이론은 병리적 근원에 대한 실제 지점에 관하여 덜 규정적이다.

그럼에도 불구하고, 이러한 관점도 또한 각각 다른 자기의 감각의 형성 시기에서의 환경의 영향이 이후의 모욕보다 상대적으로 좀 더 많은 병리적인 결과를 초래하고, 또는 쉽게 돌이킬 수 없는 병리를 초래할 것이라고 예언한다. 9장에서 우리는 몇 가지 좀 더 분명한 예측들에 대해서 논의했었다. 일반적으로 형성의 민감한 기간 동안, 자기 경험의 특징들에 대한 몇 가지 질문들은 그 대답이 부분적으로 결정되었다. 자기-경험으로써 주관적으로 인식되는 자극들과 일들의 범위는 어떻게 되는가? 어떤 것이 견디어낼 수 있는 것으로 또는 조직을 파괴하는 것으로 경험되는가? 어떤 정서적 어조가 각각 영역에서 모든 자기 경험에 부착될 것인가? 얼마만큼의 자기 조절 타인과의 실제 상호작용이 교란되지 않은 자기의 감각을 유지하기 위해서 필요한가? 어떤 자기 경험들이 쉽게 공유되거나 소통할 수 있고, 어떤 경험들이 그렇게 하기 쉽지 않고 불길한 예감을 주는가? 이러한 연속성에 대한 예측하는 작업 이론은 자기 병리의 상태들의 개체 발생을 형성하는 데에 상당한 가치를 가지고 있는 것은 분명하다. 또한 이것이 오이디푸스-이전의 자료와 기원을 보고 작업하는 하나의 방식으로써 사용되었을지라도, 전통적인 정신분석 접근 안에서 많은 가치를 가지고 있을 것이다.

1　유아기의 '1차적' 판들의 궁극적인 장벽은 언어 방식으로 표현될 수 있다. 하지만 이것은 역동적인 의미에서 억압도 왜곡도 아니다.

2　정서를 드러나게 하는 것은 억압의 문제(갈등으로 결정된 기억의 기능장애)라기보다는 정상적인 기억의 회복의 문제인 것으로 보인다. 치료사가 적절한 질문(효과적인 기억회복의 단서)을 해서 환자가 감정적으로 될 수 있었을까(경험한 에피소드를 그곳에 들어 있는 정서와 함께 기억하는 것)? 두 가지 종류의 기억 과정, 즉 부지불식간의 기억과 억압을 제거하는 것이 관여된다. 부지불식간의 기억은 프루스트가 Swann's Way에 있는 잘 알려진 두 개의 단락에서 잘 묘사된다. "그래서 그것은 우리 자신의 과거와 함께 있다. 그것을 다시 붙잡는 것은 헛수고이다. 우리의 지성의 모든 노력들은 무의미하게 끝날 것이다. 과거는 우리의 지성이 도달할 수 있는 곳 넘어 물질적 대상이 영어 비깥 이던기에 숨끼쩌 있디. 그 내싱에 내헤서 밀아사넌, 우리가 우연히 그것을 떠올리든지 아니면 우리가 죽기 전에는 그럴 일이 일어나지 않던지는 우연에 달려 있다. 하지만 먼 과거로부터 아무것도 존속되지 않을 때 그 사람들이 죽은 후, 물질들은 부서지고 흩어진 후, 여전히 혼자이고 좀 더 부서지기 쉽고, 하지만 좀 더 생동력 있고, 좀 더 지속적이고, 좀 더 충실하고, 인생의 부분의 냄새와 맛은 모든 나머지들의 황폐화 속에서도 그 순간을 위해 기다리며 희망하며 우리에게 일깨워줄 준비가 된 영혼처럼 오랫동안 태연히 남아 있고 그것들의 본질의 아주 조그마하고 극소의 미량, 광대한 회상구조로 꼼작하지 않고 버티고 있다."(스캇 몬크리프 1928) 기억의 회상의 두 과정들은 필요하고 보완적인 것처럼 보인다. 그것들을 동시에 작업하는 것은 치료사의 과제이다. 환자가 적절한 '본질의 … 일부'를 만날 수 있는 곳인 자기 경험의 영역의 방향으로 환자를 인도하는 것을 통해서 '부지불식'의 요소를 작업할 수 있다. 억압에 대해서, 일반적인 치료적 과정이 필요하다.

에필로그

이 책의 중심적인 목표는 유아의 자기의 감각의 발달을 묘사하는 것이었다. 나는 임상 실제에서 나온 임상적 현상들과 함께 유아에 대한 새롭게 사용 가능하게 된 실험의 발견들을 고려하여 유아의 주관적 경험을 추론하려고 시도했다. 이러한 면에서 이것은 자기 경험의 영역들의 발달에 대한 작업 이론의 형태에서 관찰된 유아와 임상적으로 재구성된 유아의 통합을 향해 가는 한 걸음이다.

이 작업 이론의 가치는 증명되어야 하고, 가설로서의 이것의 지위도 탐색될 필요가 있다. 이것이 확인할 수 있는 또는 틀렸음을 입증할 수 있는 현재의 제안들에 의해서, 그리고 다른 곳으로 인도해주는 생산적인 연구들에 의해서 평가될 수 있는 하나의 과학적 가설로서 받아들여야 하는가? 아니면 이것은 임상에서 사용될 수 있는 하나의 임상적 비유로서 받아들여야 하는가?

이 둘 모두가 증명되기를 나는 희망한다. 하나의 가설로서 이 견해는 너무 많은 실험이 필요한 다양한 영역에 주의를 요청한다. 특별히, 에피소드 기억에 대한 연구와 조직하는 경험에서 정서의 역할들, 언어 이전의 경험의 분류체계를 제공하기 위한 묘사적이고 이론적인 노력들, 그리고 발달적 변형을 가로지르는 상호작용의 패턴을 인식하고 추적하기 위한 묘사적인 수단을 발전시키려는 노력들을 주목해야 한다. 또한 어떤 시기의 특정한 모욕이 이후의 자기 경험의 특정한 영역에서의 병리를 예견할 수 있게는 하지만, 특정한 전통적인 임상적-발달적 이슈들에서의 병리를 예측하지는 못할 거라는 가설을 시험하는 연구들이 필요하다. 미래 실험연구자들이 흥미를 유발하고, 매력적이고, 도전적이라고 여기게 될 만큼 탐구 분야의 범위가 확대되었기를 나는 바란다.

여기에 제시된 견해가 또한 임상 실제를 위해 하나의 비유로서 기여하기를 바란다. 이 비유의 임상적 의미들은 천천히 그리고 간접적으로 발생할 것 같다. 유아들이 누구인지, 그들이 어떻게 다른 사람들과 자신들을 관계시키는지, 그들의 주관적인 사회적 경험, 특별히 자기의 감각이 어떨 것 같은지, 그리고 어떻게 우리는 치료적 내러티브의 창조와 관련된 과거의 경험을 찾을 수 있는지에 대한 우리의 견해를 바꾸는 것으로 변화를 위한 가장 강력한 힘이 일어날 거라고 나는 생각한다. 이러한 변화는 치료사들이 환자들과 활발히 작업하면서 생기는 치료사의 생각하기를 통해서 그것의 방향을 여과하게 될 것이다. 재구성된 환자의 삶의 과거의 그림이 바뀌게 되었을 때, 치료사는 다르게 생각하고 행동하는 것이 필요하다는 것을 발견하게 된다. 이 책의 마지막 부분에서 제안된 생각들은 그런 과정을 촉진하기 위한 것이다. 그런 변화의 과정은 환자들의 많은 '세대'를 통해서 이루어질 것이다. 정확하게 어떻게 이런 여과하고 변형하는 과정이 각각 다른 치료의 기법과 이론으로 해석하여 들어가게 될 것인지는 예측할 수 없다. 나는 어떤 시작을 제안한 것이다.

변화에 대한 두 번째 경로는 더욱 간접적이고 예측할 수 없지만 아마 가장 유력한 것이다. 치료사 또는 실험연구자인 것과 더불어, 우리는 부모, 조부모이며, 정보를 퍼뜨리는 사람이다. 우리가 서술한 발견들과 우리가 고안한 이론들은 궁극적으로 새로운 부모들을 위한 정보이다. 우리가 그것을 의도하든 안 하든, 이 연구의 일반적인 교육적 본질은 피할 수 없다. 그 과정은 이미 시작되었고, 대부분 사람들이 가지고 있는 유아에 대한 일반적인 견해를 바꾸기 위해 가속화되고 있다. 일단 부모가 다른 유아를 보면 그 유아는 그들의 새로운 '시각'에 의해서 변형되기 시작하고, 궁극적으로 다른 성인이 된다. 이 책의 대부분은 어떻게 이러한 변형이 사람들 사이에서 발생하는지에 대해 설명했다. '인간의 본성'의 모습 속에서 매일 마주치게 되는 진화는 이러한 문제들에 보수적인 힘으로 작용하고, 그래서 유아들이 누구인지에 대한 우리의 일반적인 견해를 바꾸는 것은 그들이 어떤 사람이 될 것인지를 어느 정도까지 바꿀 수 있다. 하지만 그것이 정확하게 여기에서의 이슈에 있는 변화의 정도이다. 만약 유아를 다르게 보는 것이 아이들, 청소년들 그리고 성인들을 다르게 만들기 시작한다면, 그러면 우리는 그 지점에서 다른 환자들을 보게 될 것이다. 그 환자들은 다소 다른 유아기를 경험하고 그들의 대인관계의 세계들이 약간은 다르게 발전했을 것이다. 이러한 새로운 환자와의 치료적 만남은 다시 임상적 이론 및 탐색 방법의 변화를 요구하게 될 것이다.

유아가 발달해야 하는 것처럼, 그들이 무엇을 경험하고, 그들이 누구인가에 대한 우리의 이론도 그래야만 한다.

참고문헌

Adler, G., and Buie, D. H. (1979). Aloneness and borderline psychopathology: The possible relevance of child developmental issues. *International Journal of Psychoanalysis, 60*, 83–96.

Ainsworth, M. D. S. (1969). Object relations, dependency and attachment: A theoretical review of the infant-mother relationship. *Child Development, 40*, 969–1026.

Ainsworth, M. D. S. (1979). Attachment as related to mother-infant interaction. In J. B. Rosenblatt, R. H. Hinde, C. Beer, and M. Bushell (Eds.), *Advances in the study of behavior* (pp. 1–51). New York: Academic Press.

Ainsworth, M. D. S., and Wittig, B. (1969). Attachment and exploratory behavior in one-year-olds in a stranger situation. In B. M. Foss (Ed.), *Determinants of infant behavior.* New York: Wiley.

Ainsworth, M. D. S., Blehar, M. C., Waters, E., and Wall, S. (1978). *Patterns of attachment.* Hillsdale, N.J.: Erlbaum.

Allen, T. W., Walker, K., Symonds, L., and Marcell, M. (1977). Intrasensory and intersensory perception of temporal sequences during infancy. *Developmental Psychology, 13*, 225–29.

Amsterdam, B. K. (1972). Mirror self-image reactions before age two. *Developmental Psychology, 5*, 297–305.

Arnold, M. G. (1970). *Feelings and emotions, the Loyola symposium.* New York: Academic Press.

Austin, J. (1962). *How to do things with words.* New York: Oxford University Press.

Baldwin, J. M. (1902). *Social and ethical interpretations in mental development.* New York: Macmillan.

Balint, M. (1937). Early developmental states of the ego primary object love. In M. Balint, *Primary love and psycho-analytic technique.* New York: Liveright.

Basch, M. F. (1983). Empathic understanding: A review of the concept and some theoretical considerations. *Journal of the American Psychoanalytic Association, 31*(1), 101–26.

Basch, M. F. (in press). The perception of reality and the disavowal of meaning. *Annals of Psychoanalysis, 11.*

Bates, E. (1976). *Language and context: The acquisition of pragmatics.* New York: Academic Press.

Bates, E. (1979). Intentions, conventions and symbols. In E. Bates (Ed.), *The emergence of symbols: Cognition and communication in infancy.* New York: Academic Press.

Bates, E., Benigni, L., Bretherton, I., Camaioni, L., and Volterra, V. (1979). Cognition and communication from nine to thirteen months: Correlational findings. In E. Bates (Ed.), *The emergence of symbols: Cognition and communication in infancy.* New York: Academic Press.

Bateson, G., Jackson, D., Haley, J., and Wakland, J. (1956). Toward a theory of schizophrenia. *Behavioral Science, 1*, 251–64.

Baudelaire, C. (1982). *Les fleurs du mal.* (R. Howard, Trans.). Boston: David R. Godine. (Original work published 1857)

Beebe, B. (1973). *Ontogeny of Positive Affect in the Third and Fourth Months of the Life of One Infant.* Doctoral dissertation, Columbia University, University Microfilms.

Beebe, B., and Gerstman, L. J. (1980). The "packaging" of maternal stimulation in relation to infant facial-visual engagement: A case study at four months. *Merrill-Palmer Quarterly, 26*, 321–39.

Beebe, B., and Kroner, J (1985). Mother infant facial mirroring. (in preparation)

Beebe, B., and Sloate, P. (1982). Assessment and treatment of difficulties in mother-infant attunement in the first three years of life: A case history. *Psychoanalytic Inquiry, 1*(4), 601–23.

Beebe, B., and Stern, D. N. (1977). Engagement-disengagement and early object experiences. In M. Freedman and S. Grand (Eds.), *Communicative structures and psychic structures.* New York: Plenum Press.

Bell, S. M. (1970). The development of the concept of object as related to infant-mother attachment. *Child Development, 41,* 291–313.

Benjamin, J. D. (1965). Developmental biology and psychoanalysis. In N. Greenfield and W. Lewis (Eds.), *Psychoanalysis and current biological thought.* Madison: University of Wisconsin Press.

Bennett, S. (1971). Infant-caretaker interactions. *Journal of the American Academy of Child Psychiatry, 10,* 321–35.

Berlyne, D. E. (1966). Curiosity and exploration. *Science, 153,* 25–33.

Bloom, L. (1973). *One word at a time: The use of single word utterances before syntax.* Hawthorne, N.Y.: Mouton.

Bloom, L. (1983). Of continuity and discontinuity, and the magic of language development. In R. Gollinkoff (Ed.), *The transition from pre-linguistic to linguistic communication.* Hillsdale, N.J.: Erlbaum.

Bower, G. (1981). Mood and memory. *American Psychologist, 36,* 129–48.

Bower, T. G. R. (1972). Object perception in the infant. *Perception, 1,* 15–30.

Bower, T. G. R. (1974). *Development in infancy.* San Francisco, Calif.: Freeman.

Bower, T. G. R. (1976). *The perceptual world of the child.* Cambridge, Mass.: Harvard University Press.

Bower, T. G. R. (1978). The infant's discovery of objects and mother. In E. Thoman (Ed.) *Origins of the infant's social responsiveness.* Hillsdale, N.J.: Erlbaum.

Bower, T. G. R., Broughton, J. M., and Moore, M. K. (1970). Demonstration of intention in the reaching behavior of neonate humans. *Nature, 228,* 679–80.

Bowlby, J. (1958). The nature of the child's tie to his mother. *International Journal of Psychoanalysis, 39,* 350–73.

Bowlby, J. (1960). Separation anxiety. *International Journal of Psychoanalysis, 41,* 89–113.

Bowlby, J. (1969). *Attachment and loss: Vol. 1. Attachment.* New York: Basic Books.

Bowlby, J. (1973). *Attachment and loss: Vol. 2. Separation: Anxiety and anger.* New York: Basic Books.

Bowlby, J. (1980). *Attachment and loss: Vol. 3. Loss: Sadness and depression.* New York: Basic Books.

Brazelton, T. B. (1980, May). *New knowledge about the infant from current research: Implications for psychoanalysis.* Paper presented at the American Psychoanalytic Association meeting, San Francisco, Calif.

Brazelton, T. B. (1982). Joint regulation of neonate-parent behavior. In E. Tronick (Ed.), *Social interchange in infancy.* Baltimore, Md.: University Park Press.

Brazelton, T. B., Koslowski, B., and Main, M. (1974). The origins of reciprocity: The early mother-infant interaction. In M. Lewis and L. A. Rosenblum (Eds.), *The effects of the infant on its caregiver.* New York: Wiley.

Brazelton, T. B., Yogman, M., Als, H., and Tronick, E. (1979). The infant as a focus for family reciprocity. In M. Lewis and L. A. Rosenblum (Eds.), *The child and its family.* New York: Plenum Press.

Bretherton, I. (in press). Attachment theory: Retrospect and prospect. In I. Bretherton and E. Waters (Eds.), *Monographs of the Society for Research in Child Development.*

Bretherton, I., and Bates, E. (1979). The emergence of intentional communication. In I. Uzgiris (Ed.), *New directions for child development, Vol. 4.* San Francisco, Calif.: Jossey-Bass.

Bretherton, I., McNew, S., and Beeghly-Smith, M. (1981). Early person knowledge as expressed in gestural and verbal communication: When do infants acquire a "theory of mind"? In M. E. Lamb and L. R. Sherrod (Eds.), *Infant social cognition.* Hillsdale, N.J.: Erlbaum.

Bretherton, I., and Waters, E. (in press). Growing points of attachment theory and research. *Monographs of the Society for Research in Child Development.*

Bronson, G. (1982). *Monographs on infancy: Vol. 2. The scanning patterns of human infants: implications for visual learning.* Norwood, N.J.: Ablex.

Brown, R. (1973). *A first language: The early stages.* Cambridge, Mass.: Harvard University Press.

Bruner, J. S. (1969). Modalities of memory. In G. Talland and N. Waugh (Eds.), *The pathology of memory.* New York: Academic Press.

Bruner, J. S. (1975). The ontogenesis of speech acts. *Journal of Child Language, 2,* 1–19.

Bruner, J. S. (1977). Early social interaction and language acquisition. In H. R. Schaffer (Ed.), *Studies in mother-infant interaction.* London: Academic Press.

Bruner, J. S. (1981). The social context of language acquisition. *Language and Communication, 1,* 155–78.

Bruner, J. S. (1983). *Child's talk: Learning to use language.* New York: Norton.

Burd, A. P., and Milewski, A. E. (1981, April). *Matching of facial gestures by young infants: Imitation or releasers?* Paper presented at the Meeting of the Society for Research in Child Development, Boston, Mass.

Butterworth, G., and Castello, M. (1976). Coordination of auditory and visual space in newborn human infants. *Perception, 5,* 155–60.

Call, J. D. (1980). Some prelinguistic aspects of language development. *Journal of American Psychoanalytic Association, 28,* 259–90.

Call, J. D., and Marschak, M. (1976). Styles and games in infancy. In E. Rexford, L. Sander, and A. Shapiro (Eds.), *Infant Psychiatry* (pp. 104–12). New Haven, Conn.: Yale University Press.

Call, J. D., Galenson, E., and Tyson, R. L. (Eds.). (1983). *Frontiers of infant psychiatry, Vol. 1.* New York: Basic Books.

Campos, J., and Stenberg, C. (1980). Perception of appraisal and emotion: The onset of social referencing. In M. E. Lamb and L. Sherrod (Eds.), *Infant social cognition.* Hillsdale, N.J.: Erlbaum.

Caron, A. J., and Caron, R. F. (1981). Processing of relational information as an index of infant risk. In S. L. Friedman and M. Sigman (Eds.), *Preterm birth and psychological development.* New York: Academic Press.

Cassirer, E. (1955). *The philosophy of symbolic forms of language, Vol. 1.* New Haven, Conn.: Yale University Press.

Cavell, M. (in press). *The self and separate minds.* New York: New York University Press.

Cicchetti, D., and Schneider-Rosen, K. (in press). An organizational approach to childhood depression. In M. Rutter, C. Izard, and P. Read (Eds.), *Depression in children: Developmental perspectives.* New York: Guilford.

Cicchetti, D., and Sroufe, L. A. (1978). An organizational view of affect: Illustration from the study of Down's syndrome infants. In M. Lewis and L. Rosenblum (Eds.), *The development of affect.* New York: Plenum Press.

Clarke-Stewart, K. A. (1973). Interactions between mothers and their young children: Characteristics and consequences. *Monographs of the Society of Research in Child Development, 37*(153).

Cohen, L. B., and Salapatek, P. (1975). *Infant perception: From sensation to cognition: Vol. 2. Perception of space, speech, and sound.* New York: Academic Press.

Collis, G. M., and Schaffer, H. R. (1975). Synchronization of visual attention in mother-infant pairs. *Journal of Child Psychiatry, 16,* 315–20.

Condon, W. S., and Ogston, W. D. (1967). A segmentation of behavior. *Journal of Psychiatric Research, 5,* 221–35.

Condon, W. S., and Sander, L. S. (1974). Neonate movement is synchronized with adult speech. *Science, 183,* 99–101.

Cooley, C. H. (1912). *Human nature and the social order.* New York: Scribner.

416

Cooper, A. M. (1980). *The place of self psychology in the history of depth psychology.* Paper presented at the Symposium on Reflections on Self Psychology, Boston Psychoanalytic Society and Institute, Boston, Mass.

Cramer, B. (1982a). Interaction réele, interaction fantasmatique: Réflections au sujet des thérapies et des observations de nourrissons. *Psychothérapies,* No. 1.

Cramer, B. (1982b). La psychiatrie du bébé. In R. Kreisler, M. Schappi, and M. Soule (Eds.). *La dynamique du nourrisson.* Paris: Editions E.S.F.

Cramer, B. (1984, September). *Modèles psychoanalytiques, modèles interactifs: Recoupment possible?* Paper presented at the International Symposium "Psychiatry-Psychoanalysis," Montreal, Canada.

Dahl, H., and Stengel, B. (1978). A classification of emotion words: A modification and partial test of De Rivera's decision theory of emotions. *Psychoanalysis and Contemporary Thought, 1*(2), 269–312.

Darwin, C. (1965). *The expression of the emotions in man and animals.* Chicago: University of Chicago Press. (Original work published 1872)

DeCasper, A. J. (1980, April). *Neonates perceive time just like adults.* Paper presented at the International Conference on Infancy Studies, New Haven, Conn.

DeCasper, A. J., and Fifer, W. P. (1980). Of human bonding: Newborns prefer their mothers' voices. *Science, 208,* 1174–76.

Defoe, D. (1964). *Moll Flanders.* New York: Signet Classics. (Original work published 1723)

Demany, L., McKenzie, B., and Vurpillot, E. (1977). Rhythm perception in early infancy. *Nature, 266,* 718–19.

Demos, V. (1980). Discussion of papers delivered by Drs. Sander and Stern. Presented at the Boston Symposium on the Psychology of the Self, Boston, Mass.

Demos, V. (1982a). Affect in early infancy: Physiology or psychology. *Psychoanalytic Inquiry, 1,* 533–74.

Demos, V. (1982b). The role of affect in early childhood. In E. Troneck (Ed.), *Social interchange in infancy.* Baltimore, Md.: University Park Press.

Demos, V. (1984). Empathy and affect: Reflections on infant experience. In J. Lichtenberg, M. Bernstein, and D. Silver (Eds.), *Empathy.* Hillsdale, N.J.: Erlbaum.

DeVore, I., and Konnor, M. J. (1974). Infancy in hunter-gatherer life: An ethological perspective. In N. White (Ed.), *Ethology and psychiatry.* Toronto: University of Toronto Press.

Dodd, B. (1979). Lip reading in infants: Attention to speech presented in- and out- of synchrony. *Cognitive Psychology, 11,* 478–84.

Donee, L. H. (1973, March). *Infants' development scanning patterns of face and non-face stimuli under various auditory conditions.* Paper presented at the Meeting of the Society for Research in Child Development, Philadelphia, Pa.

Dore, J. (1975). Holophrases, speech acts and language universals. *Journal of Child Language, 2,* 21–40.

Dore, J. (1979). Conversational acts and the acquisition of language. In E. Ochs and B. Schieffelin (Eds.), *Developmental pragmatics.* New York: Academic Press.

Dore, J. (1985). Holophases revisited, dialogically. In M. Barrett (Ed.), *Children's single word speech.* London: Wiley.

Dunn, J. (1982). Comment: Problems and promises in the study of affect and intention. In E. Tronick (Ed.), *Social interchange in infancy.* Baltimore, Md.: University Park Press.

Dunn, J., and Kendrick, C. (1979). Interaction between young siblings in the context of family relationships. In M. Lewis and L. Rosenblum (Eds.), *The child and its family: The genesis of behavior, Vol. 2.* New York: Plenum Press.

Dunn, J., and Kendrick, C. (1982). *Siblings: Love, envy and understanding.* Cambridge: Harvard University Press.

Easterbrook, M. A., and Lamb, M. E. (1979). The relationship between quality of infant-mother attachment and infant competence in initial encounters with peers. *Child Development, 50,* 380–87.

Eimas, P. D., Siqueland, E. R., Jusczyk, P., and Vigorito, J. (1971). Speech perception in infants, *Science, 171,* 303–306.

Eimas, P. D., Siqueland, E. R., Jusczyk, P., and Vigorito, J. (1978). Speech perception in infants. In L. Bloom (Ed.), *Readings in language development.* New York: Wiley.

Eisenstein, S. (1957). *Film form and the film sense.* (J. Leyda, Trans.). New York: Meridian Books.

Ekman, P. (1971). Universals and cultural differences in facial expressions of emotion. In J. K. Cole (Ed.), *Nebraska symposium on motivation, Vol. 19.* Lincoln: University of Nebraska Press.

Ekman, P., Levenson, R. W., Friesen, W. V. (1983). Autonomic nervous system activity distinguishes among emotions. *Science, 221,* 1208–10.

Emde, R. N. (1980a). Levels of meaning for infant emotions: A biosocial view. In W. A. Collins (Ed.), *Development of cognition, affect, and social relations.* Hillsdale, N.J.: Erlbaum.

Emde, R. N. (1980b). Toward a psychoanalytic theory of affect. In S. I. Greenspan and G. H. Pollock (Eds.), *Infancy and early childhood. The course of life: Psychoanalytic contributions towards understanding personality development, Vol. I.* Washington, D.C.: National Institute of Mental Health.

Emde, R. N. (1983, March). *The affective core.* Paper presented at the Second World Congress of Infant Psychiatry, Cannes, France.

Emde, R. N., Gaensbauer, T., and Harmon, R. (1976). Emotional expression in infancy: A biobehavioral study. *Psychological Issues Monograph Series, 10*(1), No. 37.

Emde, R. N., Klingman, D. H., Reich, J. H., and Wade, J. D. (1978). Emotional expression in infancy: I. Initial studies of social signaling and an emergent model. In M. Lewis and L. Rosenblum, (Eds.), *The development of affect.* New York: Plenum Press.

Emde, R. N., and Sorce, J. E. (1983). The rewards of infancy: Emotional availability and maternal referencing. In J. D. Call, E. Galenson, and R. Tyson (Eds.), *Frontiers of infant psychiatry, Vol. 2.* New York: Basic Books.

Erikson, E. H. (1950). *Childhood and society.* New York: Norton.

Escalona, S. K. (1953). Emotional development in the first year of life. In M. Senn (Ed.), *Problems of infancy and childhood.* Packawack Lake, N.J.: Foundation Press.

Escalona, S. K. (1968). *The roots of individuality.* Chicago: Aldine.

Esman, A. H. (1983). The "stimulus barrier": A review and reconsideration. In A. Solnit and R. Eissler (Eds.), *The psychoanalytic study of the child, Vol. 38* (pp. 193–207). New Haven, Conn.: Yale University Press.

Fagan, J. F. (1973). Infants' delayed recognition memory and forgetting. *Journal of Experimental Child Psychology, 16,* 424–50.

Fagan, J. F. (1976). Infants' recognition of invariant features of faces. *Child Development, 47,* 627–38.

Fagan, J. F. (1977). Infant's recognition of invariant features of faces. *Child Development, 48,* 68–78.

Fagan, J. F., and Singer, L. T. (1983). Infant recognition memory as a measure of intelligence. In L. P. Lipsitt and C. K. Rovee-Collier (Eds.), *Advances in infancy research, Vol. 2.* Norwood, N.J.: Ablex.

Fairbairn, W. R. D. (1954). *An object relations theory of the personality.* New York: Basic Books.

Fantz, R. (1963). Pattern vision in newborn infants. *Science, 140,* 296–97.

Ferguson, C. A. (1964). Baby talk in six languages. In J. Gumperz and D. Hymes (Eds.), *The Ethnography of Communication, 66,* 103–14.

Fernald, A. (1982). *Acoustic determinants of infant preferences for "motherese."* Unpublished doctoral dissertation, University of Oregon.

Fernald, A. (1984). The perceptual and affective salience of mother's speech to infants. In L. Fagans C. Garvey, and R. Golinkoff (Eds.), *The origin and growth of communication.* Norwood, N.J.: Ablex.

Fernald, A., and Mazzie, C. (1983, April). *Pitch-marking of new and old information in mother's speech.* Paper presented at the Meeting of the Society for Research in Child Development, Detroit, Mich.

Field, T. M. (1977). Effects of early separation, interactive deficits and experimental manipulations on mother-infant face-to-face interaction. *Child Development, 48,* 763–71.

Field, T. M. (1978). The three R's of infant-adult interactions: Rhythms, repertoires and responsivity. *Journal of Pediatric Psychology, 3,* 131–36.

Field, T. M. (in press). Attachment as psychological attunement: Being on the same wavelength. In M. Reite and T. Field (Eds.), *The psychobiology of attachment.* New York: Academic Press.

Field, T. M., and Fox, N. (Eds.). (in press). *Social perception in infants.* Norwood, N.J.: Ablex.

Field, T. M., Woodson, R., Greenberg, R., and Cohen, D. (1982). Discrimination and imitation of facial expressions by neonates. *Science, 218,* 179–81.

Fogel, A. (1982). Affect dynamics in early infancy: Affective tolerance. In T. Field and A. Fogel (Eds.), *Emotions and interaction: Normal and high-risk infants.* Hillsdale, N.J.: Erlbaum.

Fogel, A. (1977). Temporal organization in mother-infant face-to-face interaction. In H. R. Schaffer (Ed.), *Studies in mother-infant interaction.* New York: Academic Press.

Fogel, A., Diamond, G. R., Langhorst, B. H., and Demas, V. (1981). Affective and cognitive aspects of the two-month-old's participation in face-to-face interaction with its mother. In E. Tronick (Ed.), *Joint regulation of behavior.* Cambridge, England: Cambridge University Press.

Fraiberg, S. H. (1969). Libidinal constancy and mental representation. In R. Eissler et al. (Eds.), *The psychoanalytic study of the child, Vol. 24* (pp. 9–47). New York: International Universities Press.

Fraiberg, S. H. (1971). Smiling and strange reactions in blind infants. In J. Hellmuth (Ed.), *Studies in abnormalities: Vol. 2. Exceptional infant* (pp. 110–27). New York: Brunner/Mazel.

Fraiberg, S. H. (1980). *Clinical studies in infant mental health: The first year of life.* New York: Basic Books.

Fraiberg, S. H., Adelson, E., and Shapiro, V. (1975). Ghosts in the nursery: A psychoanalytic approach to the problem of impaired infant-mother relationships. *Journal of American Academy of Child Psychiatry, 14,* 387–422.

Francis, P. L., Self, P. A., and Noble, C. A. (1981, March). *Imitation within the context of mother-newborn interaction.* Paper presented at the Annual Eastern Psychological Association, New York.

Freedman, D. (1964). Smiling in blind infants and the issue of innate vs. acquired. *Journal of Child Psychology and Psychiatry, 5,* 171–84.

Freud, A. (1966). *Writings of Anna Freud: Vol. 6. Normality and pathology in childhood: Assessments in development.* New York: International Universities Press.

Freud, S. (1955). *The interpretation of dreams,* (J. Strachey, Ed.). New York: Basic Books. (Original work published in 1900)

Freud, S. (1962). *Three essays on the theory of sexuality.* New York: Basic Books. (Original work published in 1905)

Freud, S. (1957). Repression. In *The standard edition of the complete psychological works of Sigmund Freud,* Vol. 14. (143–58). London: Hogarth Press. (Original work published in 1915)

Freud, S. (1959). Mourning and melancholia. In *Collected papers,* Vol. 4 (pp. 152–170). New York: Basic Books. (Original work published in 1917)

Freud, S. (1955). Beyond the pleasure principle. In *The standard edition of the complete psychological works of Sigmund Freud,* Vol. 18 (pp. 4–67). London: Hogarth Press. (Original work published in 1920)

Friedlander, B. Z. (1970). Receptive language development in infancy. *Merrill-Palmer Quarterly, 16,* 7–51.

Friedman, L. (1980). Barren prospect of a representational world. *Psychoanalytic Quarterly, 49,* 215–33.

Friedman, L. (1982). *The interplay of evocation.* Paper presented at the Postgraduate Center for Mental Health, New York.

Galenson, E., and Roiphe, H. (1974). The emergence of genital awareness during the second year of life. In R. Friedman, R. Richart, and R. Vandeivides (Eds.), *Sex differences in behavior* (pp. 223–31). New York: Wiley.

Garfinkel, H. (1967). *Studies in ethnomethodology.* Englewood Cliffs, N.J.: Prentice-Hall.

Garmenzy, N., and Rutter, M. (1983). *Stress, coping and development in children.* New York: McGraw Hill.

Gautier, Y. (1984, September). *De la psychoanalyse et la psychiatrie du nourrisson: Un long et difficile cheminement.* Paper presented at the International Symposium "Psychiatry-Psychoanalysis," Montreal, Canada.

Gediman, H. K. (1971). The concept of stimulus barrier. *International Journal of Psychoanalysis, 52,* 243–57.

Ghosh, R. K. (1979). *Aesthetic theory and art: A study in Susanne K. Langer* (p. 29). Delhi, India: Ajanta Publications.

Gibson, E. J. (1969). *Principles of perceptual learning and development.* New York: Appleton-Century-Crofts.

Gibson, E. J., Owsley, C., and Johnston, J. (1978). Perception of invariants by five-month-old infants: Differentiation of two types of motion. *Developmental Psychology, 14,* 407–15.

Gibson, J. J. (1950). *The perception of the visual world.* Boston: Houghton Mifflin.

Gibson, J. J. (1979). *The ecological approach to visual perception.* Boston: Houghton Mifflin.

Glick, J. (1983, March). *Piaget, Vygotsky and Werner.* Paper presented at the Meeting of the Society for Research in Child Development, Detroit, Mich.

Glover, E. (1945). Examination of the Klein system of child psychology. In R. Eissler et al. (Eds.), *The psychoanalytic study of the child, Vol. 1* (pp. 75–118). New York: International Universities Press.

Goldberg, A. (Ed.). (1980). *Advances in self psychology.* New York: International Universities Press.

Golinkoff, R. (Ed.). (1983). *The transition from pre-linguistic to linguistic communication.* Hillsdale, N.J.: Erlbaum.

Greenfield, P., and Smith, J. H. (1976). *Language beyond syntax: The development of semantic structure.* New York: Academic Press.

Greenspan, S. I. (1981). *Clinical infant reports: No. 1. Psychopathology and adaptation in infancy in early childhood.* New York: International Universities Press.

Greenspan, S. I., and Lourie, R. (1981). Developmental and structuralist approaches to the classification of adaptive and personality organizations: Infancy and early childhood. *American Journal of Psychiatry, 138,* 725–35.

Grossmann, K., and Grossmann, K. E. (in press). Maternal sensitivity and newborn orientation responses as related to quality of attachment in northern Germany. In I. Bretherton and E. Waterns (Eds.), *Monographs of the Society for Research in Child Development.*

Gunther, M. (1961). Infant behavior at the breast. In B. M. Foss (Ed.), *Determinants of infant behavior, Vol. 2.* London: Methuen.

Guntrip, J. S. (1971). *Psychoanalytic theory, therapy, and the self.* New York: Basic Books.

Habermas, T. (1972). *Knowledge and human interests.* London: Heinemann.

Hainline, L. (1978). Developmental changes in visual scanning of face and non-face patterns by infants. *Journal of Exceptional Child Psychology, 25,* 90–115.

Haith, M. M. (1966). Response of the human newborn to visual movement. *Journal of Experimental Child Psychology, 3,* 235–43.

Haith, M. M. (1980). *Rules that babies look by.* Hillsdale, N.J.: Erlbaum.

Haith, M. M., Bergman, T., and Moore, M. J. (1977). Eye contact and face scanning in early infancy. *Science, 198,* 853–55.

Halliday, M. A. (1975). *Learning how to mean: Exploration in the development of language.* London: Edward Arnold.

Hamilton, V. (1982). *Narcissus and Oedipus: The children of psychoanalysis.* London: Rutledge and Kegan Paul.

Hamlyn, D. W. (1974). Person-perception and our understanding of others. In T. Mischel (Ed.), *Understanding other persons.* Oxford: Blackwell.

Harding, C. G. (1982). Development of the intention to communicate. *Human Development, 25,* 140–51.

Harding, C. G., and Golinkoff, R. (1979). The origins of intentional vocalizations in prelinguistic infants. *Child Development, 50,* 33–40.

Harper, R. C., Kenigsberg, K., Sia, G., Horn, D., Stern, D. N., and Bongiovi, V. (1980). Ziphophagus conjoined twins: A 300 year review of the obstetric, morphopathologic neonatal and surgical parameters. *American Journal of Obstetrics and Gynecology, 137,* 617–29.

Hartmann, H. (1958). *Ego psychology and the problem of adaption* (D. Rapaport, Trans.). New York: International Universities Press.

Hartmann, H., Kris, E., and Lowenstein, R. M. (1946). Comments on the formation of psychic structure. In *Psychological issues monographs: No. 14. Papers on psychoanalytic psychology* (pp. 27–55). New York: International Universities Press.

Herzog, J. (1980). Sleep disturbances and father hunger in 18- to 20-month-old boys: The Erlkoenig Syndrome. In A. Solnit et al. (Eds.), *The Psychoanalytic Study of the Child, Vol. 35* (pp. 219–36). New Haven, Conn.: Yale University Press.

Hinde, R. A. (1979). *Towards understanding relationships.* London: Academic Press.

Hinde, R. A. (1982). Attachment: Some conceptual and biological issues. In C. M. Parks and J. Stevenson-Hinde (Eds.), *The place of attachment in human behavior.* New York: Basic Books.

Hinde, R. A., and Bateson, P. (1984). Discontinuities versus continuities in behavioral development and the neglect of process. *International Journal of Behavioral Development, 7,* 129–43.

Hofer, M. A. (1980). *The roots of human behavior.* San Francisco, Calif.: Freedman.

Hofer, M. A. (1983, March). Relationships as regulators: A psychobiological perspective on development. Presented (as the Presidential Address) to the American Psychosomatic Society, New York.

Hoffman, M. L. (1977). Empathy, its development and pre-social implications. *Nebraska Symposium on Motivation, 25,* 169–217.

Hoffman, M. L. (1978). Toward a theory of empathic arousal and development. In M. Lewis and L. A. Rosenblum (Eds.), *The development of affect.* New York: Plenum Press.

Holquist, M. (1982). The politics of representation. In S. J. Greenblatt (Ed.), *Allegory and representation.* Baltimore, Md.: John Hopkins University Press.

Humphrey, K., Tees, R. C., and Werker, J. (1979). Auditory-visual integration of temporal relations in infants. *Canadian Journal of Psychology, 33,* 347–52.

Hutt, C., and Ounsted, C. (1966). The biological significance of gaze aversion with particular reference to the syndrome of infantile autism. *Behavioral Science, 11,* 346–56.

Izard, C. E. (1971). *The face of emotion.* New York: Appleton-Century-Crofts.

Izard, C. E. (1977). *Human emotions.* New York: Plenum Press.

Izard, C. E. (1978). On the ontogenesis of emotions and emotion-cognition relationship in infancy. In M. Lewis and L. A. Rosenblum (Eds.), *The development of affect.* New York: Plenum Press.

Kagan, J. (1981). *The second year of life: The emergence of self awareness.* Cambridge, Mass.: Harvard University Press.

Kagan, J. (1984). *The nature of the child.* New York: Basic Books.

Kagan, J., Kearsley, R. B., and Zelazo, P. R. (1978). *Infancy: Its place in human development.* Cambridge, Mass.: Harvard University Press.

Karmel, B. Z., Hoffman, R., and Fegy, M. (1974). Processing of contour information by human infants evidenced by pattern dependent evoked potentials. *Child Development, 45,* 39–48.

Kaye, K. (1979). Thickening thin data: The maternal role in developing communication and language. In M. Bullowa (Ed.), *Before speech.* Cambridge: Cambridge University Press.

Kaye, K. (1982). *The mental and social life of babies.* Chicago: University of Chicago Press.

Kernberg, O. F. (1968). The treatment of patients with borderline personality organization. *International Journal of Psychoanalysis, 49,* 600–19.

Kernberg, O. F. (1975). *Borderline conditions and pathological narcissism.* New York: Aronson.

Kernberg, O. F. (1976). *Object relations theory and clinical psychoanalysis.* New York: Aronson.

Kernberg, O. F. (1980). *Internal world and external reality: Object relations theory applied.* New York: Aronson.

Kernberg, O. F. (1984). *Severe personality disorders: Psychotherapeutic strategies.* New Haven, Conn.: Yale University Press.

Kessen, W., Haith, M. M., and Salapatek, P. (1970). Human infancy: A bibliography and guide. In P. Mussen (Ed.), *Carmichael's manual of child psychology.* New York: Wiley.

Kestenberg, J. S., and Sossin, K. M. (1979). *Movement patterns in development, Vol. 2.* New York: Dance Notation Bureau Press.

Klaus, M., and Kennell, J. (1976). *Maternal-infant bonding.* St. Louis: Mosey.

Klein, D. F. (1982). Anxiety reconceptualized. In D. F. Klein and J. Robkin (Eds.), *Anxiety: New research and current concepts.* New York: Raven Press.

Klein, Melanie (1952). *Developments in psycho-analysis.* (J. Rivere, Ed.). London: Hogarth Press.

Klein, Milton (1980). On Mahler's autistic and symbiotic phases. An exposition and evolution. *Psychoanalysis and Contemporary Thought, 4*(1), 69–105.

Klinnert, M. D. (1978). *Facial expression and social referencing.* Unpublished doctoral dissertation prospectus. Psychology Department, University of Denver.

Klinnert, M. D., Campos, J. J., Sorce, J. F., Emde, R. N., and Svejda, M. (1983). Emotions as behavior regulators: Social referencing in infancy. In R. Plutchik and H. Kellerman (Eds.), *Emotion: Theory, research and experience, Vol. 2.* New York: Academic Press.

Kohut, H. (1971). *The analysis of the self.* New York: International Universities Press.

Kohut, H. (1977). *The restoration of the self.* New York: International Universities Press.

Kohut, H. (1983). Selected problems of self psychological theory. In J. Lichtenberg and S. Kaplan (Eds.), *Reflections on self psychology.* Hillsdale, N.J.: Analytic Press.

Kohut, H. (in press). Introspection, empathy, and the semi-circle of mental health. *International Journal of Psychoanalysis.*

Kreisler, L., and Cramer, B. (1981). Sur les bases cliniques de la psychiatrie du nourrisson. *La Psychiatrie de l'Enfant, 24,* 1–15.

Kreisler, L., Fair, M., and Soulé, M. (1974). *L'enfant et son corps.* Paris: Presse Universitaires de France.

Kuhl, P., and Meltzoff, A. (1982). The bimodal perception of speech in infancy. *Science, 218,* 1138–41.

Labov, W., and Fanshel, D. (1977). *Therapeutic discourse.* New York: Academic Press.

Lacan, J. (1977). *Ecrits* (pp. 1–7). New York: Norton.

Lamb, M. E., and Sherrod, L. R. (Eds.). (1981). *Infant social cognition.* Hillsdale, N.J.: Erlbaum.

Langer, S. K. (1967). *MIND: An essay on human feeling, Vol. 1.* Baltimore, Md.: Johns Hopkins Universities Press.

Lashley, K. S. (1951). The problem of serial order in behavior. In L. A. Jeffres (Ed.), *Cerebral mechanisms in behavior.* New York: Wiley.

Lawson, K. R. (1980). Spatial and temporal congruity and auditory-visual integration in infants. *Developmental Psychology, 16,* 185–192.

Lebovici, S. (1983). *Le nourrisson, La mère et le psychoanalyste: Les interactions precoces.* Paris: Editions du Centurion.

Lee, B., and Noam, G. G. (1983). *Developmental approaches to the self.* New York: Plenum Press.

Lewcowicz, D. J. (in press). Bisensory response to temporal frequency in four-month-old infants. *Developmental Psychology.*

Lewcowicz, D. J., and Turkewitz, G. (1980). Cross-modal equivalence in early infancy: Audio-visual intensity matching. *Developmental Psychology, 16,* 597–607.

Lewcowicz, D. J., and Turkewitz, G. (1981). Intersensory interaction in newborns: Modification of visual preference following exposure to sound. *Child Development, 52,* 327–32.

Lewis, M., and Brooks-Gunn, J. (1979). *Social cognition and the acquisition of self.* New York: Plenum Press.

Lewis, M., and Rosenblum, L. A. (Eds.). (1974). *The origins of fear.* New York: Wiley.

Lewis, M., and Rosenblum, L. A. (1978). *The development of affect.* New York: Plenum Press.

Lewis, M., Feiring, L., McGoffog, L., and Jaskin, J. (In press). Predicting psychopathology in six-year-olds from early social relations. *Child Development.*

Lichtenberg, J. D. (1981). Implications for psychoanalytic theory of research on the neonate. *International Review of Psychoanalysis, 8,* 35–52.

Lichtenberg, J. D. (1983). *Psychoanalysis and infant research.* Hillsdale, N.J.: Analytic Press.

Lichtenberg, J. D., and Kaplan, S. (Eds.). (1983). *Reflections on self psychology.* Hillsdale, N.J.: Analytic Press.

Lichtenstein, H. (1961). Identity and sexuality: A study of their interpersonal relationships in man. *Journal of American Psychoanalytic Association, 9,* 179–260.

Lieberman, A. F. (1977). Preschoolers' competence with a peer: Relations with attachment and peer experience. *Child Development, 48,* 1277–87.

Lipps, T. (1906). Das wissen von fremden ichen. *Psychologische Untersuchung, 1,* 694–722.

Lipsitt, L. P. (1976). Developmental psychobiology comes of age. In L. P. Lipsitt (Ed.), *Developmental psychobiology: The significance of infancy.* Hillsdale, N.J.: Erlbaum.

Lipsitt, L. P. (Ed.). (1983). *Advances in infancy research, Vol. 2.* Norwood, N.J.: Ablex.

Lutz, C. (1982). The domain of emotion words on Ifaluk. *American Ethnologist, 9,* 113–28.

Lyons-Ruth, K. (1977). Bimodal perception in infancy: Response to audio-visual incongruity. *Child Development, 48,* 820–27.

MacFarlane, J. (1975). Olfaction in the development of social preferences in the human neonate. In M. Hofer (Ed.), *Parent-infant interaction.* Amsterdam: Elsevier.

MacKain, K., Stern, D. N., Goldfield, A., and Moeller, B. (1985). *The identification of correspondence between an infant's internal affective state and the facial display of that affect by an other.* Unpublished manuscript.

MacKain, K., Studdert-Kennedy, M., Spieker, S., and Stern, D. N. (1982, March). *Infant perception of auditory-visual relations for speech.* Paper presented at the International Conference of Infancy Studies, Austin, Tex.

MacKain, K., Studdert-Kennedy, M., Spieker, S., and Stern, D. N. (1983). Infant intermodal speech perception is a left-hemisphere function. *Science, 219,* 1347–49.

MacMurray, J. (1961). *Persons in relation.* London: Faber and Faber.

McCall, R. B. (1979). Qualitative transitions in behavioral development in the first three years of life. In M. H. Bornstein and W. Kessen (Ed.), *Psychological development from infancy.* Hillsdale, N.J.: Erlbaum.

McCall, R. B., Eichhorn, D., and Hogarty, P. (1977). Transitions in early mental development. *Monographs of the Society for Research in Child Development, 42*(1177).

McDevitt, J. B. (1979). The role of internalization in the development of object relations during the separation-individuation phase. *Journal of American Psychoanalytic Association, 27,* 327–43.

McGurk, H., and MacDonald, J. (1976). Hearing lips and seeing voices. *Nature, 264*(5588), 746–48.

Mahler, M. S., and Furer, M. (1968). *On human symbiosis and the vicissitudes of individuation.* New York: International Universities Press.

Mahler, M. S., Pine, F., and Bergman, A. (1975). *The psychological birth of the human infant.* New York: Basic Books.

Main, M. (1977). Sicherheit und wissen. In K. E. Grossman (Ed.), *Entwicklung der Lernfahigkeit in der sozialen umwelt.* Munich: Kinder Verlag.

Main, M., and Kaplan, N. (in press). Security in infancy, childhood and adulthood: A move to the level of representation. In I. Bretherton and E. Waterns (Eds.), *Monographs of the Society for Research in Child Development.*

Main, M., and Weston, D. (1981). The quality of the toddler's relationships to mother and father: Related to conflict behavior and readiness to establish new relationships. *Child Development, 52,* 932–40.

Malatesta, C. Z., and Haviland, J. M. (1983). Learning display rules: The socialization of emotion in infancy. *Child Development, 53,* 991–1003.

Malatesta, C. Z., and Izard, C. E. (1982). The ontogenesis of human social signals: From biological imperative to symbol utilization. In N. Fox and R. J. Davidson (Eds.), *Affective development: A psychological perspective*. Hillsdale, N.J.: Erlbaum.

Mandler, G. (1975). *Mind and emotion*. New York: Wiley.

Maratos, O. (1973). *The origin and development of imitation in the first six months of life*. Unpublished doctoral dissertation, University of Geneva.

Marks, L. F. (1978). *The unity of the senses: Interrelations among the modalities*. New York: Academic Press.

Matas, L., Arend, R., and Sroufe, L. A. (1978). Continuity of adaptation in the second year: The relationship between quality of attachment and later competence. *Child Development, 49*, 547–56.

Mead, G. H. (1934). *Mind, self and society: From the standpoint of a social behaviorist*. Chicago: University of Chicago Press.

Meissner, W. W. (1971). Notes on identification: II. Clarification of related concepts. *Psychoanalytic Quarterly, 40*, 277–302.

Meltzoff, A. N. (1981). Imitation, intermodal co-ordination and representation in early infancy. In G. Butterworth (Ed.), *Infancy and epistemology*. London: Harvester Press.

Meltzoff, A. N., and Borton, W. (1979). Intermodal matching by human neonates. *Nature, 282*, 403–4.

Meltzoff, A. N., and Moore, M. K. (1977). Imitation of facial and manual gestures by human neonates. *Science, 198*, 75–78.

Meltzoff, A. N., and Moore, M. K. (1983). The origins of imitation in infancy: Paradigm, phenomena and theories. In L. P. Lipsitt (Ed.), *Advances in infancy research*. Norwood, N.J.: Ablex.

Mendelson, M. J., and Haith, M. M. (1976). The relation between audition and vision in the human newborn. *Monographs of the Society for Research in Child Development, 41*(167).

Messer, D. J., and Vietze, P. M. (in press). Timing and transitions in mother-infant gaze. *Child Development*.

Miller, C. L., and Byrne, J. M. (1984). The role of temporal cues in the development of language and communication. In L. Feagans, C. Garvey, and R. Golinkoff (Eds.), *The origin and growth of communication*. Norwood, N.J.: Ablex.

Miyake, K., Chen, S., and Campos, J. J. (in press). Infant temperament, mother's mode of interaction, and attachment. In I. Bretherton and E. Waterns (Eds.), *Monographs of the Society for Research in Child Development*.

Moes, E. J. (1980, April). *The nature of representation and the development of consciousness and language in infancy: A criticism of Moore and Meltzoff's "neo-Piagetian" approach*. Paper presented at the International Conference on Infant Studies, New Haven, Conn.

Moore, M. K., and Meltzoff, A. N. (1978). Object permanence, imitation and language development in infancy: Toward a neo-Piagetian perspective on communicative and cognitive development. In F. D. Minifie and L. L. Lloyd (Eds.), *Communicative and cognitive abilities: Early behavioral assessment*. Baltimore, Md.: University Park Press.

Morrongiello, B. A. (1984). Auditory temporal pattern perception in six- and twelve-month-old infants. *Developmental Psychology, 20*, 441–48.

Moss, H. A. (1967). Sex, age and state as determinant of mother-infant interaction. *Merrill-Palmer Quarterly, 13*, 19–36.

Murphy, C. M., and Messer, D. J. (1977). Mothers, infants and pointing: A study of a gesture. In H. R. Schaffer (Ed.), *Studies in mother-infant interaction*. London: Academic Press.

Nachman, P. (1982). Memory for stimuli reacted to with positive and neutral affect in seven-month-old infants. Unpublished doctoral dissertation, Columbia University.

Nachman, P., and Stern, D. N. (1983). *Recall memory for emotional experience in pre-linguistic infants*. Paper presented at the National Clinical Infancy Fellows Conference, Yale University, New Haven, Conn.

Nelson, K. (1973). Structure and strategy in learning to talk. *Monographs of the Society for Research in Child Development, 48*(149).

424

Nelson, K. (1978). How young children represent knowledge of their world in and out of language. In R. S. Siegler (Ed.), *Children's thinking: What develops?* Hillsdale, N.J.: Erlbaum.

Nelson, K., and Greundel, J. M. (1979). *From personal episode to social script.* Paper presented at the Biennial Meeting of the Society for Research in Child Development, San Francisco, Calif.

Nelson, K., and Greundel, J. M. (1981). Generalized event representations: Basic building blocks of cognitive development. In M. E. Lamb and A. L. Brown (Eds.), *Advances in developmental psychology, Vol. 1.* Hillsdale, N.J.: Erlbaum.

Nelson, K., and Ross, G. (1980). The generalities and specifics of long-term memory in infants and young children. *New Directions for Child Development, 10,* 87–101.

Newson, J. (1977). An intersubjective approach to the systematic description of mother-infant interaction. In H. R. Schaffer (Ed.), *Studies in mother-infant interaction.* New York: Academic Press.

Ninio, A., and Bruner, J. (1978). The achievement and antecedents of labelling. *Journal of Child Language, 5,* 1–15.

Olson, G. M., and Strauss, M. S. (1984). The development of infant memory. In M. Moscovitch (Ed.), *Infant memory.* New York: Plenum Press.

Ornstein, P. H. (1979). Remarks on the central position of empathy in psychoanalysis. *Bulletin of the Association of Psychoanalytic Medicine, 18,* 95–108.

Osofsky, J. D. (1985). *Attachment theory and research and the psychoanalytic process.* Unpublished manuscript.

Papoušek, H., and Papoušek, M. (1979). Early ontogeny of human social interaction: Its biological roots and social dimensions. In M. von Cranach, K. Foppa, W. Lepenies, and P. Ploog (Eds.), *Human ethology: Claims and limits of a new discipline.* Cambridge: Cambridge University Press.

Papoušek, M., and Papoušek, H. (1981). Musical elements in the infant's vocalization: Their significance for communication, cognition and creativity. In L. P. Lipsitt (Ed.), *Advances in Infancy Research.* Norwood, N.J.: Ablex.

Peterfreund, E. (1978). Some critical comments on psychoanalytic conceptualizations of infancy. *International Journal of Psychoanalysis, 59,* 427–41.

Piaget, J. (1952). *The origins of intelligence in children.* New York: International Universities Press.

Piaget, J. (1954). *The construction of reality in the child* (M. Cook, Trans.). New York: Basic Books. (Original work published 1937)

Pine, F. (1981). In the beginning: Contributions to a psychoanalytic developmental psychology. *International Review of Psychoanalysis, 8,* 15–33.

Pinol-Douriez, M. (1983, March). *Fantasy interactions or "proto representations"? The cognitive value of affect-sharing in early interactions.* Paper presented at the World Association of Infant Psychiatry, Cannes, France.

Plutchik, R. (1980). *The emotions: A psychoevolutionary synthesis.* New York: Harper & Row.

Reite, M., Short, R., Seiler, C., and Pauley, J. D. (1981). Attachment, loss and depression. *Journal of Child Psychology and Psychiatry, 22,* 141–69.

Ricoeur, P. (1977). The question of proof in Freud's psychoanalytic writings. *Journal of American Psychoanalytic Association, 25,* 835–71.

Rosch, E. (1978). Principle of categorization. In E. Rosch and B. B. Floyd (Eds.), *Cognition and categorization.* Hillsdale, N.J.: Erlbaum.

Rose, S. A. (1979). Cross-modal transfer in infants: Relationship to prematurity and socioeconomic background. *Developmental Psychology, 14,* 643–82.

Rose, S. A., Blank, M. S., and Bridger, W. H. (1972). Intermodal and intramodal retention of visual and tactual information in young children. *Developmental Psychology, 6,* 482–86.

Rovee-Collier, C. K., and Fagan, J. W. (1981). The retrieval of memory in early infancy. In L. P. Lipsitt (Ed.), *Advances in infancy research, Vol. 1.* Norwood, N.J.: Ablex.

Rovee-Collier, C. K., and Lipsitt, L. P. (1981). Learning, adaptation, and memory. In P. M. Stratton (Ed.), *Psychobiology of the human newborn.* New York: Wiley.

Rovee-Collier, C. K., Sullivan, M. W., Enright, M., Lucas, D., and Fagan, J. W. (1980). Reactivism of infant memory. *Science, 208,* 1159–61.

Ruff, H. A. (1980). The development of perception and recognition of objects. *Child Development, 51,* 981–92.

Sagi, A., and Hoffman, M. L. (1976). Empathic distress in the newborn. *Developmental Psychology, 12,* 175–76.

Salapatek, P. (1975). Pattern perception in early infancy. In I. Cohen and P. Salapatek (Eds.), *Infant perception: From sensation to cognition, Vol. 1.* New York: Academic Press.

Sameroff, A. J. (1983). Developmental systems: Context and evolution. In W. Kessen (Ed.), *Mussen's handbook of child psychology, Vol. 1.* New York: Wiley.

Sameroff, A. J. (1984, May). *Comparative perspectives on early motivation.* Paper presented at the Third Triennial Meeting of the Developmental Biology Research Group, Estes Park, Colo.

Sameroff, A. J., and Chandler, M. (1975). Reproductive risk and the continuum of caretaking casualty. In F. D. Horowitz (Ed.), *Review of child development research, Vol. 4.* Chicago: University of Chicago Press.

Sander, L. W. (1962). Issues in early mother-child interaction. *Journal of American Academy of Child Psychiatry, 1,* 141–66.

Sander, L. W. (1964). Adaptive relationships in early mother-child interaction. *Journal of the American Academy of Child Psychiatry, 3,* 231–64.

Sander, L. W. (1980). New knowledge about the infant from current research: Implications for psychoanalysis. *Journal of American Psychoanalytic Association, 28,* 181–98.

Sander, L. W. (1983a). Polarity, paradox, and the organizing process in development. In J. D. Call, E. Galenson, and R. L. Tyson (Eds.), *Frontiers of infant psychiatry,* Vol. 1. New York: Basic Books.

Sander, L. W. (1983b). To begin with—reflections on ontogeny. In J. Lichtenberg and S. Kaplan. *Reflection on self psychology.* Hillsdale, N.J.: Analytic Press.

Sandler, J. (1960). The background of safety. *International Journal of Psychoanalysis, 41,* 352–56.

Scaife, M., and Bruner, J. S. (1975). The capacity for joint visual attention in the infant. *Nature, 253,* 265–66.

Schafer, R. (1968). Generative empathy in the treatment situation. *Psychoanalytic Quarterly, 28,* 342–73.

Schafer, R. (1981). Narration in the psychoanalytic dialogue. In W. J. T. Mitchell (Ed.), *On narrative.* Chicago: University of Chicago Press.

Schaffer, H. R. (1977). *Studies in infancy.* London: Academic Press.

Schaffer, H. R., Collis, G. M., and Parsons, G. (1977). Vocal interchange and visual regard in verbal and pre-verbal children. In H. R. Schaffer (Ed.), *Studies in mother-infant interaction.* London: Academic Press.

Schaffer, H. R., Greenwood, A., and Parry, M. H. (1972). The onset of wariness. *Child Development, 43,* 65–75.

Scheflin, A. E. (1964). The significance of posture in communication systems. *Psychiatry, 27,* 4.

Scherer, K. (1979). Nonlinguistic vocal indicators of emotion and psychopathology. In C. E. Izard (Ed.), *Emotions in personality and psychopathology.* New York: Plenum Press.

Schneirla, T. C. (1959). An evolutionary and developmental theory of biphasic processes underlying approach and withdrawal. In M. R. Jones (Ed.), *Nebraska symposium on motivation.* Lincoln: University of Nebraska Press.

Schneirla, T. C. (1965). Aspects of stimulation and organization in approach/withdrawal processes underlying vertebrate behavioral development. In D. S. Lehrman, R. A. Hinde, and E. Shaw (Eds.), *Advances in the study of behavior, Vol. 1.* New York: Academic Press.

Schwaber, E. (1980a). Response to discussion of Paul Tolpin. In A. Goldberg (Ed.), *Advances in self psychology.* New York: International Universities Press.

Schwaber, E. (1980b). Self psychology and the concept of psychopathology: A case presentation.

In A. Goldberg (Ed.), *Advances in self psychology*. New York: International Universities Press.

Schwaber, E. (1981). Empathy: A mode of analytic listening. *Psychoanalytic Inquiry, 1*, 357–92.

Searle, J. R. (1969). *Speech acts: An essay in the philosophy of language*. New York: Cambridge University Press.

Shane, M., and Shane, E. (1980). Psychoanalytic developmental theories of the self: An integration. In A. Goldberg (Ed.), *Advances in self psychology*. New York: International Universities Press.

Shank, R. C. (1982). *Dynamic memory: A theory of reminding and learning in computers and people*. New York: Cambridge University Press.

Shank, R. C., and Abelson, R. (1975). *Scripts, plans and knowledge*. Proceedings of the Fourth International Joint Conference on Artificial Intelligence, Tbilis, U.S.S.R.

Shank, R. C., and Abelson, R. (1977). *Scripts, plans, goals, and understanding*. Hillsdale, N.J.: Erlbaum.

Sherrod, L. R. (1981). Issues in cognitive-perceptual development: The special case of social stimuli. In M. E. Lamb and L. R. Sherrod (Eds.), *Infant social cognition*. Hillsdale, N.J.: Erlbaum.

Shields, M. M. (1978). The child as psychologist: Contriving the social world. In A. Lock (Ed.), *Action, gesture and symbol*. New York: Academic Press.

Simner, M. (1971). Newborns' response to the cry of another infant. *Developmental Psychology, 5*, 136–50.

Siqueland, E. R., and Delucia, C. A. (1969). Visual reinforcement of non-nutritive sucking in human infants. *Science, 165*, 1144–46.

Snow, C. (1972). Mother's speech to children learning language. *Child Development, 43*, 549–65.

Sokolov, E. N. (1960). Neuronal models and the orienting reflex. In M. A. B. Brazier (Ed.), *The central nervous system and behavior*. New York: Josiah Macy, Jr. Foundation.

Spelke, E. S. (1976). Infants' intermodal perception of events. *Cognitive Psychology, 8*, 553–60.

Spelke, E. S. (1979). Perceiving bimodally specified events in infancy. *Developmental Psychology, 15*, 626–36.

Spelke, E. S. (1980). Innate constraints on intermodal perception. A discussion of E. J. Gibson, "The development of knowledge of intermodal unity: Two views," Paper presented to the Piaget Society.

Spelke, E. S. (1982). The development of intermodal perception. In L. B. Cohen and P. Salapatek (Eds.), *Handbook of infant perception*. New York: Academic Press.

Spelke, E. S. (1983). *The infant's perception of objects*. Paper presented at the New School for Social Research, New York.

Spelke, E. S., and Cortelyou, A. (1981). Perceptual aspects of social knowing: Looking and listening in infancy. In M. E. Lamb and L. R. Sherrod (Eds.), *Infant social cognition*. Hillsdale, N.J.: Erlbaum.

Spense, D. P. (1976). Clinical interpretation: Some comments on the nature of the evidence. *Psychoanalysis and Contemporary Science, 5*, 367–88.

Spieker, S. J. (1982). *Infant recognition of invariant categories of faces: Person, identity and facial expression*. Unpublished doctoral dissertation, Cornell University.

Spitz, R. A. (1950). Anxiety in infancy: A study of its manifestations in the first year of life. *International Journal of Psychoanalysis, 31*, 138–43.

Spitz, R. A. (1957). *No and yes: On the genesis of human communication*. New York: International Universities Press.

Spitz, R. A. (1959). *A genetic field theory of ego formation*. New York: International Universities Press.

Spitz, R. A. (1965). *The first year of life*. New York: International Universities Press.

Sroufe, L. A. (1979). The coherence of individual development: Early care, attachment and subsequent developmental issues. *American Psychologist, 34*, 834–41.

Sroufe, L. A. (1985). An organizational perspective on the self. Unpublished manuscript.

Sroufe, L. A. (in press). Attachment classification from the perspective of the infant-caregiver relationship and infant temperament. *Child Development.*

Sroufe, L. A., and Fleeson, J. (1984). Attachment and the construction of relationships. In W. W. Hartup and Z. Rubin, *Relationships and development.* New York: Cambridge University Press.

Sroufe, L. A., and Rutter, M. (1984). The Domain of developmental Psychopathology. *Child Development, 55*(1), 17–29.

Sroufe, L. A., and Waters, E. (1977). Attachment as an organizational construct. *Child Development, 48,* 1184–99.

Stechler, G., and Carpenter, G. (1967). A viewpoint on early affective development. In J. Hellmath (Ed.), *The exceptional infant, No. 1* (pp. 163–89). Seattle: Special Child Publications.

Stechler, G., and Kaplan, S. (1980). The development of the self: A psychoanalytic perspective. In A. Solnit et al. (Eds.), *The psychoanalytic study of the child, Vol. 35* (p. 35). New Haven: Yale University Press.

Stern, D. N. (1971). A micro-analysis of mother-infant interaction: Behaviors regulating social contact between a mother and her three-and-a-half-month-old twins. *Journal of American Academy of Child Psychiatry, 10,* 501–17.

Stern, D. N. (1974a). The goal and structure of mother-infant play. *Journal of American Academy of Child Psychiatry, 13,* 402–21.

Stern, D. N. (1974b). Mother and infant at play: The dyadic interaction involving facial, vocal and gaze behaviors. In M. Lewis and L. A. Rosenblum (Eds.), *The effect of the infant on its caregiver.* New York: Wiley.

Stern, D. N. (1977). *The first relationship: Infant and mother.* Cambridge, Mass.: Harvard University Press.

Stern, D. N. (1980). *The early development of schemas of self, of other, and of various experiences of "self with other."* Paper presented at the Symposium on Reflections on Self Psychology, Boston Psychoanalytic Society and Institute, Boston, Mass.

Stern, D. N. (1985). Affect attunement. In J. D. Call, E. Galenson, and R. L. Tyson (Eds.), *Frontiers of infant psychiatry, Vol. 2.* New York: Basic Books.

Stern, D. N., and Gibbon, J. (1978). Temporal expectancies of social behavior in mother-infant play. In E. B. Thoman (Ed.), *Origins of the infant's social responsiveness.* Hillsdale, N.J.: Erlbaum.

Stern, D. N., Barnett, R. K., and Spieker, S. (1983). Early transmission of affect: Some research issues. In J. D. Call, F. Galenson, and R. L. Tyson (Eds.), *Frontiers of infant psychiatry.* New York: Basic Books.

Stern, D. N., MacKain, K., and Spieker, S. (1982). Intonation contours as signals in maternal speech to prelinguistic infants. *Developmental Psychology, 18,* 727–35.

Stern, D. N., Beebe, B., Jaffe, J., and Bennett, S. L. (1977). The infant's stimulus world during social interaction: A study of caregiver behaviors with particular reference to repetition and timing. In H. R. Schaffer (Ed.), *Studies in mother-infant interaction.* London: Academic Press.

Stern, D. N., Hofer, L., Haft, W., and Dore, J. (in press). Affect attunement: The sharing of feeling states between mother and infant by means of inter-modal fluency. In T. Field and N. Fox (Eds.), *Social perception in infants.* Norwood, N.J.: Ablex.

Stern, D. N., Jaffe, J., Beebe, B., and Bennett, S. L. (1974). Vocalizing in unison and in alternation: Two modes of communication within the mother-infant dyad. *Annals of the New York Academy of Science, 263,* 89–100.

Stolerow, R. D., Brandhoft, B., and Atwood, G. E. (1983). Intersubjectivity in psychoanalytic treatment. *Bulletin of the Menninger Clinic, 47*(2), 117–28.

Strain, B., and Vietze, P. (1975 March) *Early dialogues: The structure of reciprocal infant-mother vocalizations.* Paper presented at the Meeting of the Society for Research in Child Development, Denver, Colo.

Strauss, M. S. (1979). Abstraction of proto typical information by adults and ten-month-old infants. *Journal of Experimental Psychology: Human Learning and Memory, 5,* 618–32.

Sullivan, H. S. (1953). *The interpersonal theory of psychiatry.* New York: Norton.

Sullivan, J. W., and Horowitz, F. D. (1983). Infant intermodal perception and maternal multimodal stimulation: Implications for language development. In L. P. Lipsitt (Ed.), *Advances in infancy research, Vol. 2.* Norwood, N.J.: Ablex.

Thoman, E. B., and Acebo, C. (1983). The first affections of infancy. In R. W. Bell, J. W. Elias, R. L. Greene, and J. H. Harvey (Eds.), *Texas Tech interfaces in psychology: I. Developmental psychobiology and neuropsychology.* Lubbock, Tex.: Texas Tech University Press.

Thomas, A., Chess, S., and Birch, H. G. (1970). The origins of personality. *Scientific American, 223,* 102–4.

Tolpin, M. (1971). On the beginning of a cohesive self. In R. Eissler et al. (Eds.), *The Psychoanalytic Study of the Child, Vol. 26* (pp. 316–54). New York: International Universities Press.

Tolpin, M. (1980). Discussion of psychoanalytic developmental theories of the self: An integration by M. Shane and E. Shane. In A. Goldberg (Ed.), *Advances in self psychology.* New York: International Universities Press.

Tomkins, S. S. (1962). *Affect, imagery and consciousness: Vol. I. The positive affects.* New York: Springer.

Tompkins, S. S. (1963). *Affect, imagery, consciousness: Vol. II. The negative affects.* New York: Springer.

Tompkins, S. S. (1981). The quest for primary motives: Biography and autobiography of an idea. *Journal of Personal Social Psychology, 41,* 306–29.

Trevarthan, C. (1974). Psychobiology of speech development. In E. Lenneberg (Ed.), *Language and Brain: Developmental Aspects. Neurobiology Sciences Research Program Bulletin, 12,* 570–85.

Trevarthan, C. (1977). Descriptive analyses of infant communicative behavior. In H. R. Schaffer (Ed.), *Studies in mother-infant interaction.* New York: Academic Press.

Trevarthan, C. (1979). Communication and cooperation in early infancy: A description of primary intersubjectivity. In M. M. Bullowa (Ed.), *Before speech: The beginning of interpersonal communication.* New York: Cambridge University Press.

Trevarthan, C. (1980). The foundations of intersubjectivity: Development of interpersonal and cooperative understanding in infants. In D. R. Olson (Ed.), *The social foundation of language and thought: Essays in honor of Jerome Bruner.* New York: Norton.

Trevarthan, C., and Hubley, P. (1978). Secondary intersubjectivity: Confidence, confiders and acts of meaning in the first year. In A. Lock (Ed.), *Action, gesture and symbol.* New York: Academic Press.

Tronick, E., Als, H., and Adamson, L. (1979). Structure of early face-to-face communicative interactions. In M. Bullowa (Ed.), *Before speech: The beginning of interpersonal communication.* New York: Cambridge University Press.

Tronick, E., Als, H., and Brazelton, T. B. (1977). The infant's capacity to regulate mutuality in face-to-face interaction. *Journal of Communication, 27,* 74–80.

Tronick, E., Als, H., Adamson, L., Wise, S., and Brazelton, T. B. (1978). The infant's response to intrapment between contradictory messages in face-to-face interaction. *Journal of Child Psychiatry, 17,* 1–13.

Tulving, E. (1972). Episodic and semantic memory. In E. Tulving and W. Donaldson (Eds.), *Organization of memory.* New York: Academic Press.

Ungerer, J. A., Brody, L. R., and Zelazo, P. (1978). Long term memory for speech in two-to four-week-old infants. *Infant Behavior and Development, 1,* 177–186.

Uzgiris, I. C. (1974). Patterns of vocal and gestural imitation in infants. In L. J. Stone, H. T. Smith, and L. B. Murphy (Eds.), *The competent infant.* London: Tavistock.

Uzgiris, I. C. (1981). Two functions of imitation during infancy. *International Journal of Behavioral Development, 4,* 1–12.

Uzgiris, I. C. (1984). Imitation in infancy: Its interpersonal aspects. In M. Perlmutter (Ed.), *Parent-child interaction in child development. The Minnesota symposium on child psychology, Vol. 17.* Hillsdale, N.J.: Erlbaum.

Vischer, F. T. (1863). *Kritische gange, Vol. 2.* (p. 86). (No. 5, second ed.).

Vygotsky, L. S. (1962). *Thought and language* (E. Haufmann and G. Vakar, Eds. and Trans.). Cambridge, Mass.: M.I.T. Press.

Vygotsky, L. S. (1966). Development of the higher mental functions. In A. N. Leontier (Ed.), *Psychological research in the U.S.S.R.* Moscow: Progress Publishers.

Waddington, C. H. (1940). *Organizers and genes.* Cambridge: Cambridge University Press.

Wagner, S., and Sakowitz, L. (1983, March). *Intersensory and intrasensory recognition: A quantitative and developmental evaluation.* Paper presented at the Meeting of the Society for Research in Child Development, Detroit, Mich.

Walker, A. S., Bahrick, L. E., and Neisser, U. (1980). *Selective looking to multimodal events by infants.* Paper presented at the International Conference on Infancy Studies, New Haven, Conn.

Walker-Andrews, A. S., and Lennon, E. M. (1984). *Auditory-visual perception of changing distance.* Paper presented at the International Conference of Infancy Studies, New York.

Wallon, H. (1949). *Les origines du caractère chez l'enfant: Les préludes du sentiment de personnalité* (2nd ed.). Paris: Presses Universitaires de France.

Washburn, K. J. (1984). *Development of categorization of rhythmic patterns in infancy.* Paper presented at the International Conference of Infant Studies, New York.

Waters, E. (1978). The reliability and stability of individual differences in infant-mother attachment. *Child Development, 49,* 483–94.

Waters, E., Wippman, J., and Sroufe, L. A. (1980). Attachment, positive affect and competence in the peer group: Two studies of construct validation. *Child Development, 51,* 208–16.

Watson, J. S. (1979). Perception of contingency as a determinant of social responsiveness. In E. Thomas (Ed.), *The origins of social responsiveness.* Hillsdale, N.J.: Erlbaum.

Watson, J. S. (1980). *Bases of causal inference in infancy: Time, space, and sensory relations.* Paper presented at the International Conference on Infant Studies, New Haven, Conn.

Weil, A. M. (1970). The basic core. In R. Eissler et al. (Eds.), *The Psychoanalytic Study of the Child, Vol. 25* (pp. 442–60). New York: International Universities Press.

Werner, H. (1948). *The comparative psychology of mental development.* New York: International Universities Press.

Werner, H., and Kaplan, B. (1963). *Symbol formation: An organismic-developmental approach to language and expression of thought.* New York: Wiley.

Winnicott, D. W. (1958). *Collected papers.* London: Tavistock.

Winnicott, D. W. (1965). *The maturational processes and the facilitating environment.* New York: International Universities Press.

Winnicott, D. W. (1971). *Playing and reality.* New York: Basic Books.

Wolf, E. S. (1980). Developmental line of self-object relations. In A. Goldberg (Ed.), *Advances in self psychology.* New York: International Universities Press.

Wolff, P. H. (1966). The causes, controls and organization of behavior in the neonate. *Psychological Issues, 5,* 17.

Wolff, P. H. (1969). The natural history of crying and other vocalizations in infancy. In B. M. Foss (Ed.), *Determinants of infant behavior, Vol. 4.* London: Methuen.

Worthheimer, M. (1961). Psychomotor coordination of auditory visual space at birth. *Science, 134,* 1692.

Yogman, M. W. (1982). Development of the father-infant relationship. In H. Fitzgerald, B. M. Lester, and M. W. Yogman (Eds.), *Theory and research in behavioral peadiatric, Vol. 1.* New York: Plenum Press.

Zajonc, R. B. (1980). Feeling and thinking: Preferences need no inferences. *American Psychologist, 35*(2), 151–75.

Zahn-Waxler, C., and Radke-Yarrow, M, (1982). The development of altruism: Alternative research strategies. In N. Eisenberg-Berg (Ed.), *The development of prosocial behavior.* New York: Academic Press.

Zahn-Waxler, C., Radke-Yarrow, M., and King, R. (1979). Child rearing and children's prosocial initiations towards victims of distress. *Child Development, 50,* 319–30.

인명색인

432

저·역자 소개

다니엘 N. 스턴(Daniel N. Stern) 지음

저명한 정신과의사였으며 정신분석가이었다. 특별히 그는 아이와 엄마의 관계를 새로운 측면에서 볼 수 있게 해주는 획기적인 연구결과들과 책들을 발표하였다. 《엄마의 탄생》, 《아기의 일기》, 《첫 번째 관계》, 《심리치료와 일상에서의 현재 순간》 등등. 그중 가장 큰 영향을 준 책이 《유아의 대인관계적 세계》라고 할 수 있다. 다니엘 스턴은 정신분석과 발달연구 사이에 다리를 놓을 수 있는 연구와 개념을 발전시키려고 계속 노력했다.

한동석 옮김

뉴욕주 면허 정신분석가

미국정신분석협회(NAAP) 임상 수퍼바이저

부부가족 심리치료사

현대정신분석연구소 임상 디렉터

번역서 《프로이트에게 배우는 정신분석 치료 기법》(2016),

《마음의 혁명》(2015)

정신분석과 발달심리학적 시각에서 바라본

유아의 대인관계적 세계 [개정판]

초판발행 2018년 8월 13일
2판 1쇄 2021년 6월 1일

저　　자 다니엘 N. 스턴(Daniel N. Stern)
역　　자 한동석
펴 낸 이 김성배
펴 낸 곳 도서출판 씨아이알

책임편집 홍민정
디 자 인 윤지환, 윤미경
제작책임 김문갑

등록번호 제2-3285호
등 록 일 2001년 3월 19일
주　　소 (04626) 서울특별시 중구 필동로8길 43(예장동 1-151)
전화번호 02-2275-8603(대표)
팩스번호 02-2265-9394
홈페이지 www.circom.co.kr

I S B N 979-11-5610-972-3　93180
정　　가 23,000원